Монгол Улсын усны эрэлтийн менежмент

УСНЫ САЛБАРЫН ҮНДЭСНИЙ ХЭМЖЭЭНИЙ ХЭЛЭЛЦҮҮЛГИЙН ГОЛ ҮР ДҮН

Энэхүү бичиг баримтыг Эдийн засгийн хамтын ажиллагаа, хөгжлийн байгууллага (ЭЗХАХБ)-ын Ерөнхий нарийн бичгийн дарга болон Азийн усны зөвлөл (АУЗ)-ийн Ерөнхийлөгчийн үндсэн чиг үүргийн хүрээнд нийтлэн гаргав. Уг тайланд вч үзсэн аливаа санал, зөвлөмж, дүгнэлтэд ЭЗХАХБ-ын гишүүн орнууд эсхүл АУЗ-ийн гишүүдийн албан ёсны үзэл бодлыг заавал тусгасан байх шаардлагагүй болно.

Энэ баримт бичиг болон ашигласан тоо баримт, газрын зураг нь тусгаар улсын газар нутгийн бүрэн бүтэн байдал, олон улсад тогтсон хилийн зурвас, зааг, газар орон, хот суурин, нутгийн нэршилд халдаагүй.

Тухайлсан газар нутгийн зааг нь ЭЗХАХБ-д хамаарна

Израилтай хамааралтай статистик тоо баримтын үнэн зөв эсэхийг Израилын холбогдох байгууллага хариуцна. ЭЗХАХБ уг тоо баримтыг ашиглахдаа олон улсын эрх зүйгээр зохицуулах Голаны өндөрлөг, Зүүн Иерусалем, Вэст Банк дахь Израилийн суурьшилтай хамааралтай байр суурь илэрхийлээгүй.

Туркие Улсын хувьд
Энэхүү баримт бичигт дурдсан "Кипр" гэх нэршил арлын өмнөд хэсэгт хамаатай. Уг арлын оршин суугч Туркийн болон Грекийн кипр хүмүүсийг төлөөлөх цор ганц эрх бүхий байгууллага байхгүй.Туркие нь Умард Киприйн БН Турк Улс (Turkish Republic of Northern Cyprus)-ыг хүлээн зөвшөөрдөг. НҮБ-ын хүрээнд хүчин төгөлдөр, эрх тэгш шийдэл олтол Туркие "Киприйн асуудал"-аар байр сууриа хадгалах эрхтэй.

ЕХ-ны гишүүн бөгөөд ЭЗХАХБ-ын гишүүн бүх улс ба ЕХ-ны гишүүн бүх улсын хувьд
Кипр Улсыг Туркиегээс бусад НҮБ-ын гишүүн орнууд хүлээн зөвшөөрсөн гэдгийг ЭЗХАХБ-ны гишүүн ЕХ-ны орнууд хүлээн зөвшөөрч байна. Энэ баримт бичигт байгаа мэдээлэл нь Кипр Улсын төр засагладаг газар нутагт хамаатай.

Эрх зүйн байдалд халдаагүй, НҮБ-ын Аюулгүйн Зөвлөлийн 1244/99 тогтоол, Олон Улсын Шүүхийн Косовогийн тусгаар тогтнолыг тунхаглах асуудлаар гаргасан Зөвлөмжтэй нийцсэн байр суурь юм.

Эшилнэ үү:
OECD/AWC (2025), *Монгол Улсын усны эрэлтийн менежмент: Усны салбарын үндэсний хэмжээний хэлэлцүүлгийн гол үр дүн*, OECD Publishing, Paris, https://doi.org/10.1787/ccb61f9b-mn.

ISBN 978-92-64-49499-2 (Хэвлэл)
ISBN 978-92-64-86324-8 (PDF)
ISBN 978-92-64-74376-2 (HTML)

ЭЗХАХБ болон АУЗ-өөс энэхүү бичиг баримтыг анх англи хэлээр нийтэлсэн гарчиг:
OECD/AWC (2025), *Water Demand Management in Mongolia: Highlights of a National Dialogue on Water*, OECD Studies on Water, OECD Publishing, Paris, https://doi.org/10.1787/de003433-en.

Зургийг: Нүүр © Yury Stroykin/Shutterstock.com.

ЭЗХАХБ-ын материалд алдаа байгаа бол: https://www.oecd.org/en/publications/support/corrigenda.html.

Удиртгал

Энэхүү тайлангаар 2023 оны 10 дугаар сар болон 2024 оны 12 дугаар сард тус тус зохион байгуулагдсан Монгол Улсын усны салбарын Үндэсний хэмжээний хэлэлцүүлгээс гарсан гол үр дүнг толилуулан харуулж байгаа болно. Уг хэлэлцүүлгийн зорилго нь Монгол Улсын усны салбар дахь өсөн нэмэгдэж буй усны эрэлттэй холбоотой тулгамдсан асуудлыг шийдвэрлэх чиглэлд цаашид авч хэрэгжүүлэх үйл ажиллагаануудад дэмжлэг үзүүлэхэд орших бөгөөд үүний тулд дараах чиглэлийг тодорхойлсон. Үүнд:

- Бодлогын тэргүүлэх чиглэл, үүнд устай холбоотой хөрөнгө оруулалтын тэргүүлэх чиглэлийн хэсгүүд хамаарна,
- Санхүүжилтийн хэрэгцээг шийдвэрлэх, санхүүжилтийн чадавхыг сайжруулах боломжууд,
- Бодлогын тэргүүлэх чиглэл, санхүүжилтийн стратеги ба чадавхтай уялдсан технологи, инноваци.

Усны салбарын үндэсний хэмжээний хэлэлцүүлэг нь Байгаль орчин, уур амьсгалын өөрчлөлтийн яам (БОУАӨЯ)-ны бүрэн хяналт дор зохион байгуулагдсан. Түүнчлэн Азийн усны зөвлөл (АУЗ) болон Эдийн засгийн хамтын ажиллагаа, хөгжлийн байгууллага (ЭЗХАХБ)-ын холбогдох мэргэжилтнүүдийн баг бүрэлдэхүүн уг хэлэлцүүлэгт дэмжлэг үзүүлэн ажилласан бөгөөд энэхүү тайланг боловсруулсан болно. Энэ тайланд судалгааны материалуудтай танилцах, холбогдох төрийн байгууллагуудын дунд асуумж явуулж бөглүүлэх, семинар, вебинар, оролцогч талуудын ярилцлага, зорилтот бүлгийн уулзалт, хэлэлцүүлэг зэргээс гарсан гол дүгнэлт, үр дүнгүүдийг хамтад нь нэгтгэн харуулав. Улсын хэмжээнд оролцогч талуудын оролцоог сайтар хангаж өгсөн нь энэхүү хэлэлцүүлгийг бодитой үр дүнтэй болгосон.

Даян дэлхий усны бодлогын эрс шинэчлэлт хийх зайлшгүй хэрэгцээ, шаардлагатай тулгараад байгаа бөгөөд усны салбарын тулгамдсан бүх асуудлыг нэг дор шийдвэрлэх боломжгүй юм. Энэ нь Монгол Улсын хувьд ч тулгамдсан асуудал бөгөөд үүнд усны салбарын бодлого, байгууллагуудын бүтэц, зохион байгуулалт хамаарна (II Бүлэг). Улсын хэмжээнд усны эрэлт өсөн нэмэгдэж байгаа бөгөөд 2024 он гэхэд, магадгүй түүнээс ч өмнө ус хангамж, нийлүүлэлтээс давж гарах болов уу гэсэн прогноз, тамааглал бий. Үүнээс гадна газрын доорх усны уст давхарга шавхагдах, уур амьсгалын өөрчлөлт, бохирдол зэрэг хүчин зүйлийн улмаас усны нөөцөд дарамт, ачаалал үүсэх болсон. Нийслэл хот гэх мэт хот, суурин газар, Өмнийн говь гэх мэт үйлдвэрийн бүс нутаг, малын бэлчээрийн бүс нутаг, ХАА, үйлдвэрлэл, эрчим хүчний барилга байгууламж төлөвлөсөн бүс нутгуудад усны эрэлт өндөр бөгөөд усны хомсдол улам нэмэгдэх төлөвтэй.

Эдгээр тулгамдсан асуудлыг шийдвэрлэх үүднээс хэлэлцүүлгийг усны эрэлтийн менежментийн сэдвийн хүрээнд голлон чиглүүлсэн бөгөөд усны хүртээмжийг сайжруулах, усны эрэлтийн менежмент хэрэгжүүлэх (II Бүлэг), усны салбарт хөрөнгө оруулалт, санхүүжилт татах стратеги (III Бүлэг), усны мэдээллийн технологи, хүний нөөцийг сайжруулах (IV Бүлэг) чиглэлээр бодлогын зөвлөмж боловсруулан гаргав.

Монгол Улсын усны салбарын Үндэсний хэмжээний хэлэлцүүлгийг цаашид идэвхтэй өрнүүлэх зорилгоор энэхүү тайлангаас гаргасан гол зөвлөмжүүдийг Хавсралт А-д тусгасан Үйл ажиллагааны төлөвлөгөөний хүрээнд хамтад нь авч үзсэн болно.

Талархал

Энэ тайланг ЭЗХАХБ-ын Байгаль орчны газрын мэргэжилтэн Мариэн Корндювал, Лайла Дэйвис нар боловсруулсан болно. Азийн усны зөвлөл (АУЗ)-ийн Жаежин Хан, Минсеок Чой, Жихун Бюун, Сангвук Лим нар “Усны мэдээллийн систем, хүний нөөцийг сайжруулах нь” сэдэв бүхий IV Бүлгийг АУЗ-ийн ерөнхий нарийн бичгийн дарга Ёонгдеок Чогийн удирдлага, хяналт дор боловсруулсан бөгөөд түүнчлэн I Бүлэг болон Хавсралт А-д дэмжлэг үзүүлэн ажиллав.

ЭЗХАХБ-ын Байгаль орчны газрын Софие Тремолет тайлангийн үндсэн чиглэлээр ханган, чанарын хяналт тавьж ажилласан. Энэ тайланг ЭЗХАХБ-ын Байгаль орчны газрын харьяа Уур амьсгал, биологийн олон янз байдал, усны хэлтсийн дарга Валид Оуеслатигийн удирдлага, хяналт дор боловсруулан гаргасан болно.

Зохиогчийн багийн зүгээс Хангки Ахн (ЭЗХАХБ), Баярсайханы Оюу (зөвлөх), Доржийн Болор (зөвлөх), Лора Смит (ЭЗХАХБ) нарт дэмжлэг үзүүлэн ажилласанд талархал илэрхийлье. Энэ тайланд Пелин Атамер (ЭЗХАХБ), Гетачув Гизув (Нидерландын Усны газар), Райн Гормли (Рикардо; хуучнаар Айтер) нарын зүгээс оруулсан хувь нэмрийг дурдах нь зүйтэй. Түүнчлэн тайлангийн холбогдох загвар боловсруулсан Женнифер Тимминс, харилцаа холбооны зааварчилгаагаар хангасан Сама Ал Тахер Кучи, зургуудыг боловсруулсан Жейн Кинастон нарт талархаж байна.

Монгол Улсын усны салбарын Үндэсний хэмжээний хэлэлцүүлэг зохион байгуулах боломжийг бүрдүүлж, санхүүгийн дэмжлэг үзүүлсэн БНСУ-ын Байгаль орчны яаманд гүнээ талархал илэрхийлье.

Энэ дашрамд, Улаанбаатар хотноо 2023 оны 10 дугаар сар, 2024 оны 12 дугаар сард цахим болон биечилсэн хэлбэрээр зохион байгуулсан ярилцлага, семинар, зорилтот бүлгийн уулзалт, хэлэлцүүлгийн явцад санал, зөвлөмж гаргасан оролцогч тал, мэргэжилтнүүдэд талархаж байна. Ялангуяа БОУАӨЯ-ын Байгалийн нөөцийн бодлогын хэрэгжилтийн газрын дарга Ц.Уранчимэг, мэргэжилтэн Т.Даваанямнарт тусгайлан талархал илэрхийлж байгаа болно.

Азийн хөгжлийн банк, Капитрон банк, Голомт банк, Ус цаг уур, орчны судалгаа, мэдээллийн хүрээлэн (УЦУОСМХ), Хаан банк, Монголын тогтвортой санхүүжилтийн холбоо (ТоС), Аж үйлдвэр, эрдэс баялгийн яам (АҮЭБЯ), Хүнс, хөдөө аж ахуй, хөнгөн үйлдвэрийн яам (ХХААХҮЯ), Эрүүл мэндийн яам (ЭМЯ), Хот байгуулалт, барилга, орон сууцжуулалтын яам (ХББОСЯ), Мянганы сорилтын сан (ММС), Цаг уур, орчны шинжилгээний газар (ЦУОШГ), Орон сууц, нийтийн аж ахуйн үйлилгээ үзүүлэгч байгуулагууд, ЭЗХАХБ-ын Байгаль орчны газрын харьяа Байгаль орчны эрүүл мэнд, аюулгүй байдлын хэлтэс, ЭЗХАХБ-ын Даян дэлхийн харилцааны газар, Орон сууц, нийтийн аж ахуйн удирдах газар (ОСНААУГ), ундаа жүүсний үйлдвэрүүд, уул уурхайн компаниуд, ус хангамж, ариутгах татуургын үйлчилгээ үзүүлэгч хувийн байгууллагууд, Сав газрын захиргаа, Усны газар, Уотер Эйд, Уотер Эквити, УСУГ, Хот, суурины ус хангамж, ариутгах татуургын ашиглалт, үйлчилгээний зохицуулах хороо (ХСУХАТАҮЗХ), 2030 Усны нөөцийн бүлэг, Дэлхийн банк зэрэг байгууллагын холбогдох эксперт, мэргэжилтнүүдэд зохиогчдын зүгээс мөн талархал илэрхийлье.

Table of contents

Хүснэгт

Зураг

Шигтгээ

Товчилсон үгийн жагсаалт

АХБ	Азийн хөгжлийн банк
ADCP	Дуу авианы долгионы давтамжийн өөрчлөлтийн профайлер
AWC/АУЗ	Азийн усны зөвлөл
AEL/ХЯХ	Холбогдох ялгаруулалтын хэмжээ
AR6	Зургаа дахь үнэлгээний тайлан
AWS	Цаг агаар ажиглалтын автоматжуулсан систем
БШТ	Боломжит шилдэг техник
CAPEX	Капитал зардал
CBA	Зардал, үр ашгийн шинжилгээ
CDMA	Кодоор хуваах олон хандалт
ДЦС	Дулааны цахилгаан станц
COP27	НҮБ-ын Уур амьсгалын өөрчлөлтийн конвенцийн Талуудын 27-р бага хурал
ИТХ	Иргэдийн төлөөлөгчдийн хурал
CUM/м^3	шоо метр
DRRS	Нидерландын Гамшгийн эрсдэлийг бууруулах, онцгой байдлын агентлаг
DWR	Дурбан хотын хаягдал ус дахин боловсруулах компани
ESG	Байгаль орчин, нийгэм, засаглал (БОНЗ)
ДНБ	Дотоодын нийт бүтээгдэхүүн
GEF	Даян дэлхийн байгаль орчны сан
ХХ	Хүлэмжийн хий
ЗГХА	Засгийн газрын хэрэгжүүлэгч агентлаг
GIMS/ГДУМҮТ	Газрын доорх усны мэдээллийн үндэсний төв
GIS	Газарзүйн мэдээллийн систем
ОНХНС	Орон нутгийн хөгжлийн нэгдсэн сан
ЗГТА	Засгийн газрын тохируулагч агентлаг
IBNET	Ус хангамж, ариутгах татуургын шугам сүлжээний олон улсын жишиг
МХТ	Мэдээлэл, харилцааны технологи
IoT	Зүйлсийн интернэт
IPCC	Уур амьсгалын өөрчлөлтийн асуудлаарх ЗГ хоорондын мэргэжилтний хороо
МТ	Мэдээллийн технологи
УННМ	Усны нөөцийн нэгдсэн менежмент
K-HIT	Кэй-Хит систем
KPI	KPI гүйцэтгэлийн үнэлгээний аргачлал
ОНХС	Орон нутгийн хөгжлийн сан
л/хүн/хон	Хоногт нэг хүнд ногдох литр
MAR	Газрын доорх усны тэжээгдлийг нэмэгдүүлэх MAR шийдэл
ШУА	Шинжлэх ухааны академи
МСС	Монголын Мянганы сорилтын сан
МСК	Мянганы сорилтын корпорац
БХБЯ	Барилга, хот байгуулалтын яам
МХЗ	Мянганы хөгжлийн зорилт
БОУАӨЯ	Байгаль орчин, уур амьсгалын өөрчлөлтийн яам

ЭЗХЯ	Эдийн засаг, хөгжлийн яам
БОАЖЯ	Байгаль орчин, аялал жуулчлалын яам
АҮЭБЯ	Аж үйлдвэр, эрдэс баялгийн яам
УУХҮЯ	Уул уурхай, хүнд үйлдвэрийн яам
M-NECS	Монгол Улсын Усны тогтвортой үйлчилгээний Үндэсний боловсролын төв
MNS	Монгол Улсын стандарт
СЯ	Сангийн яам
ХХААХҮЯ	Хүнс, хөдөө аж ахуй, хөнгөн үйлдвэрийн яам
ЭМЯ	Эрүүл мэндийн яам
СГТОЗ	Сав газрын талуудын оролцооны зөвлөл
УБХЗ	Улаанбаатар хотын захиргаа
ХББОСЯ	Хот байгуулалт, барилга, орон сууцжуулалтын яам
ЦУОШГ	Цаг уур, орчны шинжилгээний газар
ҮХТХН	Үндэсний хэмжээнд тодорхойлсон хувь нэмэр
ШСБ	Шинэ сэргэлтийн бодлого
NSIP	Урсцын мэдээллийн үндэсний хөтөлбөр
ҮСХ	Үндэсний статистикийн хороо
УҮЗ	Усны үндэсний зөвлөл
NWFE/УХЭХНП	Ус, хүнс, эрчим хүчний нэгтгэсэн платформ
АЗҮ	Ашиглалт, засвар үйлчилгээ
ХАЁТ	Хөгжлийн албан ёсны туслалцаа
ҮАЗ	Үйл ажиллагааны зардал
ОСНААУГ	Орон сууц, нийтийн аж ахуйн удирдах газар
УТХОХ	Улсын төсвийн хөрөнгө оруулалтын хөтөлбөр
ТХХТ	Төр, хувийн хэвшлийн түншлэл
PPWSA	Пномпень хотын Ус хангамжийн байгууллага
СГ	Сав газар
СГЗ	Сав газрын захиргаа
СГБ	Сав газрын байгууллагууд
SABESP	Сао Пауло хотын Saneamento Basico do Estado усны байгууллага
SAR	Синтетик диафрагмын радар
ТХЗ	Тогтвортой хөгжлийн зорилт
ХХТБ	Хил хязгааргүй татварын байцаагчид
ТГСГЗ	Туул голын сав газрын захиргаа
UN/НҮБ	Нэгдсэн үндэстний байгууллага
UNDP/НҮБХХ	НҮБ-ын Хөгжлийн хөтөлбөр
UNDRR/НҮБГЭБГ	НҮБ-ын Гамшгийн эрсдэлийг бууруулах газар
UNEP/НҮББОХ	НҮБ-ын Байгаль орчны хөтөлбөр
UNICEF/НҮБХС	НҮБ-ын Хүүхдийн сан
УСУГ	Улаанбаатар хотын Ус сувгийн удирдах газар
VHF	Маш өндөр давтамж
WAMIS/УНММС	Усны нөөцийн менежментийн мэдээллийн систем
WASH/УХАТЭА	Ус хангамж, ариутгах татуурга, эрүүл ахуйн сүлжээ
ДБ	Дэлхийн банк
WEAP/УҮТС	Усны үнэлгээ, төлөвлөлтийн систем
WMO/ДЦУСБ	Дэлхийн цаг уурын судлалын байгууллага
WOP/УОТ	Усны операторуудын түншлэл
ХСУХАТАҮЗГ	Хот, суурины ус хангамж, ариутгах татуургын ашиглалт, үйлчилгээг зохицуулах хороо
УХАТ	Ус хангамж, ариутгах татуурга
УХАТАҮ	Ус хангамж, ариутгах татуургын ашиглалт, үйлчилгээ
WUO/НААҮБ	Ундны усны нийтийн аж ахуйн үйлчилгээний байгууллага
WWF/ДБХС	Дэлхийн байгаль хамгаалах сан

Зөвлөмжийн хураангуй

Усны эрэлтийн менежментээр ус хангамжийг нэмэгдүүлэх нь

Усны эрэлтийн менежментийн бодлого тодорхойлсноор усны эрэлтийг хангаж, тэнцвэртэй байдлыг хадгалах, ус ашиглалтын тогтоосон норм, хэмжээнээс хэтэрсэн тогтворгүй ашиглалтаас үүдсэн усны нөөцийн хомсдлын эрсдэлийг бууруулах, усны нөөц хомсдлын үеийн ус ашиглалтын хоорондох трэйд-офф боломжийг бүрдүүлэхэд дэмжлэг үзүүлэх боломжтой. Усны эрэлтийн менежментийг амжилттай хэрэгжүүлэхийн тулд эдийн засаг, санхүүгийн хэрэглүүр (тариф, усны нөөц ашигласны төлбөр, ус бохирдуулсны төлбөр) болон усны мэдээлэл, ус ашиглуулах дүгнэлт, ус ашиглах зөвшөөрөл, усны менежментийн төлөвлөгөө зэрэг ус хуваарилалтын горимоос бүрдсэн иж бүрдэл хэрэглүүрүүд шаардлагатай. Усыг тоолууржуулах, хаягдал усыг эргүүлэн ашиглах зэрэг усны хэмнэлттэй технологийг цаашид үр дүнтэй ашигласнаар усны нөөцийн хомсдлын түвшинг тодорхой түвшинд бууруулах боломж бүрдэнэ.

Усны нөөц ашигласны төлбөр, ус бохирдуулсны төлбөр зэрэг эдийн засаг, санхүүгийн хэрэглүүр нь усны нөөцийн хомсдлын түвшинг хангалттай өндөр түвшинд барьж чадах тохиолдолд эдгээр хэрэглүүр нь усны хэмнэлтийн нөхцөл байдалд дэмжлэг үзүүлнэ. Нөгөө талаас, эдгээр төлбөр нь усны менежментийн үйл ажиллагааны зардлыг нөхөх тал дээр дэмжлэг болох талтай. Монгол Улсын хувьд эдийн засаг, санхүүгийн хэрэглүүрийг бэхжүүлэх чиглэлд сүүлийн жилүүдэд тодорхой ахиц, дэвшил гаргасан. Гэсэн хэдий ч усны нөөц ашигласны төлбөр ногдуулах хувь хэмжээ болон төсөвт төвлөрүүлэх хувь хэмжээний хооронд тодорхой хийдэл, зөрүү байсаар байна. Ус бохирдуулсны төлбөр болон усны нөөц ашигласны төлбөрийг цаашид дараах байдлаар улам чамбайруулах боломжтой. Үүнд:

- Ус ашиглагч, хэрэглэгч нарт бүгдэд нь усны үйлчилгээний үнэ тариф эсхүл тусдаа төлбөр тооцох замаар усны нөөц ашигласны төлбөрийг тооцдог болох. Чингэхдээ эмзэг бүлгийн иргэдэд тусгай хөнгөлөлт, нөхцөлийг бүрдүүлж өгөх хэрэгтэй.
- Сав газрын захиргаа, зөвлөлд төсөвлөгддөг усны нөөц ашигласны төлбөрийн хувь хэмжээг аажмаар 35%-д хүргэх. Тухайлбал, Усны үндэсний зөвлөлийн хяналт дор хэрэгжүүлдэг Усны нөөцийн нэгдсэн менежмент (“УННМ”)-ийн төлөвлөгөөнд тусгах жил бүрийн холбогдох зорилтуудад аажмаар хувь хэмжээг нэмэгдүүлэхийг тусгаж болно.
- Төлбөр ногдуулах болон төсөвт төвлөрүүлэх хувь хэмжээний хоорондох зөрүүг багасгахад чиглүүлсэн байдлаар төлбөр төвлөрүүлэх ажиллагааг улам сайжруулахын тулд УННМ-ийн холбогдох төлөвлөгөөнд төвлөрүүлэх төлбөр болон орлого татан төвлөрүүлэх зорилтуудыг тусгаж, төлбөр төвлөрүүлэх болон хяналтын чиглэлээр Засгийн газрын холбогдох байгууллагуудтай хамтын ажиллагаа, уялдаа холбоо, зохицуулалтыг сайжруулан, төлбөр төлөх ба төлбөрийг төсөвт татан төвлөрүүлэх оновчтой үйл явцыг тодорхойлсны үндсэн дээр холбогдох зөвшөөрөл, дүгнэлт гаргадаг шинэ дижитал системд нэгтгэн оруулж, байгаль орчны татварын чиглэлээр Татварын ерөнхий газарт техникийн туслалцааг санал болгоно.

Усны хомсдолтой голын сав газар, нуур, уст давхарга дахь усны богино, урт хугацааны эрэлтийн менежментийг тодорхойлох үүднээс ялангуяа усны хомсдол үүсээд буй сав газруудад ус хуваарилалтын систем бий болгох чиглэлээр цаашид судлан авч үзэх боломжтой. "Ус хуваарилалт" гэдэг концепт Монгол Улсын холбогдох хууль тогтоомж, бодлого, дүрэм, журамд албан ёсоор тусгагдаагүй ч ус хуваарилалтын горимыг цаашид бий болгон хөгжүүлэхэд дэмжлэг үзүүлэх боломжтой бодлого, институц, практик аль хэдийнэ бүрдсэн байна. Ус хуваарилалтын системийг дараах байдлаар бий болгох боломжтой. Үүнд:

- УННМ-ийн төлөвлөгөө, сав газрын менежментийн төлөвлөгөө, сав газрын төлөвлөлтийн удирдамж, гарын авлагад ус хуваарилалтыг нэгтгэхэд чиглэсэн улсын хэмжээнд хийгдэх удирдамжаар хангах. Уг ажлын хүрээнд ус хуваарилалтын зарчим, үйл явц, аргачлал, дэд бүтцийн хэрэгцээ шаардлага, чадавхыг бэхжүүлэх зэрэг хамаарна.
- Усны хомсдол үүссэн сав газруудад ус хуваарилалтын системийг нэн тэргүүнд нэвтрүүлэх, чингэхдээ улсын хэмжээнд ус хуваарилалтын журмын хүрээнд хийгдэх ажлын хүрээтэй уялдуулах.
- Урт ба богино хугацаанд ашиглах боломжит нөөцийн дээд хязгаарыг тогтоон, хэрэгжилтийг хангах, түүнчлэн ус ашиглуулах дүгнэлт ба ус ашиглах зөвшөөрлийг усны балансын уялдуулах. Усны балансыг тодорхойлсноор сав газрын захиргаа, зөвлөлийн усны мэдээллийн систем, хүний нөөцийн чадавхыг бэхжүүлэхэд чухал ач холбогдолтой (дээрх хэсгийг харна уу).
- Усны хомсдлын үед урт хугацаанд ус ашиглах боломжит дээд хязгаарыг тогтоох, ус ашиглагчдын зүгээс үүнд дасан зохицоход шаардлагатай цаг хугацааг авч үзэх (тухайлбал, тариалалтын хугацааг тогтоох), онцгой нөхцөл байдалд нэн тэргүүнд ус ашиглуулах эрэмбэ, дараалыг нарийвчлан тодорхойлох үйл явцуудыг тодорхойлох.
- Ус нөөцлөх, хаягдал ус цэвэрлэх, ус түгээх / дамжуулах замаар ус хуваарилалтыг дэмжих саарал буюу эсхүл ногоон усны дэд бүтцийг хөгжүүлэх, гадаргын ус ашиглах ба хаягдал ус цэвэрлэхийг нэн тэргүүнд тавих.

Усны менежмент, засаглалд хамааралтай байгууллага, институтыг бэхжүүлэх нь усны эрэлтийн менежментийг бүхэлд сайжруулах талтай. Усны засаглалын зарим арга хэлбэрийг дараах байдлаар авч үзэж болно. Үүнд:

- Усны менежментийн төлөвлөгөөг батлах, эдийн засаг, санхүүгийн хэрэглүүр, ус ашиглуулах дүгнэлт, ус ашиглах зөвшөөрлийг мөрдлөг болгохтой холбогдох зорилтуудад хяналт-шинжилгээ хийх, сав газрын захиргаа, зөвлөлийг бэхжүүлэх чиглэлд Усны үндэсний зөвлөл зэрэг үндэсний зохицуулалтын механизмыг бэхжүүлэх.
- Сав газрын захиргаа, зөвлөлийн санхүүгийн болоод хүний нөөцийн чадавхыг бэхжүүлэх.
- Засгийн газар, орон нутгийн засаг захиргааны байгууллагуудын хоорондох хамтын ажиллагаа, уялдаа холбоо, зохицуулалтыг дэд сав газар зэрэг орон нутгийн түвшинд байлгах эсэхийг судалж, тодорхойлох нь үр дүнтэй. Хамтын ажиллагааны гэрээ эсхүл усны компакт гэрээ нь засгийн газар хоорондын хамтын ажиллагааг албажуулах, хөхиүлэн дэмжих арга зам байж болно.
- Тодорхой уст давхаргын газрын зураг, менежмент хийх асуудлыг газрын доорх усны менежментийн гэрээ, контракт байгуулах замаар Засгийн газар, хувийн сектор, иргэний нийгэм гэх мэт оролцогч талууд хамтарсан байдлаар зохион байгуулах боломжтой эсэхийг судалж, тодорхойлох.
- Усны хамтын ажиллагааны гэрээ байгуулах замаар орон нутгийн түвшинд туршилтын төслийн бэлтгэл ажил хангах хүрээнд эхний ээлжинд турших боломжтой хяналт-шинжилгээ, шалгалт явуулах, төлбөр төвлөрүүлэх зэрэг нэгдсэн үүрэг, хариуцлагыг тодорхой дүрслэн харуулсан байдлаар авч үзэх.

Усны бохирдлын асуудал нь МУ-ын усны нөөцийг нэмэлтээр судалж, олборлох хэрэгцээ шаардлагыг үүсгээд байна. Урьдчилсан байдлаар төсөөлж буй усны хомсдлын асуудал нь усны нөөцийн хэмжээнээс хамаараад зогсохгүй усны нөөцийн чанараас ч мөн үүдэлтэй байх хандлагатай. Хаягдал усыг цэвэрлэж, эргүүлэн ашиглах замаар усны чанарын асуудлыг шийдвэрлэснээр баталгаат ус хангамжийг улам сайжруулах боломжтой. Үүнд хосолсон арга барил шаардагдах бөгөөд үүнд:

- Боломжит шилдэг техник ("БШТ")-ийн бодлогыг өдгөө хэрэгжиж буй хаягдал усны чанарын стандарт руу нэмэлт хэлбэрээр нэвтрүүлэх. Энэхүү үйл явцын чухал алхам бол тухайн үйлдвэрлэлийн онцлог байдлыг тодорхойлоход оршино. Үйлдвэрийн хаягдал ус цэвэрлэх зориулалтаар ашиглах БШТ нь уг үйлдвэрлэлийг усны чанарын холбогдох стандарттай нийцүүлэхэд чиглэсэн. МУ-ын хувьд нэхмэлийн үйлдвэр эсхүл мах боловсруулах үйлдвэр гэх мэт тодорхой нэг үйлдвэрлэлээс эхлэх боломжтой.
- Хууль эрх зүй, зохицуулалтын орчинг сайжруулах замаар хаягдал усыг эргүүлэн ашиглах боломжийг хөхиүлэн дэмжих, чингэхдээ хаягдал ус эргүүлэн ашиглах туршлагыг нэвтрүүлэхэд бэлэн болсон, санхүүгийн боломжтой үйлдвэрүүдийг нэн тэргүүнд авч үзэх.

Усны мэдээллийн систем, чадавхыг бэхжүүлэх замаар шийдвэр гаргалтыг сайжруулах нь

Энэхүү бүлэгт уур амьсгалын өөрчлөлтөөс үүдэлтэй гадаргын усны хувьсамтгай байдал, устай холбоотой одооогийн дэд бүтэц ба түүнд хамаарах технологийн хэврэг, тохиромжгүй байдлыг авч үзсэн бөгөөд усны мэдээллийн үр дүнтэй системийг улсын хэмжээнд бий болгох, усны салбарын мэргэжилтнүүдийн чадавхыг бэхжүүлэх боломжийг бүрдүүлэхэд чиглэсэн санал, зөвлөмжийг тусгасан болно.

- Гадаргын усны хяналт-шинжилгээний сүлжээний суурилуулалт, үйл ажиллагаанд зориулсан инновацийн стандарт, бүтэц зохион байгуулалт
- Гадаргын усны хяналт-шинжилгээний системчилсэн сүлжээг тодорхой хэмжээгээр өргөтгөх

Мэдээлэл, харилцаа холбооны технологи ("МХХТ")-д тулгаварлан гадаргын усны хяналт-шинжилгээний байгууламжийг өргөтгөх, гадаргын усны хяналт-шинжилгээний дэд бүтцийг орчин үеийн болгон шинэчлэх ажлыг дараах байдлаар хийх боломжтой. Үүнд:

- Гадаргын усны хяналт-шинжилгээний зориулалт бүхий насжилт өндөртэй дэд бүтцийг орчин үеийн болгон шинэчлэх
- Гадаргын усны хяналт-шинжилгээний дата, мэдээллийн чанарын хяналтыг сайжруулах
- Орчин үеийн технологи ашиглан үерийн прогноз, эрт зарлан мэдээлэх системийг бий болгох

Улсын хэмжээнд усны нэгдсэн мэдээллийн систем болон усны менежментийн төвийг байгуулах замаар УННМ-ийг амжилттай хэрэгжүүлэх боломжтой.

Түүнчлэн, хүний нөөцийн чадавхыг бэхжүүлэх нь цаашид чадавхыг бэхжүүлэх дунд, урт хугацааны замын зураглал зэрэг усны салбарын мэргэжилтнүүдийг сургалтад хамруулах цогц арга барилаар усны мэдээллийн системийг сайжруулахад дэмжлэг үзүүлнэ. Энэхүү арга барилыг Ус ба байгаль орчны боловсролын үндэсний төвийг байгуулах замаар дэмжиж болно.

Дунд ба урт хугацааны төлөвлөлтийн хүрээнд МУ-д МХХТ-д суурилсан усны дэвшилтэт менежментийг хэрэгжүүлэх боломжтой гэдгийг харуулах зорилгоор богино хугацаанд хэрэгжүүлэх боломжтой дараах туршилтын 2 төслийг санал болгож байна. Үүнд:

- Төсөл 1. Байгаль орчин, уур амьсгалын өөрчлөлтийн яам ("БОУАӨЯ")-ны харьяа УННМ-ийн нэгдсэн үйл ажиллагааны төвийг байгуулах төсөл

- Төсөл 2. Хот, суурины ус хангамж, ариутгах татуургын ашиглалт, үйлчилгээг зохицуулах хороо ("ХСУХАТАҮЗХ")-ны сургалтын материаллаг баазыг түшиглэн хүний нөөцийн чадавхыг бэхжүүлэх төсөл

Усны салбарын төсвийн болон хувийн секторын санхүүжилт

МУ-ын усны аюулгүй байдал бол үндэсний хэмжээний нэн тэргүүний чухал асуудал бөгөөд хөрөнгө оруулалтын төлөвлөгөөний хийдэл, зөрүүг арилгах чиглэлд яаралтай арга хэмжээ авах, хувийн секторын санхүүжилт татах, усны үйлчилгээ үзүүлэгч байгууллагуудын санхүүгийн гүйцэтгэлийг сайжруулах хэрэгцээ, шаардлага бий. Эдгээр тулгамдсан асуудлыг шийдвэрлэх нь уур амьсгалын өөрчлөлт, хотжилт, үйлдвэр, хөдөө аж ахуйн өсөн нэмэгдэж буй эрэлт, хэрэгцээтэй тулгараад буй өнөө үед баталгаат ундны усны хүртээмж, хаягдал ус цэвэрлэх түвшинг сайжруулах, усны нөөцийн тогтвортой менежмент бий болгоход өндөр ач холбогдолтой.

МУ-ын дэд бүтцийн өсөн нэмэгдэж буй хэрэгцээг хангах, хөрөнгө оруулалтын хийдлийг арилгахад стратегийн хөрөнгө оруулалтын төлөвлөлт маш чухал. Хэдийгээр Засгийн газрын "Алсын хараа-2050"-д устай холбоотой төсөл, хөтөлбөрүүд хэрэгжүүлэх томоохон зорилтууд тавигдсан ч ТЭЗҮ, зураг төсөл боловсруулах нөөц, бололцоо хязгаарлагдмал, нэгдсэн бус төлөвлөлттэй, төсвийн санхүүжилт авахыг нэн тэргүүнд эрмэлздэг байдал нь ахиц дэвшил гаргахад саад учруулдаг байна. Үүнээс гадна МУ-ын хувьд гол усны үер, ган гачиг, мөсөн гол хайлах эрсдэлийн хүчин зүйлсийг шийдвэрлэхийн тулд уур амьсгалд уян хатан дасан зохицох дэд бүтцийг бий болгох шаардлагатай. Хөрөнгө оруулалтын төлөвлөгөөг дараах байдлаар сайжруулан боловсруулах боломжтой. Үүнд:

- Сайтар хянаж шалгасан төсөл, хөтөлбөрүүдэд стратегийн хуваарилалт хийх үүднээс ТЭЗҮ, зураг төслийн холбогдох төсвийн санхүүжилтийг нэгдсэн байдлаар төвлөрүүлэх.
- Дасан зохицол болон системийн хэмжээнд үр дүнг сайжруулах үүднээс төсөл, хөтөлбөрүүдийг хөрөнгө оруулалтын илүү өргөн сувгуудаар эрэмблэн авч үзэх.
- Чадавх болон зардлын хэмнэлтийг дээшлүүлэх үүднээс төвлөрсөн бус, экологийн болон хосолсон /гибрид/ усны хомсдлыг хооронд нь нэгтгэх.
- Усны үндэсний зөвлөл зэрэг боломжит сувгаар дамжуулан салбар хоорондын уялдаа холбоо, зохицуулалтыг бэхжүүлэх.

МУ-ын усны салбарын санхүүжилтийн хийдлийг арилгахад хувийн секторын оролцоо амин чухал. Гэсэн хэдий ч устай холбоотой хөрөнгө оруулалтын боломжийн талаарх хувийн секторын мэдлэг хязгаарлагдмал, усны бохирдлын хяналтын технологийн стандарт тодорхойгүй байгаа нь саад учруулсан хэвээр байна. Төр, хувийн хэвшлийн түншлэл ("ТХХТ")-ээр ялангуяа хаягдал ус эргүүлэн ашиглах төсөл, хөтөлбөрийг хэрэгжүүлэх амлалт хэвээр байгаа ч холбогдох байгууллагуудын болон дата, мэдээллийн ил тод байдлын асуудал шийдэгдээгүй хэвээр. Хувийн хөрөнгө оруулалт татах чиглэлд үүсээд буй асуудлыг шийдвэрлэхийн тулд Засгийн газрын зүгээс дараах асуудлыг авч үзэх нь зүйтэй. Үүнд:

- Хаягдал ус эргүүлэн ашиглах чиглэлд ТХХТ-ийн удирдамж, гарын авлагыг боловсруулах, үүнд мөрдлөг болгох механизмийг тодорхой тусгаж өгөх.
- Боломжит шилдэг техник ("БШТ")-ийн арга барилыг аль болох авч ашиглах замаар усны бохирдлын хяналтын технологийн стандартыг тодорхойлох нэмэлт зааварчилгаа боловсруулах.
- Усны нөөц ба эрсдэлийн талаарх дата, мэдээллийг цуглуулах, ил тод байлгах, тэдгээр рүү хандалт хийх боломжийг сайтар бүрдүүлэх, ингэснээр хөрөнгө оруулагчдын хувьд тодорхойгүй байдлыг багасгах талтай.
- Устай холбоотой дэд бүтэц рүү хувийн хөрөнгө оруулалт татахад чиглэсэн тогтвортой санхүүжилтийн санаачилгуудыг дэмжих, нэмэгдүүлэх.

МУ-ын хувьд усны салбарын хөрөнгө оруулалтын орчин, нөхцөлийг сайжруулах, улсын хэмжээнд усны үйлчилгээ үзүүлэгч байгууллагуудын гүйцэтгэлийг дээшлүүлэх чиглэлд ихээхэн хүчин чармайлт тавьсаар ирсэн. Усны үйлчилгээ эрхлэгчдийн санхүүгийн тогтвортой байдлыг цаашид сайжруулснаар ус хангамж, ариутгах татуургын дэд бүтцийг өргөтгөх, засвар үйлчилгээ үзүүлэхэд чухал ач холбогдолтой. Орон нутгийн засаг захиргааны байгууллагууд төсвийн санхүүжилт, орлого болоогүй ус болон үйл ажиллагааны өндөр зардлын асуудалтай тулгардаг нь санхүүгийн үр ашиггүй байдлыг бүр дордуулж байна. Түүнчлэн, гүйцэтгэлийн зорилт болон шаталсан тариф байхгүй байдал нь зардал нөхөх, үйл ажиллагааны ашигтай байдлыг хязгаарладаг. Энэ төрлийн үйлчилгээ үзүүлэгч байгууллагуудын санхүүгийн гүйцэтгэлийн хийдлийг арилгахын тулд Засгийн газрын зүгээс дараах зүйлсийг авч үзэх боломжтой. Үүнд:

- Усны үйлчилгээ үзүүлэгч байгууллагуудад зориулан үүрэг, хариуцлагыг нь тодорхой зааж өгсөн байдлаар гүйцэтгэлд суурилсан гэрээ боловсруулж, тэдэнтэй байгуулах.
- Үр ашиг, санхүүгийн гүйцэтгэлийг сайжруулах удаан жилийн зорилтууд бүхий тогтвортой бизнес төлөвлөгөө, капиталын зардал (CAPEX)-ын төлөвлөгөө боловсруулахыг үйлчилгээ үзүүлэгч байгууллагуудаас шаардах.
- Орлого болоогүй усны хувь хэмжээг бууруулах, капитал хөрөнгө оруулалтын шинэ хөтөлбөр, санхүүжилтийн эх үүсвэр ба нөхцөлтэй холбогдуулан орон сууц, нийтийн аж ахуйн байгууллагын төлөвлөгөөг хянах чиглэлд ХСУХАТАҮЗХ-ны чиг үүргийг нэмэгдүүлэх.
- Үйлчилгээ үзүүлэгч байгууллагуудын санхүүгийн гүйцэтгэлийг сайжруулах, усны үр дүнтэй ашиглалтыг дэмжих үүднээс тарифын бүтцийг эргэн харах. Шаталсан тарифийн аргалчлалыг татаастай хослуулах замаар зардлаа нөхсөн боломжит үнэ тариф тогтоох баланс/тэнцлийг судлан, тодорхойлох боломж бүрдэнэ.

1. Ус бол эдийн засгийн тогтвортой өсөлтийн хүчин зүйл

Ус бол Монгол Улсын эдийн засгийн уян хатан өсөлт, тогтвортой хөгжлийн гол хүчин зүйл мөн. Дотоодын эдийн засгийн 40 орчим хувь нь ус ихээхэн ашигладаг салбаруудаас хамааралтай байна. Газрын доорх ус бол эдийн засгийн үйл ажиллагааг хэвийн авч явахад нэн чухал нөөц юм. Монгол орны усны эрэлт өсөн нэмэгдсээр ирсэн бөгөөд 2040 он гэхэд эсхүл түүнээс ч өмнө одоогийн ус хангамж, нийлүүлэлтийг давах төлөвтэй. Үүнээс гадна газрын доорх усны уст давхарга шавхагдах, уур амьсгалын өөрчлөлт, бохирдол зэрэг хүчин зүйлийн улмаас усны нөөцөд дарамт, ачаалал үүссэн байдалтай байна.

1.1. Танилцуулга

Монгол Улсад 1990 оны ардчилсан хувьсгалаас хойш нийгэм, эдийн засгийн томоохон өөрчлөлт, шилжилт явагдсан. Төвлөрсөн төлөвлөгөөт эдийн засгаас зах зээлийн эдийн засагт шилжин орсноор уул уурхайн салбар ялангуяа зэс, алт олборлолт эдийн засгийн өсөлтийн голлох хүчин хүчин зүйл болсон бөгөөд ДНБ болон экспортод ихээхэн хувь нэмэр оруулах болжээ.

Улсын хэмжээнд нэг хүнд ногдох ДНБ-ий хувь хэмжээ 1991 оноос хойш 3 дахин нэмэгдсэн (World Bank Group, 2023[1]). Нийт хүн амын тоо 1990-2020 онд 51 хувиар өсч 2,18 саяас 3,29 саяд хүрсэн (Хүснэгт 1.1). Мөн хугацаанд нийслэлийн хүн ам 142 хувиар өсч, 600,000-аас 1.45 сая хүртэл нэмэгдсэн нь нийт хүн амын тэн хагастай ойролцоо үзүүлэлт (Nguyen and Freije-Rodríguez, 2018[2]; Betcherman, Yang and Norjinlkham, 2022[3]).

Хүснэгт 1.1. Монгол Улсын статистик үзүүлэлт

		он
Дэлхийн банкны орлогын групп	Дундын дээд орлого	2023
Нийт хүн ам	3 447 157	2023
ДНБ	19.87 тэрбум ам.доллар	2023
ДНБ-ий өсөлт	7.02%	2023
Нэг хүнд ногдох ДНБ	5 764 ам.доллар	2023

Эх сурвалж: (World Bank, n.d.[4]).

Ус бол дотоодын эдийн засгийн уян хатан өсөлт, тогтвортой хөгжлийн голлох хүчин зүйл. Дотоодын эдийн засгийн 40 орчим хувь нь уул уурхай, нэхмэлийн үйлдвэр, хөдөө аж ахуй зэрэг ус ихээр ашигладаг салбараас хамааралтай. Газрын доорх эдийн засгийн үйл ажиллагааг хэвийн авч явахад нэн чухал нөөц юм (Zaveri and Khemka, 2022[5]; Fan, 2023[6]). Хүн амын 82.5 хувь нь 2020 оны байдлаар баталгаат ундны усаар хангагдаж байсан бол 69 хувь нь баталгаат ариутгах татуургын үйлчилгээнд хамрагдсан үзүүлэлттэй байв (Government of Mongolia, 2020[7]).

Монгол орны усны эрэлт өсөн нэмэгдсээр ирсэн бөгөөд 2040 он гэхэд эсхүл өмнө нь энэхүү эрэлт нь одоогийн ус хангамж, нийлүүлэлтээс давах төлөвтэй болохыг прогноз, төсөөллөөр гаргажээ. Үүний зэрэгцээ уст давхарга ширгэх, уур амьсгалын өөрчлөлт, усны бохирдол зэрэг хүчин зүйлийн улмаас усны нөөцөд дарамт, ачаалал үүсээд байна. Нийслэл хот гэх мэт хот, суурин газар, Өмнийн говь гэх мэт үйлдвэрийн бүс нутаг, малын бэлчээрийн бүс нутаг, ХАА, үйлдвэрлэл, эрчим хүчний барилга байгууламж төлөвлөсөн бүс нутгуудад усны эрэлт өндөр бөгөөд усны хомсдол улам нэмэгдэх төлөвтэй. Усны аюулгүй байдлыг сайжруулах хууль эрх зүй, бодлогын орчин бүрдсэн хэдий ч байгууллагын бүтэц, зохион байгуулалт харьцангуй тархай бутархай байдалтай байна.

Энэхүү тайлангийн бүлгүүдийг хураангуйлан харуулах үүднээс энэ бүлэгт Монгол Улсын хэмжээнд устай холбоотой бүх талыг хамруулан авч үзэхийг зорьсон бөгөөд үүнд биет онцлог байдал, уур амьсгалын нөхцөл байдал, усны эрэлт ба ус хангамжийн хүчин зүйлс, санхүүжилтийн төлөвлөгөө, хууль эрх зүй ба бодлогын орчин, байгууллагын бүтэц, зохион байгуулалт зэргийг хамруулсан болно.

1.2. Монгол орны усны нөөц

1.2.1. Ашиглах боломжит усны нөөц

Монгол орны усны нөөц жигд бус тархацтай бөгөөд усны нийт нөөцийн 78% нь нутгийн хойд болон баруун хэсэгт буюу цэнгэг устай хамгийн том нуур, гол мөрөн бүхий бус нутагт байрладаг онцлогтой. Нутгийн хойд хэсэгт жилийн дундаж хур тунадас 400 мм-ээс давсан үзүүлэлттэй байхад говийн бүсэд 40 мм байдаг. Жилийн нийт хур тунадасны 85 хувь нь 4-9 дүгээр сард ордог байна (ADB and The World Bank Group, 2021[8]).

Улсын хэмжээнд газрын доорх ус нийт усны нөөцийн 2 хувийг бүрдүүлдэг хэдий ч үүнээс үл хамааран газрын доорх усыг түлхүү ашигласаар ирсэн. Нийт ус хэрэглээ, ашиглалтын 70-90 хувь нь газрын доорх усны нөөцөөс хамааралтай болохыг зарим эх сурвалж харуулж байна (Chandmani, 2018[9]; Zaveri and Khemka, 2022[5]; Myagmarjav, 2023[10]; Fan, 2023[6]). Ихэнх нөөцийг гол мөрөн (6%), нуур (89%), мөсөн гол (3%) тус тус бүрдүүлдэг. Хатуу ширүүн өвлийн улиралд агаарын температур цельсийн -28°C-40°C хооронд хэлбэлздэг тул ихэнх гадаргын ус хөлдөж, хавар гэсэх хүртэл ашиглах боломжгүй байдал үүсдэг байна.

Монгол Улсын хэмжээнд 5 100 гаруй гол мөрөн, 3 700 гаруй нуур, 260 мөсөн гол байгааг 2024 оны холбогдох статистик харуулж байна. Монгол оронд 29 сав газар бий(Зураг 1.1). Монгол орны нийт газар нутгийн хэмжээнд ашиглах боломжтой усны нөөц дунджаар 608.4 сая шоо метр ($м^3$) хэмээн тооцож байсан ч 2016 онд хийсэн судалгаагаар 564.8 сая шоо метр ($м^3$) болгож багасгажээ (Ministry of Environment and Climate Change, 2024[11]). Үүний шалтгааныг дэлхийн дулаарал, уур амсгалын өөрчлөлттэй холбон тайлбарлаж байгаа бөгөөд нийт хамрах хэмжээ болон цэвдэг, мөсөн голын мөсний зузаан нь багассан байна. Уг судалгаагаар нуурын ус 500 сая $м^3$, гол мөрөн 34.6 сая $м^3$, цас, мөс, мөсөн гол 19.4 сая $м^3$, газрын доорх ус 10.8 сая $м^3$ тус тус ээлж буйг харуулсан (Ministry of Environment and Climate Change, 2024[12]).

Зураг 1.1. Монгол орны усны сав газрууд

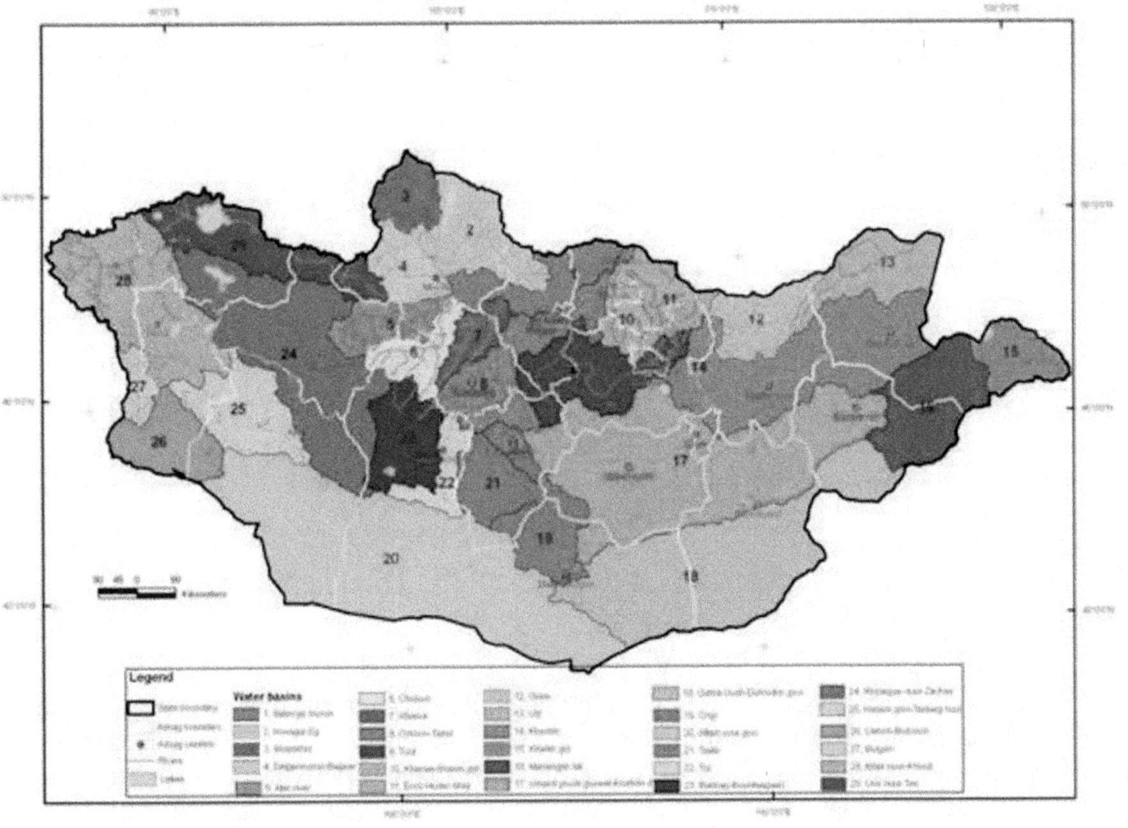

Эх сурвалж: Байгаль орчин, аялал жуулчлалын яам.

Хил дамнасан усны гэрээ, хэлэлцээр нь гадаргын усны хэрэглээ, ашиглалтад тулгардаг өөр нэг хязгаарлалт бөгөөд үүнд ОХУ-ын Байгаль нуур руу цутгадаг Сэлэнгэ мөрөн, БНХАУ-тай хамтран эзэмшдэг Буйр нуур руу цутгадаг Хэрлэн гол хамаарна (Fan, 2020[13]).

Ашиглах боломжит усны нөөцийн хэмжээг жилд 1 294.1 сая $м^3$ гадаргын ус, 623.4 сая $м^3$ газрын доорх ус, улсын хэмжээнд жилд нийт 1 917.5 сая $м^3$ хэмээн тооцоолсон бөгөөд сав газар тус бүрийн холбогдох дата, мэдээлэлд тулгуурлан гаргажээ (Government of Mongolia, 2012[14]).

1.2.2. Цэнгэг усны экосистем

Монгол орон экосистемээр баялаг бөгөөд улсын хэмжээнд цэнгэг уст болон давстай нуур (гүехэн ба томоохон нуурууд), намгархаг газар, гол мөрөн зэрэг цэнгэг устай холбоотой экосистемийн 11 газар Рамсарын жагсаалтад бүртгэгдсэн (Хүснэгт 1.2) (Ramsar Convention, n.d.[15]). Их нууруудын хотгор, Говийн бүсийн нурууд, Алтай, Хангайн нуруу зэрэг давстай нуур, цэнгэг уст нуур, намгархаг газруудын иж бүрдэл нь Сибирийн өмнөд хэсгийн Алтай-Саяаны эко-бүс нутаг дахь дахин давтагдашгүй биологийн олон янз байдалд таатай орчныг бүрдүүлж өгдөг (Chimed-Ochir et al., 2010[16]). Нутгийн зүүн хойд хэсэгт хил дамжин ОХУ руу урсдаг Онон голд Цагаан хадари, Халбаган жараа, Амарын цурхай, Амарын сугас, Амарын хилэм зэрэг Хамгаалах үнэт зүйлс (High Conservation Value)-д багтсан загасны зүйл амьдардаг байна (Chimed-Ochir et al., 2010[16]).

Хүснэгт 1.2. Монгол орны Рамсарын жагсаалтад бүртгэлтэй газрууд

Рамсарын жагсаалт	Аймаг, сав газар	Төрөл, ангилал
Ачит нуур, түүний орчмын ус, намгархаг газар	Баян-Өлгий, Увс аймаг Ховд голын сав газар	Цэнгэг уст гүехэн нуур
Увс нуур, түүний орчмын ус, намгархаг газар	Увс аймаг	Давстай нуур
Хар-Ус нуур	Ховд аймаг	Цэнгэг уст гүехэн нуур
Айраг нуур	Ховд аймаг	Цэнгэг уст гүехэн нуур
Тэрхийн цагаан нуур	Архангай аймаг	Шим тэжээл багатай цэнгэг уст нуур
Нууруудын хөндийн нуурууд	Баянхонгор аймаг	Давстай гүехэн нуур
Өгий нуур	Архангай аймаг Орхон гол	Цэнгэг уст нуур
Хурх-Хүйтэн голын хөндийн нуурууд	Хэнтий аймаг Хурх-Хүйтэн гол (Онон голын цутгал гол)	Тогтмол (гадагш урсгалгүй) нуур
Монгол дагуур	Дорнод аймаг	Ус, намгархаг газар, гол, нуур
Буйр нуур, түүний орчмын ус, намгархаг газар	Дорнод аймаг Амар мөрөн	Нуур, жижиг нуур, ус, намгархаг газар
Ганга нуур, түүний орчмын ус, намгархаг газар	Сүхбаатар аймаг	Гадагш урсгалгүй давсархаг нуур, бусад холбогдох нуур

Эх сурвалж: (Ramsar Convention, n.d.[15]).

Цэнгэг уст олон экосистем аюул занал өртөөд байна. Хур тунадасны өөрчлөлт, газрын доорх ус ашиглалтын улмаас нуурууд хурдацтай ширгэж байна (Tao et al., 2015[17]). Нутгийн баруун хэсэгт орших нуурын сав газрууд нь дэлхийн хэмжээнд байгалийн нууруудын усны хомсдол, цэвэр алдагдалд нөлөөлөгч хүчин зүйлсийн нэгээхэн хэсэг хэмээн үздэг ч дэлхий дахинд нуурууд ерөнхийдөө цөөрч буй ерөнхий чиг хандлагын хүрээнд авч үзвэл зохилтой (Yao et al., 2023[18]). 1980-аад оны сүүлч үеэс 2010 оны хооронд Монгол орны нууруудын түвшин 17.6 хувиар буурсан болохыг тэмдэглэсэн байна (Зураг 1.2). Уур амьсгалын өөрчлөлт, ган гачиг, давсжилт нэмэгдэж буй, байгаль орчны нөхцөл байдал, хүний үйл ажиллагаанаас үүдэлтэй бэлчээрийн даац хэтрэлт, хөрсний доройтол, шим тэжээлийн алдагдал зэрэг хүчин зүйлийн улмаас хэд хэдэн нуурийн экосистем дэх усны амьтан, ургамлын биологийн олон янз байдалд сөрөг нөлөөлөл, дарамт үүсээд байна (Shinneman et al., 2010[19]; Yadamsuren et al., 2020[20]).

Зураг 1.2. Монгол орны нуурууд

Гадаргын талбай нь 1 км^2–аас илүү том хэмжээтэй нуурууд

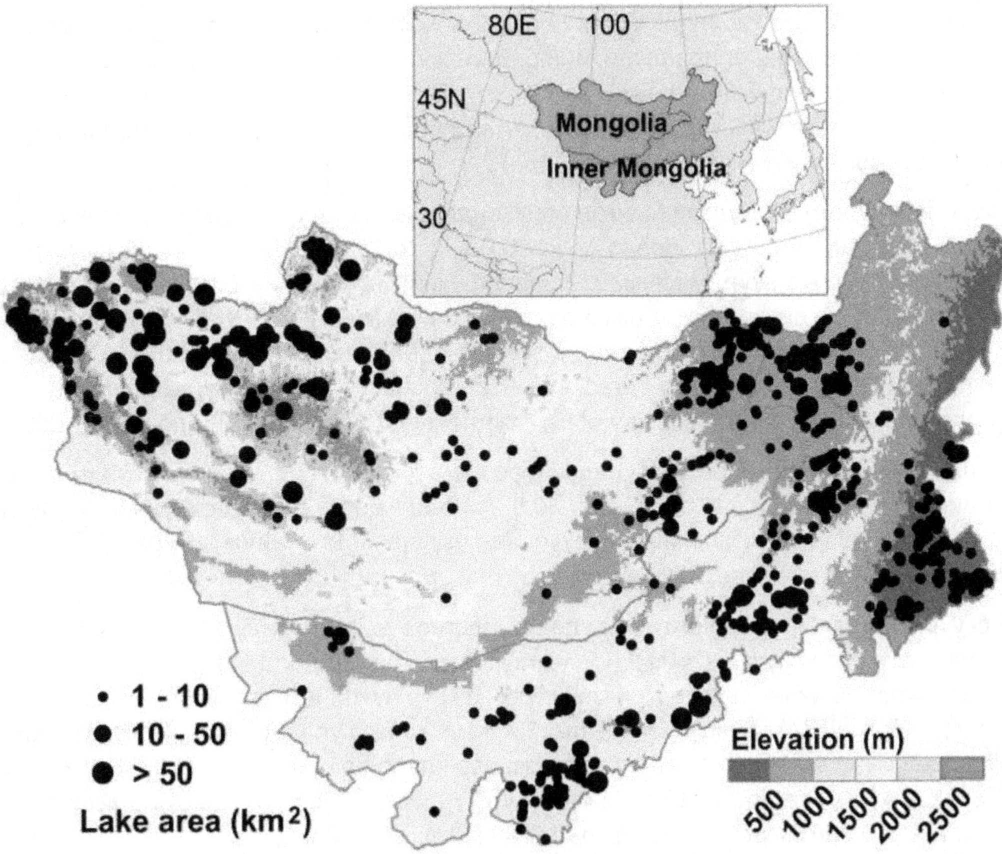

Жич: Энэхүү газрын зурагт Монгол Улс болон БНХАУ-ын ӨМӨЗО-ыг хамруулсан байдлаар Монгол орны нутаг дэвсгэрийг харуулсан. Уг судалгаагаар (Tao et al., 2015[17]) 1980-аад оны сүүлээс 2010 оны хооронд ӨМӨЗО-ны нууруудын түвшин (34.0 %) нь Монгол Улсынхаас (17.6%) илүү буурсан болохыг олж тогтоосон байна.
Эх сурвалж: (Tao et al., 2015[17]).

1.2.3. Уур амьсгалын өөрчлөлт, уур амьсгалтай холбоотой аюул

Монгол орны температур бүх улирлын түвшинд нэмэгдэнэ гэсэн прогноз бий. Олон улсын уур амьсгалын өөрчлөлтийн зөвлөлдөх хороо (IPCC)-ны Үнэлгээний 6-р тайлан (AR6)-д дурдсан Байгалийн хийн ялгаралтын доод, дунд, дээд хувилбараас харахад улирлын температур 2030 онд 0.7-1.4°C, 2050 онд 1.1-2.9°C, 2080 онд 1.2-6.5°C тус тус нэмэгдэх төлөвтэй. Энэхүү дулаарлын чиг хандлага нь энэ зууны эцэс хүртэлх хугацаанд хурдассан хэвээр байх болов уу гэсэн төсөөлөлтэй байна (Ministry of Environment and Tourism, GEF and UNEP, 2024[21]). Зуны хамгийн дээд температур 2080 он гэхэд 1.6-5.3°C-аар нэмэгдэхээр байгаа бол өвлийн хамгийн доод температур мөн хугацаанд 1.4-5.3°C-аар нэмэгдэх төлөвтэй. Энэхүү дулаарлын чиг хандлага нь 0-ээс доош температуртай өдрийн тоог жилд 8.8-36.9 хоногоор бууруулж болзошгүй. Түүнчлэн зуны хэт халалтын давалгааг 2.8 өдрөөр нэмэгдүүлэхээр байгаа бол өвлийн хамгийн хүйтэн өдрийн тоог 2.6 хоногоор бууруулах төлөвтэй байна.

Уур амьсгалын прогноз нь хур тунадасны хэв шинжид гарах өөрчлөлтийг зааж өгдөг. Өвлийн хур тунадаст харьцангуй их өөрчлөлт (8.7-55.4%), хавар болон намрын хур тунадаст дунд зэргийн өөрчлөлт гарах төлөвтэй байгаа бол зуны хур бороо тогтвортой байна хэмээн төсөөлжээ. Өдөр тутмын хур тунадасны эрчимжилт өөрчлөгдөх төлөвгүй. Гэсэн хэдий ч зуны хур бороогүй дараалсан өдрүүд, өвлийн дараалсан цастай өдрүүд тус тус ялимгүй нэмэгдэх прогноз гарчээ. Түүнчлэн 1-5 гаруй хоногийн туршид тасралтгүй орох хамгийн их хур тунадас нэмэгдэх төлөвтэй (Ministry of Environment and Tourism, GEF and UNEP, 2024[21]).

Монгол орны бүс нутгуудад харилцан адилгүй нөлөөлөхөөр байна. Намар, өвлийн удиралд нутгийн зүүн хойд хэсэгт, хавар, зуны улиралд нутгийн баруун хэсэгт хамгийн их дулаарал явагдах төлөвтэй (Ministry of Environment and Tourism, GEF and UNEP, 2024[21]). Үүний зэрэгцээ нутгийн баруун хойд болон төвийн хойд хэсэгт зуны хур тунадасны хэмжээ 10-20 хувиар буурах магадлалтай (Ministry of Environment and Tourism, GEF and UNEP, 2024[21]).

Уур амьсгалын өөрчлөлтөөс үүдсэн Монгол орны өндөр температурын улмаас мөсөн голын хэмжээ багасч, голын урсцад нөлөөлөх болно (World Bank, 2024[22]). Нутгийн баруун хэсгийн мөсөн голуудаас болон Хөвсгөл нуур зэрэг мөнх цэвдэг бүхий ойт хээрийн бүсээс эх авдаг гол мөрөн, нуурын усны түвшин, урсцын хэмжээ нэмэгдэх төлөвтэй (Ministry of Environment and Tourism, GEF and UNEP, 2024[21]). Мөсөн голын талбайн хэмжээ 1940-өөд оноос хойш 1990 онд 12.1%, 2000 онд 15.7%, 2019 онд 36.8%-иар тус тус багассан нь өнгөрсөн 70 жилийн хугацаанд нийт 37.0%-иар буурсан болохыг харуулж байна (Ministry of Environment and Tourism, GEF and UNEP, 2024[21]).

Монгол орны усны нөөц гол төлөв хур тунадаснаас хамааралтай. Голын урсцын горим 1972 онд 34.6 км^3/жил байсан бол 2020 оны байдлаар 30.6 км^3/жил болж буурсан, тухайн жилүүдийн хур тунадастай харгалзсан хэлбэлзлийг харуулсан үзүүлэлттэй байна (Зураг 1.3) (Ministry of Environment and Climate Change, 2024[12]).

Хэдийгээр уур амьсгалын өөрчлөлтийн талаарх прогноз нь хур тунадасны хэмжээ нийт нутгийн хэмжээнд нэмэгдэхийг харуулж байгаа ч усны хүртээмжтэй байдалд уур амьсгалын өөрчлөлтийн ямар нөлөө үзүүлэх нь ихээхэн тодорхойгүйн зэрэгцээ бүс нутгийн түвшинд орон зайн ба түр зуурын үл тохирол гарч болзошгүй байна (World Bank, 2024[22]). Үүнээс үл хамааран температурын өсөлт нь ууршилтыг эрчимжүүлэх шинжтэй бөгөөд ингэснээр ялангуяа нутгийн төв болон зүүн хэсэгт голын урсац багасахад хүргэх төлөвтэй. Ийм үзэгдэл хур тундасгүй бүс нутгуудад аль хэдийн тохиолдох болжээ (Ministry of Environment and Tourism, GEF and UNEP, 2024[21]).

Зураг 1.3. Монгол орны голын урсацын хэлбэлзэл, шоо метр/жил

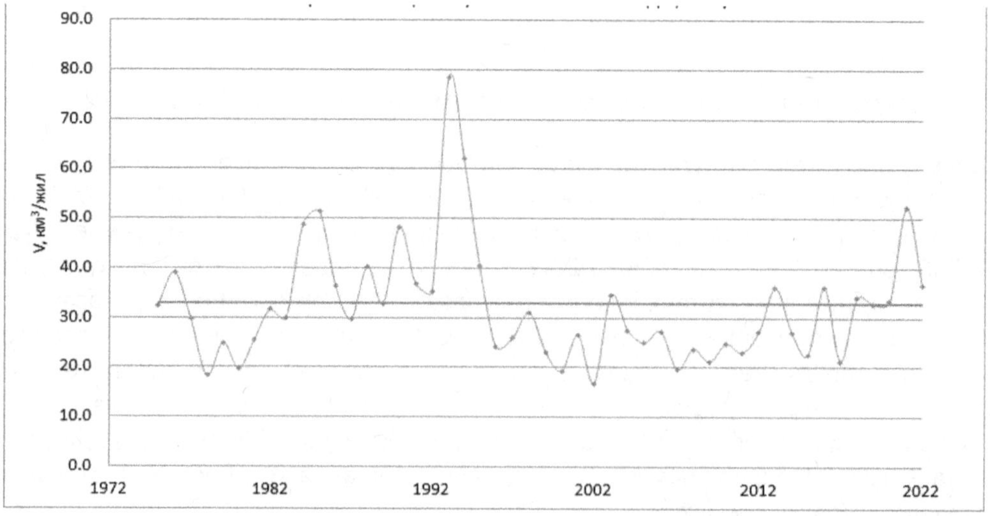

Эх сурвалж: (Ministry of Environment and Climate Change, 2024[12]).

Эдгээрээс гадна Монгол оронд уур амьсгалтай холбоотой байгалийн аюулт үзэгдлүүд болох зуд, үер, ган гачиг болдог (Зураг 1.4). Сүүлийн 30 гаруй жилийн хугацаанд байгалийн гамшигт үзэгдлийн давтамж нэмэгдсэн байна. Тухайлбал, 1989-1998 оны хооронд 29, 1999-2008 оны хооронд 53, сүүлийн 10 жилд 80 орчим байгалийн гамшигт үзэгдэл тохиолджээ. Улсын хэмжээнд 2001-2021 оны хооронд байгалийн гамшиг, хүнд хэцүү цаг агаарын улмаас 539 хүн амиа алдсан бөгөөд 30 гаруй сая мал хорогдож, 681.8 тэрбум төгрөгийн гарз, хохирол учруулсан байна. 2050 он хүртэлх прогноз дээр тулгуурлан гаргасан тооцооллоос харахад ган гачигийн давтамж 5-45%, зудын давтамж 5-40%-иар нэмэгдэж болзошгүй байна (Ministry of Environment and Tourism, GEF and UNEP, 2024[21]).

Үер, усны аюулын хувьд, хаврын улиралд цас, мөс хайлсны улмаас шар усны үер, зуны улиралд аадар борооны үер зэрэг аюул тохиолддог (Oyunbaatar, 2009[23]). Үер, усны аюулын улмаас иргэд, мал амьтан, эд хөрөнгөд ихээхэн гарз, хохирол учирдаг бөгөөд энэ нь жилд дунджаар 24 сая ам.доллараар хэмжигддэг байна (ADB, 2022[24]). Зуны улиралд гол мөрний хур борооны үерийн оргил үе, түүнчлэн мөсөн гол хайлах зэрэг нь үер, усны аюулыг улам ноцтой болгодог (Serdyanjiv et al., 2024[25]).

Монгол оронд давтамж нь нэмэгдэж буй эдгээр байгалийн аюултай үзэгдэл нь улс орны эдийн засаг, ХАА, МАА-н салбар, түүнчлэн ядуурлыг бууруулах хүчин чармайлт зэрэгт сөргөөр нөлөөлдөг бөгөөд хүн амын хот, суурин газар руу чиглэсэн шилжилт, хөдөлгөөнийг нэмэгдүүлдэг байна.

Зураг 1.4. Байгалийн аюултай үзэгдлийн жилийн дундаж давтамж, 1980-2020

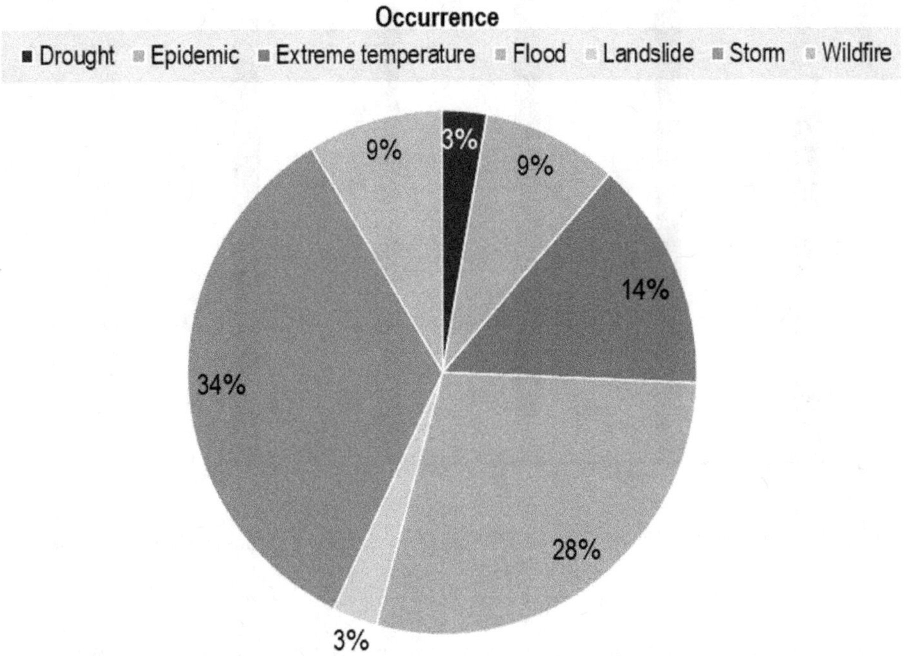

Эх сурвалж: Уур амьсгалын өөрчлөлтийн тухай мэдлэгийн портал (World Bank, 2024[26]). (Зудыг хэт хүйтэн температурын ангилалд оруулсан).

1.2.4. Усны чанар

Улсын хэмжээнд 2013-2018 оны хооронд гадаргын усны дэд сав газар (хурах талбай)-ын 90 орчим хувьд хяналт-шинжилгээнд хийхэд “цэвэр” болон “маш цэвэр” байсан бөгөөд ялимгүй бохирдолтой, бохирдолтой усны сан бүхий газарт багахан нэмэгдсэн, харин маш бохирдолтой усны сан бүхий газарт буурсан үзүүлэлттэй байна (Зураг 1.5).

Усны бохирол үүсэх шалтгаан нь гол төлөв орон нутгийн чанартай байна. Хамгийн их бохирдолтой гадаргын ус хурах талбайд Туул гол, Хангал гол (хаягдал усыг хангалттай түвшинд цэвэрлэдэггүйтэй холбоотой), Хүдэр гол (алтны уурхайтай холбоотой) хамаарна (Ministry of Environment and Climate Change, 2019[27]). Хот, суурины орчимд 2023 оны хийгдсэн голын чанарын хяналт-шинжилгээгээр хот, суурины бохирдолд биотик индекс өндөр байгааг тогтоосон нь хот, суурины усны бохирдлын асуудал тулгамдсан асуудал болохыг онцолжээ.

Туул, Орхон, Хэрлэн голуудын ойролцоох суурин газруудад үерийн дараах усны бохирдол дээд хэмжээнд хүрдэг байна. Уул уурхайгаас үүдэлтэй бохирдол 6, 8 дугаар сард үүсдэг бөгөөд улмаар Шивэрт, Намир, Зэгэстэй, Дөргөн, Завхан голуудын тунадас, лагын хэмжээг нэмэгдүүлж эдгээр голын биологийн эдийн шинжилгээ (biota)-ний үзүүлэлт буурахад хүргэдэг байна. Бороо гол мөнгөн усны бохирдолд байнга өртдөг. Алтны голлох орд газруудын алт олборлолт цаашид нэмэгдэх төлөвтэй тул усны сав газар нь уурхайн үйл ажиллагаанаас ялгарах цианид, хүхрийн хүчил, бусад химийн хорт болон аюултай бодисоор бохирлогдож, бохирдлын байнгын эх үүсвэртэй болох эрсдэлтэй (Ministry of Environment and Climate Change, 2024[11]).

Зураг 1.5. Гадаргын усны чанар

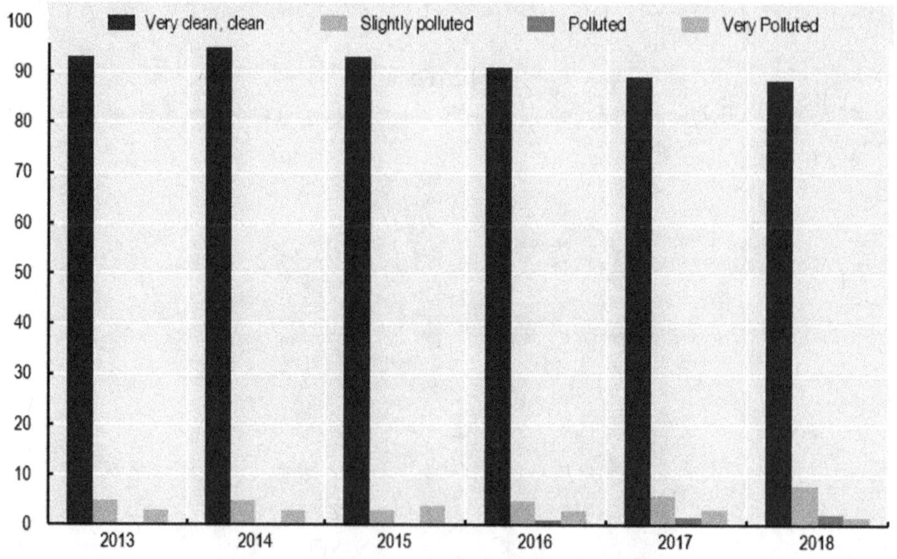

Эх сурвалж:-(Ministry of Environment and Climate Change, 2019[27]) Монгол орны байгаль орчны төлөв байдал, 2015-2016 & 2017-2018.

Ундны усны чанарт үзүүлэх сөрөг нөлөөлөл нь хүний үйл ажиллагаанаас (тухайлбал, усны чанарын нянгийн үзүүлэлт) эсхүл хүнцэл, фтор, уран гэх мэт уул уурхайн үйл ажиллагаанаас үүдэлтэй байж болно. Нутгийн зүүн өмнөд хэсэгт хүнцэл, уран, фосфорын өндөр концентраци илэрсэн бол нутгийн хойд хэсгээс урд хэсэг рүү чиглэлд эрдэсжилт, хатуулгийн концентраци ерөнхийдөө нэмэгдсэн, нутгийн баруун хэсэгт магнийн өндөр концентраци илэрсэн үзүүлэлттэй байна (Зураг 1.6) (Institute of Geography and Geoecology, MAS and Water Service Regulatory Commission of Mongolia, 2022[28]). Улсын хэмжээнд 2019-2023 оны хооронд явуулсан судалгаагаар ундны усны зориулалтаар ашиглагдаж буй 3,582 уст цэгийн 62% нь “Ундны ус MNS 0900:2018” стандартын хими, нян, цацрагийн шаардлагад нийцсэн байна (Зураг 1.6) (Government of Mongolia, 2023[29]). Гэсэн хэдий ч бүс нутгийн түвшинд харилцан адилгүй. Тухайлбал, Хөвсгөл аймгийн 55 уст цэгийн зөвхөн нэг нь л ундны усны стандартад нийцэж байгаа бол нийслэлийн хувьд 77.7% -тай байна.

Өөр нэг асуудал нь нийслэл хотын ойролцоо үйл ажиллагаа явуулж буй 22 арьс ширний үйлдвэр. Үйлдвэрийн хаягдал усыг урьдчилан цэвэрлэхгүйгээр төв цэвэрлэх байгууламж (ТЦБ) руу нийлүүлдэг бөгөөд уг байгууламж нь үйлдвэрийн хаягдал ус цэвэрлэх зориулалтгүй. Нийслэлийн бүсэд үүсдэг бохирдол нь Туул голын урсацын доод хэсгийг бохирдуулах гол хүчин зүйл болсоор ирсэн (WWF et al., 2019[30]).

Зураг 1.6. Ундны усны чанар, улсын хэмжээнд

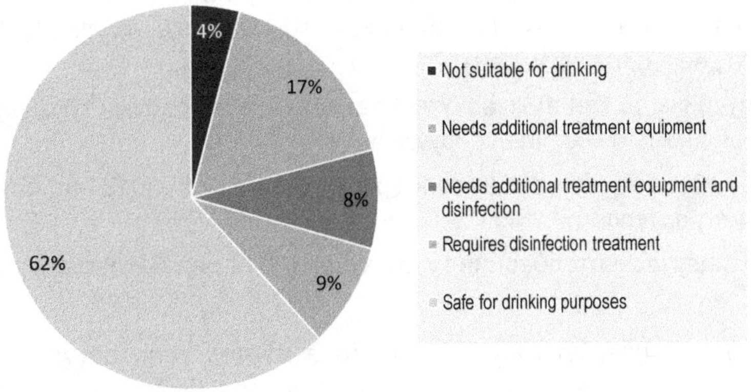

Эх сурвалж: (Government of Mongolia, 2023[29]).

1.3. Усны нөөцийн менежмент, усны үйлчилгээ үзүүлэх хууль эрх зүй, бодлогын орчин, байгууллагын бүтэц, зохион байгуулалт

Монгол Улс усны аюулгүй байдалд дэмжлэг үзүүлэх чиглэлд хууль, эрх зүйн орчноо сайтар бүрдүүлсэн бөгөөд үүнд Үндсэн хуулийг дурдаж болно (анх 1992 онд соёрхон баталсан, хамгийн сүүлд 2023 онд нэмэлт, өөрчлөлт оруулсан). Үндсэн хуульд усыг хамруулаад байгалийн нөөцийн ач холбогдлыг онцлон тэмдэглэсэн бөгөөд нөөцийг зохистой ашиглах, хамгаалах чиглэлд төрийн эрх, үүрэг, хариуцлагыг тодорхойлон тусгажээ. Үндсэн хуулийн 6 дугаар зүйлд: "Монгол Улсад газар, түүний хэвлий, ой, ус, амьтан, ургамал болон байгалийн бусад баялаг гагцхүү ард түмний мэдэл, төрийн хамгаалалтад байна" хэмээн заасан. Төр нь ард түмний тусын тулд эдгээр нөөц, баялгийг тогтвортой ашиглах, хамгаалах, түүнчлэн одоо ба ирээдүй үеийн иргэн бүрт зориулан эрүүл, тэнцвэртэй байгаль орчныг хадгалж үлдээх экологи, байгаль орчны зарчмуудтай нягт уялдсан удирдлагаар хангах чиг, үүрэг хүлээсэн (The Government of Mongolia, 1992[31]).

1.3.1. Устай холбоотой хууль тогтоомж, дүрэм, журам

Усны тухай хууль (1994 он), Байгаль орчныг хамгаалах тухай хууль (1995 он)-д усыг стратегийн үнэт баялаг хэмээн тодорхойлж, усыг хамгаалах, зохистой ашиглахад тэргүүлэх ач холбогдол өгсөн.

Усны тухай хууль (анх 1994 онд соёрхон баталсан, хамгийн сүүлд 2023 онд нэмэлт, өөрчлөлт оруулсан)-д усыг байгалийн нөөц хэмээн тодорхойлж, усыг зохистой ашиглах, хамгаалах, нөхөн сэргээх, усны бохирдлоос урьдчилан сэргийлэхэд тавигдах шаардлагуудыг тусгасан. Энэхүү хууль нь усны нөөцийг хамгаалах, зохистой ашиглах, усны бохирдлыг хянахад чиглэсэн цогц зүйл, заалтаар хангаж өгдөг. Түүнчлэн хувийн сектор, усны чиглэлээр үйлчилгээ үзүүлэгч хувийн байгууллагууд зэрэг оролцогч талын эрх, үүргийг тодорхойлжээ.

Усны тухай хуулийн хамрах хүрээ, зохицуулалтын механизмыг анх эхлүүлснээс хойш 2004 онд засаглалыг сайжруулах, 2012 онд “Усны нөөцийн нэгдсэн менежмент” (УННМ)-ийн зарчмуудыг нэвтрүүлэх зэргээр холбогдлох нэмэлт, өөрчлөлт оруулан шинэчилсээр ирсэн байна.

Усны нөөцийн менежменттэй холбоотой бусад хууль тогтоомж:

- Байгаль орчныг хамгаалах тухай хууль (1995 он батлагдсан, 2024 онд нэмэлт, өөрчлөлт оруулсан)
- Ус цаг уур, орчны хяналт шинжилгээний тухай хууль (1997 онд батлагдсан, 2022 онд нэмэлт, өөрчлөлт оруулсан)
- Гол, мөрний урсац бүрэлдэх эх, усны сан бүхий газрын хамгаалалтын бүс, ойн сан бүхий газарт ашигт малтмал хайх, ашиглахыг хориглох тухай хууль (2009 онд батлагдсан, 2015 онд нэмэлт, өөрчлөлт оруулсан)
- Хот, суурины ус хангамж, ариутгах татуургын ашиглалтын тухай хууль (2011 онд батлагдсан, 2023 онд нэмэлт, өөрчлөлт оруулсан)
- Байгалийн нөөц ашигласны төлбөрийн тухай хууль (2012 онд батлагдсан, 2023 онд нэмэлт, өөрчлөлт оруулсан)
- Ус бохирдуулсны төлбөрийн тухай хууль (2012 онд батлагдсан, 2022 онд нэмэлт, өөрчлөлт оруулсан)

Улсын хэмжээнд боловсруулсан бодлого, төлөвлөлтөд усны асуудал маш тодорхой тусгагдсан. УИХ-аас 2010 онд соёрхон баталсан Үндэсний аюулгүй байдлын үзэл баримтлалын хүрээнд усны аюулгүй байдлыг үндэсний хэмжээний тэргүүлэх чиглэлээр тодорхойлжээ (2024 онд нэмэлт, өөрчлөлт оруулсан). Уг үзэл баримтлалаар үндэсний аюулгүй байдлын тухай улсын бодлогын үндсэн чиглэл, тэргүүлэх чиглэлийг тодорхойлсон бөгөөд усны хомсдол, зөрчлөөс урьдчилан сэргийлэх үүднээс усны нөөцийн тогтвортой, зөв шударга менежментийн хэрэгцээ, шаардлагыг онцлон тэмдэглэсэн. (State Parliament, 2010[32]).

“Алсын хараа-2050” Монгол Улсын урт хугацааны хөгжлийн бодлогын баримт бичгийн хүрээнд 2050 онд гэхэд нийгмийн хөгжил, эдийн засгийн өсөлт, иргэдийн амьдралын чанараараа Азийн тэргүүлэгч улс болох томоохон зорилт дэвшүүлсэн (Parliament of Mongolia, 2020[33]). Усны салбарын хувьд, усны менежментэд дэвшилтэт технологи нэвтрүүлэхийг хөхиүлэн дэмжиж, дасан зохицох уян хатан чадвартай усны нөөц, ус хангамжийн систем (resilient water system)-ийг хөгжүүлэх замаар уур амьсгалын өөрчлөлтийн боломжит нөлөөллийг сааруулах, шийдвэрлэх зорилт тавьсан. (The Government of Mongolia, 2020[34]).

Улсын хэмжээнд 2012-2021 онд хэрэгжүүлсэн УННМ-ийн төлөвлөгөөний хэрэгжилтийн түвшин 61%-тай байв. Төлөвлөлт үр дүнтэй байсан ч ялангуяа дэд бүтцийн томоохон төслүүдийн хэрэгжилт хангалтгүй байсан хэмээн Засгийн газрын зүгээс дүгнэжээ. Сав газрын талуудын оролцооны зөвлөл, хяналт-шинжилгээний станц байгуулах, хамгаалалтын бүсийн зааг тогтоох зэрэг ихэнх үүрэг даалгаврыг сайн биелүүлсэн. Цаашид төлөвлөлт хийхдээ дотоодын салбар хоорондын зохицуулалтыг илүү үр дүнтэй шийдвэрлэхэд анхаарах нь зүйтэй хэмээн дүгнэсэн байна.

1.3.2. Усны менежмент хэрэгжүүлэх байгууллагын бүтэц, зохион байгуулалт

Монгол Улсын усны салбар байгууллагын бүтэц, зохион байгуулалтын хувьд нэлээд төвөгтэй. Наад зах нь 6 яам, төрийн эрх бүхий хэд хэдэн байгууллага, агентлаг усны салбарын менежментэд өөр өөрийн чиг үүргийн хүрээнд оролцдог. Усны тухай хуулийн шинэчилсэн найруулгатай холбоотойгоор голлох байгууллагын бүтцийн өөрчлөлт зэрэг эдгээр байгууллагын гүйцэтгэх чиг үүрэг хувьсан өөрчлөгдсөөр иржээ.

Төрийн бүтэц, зохион байгуулалт

Монгол Улсын Засгийн газар нь УИХ-д тайлагнадаг, хагас ерөнхийлөгчийн тогтолцоон дор үйл ажиллагаагаа явуулдаг бөгөөд Ерөнхийлөгч, Улсын Их Хурал, Засгийн газар (ЗГ-ын Хэрэг эрхлэх газар), Ерөнхий сайд нар тус тусын үндсэн чиг үүргээ гүйцэтгэдэг байна.

Монгол Улсын засаглалын бүтэц, зохион байгуулалтад Засгийн газар, орон нутгийн 3 түвшний засаг захиргаа багтдаг. Үүнд 21 аймаг, нийслэл хамаарах бөгөөд сум (дүүрэг), баг (хороо) гэсэн нутаг дэвсгэр, засаг захиргааны нэгжид хуваагддаг байна (Зураг 1.7).

Зураг 1.7. Монгол Улсын засаг захиргаа, нутаг дэвсгэрийн нэгж

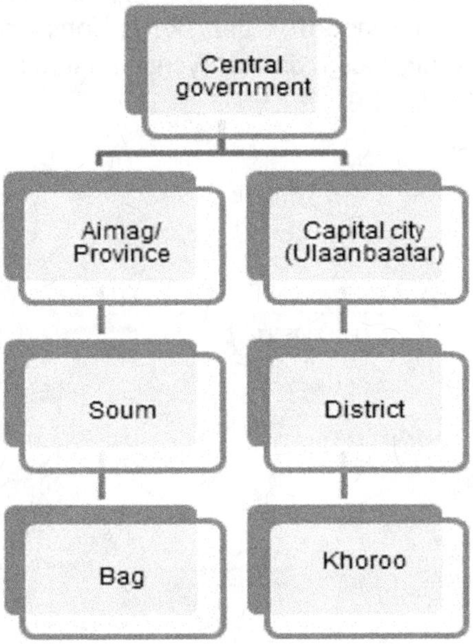

Эх сурвалж: МУ-ын Үндсэн хуульд үндэслэн зохиогчид боловсруулав (Constitution of Mongolia, 1992[35]).

Чиг үүргийн хуваарилалт

Монгол Улсын Их Хурал (УИХ) нь улсын болон эдийн засгийн салбаруудын хөгжлийн хууль тогтоомж, бодлогын хөтөлбөр гаргаж, хэлэлцэн соёрхон батална. Засгийн газар нь улсын бодлогыг батлуулахаар УИХ-д өргөн барих бөгөөд Монгол Улсын УННМ-ийн төлөвлөгөө, салбарын зохицуулалтын баримт бичгийг мөн УИХ-аар өргөн барьж, батлуулна. Яам салбарынхаа бодлогын хөтөлбөрийг хэрэгжүүлэх чиг үүрэг гүйцэтгэнэ. Байгаль орчин, уур амьсгалын өөрчлөлтийн яамны хувьд усны бодлого хариуцсан гүйцэтгэх засаглалын байгууллага бөгөөд усны бодлого, стратегийг Усны газарт төлөөлүүлэн хэрэгжүүлнэ.

Засгийн газрын түвшний зохицуулалтыг Усны үндэсний зөвлөл (УҮЗ) зохион байгуулна (үүнд салбар дундын зохицуулалт хамаарна). Уг зөвлөлийг Ерөнхий сайд даргалах бөгөөд БОУАӨ-ийн сайд түүний орлогч байна. Засгийн газраас 2023 онд Усны үндэсний зөвлөлийн гишүүдийг сонгож, баталсан. Үүнд[1]:

- Барилга, хот байгуулалтын сайд
- Хүнс, хөдөө аж ахуй, хөнгөн үйлдвэрийн сайд
- Уул уурхай, хүнд үйлдвэрийн сайд
- Эрүүл мэндийн дэд сайд

- Нийслэлийн засаг дарга бөгөөд Улаанбаатар хотын захирагч
- УҮЗ-ийн нарийн бичгийн дарга
- ЗГХЭГ-ийн даргын зөвлөх
- Усны газрын дарга (Засгийн газрын хэрэгжүүлэгч агентлаг)
- Шинжлэх ухааны академийн Газарзүй, геоэкологийн хүрээлэнгийн Усны холбогдох газар, нэгжийн дарга
- БОАЖЯ-ны Усны бодлого зохицуулалтын газрын дарга (Усны үндэсний зөвлөлийн нарийн бичгийн дарга)

Засгийн газрын бодлогын судалгааны хүрээлэн (think-tank)-тэй төстэй чиг үүрэг бүхий Усны нөөцийн зөвлөлийг БОУАӨЯ байгуулсан. Энэхүү зөвлөлийн үндсэн чиг үүрэг нь газрын доорх усны судлагдсан нөөцийг батлах, устай холбоотой дэд бүтэц болон томоохон төсөл, арга хэмжээний талаар санал, зөвлөмж гаргах чиглэсэн байна (усны нөөцийн судалгаа, хайгуулын судалгаа, үнэлгээг дахин хянах, батлах) (Зураг 1.8).

Зураг 1.8. Улсын хэмжээнд усны менежментэд хяналт тавих чиг үүрэг бүхий байгууллагууд

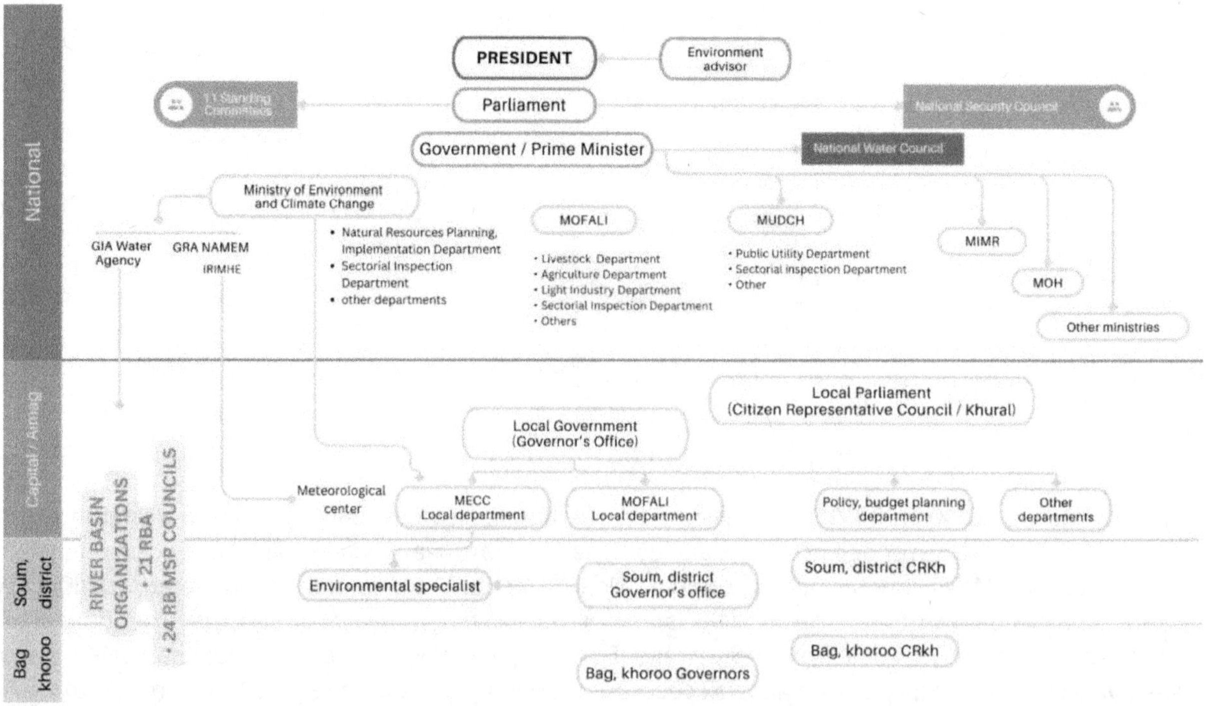

Эх сурвалж: Зохиогч боловсруулав.

Жич: Засгийн газрын хэрэгжүүлэгч агентлаг Усны газар (Усны газар), ЗГ-ын хэрэгжүүлэгч агентлаг Цаг уур, орчны шинжилгээний газар (ЦУОШГ), Ус цаг уур, орчны судалгаа, мэдээллийн хүрээлэн (УЦУОСМХ), Иргэдийн төлөөлөгчдийн хурал (ИТХ), Хүнс, хөдөө аж ахуй, хөнгөн үйлдвэрийн яам (ХХААХҮЯ), Хот байгуулалт, барилга, орон сууцжуулалтын яам (ХББОСЯ), Аж үйлдвэр, эрдэс баялгийн яам (АҮЭБЯ), Эрүүл мэндийн яам (ЭМЯ), Байгаль орчин, уур амьсгалын өөрчлөлтийн яам (БОУАӨЯ), Сав газрын захиргаад (СГЗ).

БОУАӨЯ нь усны нөөцтэй холбоотой байгаль орчны бодлого санаачлан эхлүүлэх асуудлыг хариуцсан гол байгууллага. Тус яамны зүгээс усны бодлогын зорилго, зорилтуудыг улсын хэмжээнд тодорхойлж, Монгол Улсын УННМ-ийн төлөвлөгөөг УИХ-аар батлуулахаар Засгийн газарт танилцуулах, салбар хоорондын зохицуулалтаар хангах зэрэг үндсэн чиг үүрэгтэй. БОУАӨЯ-ны харьяанд Усны газар болон Цаг уур, орчны шинжилгээний газар гэсэн Засгийн газрын хэрэгжүүлэгч хоёр агентлаг үйл ажиллагаа явуулдаг.

Засгийн газрын хэрэгжүүлэгч агентлаг - Усны газар бодлогын хэрэгжилтийг хангуулах, ус ашиглалтад хяналт тавих, усны мэдээллийн сан байгуулах гэх мэт үндсэн чиглэл, чиг үүрэг хэрэгжүүлдэг.

Зураг 1.1-д харуулсны дагуу Монгол орны нутаг дэвсгэр 29 сав газарт хуваагддаг бөгөөд тэдгээрийг 21 сав газрын захиргаа, 24 сав газрын талуудын оролцооны зөвлөл удирддаг. Эдгээр сав газрын байгууллагын үндсэн чиг үүрэг нь холбогдох сав газруудын усны нөөцийн нэгдсэн менежмент (УННМ)-ийн төлөвлөгөөг хэрэгжүүлэх, уг төлөвлөгөө нь орон нутгийн хөгжлийн хөтөлбөрт тусгагдсан, түүнтэй нэгдмэл хэлбэрээр уялдаа холбоог хангахад чиглэдэг. Сав газрын талуудын оролцооны зөвлөл нь оролцогч талуудын оролцоог хангах, оролцоог бүрэн хангасан шийдвэр гаргах, хяналт-шинжилгээг явуулах, сав газрын УННМ-ийн төлөвлөгөөг хянах үүрэг, хариуцлага хүлээнэ. Уг зөвлөлд янз бүрийн оролцогч талын бүлгийн төлөөлөл хамаарна. Гэсэн хэдий ч улс төр, санхүүгийн талын дэмжлэг ихээхэн учир дутагдалтай байгаа нь энэхүү усны засаглалын тогтолцооны үр дүнтэй үйл ажиллагаанд саад тотгор учруулсаар ирсэн (Schmidt, 2017[36]).

Аймгийн ЗДТГ нь аймгаа хөгжүүлэх ажлын төлөвлөгөө, төсвийг боловсруулж, аймгийнхаа ИТХ-аар батлуулах зэрэг усны менежментэд тухайн аймгийн түвшинд маш чухал үүрэг гүйцэтгэдэг. Сум, баг, хороо, нийслэлийн засаг дарга, орон нутгийн ИТХ ч гэсэн тухайн жилийн ажлын төлөвлөгөө, төсвөө боловсруулан батуулах үүрэг мөн хүлээдэг бөгөөд гол ялгаа нь тус тусын харьяалах засаг захиргаа, нутаг дэвсгэрийн нэгжийн хүрээнд ажилладаг. Жилийн ажлын төлөвлөгөө, төсөв боловсруулахдаа аймгийн түвшинд нэгтгэсэн байдлаар ИТХ-даа танилцуулж, цааш нь Сангийн яаманд хүргүүлэх зэргээр цааш нь батлуулна (Law on Budget, 2011[37]).

Түүнчлэн зарим яамны чиг үүрэг нь өөр өөр ус ашиглагчид зориулсан ус хангамжийг зохицуулахад чиглэсэн. Хөдөө, орон нутгийн усны менежменттэй холбоотойгоор ХХААХҮЯ нь ХАА, МАА-д зориулсан ус хангамжийн нөөцийг хариуцахын зэрэгцээ бэлчээрийн талбайн хамгаалалт, нөхөн сэргээлт, менежментийг мөн хариуцдаг. Ялангуяа гадаргын усыг ашиглан усалгаатай тариалангийн зориулалтаар жижиг усан сан, суваг шуудуу гаргах, МАА-н зориулалт бүхий ус хангамж, хөв цөөрөмд зориулсан газрын доорх усны худаг, цооногийн тоог нэмэгдүүлэх зэргээр усны эх үүсвэрийг нэмэгдүүлэх төлөвлөгөөг ХХААХҮЯ-наас баталдаг байна.

Дотоодын эдийн засагт уул уурхайн салбарын өндөр ач холбогдол, салбарын усны эрэлт, байгаль орчны нөлөөллийг сааруулах хэрэгцээ, шаардлагын үүднээс АҮЭБЯ (хуучнаар УУХҮЯ) нь усны эх үүсвэрийн хайгуултай холбоотой чухал чиг үүрэгтэй ажилладаг. Түүнчлэн геологийн судалгаа, хайгуулын ажил хийх чиг үүрэгтэй бөгөөд газрын доорх усны уст давхарга шинээр илэрсэн тохиолдолд энэ тухай мэдэгдэнэ.

Хот, суурины ус хангамж, ариутгахын татуургын барилга байгууламж, шугам сүлжээтэй холбоотойгоор яам, зохицуулах байгууллага, бусад эрх бүхий төрийн байгууллага харилцан адилгүй чиг үүрэгтэй. ХББОСЯ (хуучнаар БХБЯ) нь ус хангамж, ариутгах татуургын дэд бүтэц, нийтийн аж ахуй зэрэг орон сууц, нийтийн аж ахуй, инженерийн дэд бүтцийн хөгжлийн бодлого, төлөвлөлтийн хэрэгжилтийг хариуцдаг байна.

ХСУХАТАҮЗХ нь 2012 онд үүсгэн байгуулагдсан усны салбарын эдийн засгийн зохицуулалтыг хариуцсан төрийн байгууллага бөгөөд цэвэр ус нийлүүлэх бөөний болон жижиглэнгийн үнэ, тариф тогтоох чиг үүрэг бүхий Засгийн газрын агентлаг юм. ХСУХАТАҮЗХ нь мөн усны эх үүсвэр ашиглалт, ус хангамж, хаягдал усны менежментийн зориулалт бүхий шугам сүлжээний ашиглалт, менежментийн тусгай зөвшөөрөл олгох чиг үүрэгтэй.

1.4. Тогтвортой хөгжилд усны гүйцэтгэх үүрэг амин чухал

1.4.1. Уснаас хамааралтай эдийн засгийн салбарууд, тэдгээрийн усны эрэлт

Монгол Улсын ДНБ-ий 24%-ийг эзэлдэг уул уурхайн салбараас дотоодын эдийн засаг маш их хамааралтай ч усны салбарын нийт ажиллах хүчний 2% нь хамрагддаг байна (OECD, 2019[38]). Уул уухай бол эдийн засгийн өсөлтийн гол хүчин зүйл бөгөөд энэ хүрээнд ялангуяа Оюутолгой зэсийн баяжмалын үйлдвэрлэлээ цаашид өргөтгөх төлөвлөгөөтэй байна (ADB, 2024[39]). "Алсын хараа-2050"-д нийгмийн хөгжил, эдийн засгийн өсөлт, амьдралын чанараар Азидаа тэргүүлэгч орон болох том зорилго тавьсан бөгөөд түүнд хүрэхэд уул уухайн салбарын голлох үүргийг онцолсон байна (Government of Mongolia, 2020[7]). Уул уурхай ялангуяа зэс, алт, нүүрсээр баялаг Өмнийн говийн бүсэд улам эрчимжин хөгжих төлөвтэй. Өмнийн говьд орших Тавантолгой нь улсын хэмжээнд нүүрсний хамгийн том орд газар бол Оюутолгой нь дэлхийн хамгийн том зэс, алтны ордуудын нэгт тооцогддог.

Уул уурхай, үйлдвэрийн салбараас усны чанар, тоо хэмжээнд үзүүлэх дарамт, ачааллын улмаас устай холбоотой эрсдэл нэмэгдэх хандлагатай байна (2030 Water Resources Group, 2016[40]). Уул уурхайн компаниуд, малчид, орон нутгийнхны хооронд усны эрэлтийн төлөөх зөрчил, тэмцэл нэмэгдэж болзошгүй (2030 Water Resources Group, 2016[40]). Монгол орон нүүрсний арвин баялаг нөөцтэй бөгөөд нүүрс нь улсын хэмжээнд эрчим хүчний хамгийн гол эх үүсвэр, экспортын өндөр ач холбогдолтой бүтээгдэхүүн (Namkhainyam and Senshaw, 2020[41]). Олборлосон нүүрсний 90%-ийг эрчим хүч үйлдвэрлэлийн зориулалтаар ашигладаг бөгөөд үүний ихэнх хэсэг (57%)-ийг нь орон сууцын зориулалтаар дулаан, халуун ус үйлдвэрлэлд ашигладаг (Namkhainyam and Senshaw, 2020[41])

ХАА-н салбар 2022 оны байдлаар ДНБ-ий 13%-ийг бүрдүүлсэн бол МАА нь ХАА-н нийт үйлдвэрлэлийн гарцын 80 орчим хувийг эзэлж, ХАА-н салбарын нийт ажиллах хүчний 26%-ийг бүрдүүлж байв (World Development Indicators, 2022[42]). ХАА-н салбарт МАА, газар тариалан, ойн аж ахуйн, загас агнуур хамаарна. Монголын нэхмэлийн үйлдвэр ялангуяа тансаг ноолуурын дэлхийн зах зээл дэх эрэлт сүүлийн үед нэмэгдсэн. Улсын хэмжээнд уг үйлдвэрлэлийг нэмэгдүүлэхгүй байхад анхаарах ногоон зорилт тавигдсан ч салбарын хувьд бүтээгдэхүүний чанарыг дээшлүүлэх, экспортыг нэмэгдүүлэхийг нэн тэргүүнд тавьж байна. Нэхмэлийн үйлдвэрийн ус ашиглалт жилд 1.7-4.8 сая шоо метр болж нэмэгдэх төлөвтэй байгаа нь ачааллаа дийлэхээ больсон Төв цэвэрлэх байгууламжид цаашид ихээхэн ачаалал, дарамт үзүүлэхээр байна ((AVSF), 2020[43]). Гэсэн хэдий ч хөрсний чанарыг доройтуулж, уур амьсгалтай холбоотой эрсдэл үүсгэх агро уур амьсгалын ихээхэн өөрчлөлтийн улмаас салбарын өсөлт жигд бус байна (FAO, 2022[44]). 1996- 2013 оны түвшинд зудын улмаас МАА, ХАА-н үйлдвэрлэлийн гарц алдагдсан бөгөөд энэ нь эдийн засгийн алдагдлын 40 орчим хувьтай тэнцэж байв. 2009-2010 онд болсон зудын улмаас ДНБ-ий 4%-тай тэнцэхүйц алдагдал үүссэн байна (UNDRR, 2019[45]).

Зураг 1.9т 2018-2023 онд янз бүрийн салбарын ус ашиглалтад гарсан голлох өөрчлөлтийг харуулав. Салбаруудын нийт ус ашиглалт ойролцоогоор 19.14%-иар өссөн байна. Улсын хэмжээнд 2023 онд хамгийн их ус ашиглагч салбар ХАА (50%) байсан бөгөөд уул уурхай (25%), ахуйн ус ашиглалт (13%), эрчим хүч (7%), үйлдвэрлэл (5%) тус тус байв (MECC, 2024[46]; MECC, 2025[47]). Дотоодын ахуйн салбар (өрх, бизнес, төрийн секторыг хамруулсан)-ын ус ашиглалт 10% нэмэгдсэн бол үйлдвэрлэл, үйлчилгээний салбарынх эсрэгээрээ 43.02%-иар буурсан үзүүлэлттэй гарсан нь гол төлөв дата, мэдээлэл цуглуулах аргачлалын үл нийцэлтэй холбоотой болов уу. ХАА-н салбарын ус ашиглалт дундаж хэмжээнд буюу 10.66%-иар нэмэгдсэн бол эрчим хүчний салбарын ус ашиглалт 45.63%, уул уурхайн салбарынх хамгийн ихээр буюу 90.11%-иар нэмэгдсэн тус тус үзүүлэлттэй байна.

Зураг 1.9. Ус ашиглалт, салбар тус бүрээр

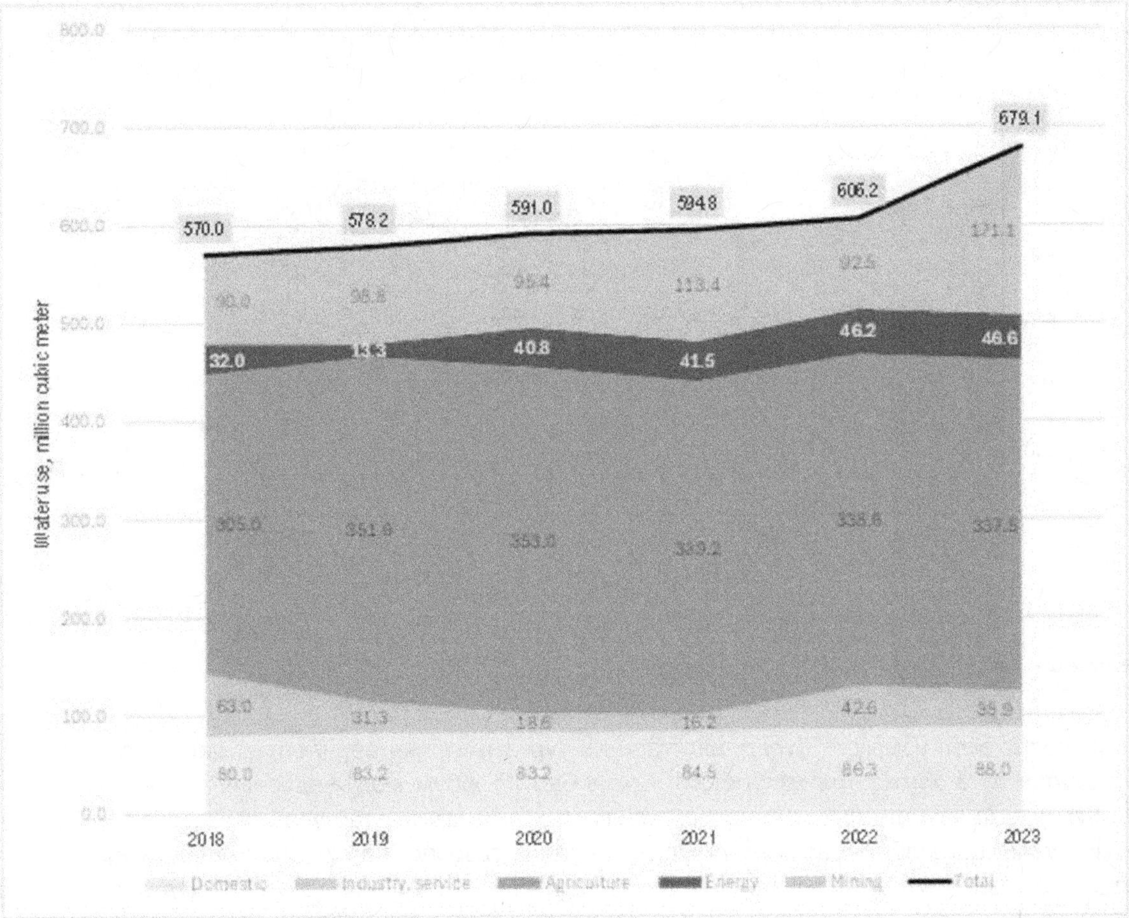

Эх сурвалж: Усны газар, 2024 он.

Усны эрэлт нь 2019 оны 578.5 сая шоо метр суурьтай харьцуулахад 2030 гэхэд хамгийн доод хөгжлийн хувилбараар 30%, хамгийн дээд хөгжлийн хувилбараар 83%-иар нэмэгдэх болов уу гэсэн прогноз гаргасан байна (Зураг 1.10).

Зураг 1.10. 2030 оны усны эрэлтийн хувилбар (сая м3)

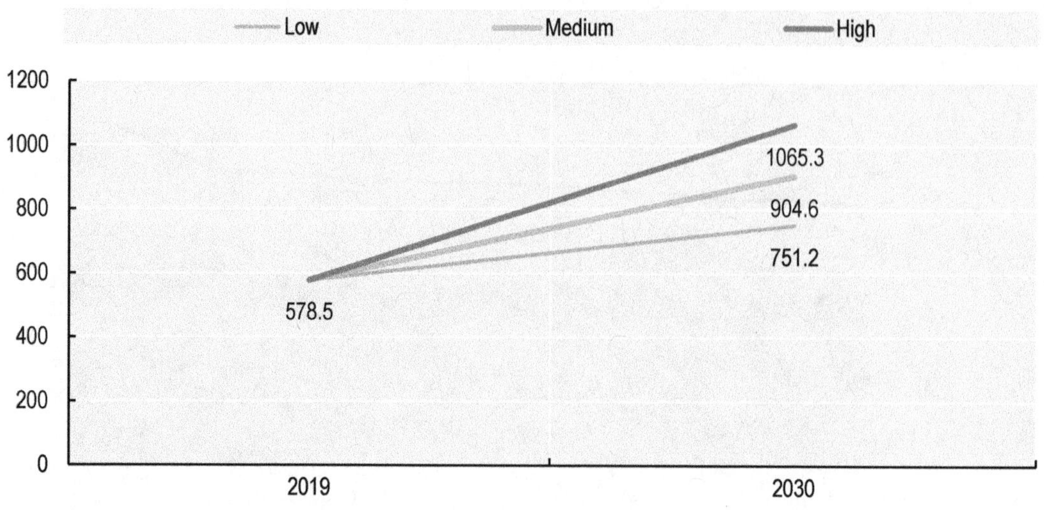

Эх сурвалж: Байгаль орчин, аялал жуулчлалын яам.

Усны эрэлт өсөн нэмэгдэх бусад шалтгаан нь уур амьсгалын өөрчлөлтөд дасан зохицох, түүнийг бууруулах арга хэмжээтэй холбоотой. Тухайлбал, "Тэрбум мод" үндэсний хөдөлгөөн, усалгааны зориулалтаар ус хадгалах хөв, цөөрөм байгуулах, том хэмжээтэй усан сан зэрэг олон зориулалт бүхий усан цогцолбор барьж байгуулах, Засгийн газраас Хархорин хот, Зуунмод дагуул хот байгуулах зэрэг нийгмийн төвлөрлийг сааруулахтай холбоотой хот, суурины дэд бүтэц бий болгох төсөл, хөтөлбөрийг дурдаж болно (Government of Mongolia, 2020[7]), (Government of Mongolia, 2021[48]).

1.4.2. Ус хангамж, ариутгах татуургын ашиглалт, үйлчилгээ

УХАТАҮ-ний хүртээмж 2000 оноос хойш нэлээд сайжирсан.

2020 оны байдлаар хүн амын 82.5% нь баталгаат ундны усны үйлчилгээ, 69% нь баталгаат ариутгах татуургын үйлчилгээ тус тус хүртсэн байна (Government of Mongolia, 2020[7]). Гэсэн хэдий ч улсын хэмжээнд эдгээр статистик үзүүлэлт өөр өөр байгууллагад харилцан адилгүй байв. Тухайлбал, НҮБ-аас хүн амын 39% нь л баталгаат ундны усны эх үүсвэрээс хангагдаж, 66% нь баталгаат ариутгах татуургын үйлчилгээ хүртэх боломжгүй хэмээн тооцоолсон. НҮБ-ын уг тайланд мөн ахуйн хаягдал усны зөвхөн 26%-ийг баталгаатай цэвэрлэдэг гэжээ (UN Water, 2024[49]).

УХАТАҮ-ний хүртээмж хот, суурин болон хөдөө, орон нутгийн түвшин ихээхэн ялгаатай. Хот, суурины өрхүүдийн 52%, хөдөө, орон нутгийн өрхүүдийн 13% нь баталтгаат ундны усны үйлчилгээний хүртээмжтэй, хот, суурины өрхүүдийн 70%, орон нутгийн өрхүүдийн 56% нь баталтгаат ариутгах татуургын үйлчилгээнд хамрагдсан байна (UN Water, 2024[49]).

Нийслэлийн нэг хүнд ногдох ус хэрэглээ 188-193 л/хоног. Гэвч энэхүү дундаж тоо хэмжээний цаана ихээхэн ялгаа, зөрүү бий. Гэр хороолол[2]-ын оршин суугчийн худгаас зөөж хэрэглэдэг усны хэрэглээ дунджаар 17 л/хоног байгаа нь Дэлхийн эрүүл мэндийн байгууллагаас тогтоосон унд, ариутгах татуурга, эрүүл ахуй, хоол хийх үндсэн хэрэгцээний усны нэг хүнд нэг хоногт ногдох доод хэмжээ буюу 50-100 литрээс доогуур үзүүлэлттэй байна (Howard et al., 2020[50]) (Millennium Challenge Account - Mongolia, 2021[51]).

ХББОСЯ нь хот, суурины холбогдох чиглэлийн бодлого тодорхойлох, төлөвлөгөө гаргах, төсвийн санхүүжилтийг захиран зарцуулах үндсэн чиг үүрэгтэй (үүнд орон сууц, нийтийн аж ахуйн үйлчилгээ хамаарна) (Зураг 1.11). Улсын хэмжээнд орон нутгийн засаг, захиргааны байгууллагууд нь УХАТАҮ үзүүлэхэд ихээхэн үүрэг гүйцэтгэдэг. Энэ төрлийн ихэнх үйлчилгээг аймаг, нийслэл, сум, дүүргийн ЗДТГ-тай гэрээтэй ААН, байгууллагууд үзүүлдэг. Засгийн газар нь УХАТ-ын дэд бүтцийг эзэмшдэг ч орон нутгийн ЗДТГ болон НААҮБ нь капитал зардал, ашиглалт, засвар үйлчилгээний зардал зэрэг санхүүжилтийг босгох үүрэг хүлээдэг байна.

Зураг 1.11. Улсын хэмжээнд ус хангамж, ариутгах татуургын ашиглалт, үйлчилгээ эрхлэгч төрийн байгууллагуудын бүтэц, зохион байгуулалт

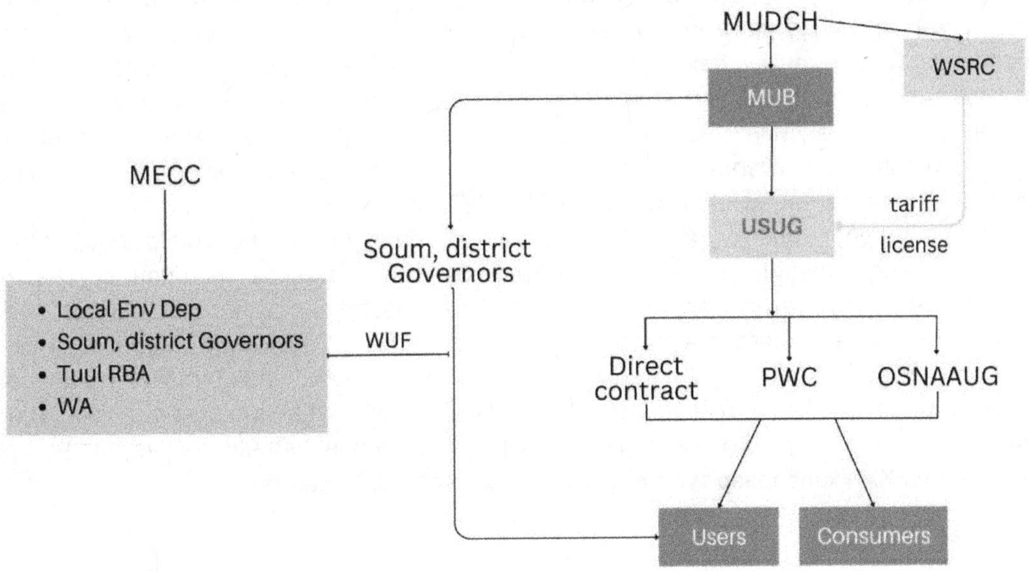

Эх сурвалж: Зохиогч боловсруулав (WRG, 2019[52]).

Жич: Усны газар (УГ), Хот байгуулалт, барилга, хот суурины сууцжуулалтын яам (ХББОСЯ), Хот, суурины ус хангамж, ариутгах татуургын ашиглалт, үйлчилгээний зохицуулах хороо (ХСУХАТАҮЗХ), Ус сувгийн удирдах газар (УСУГ), Орон сууц, нийтийн аж ахуйн үйлчилгээний удирдах газар (ОСНААҮУГ), Ус хангамж, ариутгах татуургын үйлчилгээ үзүүлэгч байгууллага (УХАТҮҮБ), Ус ашигласны төлбөр (УАТ).

Нийслэлийн хэмжээнд ХББОСЯ нь ус хангамж, ариутгах татуургын дэд бүтцийн төсөл зэрэг барилга байгууламжийн голлох төсөл, хөтөлбөрийн төлөвлөлт, барилгын ажлыг хариуцахаас гадна төсөв, төлөвлөгөө, барилгын ажилд хяналт тавих чиг үүрэгтэй. Төсөл, хөтөлбөрийн барилга байгууламжийн ашиглалт, засвар үйлчилгээг НААҮБ-аар дамжуулан орон нутгийн засгийн захиргаанд хариуцуулдаг байна. Гэсэн хэдий ч ялангуяа нийслэлийн төсөв, төлөвлөгөө нь харьяалагдах орон нутгийн захиргааны түвшинд холбогдох яамнаас хараат бус, бие даасан хэлбэрээр хийгддэг боловч, яамны төсөв, төлөвлөгөөтэй уялдаа, хамааралтай хэвээр байна.

Үйлчилгээ үзүүлэх орчин нь хотжилтийн түвшингээс хамааран ихээхэн ялгаатай байна. Хотжилт их явагдсан нийслэлийн хэмжээнд НААҮБ болон УХАТҮҮБ нь УХАТ-ын үйлчилгээ үзүүлдэг байна. Алслагдсан дүүргийн түвшинд тухайн дүүрэг нь ус түгээлт, дамжуулалтыг ерөнхийд нь хариуцдаг бол эцсийн хэрэглэгч, ашиглагчдыг усаар хангах үйлчилгээг НААҮБ үзүүлдэг. Хүн ам сийрэг суурьшсан хөдөө, орон нутагт ус хангамжийн бүхий л үйлчилгээг дүүрэг хариуцдаг. Үүний нэг адил УХАТАҮ-ний чиг үүрэг нь тухайн суурин газрын хотжилтын түвшингээс хамааран харилцан адилгүй байх бөгөөд тухайн суурин газрын дүүрэг нь хаягдал ус цуглуулах, бохирын септик системээс бохир татах үйлчилгээг тодорхой хураамжид суурилсан хэлбэрээр үзүүлдэг байна.

Улсын хэмжээнд УХАТАҮ-г хариуцсан төрийн болон хувийн байгууллагууд ХСУХАТШСЗХ-ноос тусгай зөвшөөрөл авч, эзэмшдэг (WRG, 2019[52]). Улсын хэмжээнд 2023 онд тусгай зөвшөөрөл бүхий 207 байгуулага, ААН байв (Хүснэгт 1.3.). Ийм төрлийн үйлчилгээ эрхлэгч байгууллагуудын 75% (буюу 156) нь нийслэлд үйл ажиллагаа явуулдаг бөгөөд үүнд нийтийн аж ахуй (НАА)-н чиглэлээр ус хангамжийн үйлчилгээ үзүүлэх тусгай зөвшөөрөл бүхий төрийн болон хувийн секторын 72 байгууллага, ААН хамрагдаж байна. Бусад хот, суурин болон хөдөө, орон нутагт улсын хэмжээнд 51 байгууллага, ААН аймгийн болон орон нутгийн НАА-н үйлчилгээ үзүүлж байна (WSRC, 2024[53]).

Улаанбаатар хотын Ус, суваг удирдах газар (УСУГ)-ыг Нийслэлийн ИТХ-ын Тэргүүлэгчдийн тогтоолоор томилогдсон Удирдах зөвлөл удирдан чиглүүлдэг бөгөөд УСУГ нь нийслэлийн хэмжээнд тэргүүлэх чиг үүрэгтэй байгууллага юм. УСУГ нийслэлийн хэрэглэгчдийг унд, ахуйн шаардлагад нийцсэн усаар тасралтгүй хангах, бохир ус татан зайлуулах үйлчилгээ үзүүлж, ус олборлон түгээх, цэвэрлэх, түүнчлэн ус хэрэглэгч, ашиглагчид жижиглэнгийн болон бөөний тарифаар ус түгээх зэрэг ус хангамжийн чиг үүргийг эцсийн байдлаар хариуцан гүйцэтгэдэг. Ус хангамжийн төвлөрсөн шугам сүлжээгээр дамжуулан ус хэрэглэгчдэд усыг жижиглэнгээр тарифаар түгээх эрх мэдлийг Орон сууц, нийтийн аж ахуйн үйлчилгээний удирдах газар (ОСНААҮУГ) болон бусад 70 хувийн байгуулага, ААН-тай хамтарсан байдлаар хэрэгжүүлдэг. Эдгээр хувийн байгууллага нь гол төлөв барилгын компаниуд байх бөгөөд төвийн шугам сүлжээнээс ихэвчлэн хотын захын орон сууцны шинэ хороолол руу шугам хоолой татах зэргээр ус хангамжийн зах зээлд үйл ажиллагаа явуулдаг байна. УСУГ ус олборлох, түгээх, хаягдал ус цэвэрлэх зөвшөөрлийг ХСУХАТАҮЗХ-ноос авах бөгөөд ОСНААҮУГ болон хувийн компаниуд ч гэсэн ус хангамж, ус түгээх үйлчилгээний зөвшөөрлийг ХСУХАТАҮЗХ-ноос авдаг. УСУГ болон ОСНААҮУГ нь Нийслэлийн ИТХ-ын харьяанд төрийн өмчит үйлдвэрийн газар хэлбэрээр, ус хангамж, ариутгах татуургын үйлчилгээ үзүүлэгч хувийн байгууллага, ААН нь ХХК хэлбэрээр тус тус үйл ажиллагаагаа явуулдаг байна.

Хүснэгт 1.3. Улсын хэмжээнд ус хангамж, ариутгах татуургын үйлчилгээ үзүүлэх зөвшөөрөл бүхий байгууллага, ААН

Байршил	Зөвшөөрлийн төрөл	2022	2023	нэмэгдсэн + хасагдсан -
Аймаг	Аймгийн болон орон нутгийн ОСНААҮ	50	51	1
Нийслэл	Нийслэлийн төр, хувийн секторын ОСНААҮ үзүүлэгч байгууллага, ААН	79	72	-7
Нийслэл	Бохир ус зөөврөөр татан зайлуулах автомашины үйлчилгээ	72	67	-5
Нийслэл	Цэвэр усаар хангах, бохир ус татан зайлуулахад зориулсан төхөөрөмжийн туршилт, тохируулгын үйлчилгээ	10	5	-5
Нийслэл	Хаягдал ус цэвэрлэх байгууламжийн ашиглалт, засвар үйлчилгээ	8	10	2
Нийслэл	Ус цэвэршүүлэх, цэвэр ус савлах үйлдвэр	1	1	0
Нийслэл	Бохир усны шугам сүлжээний ашиглалт, засвар үйлчилгээ	1	1	0

Эх сурвалж: (WSRC, 2024[53]) Ус хангамж, ариутгах татуургын ашиглалт, үйлчилгээ үзүүлэх зөвшөөрөл бүхий байгууллага, ААН-ийн 2023 оны жилийн төлөвлөгөө.

1.4.3. Санхүүжилтийн бүтэц, хөрөнгө оруулалт төлөвлөлт

Монгол Улс МХЗ-ын шалгуур үзүүлэлтүүдэд тодорхойлсон холбогдох стандартад нийцүүлэх үүднээс 2021-2030 оны хооронд нийт 1.8 тэрбум ам.доллар зарцуулах шаардлагатай болохыг НҮБ-ын Хөгжлийн хөтөлбөр (НҮБХХ)-ийн холбогдох тайланд тусгажээ[3]. Түүнчлэн санхүүжилт, хөрөнгө оруулалтын одоогийн түвшин нь тодорхойлсон хэрэгцээ, шаардлагаас маш доогуур үзүүлэлттэй байгааг Хүснэгт 1.41.4-д харуулав. НҮБХХ-ийн тооцооллын дагуу 2020-2030 оны хооронд Ус хангамж, ариутгах татуурга, эрүүл ахуйн сүлжээ (WASH)-нд зарцуулах улсын төсвийн зардал нь дээр тодорхойлсон хэрэгцээ,шаардлагын 5%-ийг л бүрдүүлэхээр байна (UNDP, 2022[54]).

Хүснэгт 1.4. Ус хангамж, ариутгах татуурга, эрүүл ахуйн сүлжээ (МХЗ-6)-нд зарцуулах төсөв, тэрбум төгрөгөөр

	2021-2025	2026-2030	Нийт
Нийт үнийн дүн	2 657 (тэрбум төгрөг)	3 555 (тэрбум төгрөг)	6 212 (тэрбум төгрөг)
	768 (сая ам.доллар)	1 030 (сая ам.доллар)	1 797 (сая ам.доллар)
Цэвэр усаар хангах, ариутгах татуургын арга хэмжээ, үйл ажиллагаанд зарцуулах улсын төсвийн төсөөлөл (суурь жил = 2021)	109 (тэрбум төгрөг)	189 (тэрбум төгрөг)	298 (тэрбум төгрөг)
	32 (сая ам.доллар)	55 (сая ам.доллар)	86 (сая ам.доллар)
Нэмэлт төсвийн хэрэгцээ, шаардлага	2548 (тэрбум төгрөг)	3366 (тэрбум төгрөг)	5914 (тэрбум төгрөг)
	736 (сая ам.доллар)	975 (сая ам.доллар)	1 711 (сая ам.доллар)

Жич: (1 ам.доллар = 3 459.6 төгрөг); Зөвхөн ус хангамж, ариутгах татуурга, эрүүл ахуйн сүлжээнд зарцуулах төсөв, зардлын хэрэгцээ, шаардлага (МХЗ-ын шалгуур үзүүлэлт 6.1 ба 6.2).
Эх сурвалж: (UNDP, 2022[54]) Тогтвортой хөгжилд хүрэх хэрэгцээ, шаардлага.

Засгийн газар нь УХАТ-ын барилга байгууламж, шугам сүлжээнд хөрөнгө оруулалт, санхүүжилт хийх албан ёсны үүрэг хүлээгээгүй ч ус хангамж, бохир усны шугам сүлжээг өргөтгөн хөгжүүлэх чиглэлд чухал үүрэг гүйцэтгэдэг. Монгол Улс нь Засгийн газрын холбогдох эрх хэмжээ, чиг үүрэг, хариуцлага, нөөцийг доод түвшний засаг захиргаанд шилжүүлэхэд чиглэсэн төвлөрлийг сааруулах шинэтгэлийн арга хэмжээ авч хэрэгжүүлсэн. Төсвийн тухай хууль (2012)-ийн дагуу холбогдох төсвийн захиран зарцуулалтын хариуцлагын хэм хэмжээг орон нутгийн засаг захиргаанд шилжүүлжээ. Уг хуулийн 58 дугаар зүйлд заасан ус хангамж, хаягдал бохир ус, хаягдал ус хаях, зайлуулах, нийтийн эрүүл ахуйн үйлчилгээ үзүүлэх чиг үүргийг аймаг, нийслэлд шилжүүлсэн байна (Government of Mongolia, 2011[55]).

Аймгийн засаг захиргаанаас сумдад зориулсан төсвийн хуваарилалтыг хийхдээ Сангийн яам болон бусад холбогдох яамны бүрэн хяналтын дор төсвийн санхүүжилтийн системээр дамжуулдаг байна. Аймаг нь Орон нутгийн хөгжлийн сан (ОНХС)-гаас төсвийн санхүүжилтийн хуваарилалтыг удирдан зохион байгуулна. ОНХС нь улсын орлогын янз бүрийн эх үүсвэрээс бүрдэх бөгөөд үүнд НӨАТ-ийн 5%, газрын тосны бүтээгдэхүүний онцгой албан татварын 30% зэрэг хамаарна. Эдгээр санхүүжилтийн тодорхой хувь хэмжээг тодорхой суурь зарлагын зориулалтаар хэсэгчилэн хуваарилсан төсвийн хамт сумын түвшний ОНХС руу шилжүүлнэ (ADB, 2021[56]). Аймгаас сум руу төсөв хуваарилах үйл явцад Сангийн яам бусад холбогдох яамны дэмжлэгтэйгээр хяналт тавих бөгөөд тухайн орон нутагт дэд бүтцийн хөрөнгө оруулалт хийхэд шаардагдах ОНХС-гийн төсвийн хэрэгцээ, шаардлагыг авч үздэг. Бодит байдал дээр хот, суурины ус хангамж, ариутгах татуургын шугам сүлжээнд хийгдэх капитал хөрөнгө оруулалт, санхүүжилтийн төсвийн асуудлыг ХББОСЯ, хөдөө, орон нутгийн дэд бүтцийн хөрөнгө оруулалт, санхүүжилтийн хэрэгцээ, шаардлагыг ХХААХҮЯ тодорхойлдог, удирдан чиглүүлдэг хэвээр байна.

Ус хангамж, ариутгах татуурга, эрүүл ахуй (WASH)-н үйл ажиллагаанаас гадна Засгийн газар н үерээс хамгаалах, борооны ус зайлуулах байгууламж, нуурын усны түвшинг нөхөн сэргээх, нийтийн халуун усны газар, ХАА-н зориулалттай хөв цөөрөм, МАА-ын ус хангамжийн зориулалттай худаг зэрэг усны дэд бүтцийн үйл ажиллагааг тусгасан 2024 оны санхүүгийн жилийн төсвөө батлуулсан. Төсвийн зарцуулалтын сүүлийн үеийн тайлангаас харахад устай холбоотой санхүүжилт, хөрөнгө оруулалтыг өргөнд хүрээнд авч үзсэнээс гадна төсвийн хөрөнгийн зарцуулалтыг өндөр түвшинд тусгасан байна. Усны менежменттэй холбоотой голлох яамдад 2024 онд усны дэд бүтэц, менежментийн үйл ажиллагаанд зарцуулах зориулалтаар нийт 36.5 сая ам.доллар хуваарилснаас[4] БОУАӨЯ-нд 1 сая ам.доллар, ХТБОСЯ-нд 29 сая ам.доллар, ХХААХҮЯ-нд 5.5 сая ам.доллар тус тус хуваарилсан байна. Эдгээр яам нь томоохон ус ашиглагчдын салбарыг хариуцдаг тул улсын төсвийн 22 орчим хувийг эдгээр яамд хуваарилсан нь 2024 онд устай холбоотой хөрөнгө оруулалтад чиглэсэн зориулалт байв (Ministry of Finance, 2023[57]) (Ministry of Finance, 2023[58]). Эдгээр төсвийн хуваарилалтаас үл хамааран эцсийн байдлаар баталсан улсын нийт төсвөөс тухайн үеийн БОАЖЯ-нд хуваарилагдсан төсөв нь анх хүсэлт гаргасан төсвийн дүнгээс 7 дахин бага байв (Ministry of Environment and Climate Change, 2024[59]).

УИХ-аас 2024 оны улсын төсвийг батлахдаа төсвийн хөрөнгө оруулалтад (7.5 тэрбум ам.долларын улсын төсвийн зарлагын) 900 сая ам.доллар хуваарилахаар тусгасан. Энэхүү төсвийн хөрөнгө оруулалтын төсвийг гаргахдаа улс орны дэд бүтцийг хөгжүүлж, гадны хөрөнгө оруулалт татахад чиглэсэн Шинэ сэргэлтийн бодлоготой уялдаатайгаар тээврийн хөрөнгө оруулалтыг голлон тусгасан байна (The Economist, 2023[60]).

Гэсэн хэдий ч уул уурхайн салбар дахь урт хугацааны гол тэргүүлэх чиглэл нь устай холбоотой дэд бүтэц. Нүүрсний хамгийн их нөөцтэй Тавантолгой орд, дэлхийд томоохонд тооцогдох зэс, алтны Оюутолгой орд зэрэг ашигт малтмалаар арвин Өмнийн говьд уул уурхай улам эрчимжих төлөвтэй. “Хөх морь” хөтөлбөрийн хүрээнд 12-13 гол, мөрөн дээр нийт 33 боомт, далангийн барилга байгууламж, усан цахилгаан станцын усан санг барьж байгуулах төсөл, хөтөлбөрт дэмжлэг үзүүлэх зорилготой. Эдгээрээс хоёр төсөл нь Засгийн газрын 2024-2028 оны Үйл ажиллагааны хөтөлбөрт тусгагдсан (Government of Mongolia, 2024[61]) бөгөөд уг хоёр төслийг хэрэгжүүлэх хөрөнгө оруулалт нь 800 сая ам.долларын төсөвтэй (Shar, 2022[62]).

Үүнээс гадна Монгол Улсын УННМ-ийн төлөвлөгөөний хүрээнд усны санхүүжилт, хөрөнгө оруулалтын урьдчилсан төлөвлөгөөг холбогдох төсөв, зардлын хамт боловсруулж гаргадаг. Тухайлбал, Монгол Улсын ирэх 5 жилийн УННМ-ийн төлөвлөгөөнд Өмнийн говийн бүсийн үйлдвэрийн ус хангамж, суурьшлын бүсийг үерээс хамгаалах дэд бүтэц, усан цахилгаан станц байгуулан хөгжүүлэхэд зарцуулах нийт төсөв ойролцоогоор 4 тэрбум ам.доллар[5] хэмээн тооцоолжээ.

Уур амьсгалын өөрчлөлтөд дасан зохицох арга хэмжээнд мөн хөрөнгө оруулалт шаардлагатай. Уур амьсгалын өөрчлөлт нь газрын доорх усны нөөцөөс илүүтэйгээр гадаргын усны хүртээмжтэй байдалд сөргөөр нөлөөлнө. Энэ хүрээнд гадаргын ус хуримтлуулах, ашиглах, голын урсац тохируулга хийх, дамжуулах, газрын доорх усны тэжээгдлийг нэмэгдүүлэх (MAR), үерээс хамгаалахад чиглсэн дасан зохицох арга хэмжээ авч хэрэгжүүлэх шаардлагатай. Уур амьсгалын өөрчлөлтөд дасан зохицох үндэсний төлөвлөгөөнд тусгасны дагуу, усны нөөцийн тусын тулд 2030 он хүртэлх хугацаанд уур амьсгалын өөрчлөлтөд дасан зохицох үйл ажиллагаа, арга хэмжээ авч хэрэгжүүлэх нийт хөрөнгө оруулалт 3.9 тэрбум ам.доллар болно (Ministry of Environment and Climate Change, 2021[63]) Нийслэлийн хэмжээнд үерийн эрсдэлээс урьдчилан сэргийлэх, эрсдэлийг бууруулах арга хэмжээнд нийт 1.4 тэрбум ам.долларын хөрөнгө оруулалт шаардлагатай[6] (Ministry of Environment and Climate Change, 2021[63])

Усны аюулгүй байдлын тухайд 2020 онд өргөтгөсөн хүрээнд хийгдсэн үнэлгээгээр 2018-2030 оны хооронд 6.5 тэрбум ам.долларын хөрөнгө оруулалт шаардлагатай хэмээн тооцоолжээ (Fan, 2020[13]). Уг үнэлгээнд хөдөө, орон нутгийн ахуйн усны аюулгүй байдал, усны эдийн засгийн аюулгүй байдал, хот, суурины усны аюулгүй байдал, байгаль орчны усны аюулгүй байдал, устай холбоотой гамшигт уян хатан, тэсвэртэй байх зэрэгт шаардагдах хөрөнгө оруулалтыг өргөн хүрээнд үнэлсэн болови сүүлийн үеийн дэд бүтцийн томоохон төсөл, хөтөлбөр болон дасан зохицох арга хэмжээний хөрөнгө оруулалтын хэрэгцээ, шаардлагыг хамруулаагүй. Энэхүү судалгааг 2016 оны "Алсын хараа-2050" урт хугацааны хөгжлийн бодлогод тулгуурлан БОУАӨЯ, Азийн хөгжлийн банк (АХБ) хамтран хийсэн. Уг хөрөнгө оруулалтын төлөвлөгөөнд "Хөх морь" хөтөлбөрийг тусгаагүй бөгөөд Өмнийн говийн бүсэд эдийн засгийн өсөлтийг нэмэгдүүлэхэд чиглэсэн ихээхэн хэмжээний тогтвортой ус хангамжийн судалгаа, хэрэгжилтийг хамруулсан. 2018-2030 оны хооронд 6.5 тэрбум ам.долларын хөрөнгө оруулалтын хэрэгцээтэй байгаагаас зөвхөн 1.76 тэрбум ам.доллар (27%)-ыг улсын төсвөөс, 1.07 тэрбум ам.доллар (16%)-ыг тухайн ашиг хүртэгчдээс тус тус санхүүжүүлэхээр төлөвлөсөн байна. Үлдсэн 3.67 ам.доллар буюу 56%-д нь хувийн секторын хөрөнгө оруулалт татах шаардлагатай болно гэсэн үг.

Ашигласан материал

(AVSF), A. (2020), *Sectorial Roadmap: Sustainable Textile Production and Eco-Labelling project in Mongolia*, EU SWITCH-Asia programme. [43]

2030 Water Resources Group (2016), *Hydro-economic Analysis on Cost-Effective Solutions to Close Ulaanbaatar's Future Water Gap. Mongolia, Ulaanbaatar*, 2030 Water Resources Group, Washington, https://www.2030wrg.org/wp-content/uploads/2016/09/2030-WRG-Hydroeconomic-Analysis_Ulaanbaatar_Aug16_final.pdf. [40]

ADB (2024), *Asian Development Outlook April*, Asian Development Bank, Metro Manila, https://doi.org/10.22617/FLS240221-3. [39]

ADB (2021), *Decentralization, Local Governance, and Local Economic Development in Mongolia*, Asian Development Bank, Manila, Philippines, https://doi.org/10.22617/TCS210319-2. [56]

ADB, C. (2022), *TA-9878 REG: COUNTRY RISK PROFILE MONGOLIA*, ADB, https://www.carecprogram.org/uploads/CAREC-Risk-Profiles_Mongolia.pdf. [24]

ADB and The World Bank Group (2021), *Climate Risk Country Profile: Mongolia*, World Bank Group, Asian Development Bank, https://climateknowledgeportal.worldbank.org/sites/default/files/2021-06/15813-Mongolia%20Country%20Profile-WEB.pdf. [8]

Betcherman, G., H. Yang and M. Norjinlkham (2022), *Mongolia Jobs Diagnostic : More Vibrant and Inclusive Labor Markets for Economic Recovery and Diversification - Synthesis Report*, World Bank Group. [3]

Chandmani, D. (2018), *Alarming prospect of water shortage in the Gobi*, https://www.mongolianminingjournal.com/a/65955. [9]

Chimed-Ochir, B. et al. (2010), *Filling the Gaps to Protect the Biodiversity of Mongolia*, WWF Mongolia Programme Office. [16]

Constitution of Mongolia (1992), *Constitution of Mongolia, 2019 amendment*. [35]

Fan, M. (2023), *Managed Aquifer Recharge in Mongolia: Policy Recommendations and Lessons Learned from Pilot*, ADB, https://doi.org/10.22617/BRF230405-2. [6]

Fan, M. (2020), *Making Water in Mongolia Available at the Right Time, at the Right Place, and in the Right Quality. ADB Briefs.*, Asian Development Bank, Metro Manila. [13]

FAO (2022), *Food Systems Profile - Mongolia*, FAO; European Union ; CIRAD;, https://doi.org/10.4060/cb8153en. [44]

Government of Mongolia (2024), *Government action plan for 2024-2028*, https://legalinfo-mn.translate.goog/mn/detail?lawId=17141368141311&_x_tr_sl=mn&_x_tr_tl=en&_x_tr_hl=en&_x_tr_pto=sc. [61]

Government of Mongolia (2023), *"Monitoring the quality of drinking water, establishing an online database, and installing equipment to improve drinking water quality" project (2019-2023)*, Water Service Regulatory Commission, Institute of Geography and Geoecology, Institute of Chemistry and Chemical Technology. [29]

Government of Mongolia (2021), *Parliament Resolution #106 New Recovery Policy*, https://legalinfo.mn/mn/detail?lawId=16390082576201&showType=1. [48]

Government of Mongolia (2020), *"Vision-2050" Long-term Development Policy Of Mongolia, Annex 1 to Resolution 52, 2020*, State Great Hural, https://cabinet.gov.mn/wp-content/uploads/2050_VISION_LONG-TERM-DEVELOPMENT-POLICY.pdf. [7]

Government of Mongolia (2012), *Integrated Water Management Plan of Mongolia*, Ministry of Environment and Green Development. [14]

Government of Mongolia (2011), *Law on Budget*. [55]

Howard, G. et al. (2020), *Domestic water quantity, service level and health, second edition*, World Health Organization. [50]

Institute of Geography and Geoecology, MAS and Water Service Regulatory Commission of Mongolia (2022), *Multistakeholder Forum on Sustainable Development Goals*, https://unescap.org/sites/default/d8files/event-documents/SDG6_4%20Water%20Quality%20of%20Mongolia%20PPT_20220907_Final.pdf. [28]

Law on Budget (2011), *Law on Budget*. [37]

MECC (2025), *Forthcoming - Environmental Baseline Report 2021-2023*, Ministry of environment and Climate Change , Ulaanbaatar. [47]

MECC (2024), *Implementation of the Law on Water Pollution Charges*, Ministry of Environment and Climate Change Statistics. [46]

Millennium Challenge Account - Mongolia (2021), *Willingness to Pay Study Report: Cost Recovery Technical Assistance for Sustainability of Ulaanbaatar's Water Supply System*, MCA-M. [51]

Ministry of Environment and Climate Change (2024), *Environmental Baseline Report 2021-2023*, MECC. [12]

Ministry of Environment and Climate Change (2024), *Environmental Baseline Study Report 2021-2023*, MET, https://mecc.gov.mn/documents/mongol-orny-bajgal-orchny-t-l-v-bajdlyn-tajlan?sort=date&order=desc. [11]

Ministry of Environment and Climate Change (2024), *Ministerial Order A/47*. [59]

Ministry of Environment and Climate Change (2021), "Mongolia NDC Action Plan-English". [63]

Ministry of Environment and Climate Change (2019), *Sixth National Report to the Convention on Biological Diversity (2015-2018)*, Ministry of Environment and Tourism of Mongolia, Ulaanbaatar, https://www.cbd.int/doc/nr/nr-06/mn-nr-06-en.pdf (accessed on 5 August 2024). [27]

Ministry of Environment and Tourism, GEF and UNEP (2024), *FOURTH NATIONAL COMMINICATION OF MONGOLIA (FNC)*, UNFCCC, https://unfccc.int/sites/default/files/resource/MONGOLIA%20FOURTH%20NC%202024.pdf. [21]

Ministry of Finance (2023), *Mongolia: State Budget Final Draft for 2024*, https://online.flippingbook.com/view/335388417/. [58]

Ministry of Finance (2023), *Mongolia: State Budget for 2024*, https://legalinfo.mn/mn/detail?lawId=16960457247471. [57]

Myagmarjav, K. (2023), *Sixty-Eight Percent of Surface Water Flows Out of Mongolia (Mongolian)*, https://ikon.mn/opinion/2u7r. [10]

Namkhainyam, T. and D. Senshaw (2020), *Development of Green Systems and Energy Efficiency in Mongolia*, Global Green Growth Institute, Seoul. [41]

Nguyen, T. and S. Freije-Rodríguez (2018), *MONGOLIA: Systematic Country Diagnostic*, World Bank Group. [2]

OECD (2019), *Sustainable Infrastructure for Low-Carbon Development in Central Asia and the Caucasus: Hotspot Analysis and Needs Assessment*, Green Finance and Investment, OECD Publishing, Paris, https://doi.org/10.1787/d1aa6ae9-en. [38]

Oyunbaatar, D. (2009), *Floods in Mongolia*, Hydrology section, Institute of Meteorology and Hydrology, https://www.restec.or.jp/geoss_ap3/pdf/day2/WG/WG2/Short_Country_Reports/08_Mongolia.pdf (accessed on 5 August 2024). [23]

Parliament of Mongolia (2020), *"Vision-2050" Long-term Development Policy of Mongolia*, https://cabinet.gov.mn/wp-content/uploads/2050_VISION_LONG-TERM-DEVELOPMENT-POLICY.pdf. [33]

Ramsar Convention (n.d.), *Ramsar Convention: Country Profile of Mongolia*, https://www.ramsar.org/country-profile/mongolia (accessed on 1 August 2024). [15]

Schmidt, G. (2017), *Mongolia: Improvement of Guideline on River Basin Council establishment*, Fresh Thoughts Consulting;. [36]

Serdyanjiv, N. et al. (2024), *Flood hazard mapping and disaster prevention recommendations based on detailed topographical analysis in Khovd City, Western Mongolia*, Copernicus GmbH, https://doi.org/10.5194/nhess-2024-91. [25]

Shar, M. (2022), *Green Development Revival Policy: "Blue Horse" project overview*. [62]

Shinneman, A. et al. (2010), "Late-Holocene moisture balance inferred from diatom and lake sediment records in western Mongolia", *The Holocene*, Vol. 20/1, pp. 123-138, https://doi.org/10.1177/0959683609348861. [19]

State Parliament (2010), *Natinoal Security Concept of Mongolia*, https://legalinfo.mn/mn/detail?lawId=6163. [32]

Tao, S. et al. (2015), "Rapid loss of lakes on the Mongolian Plateau", *Proceedings of the National Academy of Sciences*, Vol. 112/7, pp. 2281-2286, https://doi.org/10.1073/pnas.1411748112. [17]

The Economist (2023), *Mongolia's 2024 budget: election outweighs fiscal discipline*, Economist Intelligence, London. [60]

The Government of Mongolia (2020), *Vision 2050*, https://vision2050.gov.mn/eng/index.html. [34]

The Government of Mongolia (1992), *The Constitution of Mongolia*, https://legalinfo.mn/mn/detail?lawId=367. [31]

UN Water (2024), *SDG 6 snapshot in Mongolia*, https://www.sdg6data.org/en/country-or-area/Mongolia (accessed on 5 August 2024). [49]

UNDP (2022), *Mongolia. Spending Needs for Reaching the Sustainable Development Goals*, United Nations Development Programme and United Nations in Mongolia, Ulaanbaatar. [54]

UNDRR (2019), *Disaster risk reduction in Mongolia: Status report*, United Nations Office for Disaster Risk Reduction. [45]

World Bank (2024), *Climate Change Knowledge Portal For Development Practitioners and Policy Makers. Country: Mongolia.*, https://climateknowledgeportal.worldbank.org/country/mongolia/vulnerability (accessed on 5 August 2024). [26]

World Bank (2024), *Mongolia - Country Climate and Development Report: Overview (English)*, World Bank Group, https://documents1.worldbank.org/curated/en/099101624054513645/pdf/P5005041b4ccef0d218575140014314d1e5.pdf. [22]

World Bank (n.d.), *DataBank. Mongolia*, https://data.worldbank.org/country/MN (accessed on 30 July 2024). [4]

World Bank Group (2023), *Mongolia Economic update*, https://documents.worldbank.org/en/publication/documents-reports/documentdetail/099820111282316793/idu0cbbd58f20b3df0482d0bded0cb21cf3f8b2a (accessed on 12 February 2024). [1]

World Development Indicators (2022), *World Bank DataBank: Mongolia*. [42]

WRG (2019), *Urban Water Tariff Assessment: Integrating Social Equity, Financial Sustainability, Resource Conservation*, Water Resource Group, Ulaanbaatar. [52]

WSRC (2024), “Annual report 2023 of business entities entitled to use and services of water supply and sanitation”, *Water Service Regulatory Commission of Mongolia*. [53]

WWF et al. (2019), *Tuul River Basin Health Report Card*, WWF, https://files.worldwildlife.org/wwfcmsprod/files/Publication/file/5w8xcy6t4_TRB_Report_Card_v7_English.pdf. [30]

Yadamsuren, O. et al. (2020), “Macroinvertebrate community responses to land use: a trait-based approach for freshwater biomonitoring in Mongolia”, *Hydrobiologia*, Vol. 847/8, pp. 1887-1902, https://doi.org/10.1007/s10750-020-04220-2. [20]

Yao, F. et al. (2023), “Satellites reveal widespread decline in global lake water storage”, *Science*, Vol. 380/6646, pp. 743-749, https://doi.org/10.1126/science.abo2812. [18]

Zaveri, E. and R. Khemka (2022), *Seeing the invisible: Disrupting groundwater monitoring in Mongolia*, https://blogs.worldbank.org/en/water/seeing-invisible-disrupting-groundwater-monitoring-mongolia. [5]

ТЭМДЭГЛЭЛ

[1] Яамдын нэрсийг 2023 оны байдлаар оруулав. УИХ-ын 2024 оны сонгуулийн дараа зарим яамны нэр өөрчлөгдсөн болно.

[2] Уламжлалт гэр сууцаас гол төлөв бүрдсэн хот, суурины шинжтэй хувиараа барьсан сууц байгууламжууд

[3] МХЗ-ын шалгуур үзүүлэлт 6.1.1, 6.2.1-т заасан Ус хангамж, ариутгах татуурга, эрүүл ахуй (WASH)-н стандарттай холбоотой өртөг, зардлыг тооцоолох зориулалт бүхий ЮНИСЕФ-ийн WASH SDG зардлын тооцоолуурын хэрэглүүр 2020-ыг ашиглан тодорхойлсон болно.

[4] 2024 оны 02 дугаар сарын ханш, 1 ам.доллар = 3,450 төгрөг

[5] 13,385,546,870,000 төгрөгийг 2024 оны 12 дугаар сарын ханшаар 1 ам.доллар = 3,416.57 төгрөг

[6] 2040 он хүртэлх нийслэлийн инженерийн бэлтгэл ажлын мастер төлөвлөгөө, 2023 он

2. Усны хүртээмжийг сайжруулах нь

Усны эрэлтийн менежментийн бодлого тодорхойлсноор усны эрэлтийг хангаж, тэнцвэртэй байдлыг хадгалах, ус ашиглалтын тогтоосон норм, хэмжээнээс хэтэрсэн тогтворгүй ашиглалтаас үүдсэн усны нөөцийн хомсдлын эрсдэлийг бууруулах, усны нөөц хомсдлын үеийн ус ашиглалтын хоорондох трэйд-офф боломжийг бүрдүүлэхэд дэмжлэг үзүүлэх боломжтой. Усны эрэлтийн менежментийг амжилттай хэрэгжүүлэхийн тулд эдийн засаг, санхүүгийн хэрэглүүр (тариф, усны нөөц ашигласны төлбөр, ус бохирдуулсны төлбөр) болон усны мэдээлэл, ус ашиглуулах дүгнэлт, ус ашиглах зөвшөөрөл, усны менежментийн төлөвлөгөө зэрэг ус хуваарилалтын горимоос бүрдсэн иж бүрдэл хэрэглүүрүүд шаардлагатай. Усыг тоолууржуулах, хаягдал усыг эргүүлэн ашиглах зэрэг усны хэмнэлттэй технологийг цаашид үр дүнтэй ашигласнаар усны нөөцийн хомсдлын түвшинг тодорхой түвшинд бууруулах боломж бүрдэнэ.

Товч танилцуулга

Бодлогын цогц арга хэрэгсэл нь өсөн нэмэгдэж буй усны эрэлтийг балансжуулах, усны нөөц хомсдох эрсдлийг бууруулах, усны нөөц хомс үеийн ус ашиглалтын харилцан тохиролцоо (trade off) хийхэд ;дэмжлэг үзүүлэх боломжтой.

Сүүлийн жилүүдэд Монгол Улс эдийн засаг, санхүүгийн хэрэглүүрийн ашиглалтыг бэхжүүлэх дорвитой алхмуудыг хийсэн байна. Цаашид усны нөөц ашигласны болон ус бохирдуулсны төлбөрийг дараах байдлаар бэхжүүлэх боломжтой:

- Усны нөөц ашигласны төлбөрийг ХАА, төрийн байгууллага, өрхүүд зэрэг бүх ус ашиглагч, хэрэглэгч болон нийгмийн эмзэг бүлгээс тооцож авах.
- Төлбөр төвлөрүүлэлтийг сайжруулж, ногдуулсан болон төвлөрүүлсэн усны нөөц ашигласны төлбөрийн зөрүүг бууруулахын тулд УННМ-ийн төлөвлөгөөнд усны төлбөр болон орлого төвлөрүүлэлтийн тодорхой зорилт тусгах чиглэлээр төрийн байгууллагуудын хамтын ажиллагаа, уялдаа холбоог дэмжихүйл явцыг шинэ цахим зөвшөөрлийн системээр дамжуулан гүйцэтгэх.

Усны хуваарилалтын горимыг дэмжих бодлого, институт, дадал зуршил Монгол Улсад бий болжээ. Усны ачаалал бүхий усны сан бүхий газарт ус хуваарилалтын тогтолцоог дараах байдлаар хөгжүүлж болох юм.

- Ус хуваарилалтыг улсын УННМТ, сав газрын менежментийн төлөвлөгөө болон сав газрын төлөвлөлтийн гарын авлагад нэгтгэх тогтолцоог улсын хэмжээнд бүрдүүлэх. Энэхүү тогтолцооны хамрах хүрээ нь ус хуваарилалтын зарчим, үйл явц, арга зүй, дэд бүтцийн хэрэгцээ, чадавхыг бэхжүүлэх зэрэг асуудлыг хамарч болно.
- Усны дарамт бүхий сав газарт ус хуваарилалтын тогтолцоог ус хуваарилалтын холбогдох хууль тогтоомж, дүрэм, журамд нийцүүлэн нэвтрүүлэхийг нэн тэргүүнд тавих,
- Урт, богино хугацааны усны нөөц ашиглалтын хязгаарыг тогтоож мөрдүүлэх, зөвшөөрлийг усны балaнстай уялдуулах.
- Усны ачаалал ихтэй үед богино хугацааны ус ашиглалтын хязгаарыг тогтоох, онцгой нөхцөл байдлын үед ус хэрэглээний нэн тэргүүнд ашиглах чиглэлийг илүү нарийвчлан тодорхойлох.
- Ус хуримтлуулан хадгалах, цэвэрлэх, шилжүүлэх байгууламж барьж байгуулах боломжийг бүрдүүлэх, гадаргын ус хэрэглээ болон хаягдал ус цэвэрлэх зэрэгт тэргүүлэх ач холбогдол өгөх замаар ус хуваарилалтыг дэмжих саарал болон ногоон усны дэд бүтцийг хөгжүүлэх.

Усны менежмент болон засаглалын байгууллагуудыг бэхжүүлснээр усны эрэлтийн ерөнхий менежментийг сайжруулахад дэмжлэг үзүүлэх боломжтой. Энэ хүрээнд усны засаглалын дараах зарим хэлбэрийг авч үзэх боломжтой. Үүнд:

- Үндэсний зохицуулалтын механизм, ялангуяа УННМ-ийн төлөвлөгөөг батлах, эдийн засаг, санхүүгийн хэрэглүүр, ус ашиглуулах зөвшөөрлийг батлах болон усны сав газрын байгууллагуудын үйл ажиллагааг сайжруулах чиглэлээр УҮЗ-ийг бэхжүүлэх.

(Дэд) сав газрын түвшинд 1) хамтын ажиллагааны хэлэлцээр, усны гэрээгээр төрийн байгууллагуудын хоорондох уялдаа холбоо, хамтын ажиллагааболон 2) .

- газрын доорх усны менежментийн гэрээгээр дамжуулан төрийн байгууллага, хувийн хэвшил, иргэний нийгмийн байгууллагын хоорондох хамтын ажиллагаа, зохицуулалтыг судлах.

- Дотоодын туршилтын төслийн хүрээнд юуны түрүүнд турших болох хяналт-шинжилгээ, хяналт, төлбөр төвлөрүүлэлт зэрэг чиг үүргийг тодорхойлж, нэгтгэх.

Хаягдал усыг цэвэрлэх замаар усны чанарын асуудлыг шийдвэрлэж, хаягдал усны эргүүлэн ашиглалтыг дэмжих нь найдвартай ус хангамжийн эх үүсвэрийг нэмэгдүүлэх боломжийг бүрдүүлнэ. Үүнд дараах хосолсон арга барил шаардлагатай:

- Боломжит шилдэг техник (БШТ)-ийн бодлогыг үйлдвэрийн хаягдал ус цэвэрлэх зориулалтаар нэвтрүүлэх. Нэхмэл эдлэл эсхүл мах боловсруулах зэрэг аль нэг салбараас эхлэн үүнийг хэрэгжүүлэх талаар авч үзэх.
- Хууль эрх зүй, зохицуулалтын орчныг бүрдүүлж, хаягдал усны дахин ашиглалтыг сэдэлжүүлэх, хаягдал усыг эргүүлэн ашиглахад бэлэн, санхүүгийн чадавхтай салбарыг тэргүүлэх чиглэлээр нь эрэмбэлэх.

2.1. Танилцуулга

Монгол Улсын усны эрэлт хэрэгцээ өсөн нэмэгдэж байгаа бөгөөд 2030 оны түвшинд нэлээд өсөх төлөвтэй байна. Үүний зэрэгцээ газрын доорх усны уст давхаргын хомсдол, уур амьсгалын өөрчлөлт, Монголын орны нутгийн баруун хэсэгт цасан бүрхүүл хайлж, бохирдол үүсч байгаа зэргээс үүдэн усны нөөцөд дарамт учирч байна (Questionnaire, 2023[1]).

Усны нөөцийн хомсдол нь нийслэл Улаанбаатар хот зэрэг хотжилт үүссэн, Өмнийн говь зэрэг үйлдвэржсэн бүс нутаг, ган гачигийн үед малын бэлчээрийн бүс болон хөдөө аж ахуй, аж үйлдвэр, эрчим хүчний бүтээн байгуулалт хийхээр төлөвлөж буй бүс нутгуудад улам бүр дордох шинжтэй байна (Badarch et al., 2021[2]). Бүх хувилбараар авч үзвэл, усны эрэлт хэрэгцээ 2040 оны түвшинд эсвэл үүнээс наана өнөөгийн ус хангамжаас хэтрэх төлөвтэй байна (Байгаль орчин, уур амьсгалын өөрчлөлтийн яам болон Усны газрын танилцуулга). (2030 Water Resources Group, 2014[3]; Fan, 2020[4]).

Монгол Улсын “Уур амьсгал ба хөгжил” тайланд дурдсанаар уур амьсгалын янз бүрийн хувилбараас үүдэн усны нөөцийн цаашдын төсөөлөл маш тодорхойгүй байна (World Bank, 2024[5]).

Усны эрэлтийн менежментийг хэрэгжүүлснээр усны нөөцийн өрсөлдөөнийг бууруулж, хөрсний суулт, уснаас хамааралтай экосистемийн доройтол зэрэг сөрөг хүчин зүйлүүдээс урьдчилан сэргийлэх боломжийг бүрдүүлнэ. Усны эрэлтийн менежментийг янз бүрийн арга хэрэгсэл ашиглан хамгийн сайнаар зохион байгуулах боломжтой. Арга хэрэгслүүдийг Зураг 1.2-т харуулав. Усны менежментийн төлөвлөгөө, сав газрын болон газрын доорх усны менежментийн төлөвлөгөө, эсхүл ган гачгийн үеийн менежментийн төлөвлөгөө нь усны эрэлтийн менежментийн үндсэн нөхцөлийг бүрдүүлдэг. Түүнчлэн эдийн засгийн хэрэглүүр (үнэ тариф, усны нөөц ашигласны төлбөр, ус бохирдуулсны төлбөр зэрэг), зөвшөөрөл, ус хуваарилалтын горим нь эдгээр төлөвлөгөөг хэрэгжүүлэхэд дэмжлэг үзүүлнэ. Усны хэмнэлттэй технологи тухайлбал, усыг тоолууржуулах, хаягдал ус эргүүлэх ашиглах нь усны хомс нөөцөд үзүүлэх дарамтыг цаашид бууруулах боломжтой.

Зураг 2.1. Усны эрэлтийн менежментийн хэрэгслүүд

Эх сурвалж: Зохиогч.

Гэр хороолол зэрэг усны үйлчилгээний хүртээмж тааруухан нийгмийн бүлгийн усны хэрэглээг нэмэгдүүлэх зорилго бүхий усны эрэлтийн менежментийн стратегийг энэ бүлэгт хамааруулаагүй болно. Зарим айл өрх тухайлбал, нийслэлийн гэр хороолол болон хөдөө, орон нутгийн иргэдийн усан хангамж хязгаарлагдмал хэвээр байна. Хот, суурины ус хангамж, ариутгах татуургын ашиглалт, үйлчилгээг зохицуулах хороо (ХСУХАТАҮЗХ)-ноос баталгаат ундны усны үйлчилгээ бүрэн авч чадахгүй байгаа иргэдийн ус хангамжийг нэмэгдүүлэх зорилгоор хэд хэдэн кампанит ажлыг амжилттай зохион байгуулжээ.

Энэхүү бүлэгт Монгол Улсын усны эрэлтийн менежментийг цаашид сайжруулах бодлогын зөвлөмжийг авч үзнэ. Мөн усны тоо хэмжээг удирдах эдийн засаг, санхүүгийн хэрэглүүрийг бэхжүүлэх (1.2-р хэсэг), ус хуваарилалтын горимыг цаашид боловсронгуй болгох (1.3-р хэсэг), хаягдал усыг цэвэрлэх, эргүүлэн ашиглалтыг сайжруулах (1.4-р хэсэг) зэрэг тулгамдсан асуудлыг авч үзнэ. Доорх хүснэгтэд Монгол Улсын усны эрэлтийн менежментийн өнөөгийн бодлогын хэрэгслүүдийг тоймлон харуулав.

Хүснэгт 2.1. Монгол Улсын усны эрэлтийн менежентийн өнөөгийн бодлогын хэрэгслийн тойм

Арга хэрэгслүүд	Хамаарах төрийн байгууллага	Зохицуулалтын орчин	Төлбөрөөс чөлөөлөгдөх нөхцөл
		Эдийн засаг, санхүүгийн хэрэглүүр	
Усны нөөц ашигласны төлбөр (газрын доорх болон гадаргын усны ашиглалтад хамаарна)	Татварын ерөнхий газар Орон нутгийн татварын албад	Байгалийн нөөц ашигласны төлбөрийн тухай хууль Засгийн газрын Усны экологи, эдийн засгийн суурь үнэлгээ тухай тогтоол Усны төлбөрийг сав газар, усны эх үүсвэр тус бүрээр нь өөр өөр ялгаатай тооцохыг оролцогч талууд онцолж байна. (дахин боловсруулсан, газрын доорх ус болон хаягдал ус)	• Ахуйн ус хэрэглээ • Гал унтраах • Дахин боловсруулсан болон эргүүлэн ашигласан ус • Гадаргын усыг усалгааны зориулалтаар ашиглах • Цас, борооны усыг цуглуулж, мал услах зориулалтаар ашиглах • Байгаль орчныг хамгаалах үйл ажиллагаа
Ус бохирдуулсны төлбөр	Татварын ерөнхий газар Орон нутгийн татварын албад	Ус бохирдуулсны төлбөрийн тухай хууль, нэмэлт журам, стандартууд	Улсын төсвийн хөрөнгө оруулалтаар санхүүждэг аж ахуйн нэгжээс бусад хаягдал бохир усаа хүрээлэн буй орчин, төвлөрсөн шугам сүлжээнд нийлүүлж байгаа аж ахуйн нэгжүүд хаягдал усаа бохир усны чанарын стандартад нийцүүлэн цэвэрлэж байгаа тохиолдолд
Экосистемийн үйлчилгээний төлбөр		Хэрэгжээгүй	
Усны үйлчилгээний үнэ тариф	Хот суурины ус хангамж, ариутгах татуургын ашиглалт, үйлчилгээг зохицуулах хороо, Ус сувгийн удирдах газар	Суурь үнэ буюу тогтмол тариф + бодит ус хэрэглээний хэмжээ *нийлүүлсэн цэвэр усны литр тутмын тариф	
Бохир усны үйлчилгээний төлбөр	Хот суурины ус хангамж, ариутгах татуургын ашиглалт, үйлчилгээг зохицуулах хороо, Ус сувгийн удирдах газар	Суурь үнэ буюу тогтмол тариф + бодит зайлуулсан хаягдал усны хэмжээ *хаягдал зайлуулсан усны литр тутмын тариф	
		Зохицуулалтын хэрэгсэл	
Ус хуваарилалтын горим	Усны газар сав газар болон салбар тус бүрээр ашиглах боломжит усны нөөцийг баталдаг		
Гадаргын болон газрын доорх ус ашиглах зөвшөөрөл	Байгаль орчны яам Усны газар (> 100 $м^3$) СГЗ (50 – 100 $м^3$) Аймаг (< 50 $м^3$)	Үүнд ус хангамж, хөдөө аж ахуй, уул уурхай, эрчим хүч, байгаль орчин, аж үйлдвэр, мал аж ахуй зэрэг хамаарна	• Ахуйн ус хэрэглээ • Гал унтраах • Дахин боловсруулсан болон эргүүлэн ашигласан ус • Гадаргын усыг усалгааны зориулалтаар ашиглах • Цас, борооны усыг цуглуулж, мал услах зориулалтаар ашиглах Байгаль орчныг хамгаалах үйл

			ажиллагаа
Хаягдал ус хаях, зайлуулах зөвшөөрөл	Усны газар (>50 м³ эсвэл аюултай бохирдуулагчтай) СГЗ(<50м³)	Үүнд хаягдал усыг хүрээлэн буй орчин болон бохир усны төвлөрсөн шугам сүлжээнд нийлүүлэх хамаарна.	Улсын төсвийн хөрөнгө оруулалтаар санхүүждэг аж ахуйн нэгжээс бусад хаягдал бохир усаа хүрээлэн буй орчин, төвлөрсөн шугам сүлжээнд нийлүүлж байгаа аж ахуйн нэгжүүд хаягдал усаа бохир усны чанарын стандартад нийцүүлэн цэвэрлэж байгаа тохиолдолд
		Усны нөөцийн төлөвлөлт	
УННМТ	Байгаль орчны яам баталсан Усны газар болон 21 СГЗ-д боловсруулсан СГЗ-д хэрэгжүүлсэн	Сав газрын менежментийн төлөвлөгөө болон Газрын доорх усны менежментийн төлөвлөгөө	
Гол мөрний урсац бүрэлдэх эх, усны сан, усны эх үүсвэрийн хамгаалалт	Сав газрын захиргаа Аймаг болон нийслэлийн ИТХ (Зөвлөл эсхүл ИТХ)	Усны тухай хууль Аймаг болон нийслэлийн ИТХ-ын тогтоол	

Эх сурвалж: (Questionnaire, 2023[6]); (2030 Water Resources Group, 2019[7]); Журмуудын хяналт.

2.2. Усны менежментийн эдийн засаг, санхүүгийн хэрэглүүрийн хэрэгжилтийг бэхжүүлэх

Ус нөөц ашигласны төлбөр нь усны тогтвортой хэрэглээг эрчимжүүлж, усны эрэлтийн менежментийг явуулах чухал хэрэгсэл болдог. Уг төлбөрийн эдийн засгийн гол үндэслэл нь ус ашиглагч, хэрэглэгчдэд ус ашиглалт, усны бохирдлыг арилгахын эдийн засгийн үнэ цэнийг ойлгуулахад оршино. Түүнчлэн, усны нөөц ашигласны төлбөр болон ус бохирдуулсны төлбөр нь усны менежментийн үйл ажиллагааны зардлыг нөхөхөд дэмжлэг болох орлогыг нэмэгдүүлдэг боловч энэ нь гол зорилго биш юм (OECD, 2017[8]).

2.2.1. Усны нөөц ашигласны төлбөр

Сүүлийн жилүүдэд Монгол Улс усны менежментийн эдийн засаг, санхүүгийн хэрэглүүрээ ихээхэн бэхжүүлжээ. Гадаргын болон газрын доорх ус ашигласны төлбөрийг 2012 оноос хойш “Усны нөөц ашигласны төлбөр” гэж нэрлэн, өнгөрсөн жилүүдэд төлбөрийн орлого төвлөрүүлэлт тогтмол хэмжээгээр нэмэгдсэн байна (United Nations Economic Commission for Europe, 2018[9]; 2030 Water Resources Group, 2014[3]). Байгаль орчин, Уур амьсгалын өөрчлөлтийн яам (БОУАӨЯ) болон Усны газар усны нөөц ашигласны төлбөрийн хувь хэмжээг Засгийн газарт санал болгох бөгөөд Засгийн газар уг төлбөрийн хувь хэмжээг тогтоодог байна.

Ус нөөц ашигласны төлбөр нь сав газар, эдийн засгийн үйл ажиллагаа, усны эх үүсвэр (газар доорх болон гадаргын ус) тус бүрээр усны хомсдлоос хамааран харилцан адилгүй байна (United Nations Economic Commission for Europe, 2018[9]). Газрын доорх ус ашигласны төлбөрийн доод болон дээд хувь хэмжээ нь гадаргын ус ашигласны төлбөрөөс өндөр байдаг (Law of Mongolia on Fees for Natural Resources Use, 2022[10]). Улсын хэмжээнд хамгийн их ашиглагдаж буй сав газар нь Туул голын сав газар бөгөөд усны нөөц ашигласны төлбөрийн хувь хэмжээ хамгийн өндөр байдаг.

Шигтгээ 2.1. Ус хэрэглэгч болон ус ашиглагчдын усны нөөц ашигласны төлбөрийн ялгаа

Усны тухай хуулинд ус хэрэглэгч, ус ашиглагчын хоорондох чухал ялгааг тусгасан. Энэхүү ялгаа нь эдийн засаг, санхүүгийн хэрэглүүрийг ашиглахад үр дүнтэй байдаг. Үүнд:

Ус хэрэглэгч нь ашиг олох зорилгогүйгээр ус ашигладаг бөгөөд усны үйлчилгээний үнэ төлдөг.

> *"Ус хэрэглэгч" гэж ашиг олох зорилгогүйгээр унд, ахуйн болон гэр бүл, өрхийн хэрэгцээний мал аж ахуй, газар тариаланд ус, усан орчинг ашигладаг хэрэглэгчийг хэлнэ;*
>
> *Ус хэрэглэгчид усны нөөц ашигласны төлбөрөөс чөлөөлөгддөг болович усаа хэрхэн хүлээн авч байгаагаас хамааран усны үйлчилгээний үнэ төлдөг. Ус хэрэглэгчдэд газар тариалан, мал аж ахуйн ус хангамж болон ахуйн ус хэрэглээ хамаарна (Ministry of Environment and Green Development, 2013[11])*

Ус ашиглагч нь усыг ашиг олох зорилгоор ашигладаг бөгөөд усны нөөц ашигласны төлбөр төлдөг байна.

> *"ус ашиглагч" гэж ашиг олох зорилгоор үйлдвэрлэл, үйлчилгээндээ ус, усан орчин, рашааныг ашигладаг иргэн, аж ахуйн нэгж, байгууллагыг хэлэх бөгөөдус ашигласны төлбөр төлдөг. (Ministry of Environment and Green Development, 2013[11])*

Эх сурвалж: (Ministry of Environment and Green Development, 2013[11]) (одоогоор Байгаль орчин, уур амьсгалын өөрчлөлтийн яам).

Усны нөөц ашигласны төлбөрийн орлого 2018 оноос хойш тодорхой хэмжээгээр өссөн бөгөөд байгалийн нөөц ашигласны төлбөрийн орлогыг багахан хувийг бүрдүүлж байна (Зураг 2.2). 2020-2023 онд уг төлбөрийн орлого 2022 онд ус ашиглагчдын тоо нэмэгдсэнтэй холбоотойгоор тогтмол өсөх болсон. Засгийн газрын хэрэгжүүлэгч агентлаг Усны газраас олгосон (100 м3/хоног) ус ашиглуулах зөвшөөрлийн тоо (цаашид "ус ашиглуулах дүгнэлт" гэх) 2020 онд 163, 2021 онд 184, 2022 онд 212 байна (Water Agency, 2024[12]). 2022 онд зэс, нүүрс, алт олборлолт, ундааны үйлдвэрлэл зэрэг зарим салбарын усны нөөц ашигласны төлбөрийг нэмэгдүүлсэн (Government of Mongolia, 2022[13]). Гадаргын ус ашигласны төлбөрийг экологи-эдийн засгийн суурь үнэлгээний 15%-иас 25% болгон нэмэгдүүлсэн. Үүний нэгэн адил газрын доорх ус ашигласны төлбөрийг экологи-эдийн засгийн үнэлгээний 20%-иас 35% болгон мөн нэмэгдүүлсэн. Усны нөөц ашигласны төлбөрийн ихэнх хувийг уул уурхай, олборлох үйлдвэрүүд бүрдүүлдэг байна (Montsame news, 2023[14]).

Зураг 2.2. Усны нөөц ашигласны төлбөрийн орлого 2018 оноос хойш өссөн үзүүлэлт

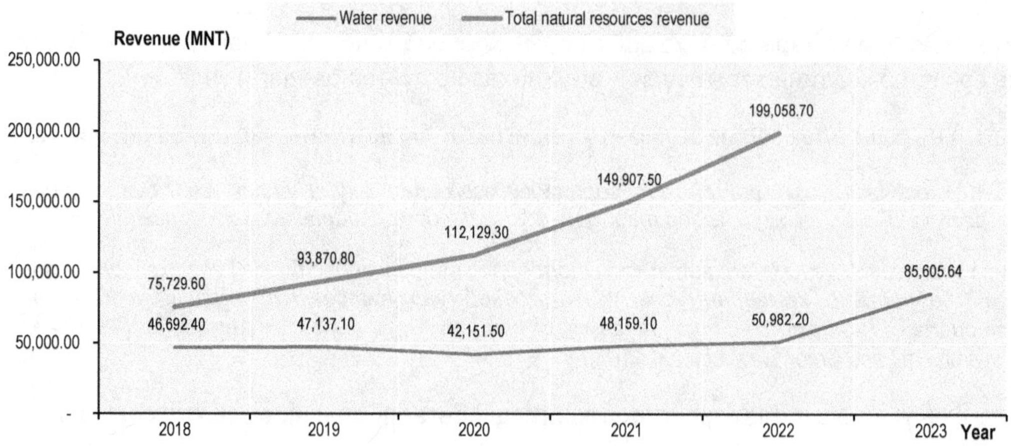

Усны нөөц ашигласны төлбөр нь байгалийн нөөц ашигласны төлбөрийн нэг хэсэг. Байгалийн нөөц ашигласны төлбөрийн орлогын бусад хэсэг нь ургамлын нөөц ашиглалт, ойн нөөц ашиглалт, ан амьтны нөөц ашиглалт болон газрын нөөц ашиглалт юм. Эх сурвалж: Сангийн яам. Монгол Улсын 2024 оны Төсвийн төсөл, Засгийн газрын хэрэгжүүлэгч агентлаг Усны газар.

Ногдуулсан усны нөөц ашигласны төлбөрийн тодорхой хувийг л төвлөрүүлж чаддаг байна. 2022 онд Усны газраас олгосон ус ашиглуулах дүгнэлтийн дагуу ногдуулсан нийт төлбөр 71 тэрбум төгрөг (21 сая ам.доллар) байв. Гэсэн хэдий ч улсын хэмжээнд төвлөрүүлсэн нийт төлбөр 51 тэрбум төгрөг буюу 15 сая ам.доллар байжээ. 2023 онд 121.6 тэрбум төгрөг (35 сая ам. доллар) ногдуулснаас 85.6 тэрбум төгрөг (25 сая ам.доллар) төвлөрүүлсэн байна (Water Agency, 2024[12]; Ministry of Environment and Climate Change, 2024[15]). Үүнээс үзэхэд усны нөөц ашигласны төлбөрийн орлогыг төвлөрүүлэх асуудлыг илүү сайжруулах шаардлага байгааг харуулж байна (Зураг 2.3).

ХАА-н салбар нь ус ашиглалтын талаас илүү хувийг эзэлдэг бөгөөд усны нөөц ашигласны төлбөрийн орлого төвлөрүүлэлтийн томоохон зөрүү ялангуяа ХАА-н салбарын үйл ажиллагаа эрхэлдэг өрхүүдэд байна.

Усны нөөц ашигласны төлбөр нь усны тогтвортой ашиглалтыг дэмжих зорилготой тогтоосон боловч бодит байдал дээр энэ нь тийм ч найдвартай, бат бөх биш байж болох бөгөөд үүний шалтгаан нь 1) усалгааны дэд бүтцийн эвдрэл, гэмтэл, 2) ус ашиглагчдын бараг гуравны нэг нь ус ашигласны төлбөрөө төлдөггүй, 3) төлбөрийн хувь хэмжээ бага байгаа нь ус ашиглагчдын зан төлвийг өөрчлөхгүй байгаатай холбоотой.

ХАА-н үйлдвэрлэлийн зориулалтаар гадаргын ус ашиглалтыг дэмжих, газрын доорх усны нөөцийг хэмнэх, мөн зориулалтаар гадаргын ус ашиглалтыг усны нөөц ашигласны төлбөрөөс чөлөөлнө (Зураг 2.3). Усны нөөц ашигласны төлбөрөөс чөлөөлөхөөс үл хамааран усалгааны дэд бүтцийн эвдрэл, гэмтэл нь гадаргын ус ашиглалт руу шилжилт хийхэд саад учруулж байна (Project Management Unit for the Ministry of Food, 2021[16]). Усалгааны системийн ус хангамжийн гол эх үүсвэр нь газрын доорх ус (69.2% айл өрх, 61.7% ААН), усан санд хуримтлуулсан цас, борооны ус (32.2% өрх, 25.9% ААН) болон бусад ус (нуур, цөөрөм, булаг шанд, горхи) юм. (Ministry of Food, Agrilculture and Light Industry, 2022[17]).

Түүнчлэн усны нөөц ашигласны төлбөр нийт зардлын багахан хувийг эзэлж буйг салбарын оролцогчид дурдаж байсан нь ус хэмнэж, хамгаалахад олгох үнийн урамшуулал бага болохыг харуулж байна. Гэсэн хэдий ч зарим ус ашиглагчийн хувьд, эдгээр төлбөр үйл ажиллагааных нь илүү их хувийг эзэлдэг байж болно.

Зураг 2.3. Хөдөө аж ахуйн үйлдвэрлэлийн зориулалтын усны нөөц ашигласны төлбөр

Төлбөр төвлөрүүлэлтэд өрх, аж ахуйн нэгжийн эзлэх хувь (Хөдөө аж ахуйн салбарт үйл ажиллагаа явуулж буй нийт өрх, аж ахуйн нэгжийн %)

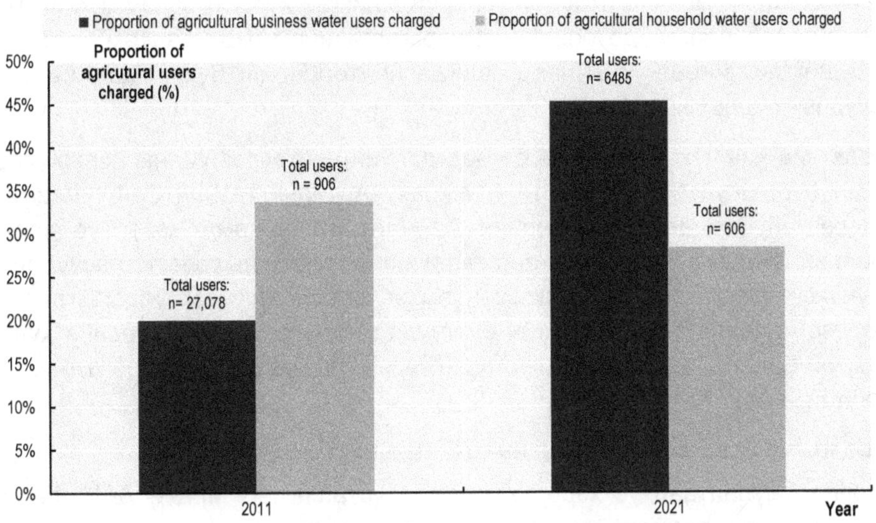

Эх сурвалж: баталгаажуулах.

Жич: Амьжиргааны зорилгоор ХАА-н үйл ажиллагаа эрхлэгч өрхүүдийг ус ашиглагч хэмээн тооцдоггүй, тэд ус ашигласны төлбөр төлдөггүй тул тэднийг эдгээр тоонд хамруулаагүй болно.

Хүнсний аюулгүй байдлыг хангахад хувь нэмрээ оруулж буй ашгийн төлөө ХАА-н үйлдвэрлэл эрхлэгч, амьжиргаагаа залгуулахын тулд ХАА-н үйлдвэрлэл эрхлэгч, малчид болон ХАА-н бусад салбарт усны нөөц ашигласны төлбөр тооцох нь ялангуяа нийгмийн бодлогын үүднээс авч үзэхэд эмзэг сэдэв юм. 2023-2024 оны өвөл хөдөө аж ахуйн салбар, тэр дундаа малчид, малчин өрхүүдэд хүмүүнлэгийн тусламж (хүнсний хангамж зэрэг) шаардлагатай байсан (UNICEF, 2024[18]; FAO, 2024[19]; UNRC, 2024[20]). Ихэнх аймагт тохиолдсон эрс тэс, хэт хүйтэн цаг агаарын нөхцөл ("зуд") нь малын хорогдлын түвшинг огцом нэмэгдэхэд нөлөөлсөн. Мал аж ахуйн салбар, тэр дундаа малын өвс тэжээлийн үйлдвэрлэлд санхүүгийн нэмэлт дарамт учруулж байна. ХАА-н үйлвэрлэл эрхлэгчдийг гадаргын усыг илүү ашиглахад санхүүгийн хувьд урамшуулах чиглэлд учирч буй өөр нэг хүндрэл бол ашгийн төлөө ХАА-н үйлдвэрлэл эрхлэгч өрхүүдийн бүртгэл дутмаг байгаа асуудал. Эдгээр өрх ус ашигласны төлбөр төлөх ёстой байтал өрхийн хэрэглээ, амьжиргааны зориулалтаар ХАА-н үйл ажиллагаа эрхлэгч өрхүүдээс ихэнхдээ ялгагдахгүй байгаа юм.

УСУГ нь усны нөөц ашигласны төлбөрийг ус ашиглагчдаас нэхэмжлэхээр дамжуулан татан төвлөрүүлдэг. Нийслэлийн ус хэрэглээний 31%-ийг худалдаа, аж үйлдвэрийн салбар эзэлж байна (Зураг 2.4). Уг төлбөрийг нийслэлийн төсөвт шилжүүлэн төвлөрүүлдэг (2030 Water Resources Group, 2019[7]). Орон сууцанд үйл ажиллагаа явуулдаг ААН-ийн тоог УСУГ-т бүрэн тайлагнадаггүйгээс үүдэн бага, дунд хэмжээний ус ашиглагчдаас (өдөрт 50 шоо метрээс доошгүй) усны нөөц ашигласны төлбөрийг татан төвлөрүүлэх, түүнд хяналт тавих маш хүндрэлтэй байдаг байна. Мөн худалдаа, үйлдвэрлэлийн зориулалтаар өөрсдийн усны эх үүсвэрээ ашигладаг зарим ус ашиглагчид бүрэн хяналт тавьж, төлбөр тооцдоггүй байна. Иймэрхүү бага, дунд ус ашиглагчдыг бүртгэж, усны нөөц ашигласны төлбөр ногдуулан төвлөрүүлэн нийслэлийн чадавх, хүчин чадал хангалтгүй Нийслэлийн хувьд иймэрхүү жижиг, дунд ус ашиглагчдыг бүртгэх, тэднээс ус ашигласны төлбөр төвлөрүүлэх хүчин чадал нь хангалтгүй байна. Хоногт 50 шоометрээс бага ус ашиглалтад аймгийн ЗДТГ-ын Байгаль орчны газар, хэлтэс ус ашиглуулах дүгнэлт, зөвшөөрөл олгох үүрэгтэй бөгөөд ус ашиглуулах гэрээг сум, дүүргийн Засаг дарга байгуулж, мөрдүүлнэ. .

Өрхийн унд, ахуйн зориулалтаар ус хэрэглэж буй хэрэглэгчдийг усны нөөц ашигласны төлбөрөөс чөлөөлдөг. Гэсэн хэдий ч УННМ-ийн төлөвлөгөөнд орон сууцны өрхийн усны хэрэглээ бусад өрхийн усны хэрэглээтэй харьцуулахад "маш өндөр, үр ашиггүй" байгааг онцолсон байдаг (Ministry of Environment and Green Development, 2013[11]; 2030 Water Resources Group, 2019[7]). Ус ашиглагч, хэрэглэгчдийн зан байдлын өөрчлөлт болон усны үр ашигтай хэрэглээг дэмжихийн тулд одоогоор төлбөрөөс чөлөөлөгдсөн байгаа дотоодын ус хэрэглэгчдийг хамруулан эмзэг бүлгийн хүмүүст зориулсан тусгай нөхцөлтэйгөөр усны нөөц ашигласны төлбөрийг бүх ус ашиглагч, хэрэглэгчээс тооцож авах асуудлыг судлах нь зүйтэй.

Ус бол хүн төрөлхтний нэн чухал хэрэгцээ бөгөөд дэлхий нийтээрээ ундны цэвэр усаар хангагдах боломж хараахан бүрдээгүй байна. Нийтийн аж ахуйн үйлчилгээний байгууллага (НААҮБ)-ын санхүүгийн хүндрэлтэй нөхцөлд өрх, төрийн барилга байгууламж зэрэг ус хэрэглэгчийн ус ашигласны төлбөрийг ундны усны НААҮБ-аас төлөхийг шаардах нь төвөгтэй асуудал байж болно. Ус бол хүний үндсэн хэрэгцээ бөгөөд ихээхэн эмзэг сэдэв. Тиймээс ус ашигласны төлбөрийг одоогоор төлбөрөөс чөлөөлөгдсөн нийгмийн бүлгүүдэд ногдуулахад улс төрийн хүчтэй дэмжлэг, санаачилга хэрэгтэй болно. Гэсэн хэдий ч ус ашигласны төлбөрийг бүх хэрэглэгчид ногдуулах нь дараах давуу талтай. Үүнд:

- Орлого болоогүй усыг хязгаарлахад нь НААҮБ-ыг урамшуулан дэмжих,
- Унд, ахуйн зориулалтаар ус хэрэглэгч болон ус ашиглагч иргэн, ААН, байгууллагын ус хэрэглээ, ашиглалын төлбөрийг шууд бусаар тооцон авах,
- Усны менежмент болон усны эх үүсвэрийг хамгаалахад хувь нэмэр оруулах,
- Усны нөөцийн үнэ цэнийн талаар сануулга мэдээлэл өгөх,
- Усны хомс нөөцийг үр ашигтай зарцуулахад цаашид урамшуулал олгох. Энэ нь ундны усыг газрын доорх усны тогтворгүй хэрэглээгээр орлуулахгүй байхыг ус ашиглагчдаас шаарддаг бөгөөд үүнийг зохих ёсоор хянаж, төлбөртэй болгох шаардлагатай.

Зураг 2.4. Улаанбаатар хотын ус хэрэглэгчийн нэг бүлэгт ногдох ус хэрэглээний хувь

УСУГ, ОСНААУГ болон усны чиглэлээр үйл ажиллагаа явуулдаг хувийн компаниудын жижиглэнгийн үнээр нийлүүлдэг ус

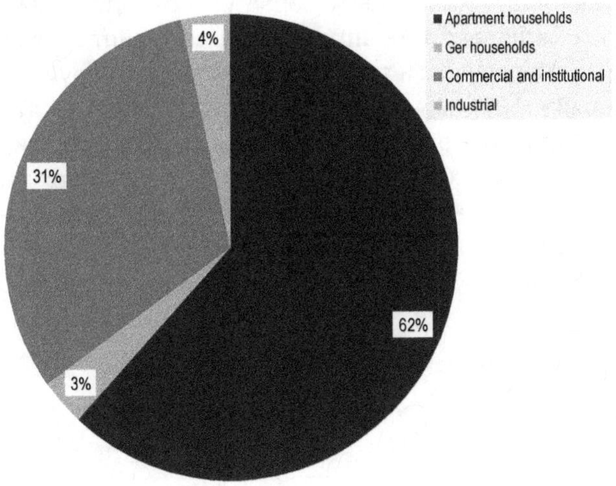

Жич: Мэдээллийн огноо тодорхойгүй байна.
Эх сурвалж: (2030 Water Resources Group, 2019[7]).

2.2.2. Ус бохирдуулсны төлбөр

Ус бохирдуулсны төлбөрийг хаягдал ус гаргаж, ус бохирдуулж буй иргэн, ААН, байгууллагад ногдуулдаг бөгөөд төлбөрийн хэмжээг Засгийн газраас тогтоодог. Ус бохирдуулсны төлбөрийг 2019 оноос идэвхтэйгээр тооцон төвлөрүүлж, 2021-2023 онд 2 тэрбум хүртэл төгрөгөөр (581,000 ам.доллар) огцом өссөн байна (Усны газар, 2020-2024 он). 2022 онд төвлөрүүлсэн орлогын огцом өсөлтийг томоохон ус бохирдуулагчид 2020-2021 оны төлбөрийг хойшлуулж, 2022 онд төлсөнтэй холбоотойгоор тайлбарлаж байна.

Зураг 2.5. Ус бохирдуулсны төлбөрийн орлого

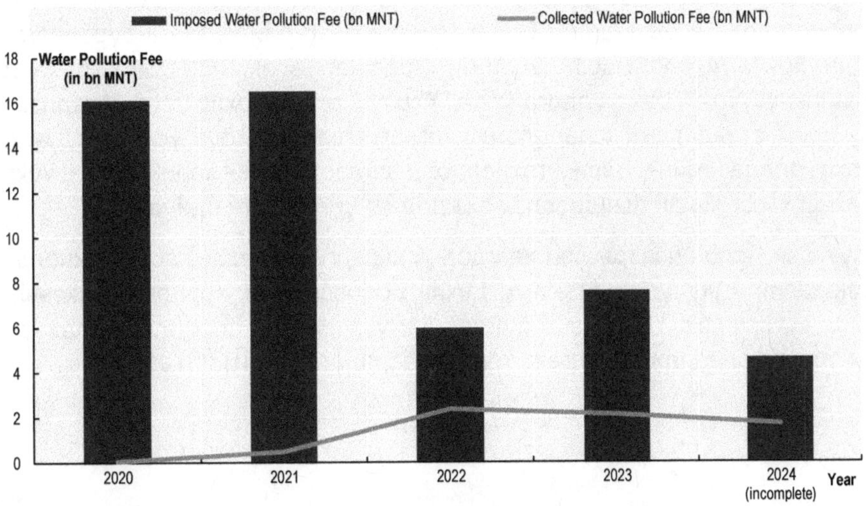

Жич: Нийтлэх үед тайланг эцэслээгүй байсан тул 2024 оны статистик мэдээ бүрэн бус байна.
Эх сурвалж: Усны газрын статистик мэдээ, 2024 оны 12 дугаар сарын 04-ний өдөр.

Ус бохирдуулсны төлбөрийн тухай хуульд 2019 онд нэмэлт өөрчлөлт оруулахдаа “Бохирдуулагч төлнө” гэсэн зарчмыг тусгасан. 2024 оноос журмын хэрэгжилт сайжирч, ус бохирдуулсны төлбөр төлсөн бохирдуулагчдын тоо, нийт төвлөрүүлсэн төлбөрийн дүнгийн хувьд ахисан үзүүлэлттэй байна. БОУАОЯ болон Усны газар нь илүү олон тооны ААН, байгууллагад төлбөр ногдуулах, хаягдал усны чанарын стандартыг хангаж ажиллаагүй АНН, байгууллагыг төлбөрөөс чөлөөлөх асуудлыг зогсоох, бусад арга хэмжээ авах зэрэг ус бохирдуулсны төлбөрийн тухай хуулийн хэрэгжилтийг сайжруулах чиглэлээр тасралтгүй хүчин чармайлт гарган ажилласаар байна. Гэсэн хэдий ч ногдуулсан болон төвлөрүүлсэн төлбөрийн хоорондын зөрүү их хэвээр байгаа бөгөөд 2022 онд ногдуулсан төлбөрийн 39%-ийг л төвлөрүүлжээ (Хүснэгт 4.4). Энэ нь салбарын хууль тогтоомжийн хэрэгжилт, уялдаа холбоо дутмаг, бохирдлын түвшин, төлбөр тооцох арга зүй хангалтгүй, орон нутгийн түвшинд хяналт тавих, хэрэгжүүлэх чадавх тааруухан, бохирдуулагчдын бүртгэл хангалтгүй зэрэг хэд хэдэн хүчин зүйлээс шалтгаалж буй. Мянганы сорилтын корпораци (МСК)-аас санхүүжүүлэн хэрэгжүүлж буй хөтөлбөрийн хүрээнд ус ашиглуулах зөвшөөрлийг цахим хэлбэрээр олгож байгаа нь энэхүү үйл явцыг сайжруулахад түлхэц болж байна.

Хүснэгт 2.2. Ус бохирдуулсны төлбөрийн тухай хуулийн 2020-2024 оны хэрэгжилт

	2020	2021	2022	2023	2024 (бүрэн бус)
Ногдуулсан усны нөөц бохирдуулсны төлбөр, тэрбум.төг	16.1	16.5	5.95	7.6	4.64
Төвлөрүүлсэн УНБТ, тэрбум.төг	0.05	0.48	2.35	2.11	1.68
Олгосон зөвшөөрлийн тоо	1931	3622	4285	4042	2232
Төлбөр төлсөн бохирдуулагчийн тоо	407	1016	1367	-	-
Төвлөрүүлсэн төлбөрийн хувь (ногдуулсан төлбөрийн %-д эзлэх)	0.30%	2.90%	39.50%	27.80%	36%
Чөлөөлсөн УНБТ, тэрбум.төг	5.11	4.67	4.61	5.88	3.84
Чөлөөлсөн дүнгийн задаргаа:					
Улсын төсвөөс санхүүжүүлсэн	0.2246	0.3254	0.1919	0.2223	0.0003
Ахуйн хаягдал бохир ус хаях, зайлуулах	1.6013	0.3328	0.2788	0.1839	0.0013
Дахин боловсруулах, эргүүлэн ашиглах	3.2862	4.0101	4.1439	5.472	3.8412

Жич: Энэ тайланг нийтлэх үеэр 2024 оны статистик эцэслэн гараагүй байсан тул 2024 оны статистик бүрэн бус байна.
Эх сурвалж: Усны газрын статистик, 2024 оны 12 дугаар сарын 04-ний өдөр.

Ус бохирдуулсны төлбөрийн тухай хуулийн төлбөрөөс чөлөөлөх заалтын дагуу улсын сургууль, эмнэлэг зэрэг улсын төсвөөс санхүүждэг байгууллага хаягдал усны стандартыг мөрддөг бол төлбөрөөс чөлөөлөгддөг. Гэсэн хэдий ч бодит байдал дээр байгууллага бүр уг стандартыг дагаж мөрдөөд байдаггүй (Parry and Habib, 2023[21]) (Amgalan et al., 2021[22]). Ус хангамж, ариутгах татуургын үйлчилгээ үзүүлэгч байгууллага (УХАТҮҮБ) нь ахуйн бохир усыг цэвэрлэх үүрэг хүлээдэг бөгөөд хаягдал усны стандартын шаардлага хангаагүйгээс жил бүр ус бохирдуулсны төлбөрөөс чөлөөлөгдөх эрхээ алддаг байна. Зарим тохиолдолд эдгээр хэргийн заримыг нь шүүхэд шилжүүлсэн бөгөөд одоо хүртэл хэрэг хянан шийдвэрлэх ажиллагаа үргэлжилж байна.

Дахин боловсруулсан болон цэвэрлэсэн хаягдал усны эргүүлэх ашигласан тохиолдолд төлбөрөөс чөлөөлнө. Гэсэн хэдий ч эргүүлэн ашиглах, дахин боловсруулах зорилгоор ихэвчлэн цэвэрлэсэн хаягдал ус хуримтлуулах усан сан барьж байгуулдаг уул уурхай, олборлох үйлдвэрүүдээс байгаль орчинд үзүүлэх бодит нөлөөллийг шалгаж, хянах шаардлагатай (Шигтгээ 2.2).

Шигтгээ 2.2. Үйлдвэрийг ус бохирдуулсны төлбөрөөс чөлөөлөх нь

Хаягдал усны тоо хэмжээ, бохирдлын түвшинг тодорхойлох аргачлалын дагуу (Ministry of Environment and Tourism and Ministry of Finance, 2021[23]) бохирдуулагч нь хаягдал усыг цэвэрлэж, усан санд хадгалан, дахин боловсруулж, эргүүлэн ашиглаж байгаа тохиолдолд дахин боловсруулсан/ эргүүлэн ашигласан хэмжээгээр төлбөрөөс чөлөөлөгдөнө. Усан сангийн хувьд хөрсний нэвчилт болон агаар дахь ууршилтыг бууруулах стандартыг хангасан байх шаардлагатай бөгөөд уг стандартын шаардлагыг хангаагүй тохиолдолд ус бохирдуулсны төлбөр төлнө.

Зарим уул уурхайн компани "услаг ихтэй жил"-д цэвэрлэсэн, хадгалсан, дахин боловсруулсан/эргүүлэн ашигласан хаягдал усны хэмжээнд хэрхэн нөлөөлж байгааг онцолж байна. Хууль тогтоомжийн дагуу хаягдал усыг цэвэрлэж, эргүүлэн ашигласан тохиолдолд технологийн зориулалтаар төвлөрсөн шугам сүлжээнд нийлүүлсэн усны хэмжээнд үндэслэн төлбөрт хамаарах хаягдал усны бодит тоо хэмжээг тооцоолно.

Нутгийн зарим хэсэгт 2023-2024 онд хур тунадасны түвшин өндөр байв (гэсэн хэдий ч өмнөх жилийн дундаж үзүүлэлтээс өндөр байсан эсэхийг тодорхой тусгаагүй байна). Үүний үр дүнд цэвэрлэсэн хаягдал усны сангууд гол төлөв борооны усаар дүүрсэн байна. Үйлдвэрлэлийн зориулалтаар ашиглах боломжит усны хэмжээ их байгаагаас харвал төвлөрсөн шугам сүлжээнд нэмэлт ус хангамж шаардлагагүй байсан ба энэ нь хаягдал усны хэмжээтэй тэнцүү юм. Үүний үр дүнд, төлбөр тооцохоор хаягдал ус бараг байхгүй хэмээн зарим компани учирлаж байна.

Эх сурвалж: Усны газартай хийсэн ярилцлага, 2024 оны 12 сар.

Ус бохирдуулсны төлбөрийн орлогыг орон нутгийн татварын алба Байгаль орчин, уур амьсгалын санд төвлөрүүлнэ (Ministry of Environment and Green Development, 2013[11]) Төлбөрийн орлогыг усны нөөцийг хамгаалах, усны бохирдлыг арилгах, хяналт-шинжилгээ хийх, нөхөн сэргээх арга хэмжээнд зарцуулах ба орлогын 50%-ийг хотын дэд бүтцийн санд төвлөрүүлж, цэвэрлэх байгууламжийн шинэчлэл, засвар үйлчилгээнд зарцуулна. Ус бохирдуулсны төлбөрийн тухай хуульд бохирдуулсны төлбөрийг усны нөөцийг хамгаалах, ус бохирдуулах, хяналт-шинжилгээ, үнэлгээ хийх, нөхөн сэргээх зэрэгт зарцуулж болно хэмээн заасан байдаг (Law of Mongolia on Water Contamination Fees, 2019[24]) . Гэсэн хэдий ч уг хуулийн хэрэгжилтийн талаар санаа зовоосон асуудал байсаар л байна. Оролцогч талууд нь ялангуяа хоногт 50 шоо метрээс бага хэмжээний хаягдал ус гаргадаг бохирдуулагчид (үйлчилгээний жижиг ААН)-д төлбөр тооцдоггүй, ус бохирдуулсны төлбөрийн орлогыг хуваарилах механизм тодорхойгүй байгааг дурдаж байв.

"Бага болон дунд" хэмжээгээр ус бохирдуулагчдаас ус бохирдуулсны төлбөр тооцон авахын тулд сав газрын захиргаанаас хаягдал ус хаях, зайлуулах зөвшөөрлийг олгох шаардлагатай бөгөөд гол төлөв сав газрын хүчин чадал хангалтгүй тул Усны газар энэхүү үүрэг хариуцлагыг нь орлох боломжгүй байдаг байна. Бага, дунд хэмжээгээр ус бохирдуулагчид бохирдлын ихэнх хувийг үүсгэж байгаа нь анхаарал татаж байгаа юм (тухайлбал, химийн хүчилтөрөгчийн хэрэгцээ, биохимийн хүчилтөрөгчийн хэрэгцээ, умбуур бодис). Үйлдвэр, үйлчилгээний салбарын хаягдал усан дахь бохирдлын хэмжээг (химийн хүчилтөрөгчийн хэрэгцээ/кг/м^3) тооцох журам хангалтгүй байгаагаас улбаалан ногдуулсан ус бохирдуулсны төлбөр болон бодит бохирдлын хэмжээ хооронд зөрүү байгаа талаар Усны газраас мэдээлсэн болно.

Усны газар, сав газрын байгууллага, аймаг болон сумдын холбогдох удирдлага хамтран нэгдсэн хяналт, шалгалт хийх болон төлбөр төвлөрүүлэхэд уялдаа холбоотой хамтран ажилласнаар төлбөрийн зөрүүг цаашид бууруулах боломжтой. Энэхүү уялдаа холбоо, хамтын ажиллагааг орон нутгийн түвшинд, тухайлбал олон жижиг ус бохирдуулагчтай дэд сав газраас эхлүүлж болох юм.

Хэрэгжилтийг хангах тухай 1.3.3 хэсэгт болон Этиоп улсын Аваш сав газрын Усны хамтын ажиллагааны гэрээний тухай Шигтгээ 4.5.-т дэлгэрэнгүй тайлбарласны дагуу энэхүү уялдаа холбоо, хамтын ажиллагааг Усны хамтын ажиллагааны суурь гэрээний тусламжтайгаар дэмжих боломжтой.

Үйлдвэрлэлийн хаягдал уснаас байгаль орчинд үзүүлэх нөлөөллийг цаашид бууруулахын тулд Засгийн газар "Боломжит шилдэг техник" (БШТ)-ийг тодорхойлох замаар үйлдвэрлэлийн процессын бохирдлыг багасгах, хаягдал ус цэвэрлэх технологийг тодорхойлох боломжтой (1.4-т дэлгэрэнгүй тайлбарлав).

2.2.3. Эдийн засаг, санхүүгийн хэрэглүүрийг цаашид бэхжүүлэх зөвлөмж

- Монгол Улс усны ашигласны төлбөр, ус бохирдуулсны төлбөрийг төвлөрүүлэх, хэрэгжүүлэх тал дээр дорвитой ахиц дэвшил гаргасан.
- Усны эрэлтийн менежмент, усны хомсдолыг урьдчилан мэдэгдэх хэрэгслийн хувьд усны нөөц ашигласны төлбөрийг ус хэрэглэгчдээр төлүүлэх замаар үүнийг бэхжүүлэх боломжтой. Ус хэрэглээг оновчтой болгохын тулд ус хэрэглэгчдэд үнийн талаарх илүү хүчтэй дохио өгч болох юм. Усны нөөц хомс байгаа талаар урьдчилан мэдэгдэж, харуулахын тулд ус ашигласны төлбөрийг унд, ахуйн зориулалтаар ус хэрэглэгчид, улсын эзэмшлийн барилга байгууламж, ашгийн бус ХАА-н үйлдвэрлэл эрхлэгчдээс тооцон авах талаар авч үзэх боломжтой. Унд, ахуйн зориулалтаар ус хэрэглэгчдийн хувьд ус ашигласны төлбөрийг усны үйлчилгээний үнэ, тарифт тусгаж эсвэл тусдаа төлбөр, татвар хэлбэрээр тооцон авч болох юм. Тухайлбал, Нидерланд улсад айл өрх, үл хөдлөх хөрөнгийн эзэд, газар эзэмшигчид болон байгалийн нөөц эзэмшигчид усны системийн засвар үйлчилгээний төлбөрийг орон нутгийн усны байгууллагад шууд төлдөг байна. Энэхүү ус хангамжийн системийн засвар үйлчилгээний төлбөрийн орлогыг зөвхөн саарал усны дэд бүтцийн засвар үйлчилгээнд зарцуулахаас гадна усны нөөцийн менежмент, усны нөөц хамгаалах үйл ажиллагаанд мөн зарцуулдаг. Усны нөөц ашигласны төлбөрийг ус хэрэглэгчдэд ногдуулахдаа ашгийн төлөө бус амьжиргааныхаа төлөө ХАА-н үйлдвэрлэл эрхлэгчид, орлого багатай айл өрх болон бусад эмзэг бүлгийг анхааралтай авч үзэх шаардлагатай. Татаас эсвэл хураамжаас чөлөөлөх нь тохиромжтой байж болох юм.
- Сав газрын байгууллагуудын санхүүгийн байдлыг бэхжүүлснээр усны менежмент болон төлбөрийн татан төвлөрүүлэлтийг сайжруулах боломжтой. (Шигтгээ 2.3). Одоогийн байдлаар сав газрын байгууллагуудад төлбөрийн орлогын хуваарилалт хангалтгүй байгаа нь усны санаачлагад зарцуулах зардлыг хязгаарлаж байна. Сав газрын байгууллагуудын төсвийг нэмэгдүүлэх нь ус хэрэглэгчдийн төлбөр төлөх хүсэл, эрмэлзлийг мөн нэмэгдүүлж болох юм. Усны нөөц ашигласны төлбөрөөс төсөвт төвлөрүүлэх орлогын 35%-ийг сав газрын байгууллагуудын хэрэгжүүлэхээр төлөвлөж буй үйл ажиллагаанд зориулан үе шаттайгаар шилжүүлэх нь эхний алхам болох бөгөөд хуулийн дагуу энэ нь орон нутгийн (аймаг, нийслэл) жилийн төсвөөр дамжуулан хэрэгжих учиртай. Жил бүр тодорхой хувь хэмжээгээр нэмэгдүүлэх замаар үүнийг хэрэгжүүлэх боломжтой. Усны үндэсний зөвлөл (УҮЗ) энэхүү үйл явцын ахиц дэвшлийг хянаж болно. Сав газрын байгууллагуудад илүү өндөр дүнтэй төсвийг шууд хуваарилах нь ус ашиглагчид усны нөөц ашигласны төлбөрөө төлөх хүсэл, эрмэлзлийг нэмэгдүүлэх талтай. Төлбөр нь усны нөөцийн менежментийг дэмжих нэмэлт санхүүгийн эх үүсвэр байж болох ч энэ нь төлбөрийн гол зорилго биш гэдгийг анхаарах нь зүйтэй. Ус хэрэглээг оновчтой болгохын тулд ус хэрэглэгч, ашиглагчдад усны үнэ цэнийг илтгэн харуулж буй хэрэгсэл болж байгаагаар онцлог юм.
- Усны газар, сав газрын байгууллага, аймаг, сумдын холбогдох байгууллага төлбөр төвлөрүүлэлт, хяналт шалгалт хийх чиглэлд хамтран, уялдаа холбоотой ажиллах нь илүү үр дүнтэй. Усны гэрээ/хэлэлцээрийг дэд сав газрын түвшинд туршилтын хэлбэрээр хэрэгжүүлбэл төлбөр төлбөрүүлэх чиглэлээр хамтран ажиллах үндэс суурь болж өгнө.

Одоогийн байдлаар төлбөр татан төвлөрүүлэх, хяналт шалгалт хийх чиг үүрэгтэй эрх бүхий хэд хэдэн байгууллага бий (Шигтгээ 4.3-ыг харна уу). (2030 Water Resources Group, 2019[7]). УСУГ-ын усны нөөц ашигласны төлбөр төвлөрүүлэхэд гүйцэтгэх чиг үүргийг олгогдсон боломж гэж үзэж болно. Энэхүү өөрчлөлтийн урьдчилсан нөхцөл, шаардлага нь төлбөр хураах үйл явцын талаар УСУГ болон төрийн эрх бүхий байгууллага хоорондох харилцан тохиролцоо, төвлөрүүлсэн хураамжийн ил тод байдал; мөн ус ашигласны төлбөрийг зориулалтынх нь дагуу шилжүүлэх зэрэг хамаарна (үүнд дээр дурдсан зөвлөмжийн дагуу сав газрын байгууллагаас хэрэгжүүлж буй усны менежментийн үйл ажиллагаанд зориулсан 35% мөн хамаарна).

- Төлбөр татан төвлөрүүлэх болон төлбөрийн орлогын шилжүүлгийн талаарх зорилтуудыг улсын болон сав газрын УННМ төлөвлөгөөнд тусгаж УУЗ хянаж болох юм. Бразил улсын Ус, ариун цэврийн үндэсний газар (УАЦҮГ) нь тус газар болон холбооны мужууд хооронд байгуулсан усны гэрээгээр (“Progestão”) дамжуулан үр дүнд суурилсан усны нөөцийн менежментийг бий болгожээ (OECD, 2017[8]; Libanio, 2014[25]). Холбооны мужууд усны нөөцийн менежментийн зорилтоо биелүүлсэн тохиолдолд УАЦҮГ-ын зүгээс тэдэнд санхүүгийн урамшуулал олгодог байна.
- Татварын ерөнхий газар болон орон нутгийн татварын албадад байгаль орчны татвар, тэр дундаа усны нөөц ашигласны төлбөр, ус бохирдуулсны төлбөр ногдуулах талаар техникийн туслалцаа үзүүлэх асуудлыг авч үзэж болно. Боломжит загваруудын нэг бол ЭЗХАХБ-НҮБХХ –ийн Хил хязгааргүй татварын байцаагчид (ХХТБ) хөтөлбөр бөгөөд энэхүү хөтөлбөр нь татварын мэргэжилтнүүдийг захиргаа, удирдлагад оруулах замаар үндэсний татварын байгууллагуудыг дэмждэг. Эдгээр татварын мэргэжилтнүүд өнөөгийн татварын хэрэгжилтийг бэхжүүлэхийн тулд орон нутгийн аудиторуудтай шууд хамтран ажилладаг. Энэхүү хөтөлбөрөөр дамжуулан аудиторууд баримтжуулалт, аудитын арга барил, тэр дундаа байгаль орчны татвартай холбоотой тусгай мэдлэгийг олж авдаг байна.
- Усны төлбөрийг нь хяналт-шинжилгээ, хэрэгжилт хангагдсан ус ашиглуулсны зөвшөөрөлтэй нийцүүлэн уялдуулсан тохилдолд хамгийн сайн үр дүнтэй байна. Цахим зөвшөөрлийн шинэ системийн тусламжтайгаар ус ашиглуулах болон хаягдал ус хаях, зайлуулах зөвшөөрлийн хэрэгжилтийг хянах, ус ашигласны төлбөрийн явцыг хянах, татан төвлөрүүлэх үйл явцыг оновчтой болгох боломж бүрдэнэ. Хяналт, шалгалтын эрүүл механизмийг хуулийн үл нийцлийн хориг арга хэмжээ ба торгуультай хослуулснаар системийг бүхэлд нь илүү бат бөх, найдвартай болгон бэхжүүлэх боломжтой. Хэсэг 1.3.3-т ус ашиглуулах зөвшөөрлийн системийг авч үзсэн болно.

Шигтгээ 2.3. Монгол Улсын сав газрын байгууллагуудын төсөв хуваарилалт

Монгол Улсын хэмжээнд 21 Сав газрын захиргаа (СГЗ) байдаг. СГЗ-аад нь ихэвчлэн 10-аас доош ажилтантай. БОУАӨЯ нь СГЗ-ны чадавхыг бэхжүүлэх чиглэлээр дорвитой ахиц дэвшил гаргасан ч СГЗ-д тухайн байршилд хамаарах техникийн, хууль эрх зүй, байгаль орчны өндөр мэдлэг олж авах, хадгалахад бэрхшээлтэй тулгарсаар байна. Мэргэжлийн ур чадвар эзэмших, төлөвлөлт, менежментийн чадавхи, нөөцийг бэхжүүлэхээс гадна газрын доорх болон гадаргын усны менежмент, боловсруулалтын талаар илүү сайн ойлголтыг бий болгох чухал хэрэгцээ, шаардлага байна.

СГЗ-ны албан ёсны санхүүжилтийн эх үүсвэр нь улсын төсөв, ашигт малтмалын хайгуулын болон ашиглалтын тусгай зөвшөөрлийн төлбөр, ашигт малтмалын нөөц ашигласны төлбөр, ус бохирдуулсны төлбөр болон татвар, өөрийн орлого болон усны нөөц ашигласны төлбөрийн орлогоос бүрдэх орон нутгийн төсвийн боломжит хэсгээс бүрдэнэ. Мөн усны нөөц ашигласны төлбөрийн орлогын 35%-ийг байгаль орчныг хамгаалах, байгалийн нөөцийг нөхөн сэргээх арга хэмжээнд зарцуулна гэсэн ч энэхүү зорилт нь бодит байдал дээр биелэлээ олоогүй хэвээр байна (Law of Mongolia on Fees for Natural Resources Use, 2022[10]).

Эх сурвалж: (Домбровски, Лхагвадорж болон Шодерер, 2018).

2.3. Усны нөөцийн дарамт учирч буй сав газарт ус хуваарилалтын практикийг цаашид хөгжүүлэх

Ус хуваарилалтын горим (УХГ) нь усны хомсдолын эрсдлийг удирдахад дэмжлэг болдог ба өрсөлдөөнт ус хэрэглээг өөр хооронд нь эвлэрүүлэх зуучлагчийн үүрэг гүйцэтгэдэг байна. УХГ нь нийтийн нэгдмэл нөөцөөс хэн ус ашиглахыг зөвшөөрөх, хэзээ, хэр хэмжээний ус авч болох, хэр хэмжээний ус буцаан өгөх (ямар чанартай) зэрэг ус ашиглахтай холбоотой нөхцөлийг тодорхойлдог.

Энэхүү хэсэгт Монгол Улсын өнөөгийн ус хуваарилалтын практикийг тайлбарлаж, үүнийг улам боловсронгуй болгох зөвлөмжийг оруулсан болно. Хэдийгээр Монгол Улсын хууль эрх зүй, бодлогын орчин болон сав газрын төлөөлөлтийн удирдамжид ус хуваарилалтын талаар тодорхой тусгаагүй ч ус хуваарилалтын горимыг цаашид хөгжүүлэхэд баттай суурь болох сайн туршлага байна. Энэхүү сайн туршлагыг зөвшөөрөл олгох тогтолцоог боловсронгуй болгох, усны нөөцийн талаар ойлгон ухамсарлах, ус ашиглалтын хязгаарыг тогтоох, ус хэрэглээний тэргүүлэх чиглэлийг тодорхойлох, хяналт тавих, хэрэгжүүлэх зэргийг багтаан зөв оновчтой ус хуваарилах горимтой цаашид хэрхэн уялдуулах талаар энэ хэсэгт авч үзнэ. Урт хугацаанд усны талаар илүү нарийн мэдээлэл шаарддаг ус ашиглах эрхийг худалдах, худалдан авах үйл явц болон бусад ус ашиглуулах зөвшөөрлийг шинэчлэх асуудлыг авч үзэх боломжтой. Дүн шинжилгээ нь ЭЗХАХБ-аас ус хуваарилалтын горим боловсуулалтыг үнэлэх зорилгоор тодорхойлсон үнэлгээний хүрээ болох Усны хуваарилалтын эрүүл мэндийн хяналтад үндэслэсэн болно (Шигтгээ 2.4) (OECD, 2015[26]; OECD, 2017[27]).

Сэлэнгэ мөрөн, Туул гол, Буянт гол, Хар нуур, (Ховд голын сав газар), Хэрлэн гол, Орхон гол, говийн сав газрууд зэрэг улсын хэмжээнд усны хэрэгцээ хэд хэдэн хэсэгт төвлөрч байгаа тул Монгол орны бүх сав газар, уст давхаргад ус хуваарилалтын нэвтрүүлэх зайлшгүй шаардлагатай гэдгийг онцлон тэмдэглэх нь зүйтэй. Усны дарамттай сав газар, уст давхарга эсвэл усны ачааллалтай хэмээн урьдчилан таамагласан уст давхаргуудад онцгой анхаарал хандуулах шаардлагатай. Энэ нь олон улсын практикт нийцэж байгаа бөгөөд ус хуваарилалтын горимууд нь үндэсний хэмжээнд ихэвчлэн өөр өөр түвшинд байдаг. Заримыг нь үндэсний хэмжээнд (жишээ нь, Коста Рика, Эстони,

Люксембург, Словени, Швейцарь), заримыг нь мужийн түвшинд (жишээ нь Канад, Бразил), эсвэл сав газрын хэмжээнд тодорхойлдог (жишээ нь Австрали, Колумб, Испани) (OECD, 2015[26]). Гадаргын болон газрын доорх ус хангамжийн системд (жишээ нь Австри) хуваарилалтын горим өөр өөр байж болно (OECD, 2021[28]). Усны нөөцийн менежментийг хөгжүүлэх эхний үе шатанд харьцангуй энгийн загварыг ашиглаж болно. Усны хомсдол нэмэгдэж, усны хэрэглээний үнэ цэнэ өсөхийн хэрээр илүү боловсронгуй ус хуваарилалтын горимын ашиг тус нэмэгдэнэ (OECD, 2015[26]).

Шигтгээ 2.4. ЭЗХАХБ –ын Усны хуваарилалтын эрүүл мэндийн хяналтын тойм

Ус хуваарилалтын горим нь цаашид хэрэгжүүлэхэд тохиромжтой, хэвийн нөхцөлд болон усны хомсдолын үед усыг үр дүнтэй хуваарилах боломжтой эсэхэд дүн шинжилгээ хийж, үүнийг хэрхэн, хаана сайжруулах талаар ойлголт авахын тулд ЭЗХАХБ Усны нөөцийн хуваарилалт болон газрын доорх ус хуваарилалтын эрүүл мэндийн хяналтыг боловсруулсан бөгөөд доорх 14 асуултаас бүрдэнэ.

1. Сав газрын хэмжээнд үр ашигтай усны хуваарилалтын менежментийн хариуцлагын механизм байна уу?
2. Усны бүх нөөцөд (гадаргын болон газрын доорх ус, ус хангамжийн өөр эх үүсвэр) хууль эрх зүйн тодорхой статустай байна уу?
3. Усны нөөцийн хүртээмж (гадаргын болон газрын доорх ус, ус хангамжийн өөр эх үүсвэр) болон усны болзошгүй хомсдлын талаар сайн ойлгосон уу?
4. Өнөөгийн нөхцөл байдал, тогтвортой хэрэглээг тусгасан ус ашиглалтын хязгаар ("дээд хэмжээ") байна уу?
5. Шаардлагатай ус хэрэглээг хангах усны хомсдлын эрсдэлийг үр ашигтай, шударга удирдах үр дүнтэй арга зам байна уу?
6. Онцгой нөхцөл байдал (ган гачиг, ноцтой ус бохирдол гэх мэт)-ыг шийдвэрлэх хангалттай зохицуулалт байна уу?
7. Шинээр оролцогчидтой харилцах, одоогийн байгаа эрхийг нэмэгдүүлэх эсвэл өөрчлөх үйл явц байдаг уу?
8. Тодорхой, хууль эрх зүйн хувьд найдвартай хяналт-шинжилгээ хийж, хэрэгжилтийг хангах хориг арга хэмжээ бүхий үр дүнтэй механизм байна уу?
9. Ус хуваарилалтын горимыг үр дүнтэй хэрэгжүүлэх ус хадгалах, цэвэрлэх, дамжуулах усны дэд бүтэц байна уу?
10. Усны нөөцийн хуваарилалтад нөлөөлж буй салбар хоорондын бодлогын уялдаа холбоо байна уу?
11. Ус ашиглах эрхийн тухай хуулийг ойлгомжтой тайлбарласан тодорхойлолт байна уу?
12. Бусад ус ашиглагчид болон хүрээлэн буй орчны нөөцийн хүртээмжид ус ашиглалтын нөлөөллийг тусгасан бүх ус ашиглагчид тохирсон усны нөөц ашигласны төлбөр байна уу?
13. Эргэх урсгал болон хаягдал ус хаях, зайлуулахтай холбоотой үүргийг зохих ёсоор тодорхойлж, мөрдүүлж байна уу?
14. Ус хуваарилалтын үр ашгийг дээшлүүлэх зорилгоор ус ашиглагчдад ус дахин хуваарилахыг систем зөвшөөрдөг үү?

Эх сурвалж: (OECD, 2015[26]; OECD, 2017[27]).

2.3.1. Ус ашиглуулах зөвшөөрлийг бэхжүүлэх нь ус хуваарилалтыг дэмжинэ

Ус ашиглуулах зөвшөөрөл олгох нь ус хуваарилахад зайлшгүй шаардлагатай. Мөн усны төлбөр, хураамжийг татан төвлөрүүлэхэд дэмжлэг үзүүлэх боломжтой юм (Хэсэг 2.2-ыг харах). Монгол Улсын өнөөгийн ус ашиглуулсны зөвшөөрөл олгох тогтолцоо нь ус хуваарилах горимыг цаашид хөгжүүлэхэд сайн үндэс суурь болж байна.

Усны нөөц нь төрийн өмч бөгөөд зөвхөн холбогдох төрийн эрх бүхий байгууллагаас зөвшөөрөл авсан тохиолдолд ашиглах боломжтой (Constitution of Mongolia, 1992[29]; Law of Mongolia on Environmental Protection, 1995[30]). Монгол Улсын усны зөвшөөрлийн систем нь хэрэглээний болон хэрэглээний бус ус ашиглалтын эзлэхүүний хязгаарт суурилдаг. Ус ашиглагчид ус ашиглуулах “дүгнэлт” гаргуулах, өөрөөр хэлбэл эрх бүхий байгууллага болон ус ашиглагч хоёрын хооронд байгуулсан албан ёсны гэрээний үндсэн дээр ус ашиглуулах зөвшөөрөл авах хүсэлт гаргах ёстой (Water Law, 2012[31]; UNECE, 2018[32]). Энэ дүгнэлт нь ус хуваарилалтын горимд нийтлэг байдаг усны ашиглаж болох үнэмлэхүй хэмжээнд үндэслэсэн байдаг. (OECD, 2015[26]).

Ус ашиглалтын хэмжээнээс хамааран аль эрх бүхий байгууллага зөвшөөрөл олгох асуудлыг хариуцахыг тодорхойлдог. Усны газар нь хоногт 100 шоометрээс дээш ус ашиглуулах дүгнэлт, СГЗ хоногт 50-100 шоометр ус ашиглуулах дүгнэлт болон Аймаг, нийслэлийн байгаль орчны алба хоногт 50 шоометрээс доош хэмжээний ус ашиглуулах дүгнэлтийг тус тус олгодог. Ус ашиглуулах зөвшөөрөл/дүгнэлтэд хоногт ашиглах усны хэмжээг тусгасан байх ёстой (Water Law, 2012[31]). Зөвшөөрөл/дүгнэлтийг 10 жил хүртэл хугацаагаар олгодог бөгөөд гэрээний нөхцөлийг хангасан тохиолдолд 5 жил хүртэл сунгах боломжтой. Түүнчлэн, эрчим хүч, ус шилжүүлэх, бороо, цасны ус цуглуулах, суваг, шуудуу ухах зэрэгт хэрэглэгдэх ус ашиглалтад зөвшөөрөл авах шаардлагатай (Water Law, 2012[31]). Мөн дотоодын ус хангамжийн НААҮБ ус ашиглуулах зөвшөөрөл/дүгнэлт гаргуулах шаардлагатай.

Зураг 2.6. Ус ашиглуулах зөвшөөрөл/дүгнэлт олгох үйл явц

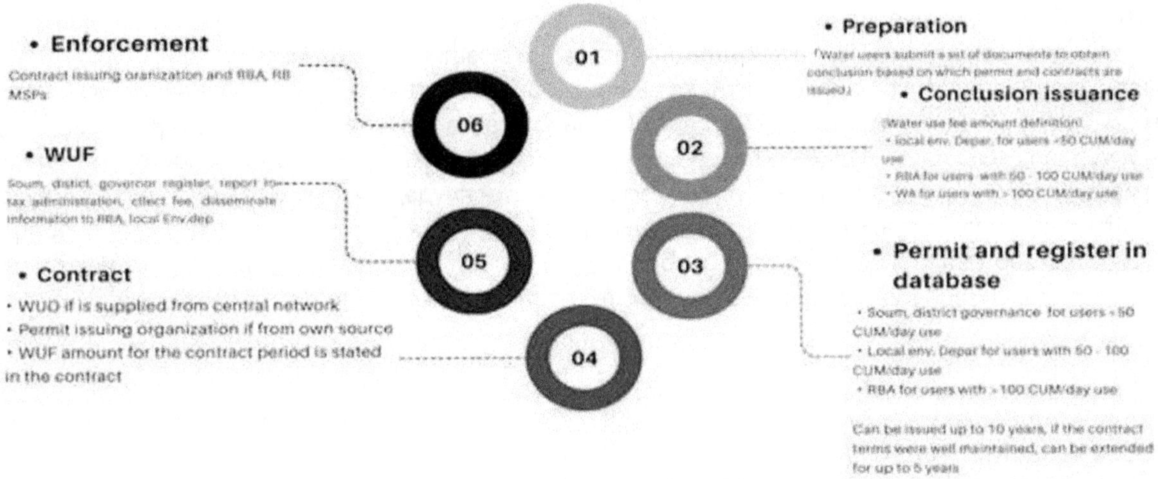

Эх сурвалж: Усны тухай хууль, Байгалийн нөөц ашигласны төлбөрийн тухай хуулийн чиг үүрэг, хариуцлагын талаарх зүйл, заалтуудаас гаргасан зохиогчийн тайлбарт суурилсан болно.

Сав газрын усны нөөцийн менежментийн төлөвлөлтийн гарын авлага нь урт хугацаанд усыг хэтрүүлэн хуваарилахаас зайлсхийхийн тулд зөвшөөрөл олгох, бүртгэх ажлыг усны балансгай хэрхэн уялдуулах, богино хугацаанд янз бүрийн ус ашиглалтад усыг хэрхэн хуваарилах зэрэг ус хуваарилалтын горимын талаар нарийвчилсан зааварчилгааг тусгасан байдаг (Тухайлбал, улирлын чанартай байх). Одоогийн байдлаар уг гарын авлагад УННМ-ийн төлөвлөлтийн эхлэлийн шатанд зөвхөн усны эрэлт, ус хангамжийн балансыг 10 жил тутамд хэрхэн тооцдог талаар тусгасан байна. Гэсэн хэдий ч энэхүү үйл явц нь урсац, усны түвшин, ус ашиглалт болон ус ашиглагчидтай ямар ч үед бат бөх харилцаатай байхыг шаарддаг байна. Сав газрын төлөвлөлтийн гарын авлага нь 1) 10 жилээс бага хугацаанд ашиглах боломжит усны нөөц (гадаргын болон газрын доорх ус)-ийн үнэлгээ.

Тухайлбал, улирлын чанартай, 2) шинэчлэгдсэн усны тоо хэмжээ болон ус ашиглалтын хэмжээний талаарх мэдээлэл бүхий ашиглах боломжит усны нөөцийн мэдээллийн сан хөтлөх, 3) зөвшөөрөл олгох шийдвэр гаргах арга зэрэгт удирдамж, зааварчилгаагаар хангах боломжтой. Үүнд дэд сав газар болон уст давхаргын усны зөвшөөрөл тус бүрийн нарийвчилсан бүртгэл, тайлан багтах бөгөөд энэ нь зөвшөөрөгдсөн ус ашиглалтын хэмжээ, зөвшөөрлийн хүчинтэй байх хугацаа, эргэх урсгалын үүргийг тусгасан байдаг. Энэ нь мөн аймаг, сумдаас олгодог зөвшөөрөлд ч хамааралтай. Усны үнэлгээ ба төлөвлөлтийн систем (“УНТС”) зэрэг хуваарилалтын загвар нь төлөвлөлтийн шийдвэрийг дэмжиж чадах бөгөөд зөвшөөрлийн нөхцлийг хангаж байгаа эсэхийг хянах, хэрэгжүүлэх механизм нь маш чухал бөгөөд үүнийг 1.3.31.3.3-т авч үзнэ.

Ус ашиглуулах зөвшөөрлийн тусламжтайгаар Монголын усны салбарт хөрөнгө оруулалт татах боломжтой. Учир нь хөрөнгө оруулагчид зарим тохиолдолд зээл, хөрөнгө олж авах, бизнес эхлүүлэх, бизнестээ үнэ цэнэ нэмэх зорилгоор зөвшөөрөл гаргуулан авахыг шаарддаг байна (OECD, 2015[26]) (энэ талаарх дэлгэрэнгүйг IV Бүлгээс харна уу.) Бразилийн Сан Франсиско болон Сан Маркос сав газарт байрлах банкууд зээл олгохын тулд хэрэглэгчдээс ус ашиглуулах зөвшөөрөл хүсдэг байна. Перугийн Парон голын дэд сав газарт усны лиценз нь улсын болон хувийн хөрөнгө оруулалттай төслүүдийг хэрэгжүүлэх баталгаа болдог байна (OECD, 2015[26]). Хөрөнгө оруулалт татахын тулд усны тогтвортой ашиглалтад, ялангуяа гадаргын усыг тогтвортой хөгжил, ус хадгалах байгууламжид урт хугацааны хөрөнгө оруулалт хийж, урт хугацааны зөвшөөрөл олгох асуудлыг авч үзэж болох юм (IV Бүлгийг харах). Энэ туршлага нь Монголын орны уул уурхайн салбарт аль хэдийнэ хэрэгжиж байгаа бөгөөд ус ашиглуулах зөвшөөрлийг уул уурхай ашиглалтын зөвшөөрлийн хугацаанд олгодог бөгөөд усны нөөцийн зохистой ашиглалтыг дэмжих хөрөнгө оруулалтын хувьд зөвшөөрлийг сунгаж боломтой (Хүснэгт 2.3 Ус ашиглах эрх олгох хугацаа: сонгосон жишээнүүд

Ус ашиглуулах зөвшөөрөл хязгаарлагдмал хугацаатай байх нь уг зөвшөөрлийн нөхцөлийг дахин хянах, хугацааг сунгахаас татгалзахад хүргэдэг. Ус ашиглагчдын зүгээс авч үзвэл, энэ нь тодорхойгүй байдал үүсгэж болзошгүй. Ус ашиглах эрхийн хязгаарлагдмал байдал нь ус зарцуулалт ихтэй үйл ажиллагаанд оруулах урт хугацааны хөрөнгө оруулалт, инновацийн урамшууллыг бууруулдаг (OECD, 2015[26]). Гадаргын усны бүтээн байгуулалтын хөрөнгө оруулалтыг нэмэгдүүлэхийн тулд гадаргын усны тогтвортой төслүүдэд урт хугацаанд ус ашиглуулах зөвшөөрлийг олгох асуудлыг нэн тэргүүнд авч үзэж болно. Усны зөвшөөрлийн хугацааг салбар тус бүрээр нь өөр өөр хугацаагаар тогтоож болох юм. Хүснэгт 4.5-д зөвшөөрлийг бусад улс оронд 6 сараас эхлэн хугацаагүйгээр олгож байгааг харуулсан жишээг үзүүлэв.

Хүснэгт 2.3 Ус ашиглах эрх олгох хугацаа: сонгосон жишээнүүд

Жишээ	Ус ашиглах эрх олгох хугацаа
Австрали (Мюррей Дарлинг сав газар)	**Хугацаагүй,** үр ашигтай ашиглах нөхцөлөөр
Австри (гадаргын болон газрын доорх усны систем)	**90 жилээс илүүгүй хугацаагаар** (жишээ нь: усан цахилгаан станц). **12 жил**: усалгааны зориулалтаар ашиглах хамгийн дээд хугацаа
Бразил(Сан Францискогийн сав газар and Сан Маркосын сав газар)	**10 жил**: 2,000 га хүртэлх талбайн усалгаа, хамгийн ихдээ 1 $м^3$/сек ус татах үйлдвэрлэл; загас, далайн ургамлын аж ахуй; мал, амьтны ус хэрэглээ, уул уурхай болон бусад. **20 жил**: 2,000 га хүртэлх талбайн усалгаа, хамгийн ихдээ 1 $м^3$/сек ус татах үйлдвэрлэл; **35 жил**: Үерээс хамгаалах далан, усны эрчим хүч үйлдвэрлэл болон бусад гидравлик ажлууд; нийтийн ус хангамж болон ариун цэврийн байгууламж
Канад (Ньюфаундланд ба Лабрадор)	**5 - 50 жил**: ус ашиглагчаас хамааран.
Чили (Лимари голыг сав газар болон Майпо голыг, 1-р хэсэг)	**Хугацаагүй**
Хятад (Шар мөрөн голын сав газар)	Сунгах боломжтойгоор олгогдсон тодорхой жилийн хугацаатай нөхцлөөр (ж нь: **5-10 жил**).
Колумб (Убате- Суарес голын сав газар)	**10 жил**: Концессын хувьд 10 жилээс илүүгүй хугацаагаар олгож болно. **50 хүртэлх жил:** Төрийн үйлчилгээ, нийтийн болон нийгмийн ашиг сонирхолд нийцсэн бүтээн байгуулалтад зориулсан ус хэрэглээнд
Франц (Усалгааны хамтын удирдлагын нэгдсэн байгууллагууд)	Хэдэн жилээс хэдэн арван жил хүртэл: ундны усны байнгын хэрэглээнд **6 сар**: Түр зуурын ус хэрэглээ (улирлын чанартай ус хэрэглээ ба усалгаа.
Япон (Тоне-Гава голын систем)	Усны эрчим хүч үйлдвэрлэлд олгох 20 жилийг эс тооцвол **10 жилийн** хугацаатай
Солонгос (Голын хуулийн дагуу гадаргын усны систем)	**10 жилийн** хугацаатай үе үе сунгах нөхцөлтэй
Люксембург	Сунгах боломжтой **5-20 жилийн** хугацаатай
Мексик	**5 -30** жилийн хугацаатайгаар үе үе сунгах нөхцөлтэй
Монгол Улс	10 жил хүртэлх хугацаа, 5 жилээр сунгах боломжтой. Стратегийн ашигт малтмалын ордын ашиглалтад усны зөвшөөрлийг ашиглалтын тусгай зөвшөөрөлтэй ижил хугацаанд олгоно.
Шинэ Зеланд (Вайкато бүс)	**15** жилийн хугацаатайгаар үе үе сунгах нөхцөлтэй. Гэсэн хэдий ч Нөөцийн менежментийн тухай хуулийн дагуу **35 жил** хүртэлх хугацаагаар олгох боломжтой. Ус ашиглах эрх эзэмшигч нь ижил үйл ажиллагаанд шинэ зөвшөөрөл авах хүсэлтийг бусад өргөдөл гаргагчаас өмнө гаргах эрхтэй.
Перу	Хугацаагүй, үйл ажиллагаа тасралтгүй явуулах нөхцөлтэй
Испани	**75 жилээс** илүүгүй хугацаагаар
Их Британи (Англи болон Уэльсийн ус ашиглах эрх олгох)	Сав газрын усны хүртээмжийг тогтмол хянахтай холбогдуулан 12 жилийн хугацаатай үе үе сунгах нөхцөлтэй

Эх сурвалж: (OECD, 2015[26]).

Ус ашиглах зөвшөөрөл олгох, хяналт тавих чиг үүргийг илүү тодорхой болгох замаар сайжруулалт хийх боломжтой. Монгол болон бусад ихэнх улс оронд усны хуваарилалтын чиг үүргийг засгийн газрын янз бүрийн түвшинд хэд хэдэн байгууллагууд гүйцэтгэдэг байна (үндэсний, улсын/мужийн, улсын/бүсийн, сав газрын болон орон нутгийн) (OECD, 2015[26]). Түүнчлэн, үндэсний байгууллага болон сав газрын байгууллага хоорондын хамтын ажиллагаа, уялдаа холбоог бэхжүүлэх боломжтой (ADB, 2020[33]) (OECD, 2015[26]). Усны үндэсний зөвлөлөөр дамжуулан засгийн газрын түвшинд салбар дундын зохицуулалтыг сайжруулж болох юм. Ус ашиглагч салбарууд хөгжлийн стратеги, төлөвлөгөөгөө сав газрын УННМ-ийн төлөвлөгөө, урьдчилан таамагласан усны нөөц, ус хуваарилалт (үүнд байгаль орчны урсцыг хамруулна), хамгаалалтын бүстэй уялдуулж болно. Энэ нь устөрөгчийн үйлдвэрлэлийг хөгжүүлэхэд онцгой ач холбогдолтой юм (Шигтгээ 4.6).

Орон нутгийн засаг захиргааны хамтын ажиллагааг сайжруулах, чиг үүргийг тодорхойлох хамтын ажиллагааны гэрээ байгуулан ажиллах боломжийг бүрдүүлэх нь усны дарамттай байгаа дэд сав газар эсвэл уст давхаргуудад ашиг тусаа өгөх талтай. Нэгэн сонирхолтой жишээг дурдахад, Этиоп улсын хамгийн том, хамгийн их ашиглагддаг сав газрын нэг бол Авашийн сав газар бөгөөд төрийн байгууллагууд усны мэдээлэл, ус хуваарилалтыг сайжруулах зорилгоор Усны хамтын ажиллагааны гэрээ байгуулсан (Шигтгээ 2.6). Монголын Улсын нөхцөлд, тухайлбал, усны зөвшөөрөл болон усны мэдээллийн менежментийн хэрэгжилтийн үүрэг, хариуцлага зэрэг асуудлыг гэрээгээр авч үзэж болох юм.

Усны менежментийн чиг үүрэг маш хуваагдмал, тархай бутархай байдаг тул Усны үндэсний зөвлөлөөр дамжуулан зохицуулалтын механизмыг бэхжүүлбэл бодлогын ерөнхий хэрэгжилтэд үр ашигтай байх болно. Усны үндэсний зөвлөлийн зохицуулалтын механизмыг бэхжүүлэх нь УННМ-д үр өгөөжөө өгч, улсын УННМ-ийн төлөвлөгөөг цаг тухайд нь батлах арга замыг нээж өгнө. Түүнчлэн, Усны үндэсний зөвлөлөөс усны эрэлтийн менежмент, ус хуваарилах үйл явцын талаар нэмэлт заавар өгөх боломжтой. Зөвлөл нь усны хамтын ажиллагааны гэрээ, усны гэрээнээс үзүүлэх аливаа нөлөөлөлд хяналт тавих зэрэг дэд сав газрын түвшин дэх хамтын ажиллагааны шинэ (туршилт) арга барилыг харгалзан үзэж болох юм. Энэ үйл явцад олон байгууллага оролцож байгаа шиг Усны үндэсний зөвлөл нь төлбөр татан төвлөрүүлэх, орлогын хуваарилалтын явцыг хянах чиг үүрэг гүйцэтгэх боломжтой.

Шигтгээ 2.5. Голын дэд сав газрын Усны хамтын ажиллагааны суурь хэлэлцээр, Этиоп Улс

2021 онд Этиоп Улсын Аваш голын сав газар дахь засгийн газрын холбогдох байгууллагууд уг сав газрын дэд хэсэг болон Аваш-Аваш сав газартай Усны хамтын ажиллагааны гэрээ байгуулснаар томоохон амжилтад хүрчээ. Аваш голын сав газар нь Этиоп улсын хамгийн том, хамгийн их ашиглагддаг сав газруудын нэг юм. УННМ-ийн төлөвлөгөө хэрэгжүүлэхдээ эрх бүхий байгууллагууд нэгдмэл байдлаар хэрэгжүүлээгүй. Усны менежментийн үүрэг хариуцлагыг Аваш голын сав газрын Хөгжлийн газар, 5 бүс нутгийн 5 усны байгууллага болон 2 хотын захиргаа хамтран хариуцдаг байна.

Аваш-Аваш дэд сав газрыг Усны хамтын ажиллагааны гэрээг туршилтаар хэрэгжүүлэхээр сонгосон бөгөөд цаашид бусад дэд сав газар болон бусад түншгэй хамтран өргөжүүлэх боломжтой. Үүнд хоёр бүс нутгийн усны байгууллага болон Сав газрын Хөгжлийн газар хамтран ажилласан байна.

Уг гэрээний гол зорилго нь усны бохирдол, хомсдол, үер, устай холбоотой зөрчил, маргааныг шийдвэрлэхэд чиглэсэн. Авашийн сав газрын усны нөөцийн менежментэд бүс нутгийн усны байгууллага болон сав газрын хөгжлийн газар хоорондын харилцаа холбоо үр ашиггүй, голын дээд болон доод хэсгийн усны байгууллага хоорондын ойлголцол дутмаг, мэдээллийн урсгал хязгаарлагдмал, үйл ажиллагаа давхардсан, орон нутгийн усны форум санал зөрөлдөөнтэй үргэлжилдэг зэрэг асуудал тулгарсан байна.

Усны хамтын ажиллагааны гэрээ нь асуудлыг хамтран тодорхойлох, оролцогч талуудын зураглалыг гаргах болон байгууллага тус бүрт гол албан тушаалтныг томилох үйл явцыг тодорхой болгож өгчээ.

Байгууллага хоорондын харилцааг бэхжүүлэх, баг бүрдүүлэх, мөн улс төрийн хүсэл зорилгыг баталгах нь энэхүү үйл явцын чухал алхмууд байв.

Эх сурвалж: Голландын Усны газрын төслийн менежер ба Авашийн сав газрын Хөгжлийн газрын дарга асан Гетачев Гизев, Авашийн сав газрын Усны хамтын ажиллагааны гэрээнд гарын үсэг зурах ёслолын тухай видео (YouTube).

Шигтгээ 2.6. Өмнийн говьд сэргээгдэх устөрөгчийн эрчим хүч үйлдвэрлэхэд зориулсан ус

Сэргээгдэх эрчим хүчээр тэжээгддэг усны электролизээр үйлдвэрлэсэн сэргээгдэх устөрөгчийн эрчим хүч нь ган, цемент, химийн бодис зэрэг хүнд үйлдвэрийн ялгарлыг бууруулахад чухал үүрэг гүйцэтгэх төлөвтэй байна.

Өрсөлдөхүйц өртгөөр дотоодын сэргээгдэх эрчим хүч үйлдвэрлэх боломж нь салбарын усны хэрэгцээг хангахаас гадна Монгол Улсыг өрсөлдөх чадвартай сэргээгдэх устөрөгчийн үйлдвэрлэгч болгоно. Монгол Улсын Засгийн газар устөрөгчийн үндэсний стратеги боловсруулж байгаа бөгөөд Азийн тогтвортой дэд бүтцийн хөтөлбөрийн хүрээнд ЭЗХАХБ-ын зүгээс Монгол Улсын хэмжээнд сэргээгдэх устөрөгчийг хөгжүүлэх бодлогын хамрах хүрээг үнэлсэн болно.

Монгол Улсын хувьд сэргээгдэх эрчим хүч үйлдвэрлэх боломж Өмнийн говь дахь Дундговь, Өмнөговь болон Дорноговь аймагт хамгийн өндөр байгаа юм. Сэргээгдэх боломжгүй газрын доорх усны эх үүсвэрт түшиглэн үйлдвэрлэл явуулснаас улбаалан уул уурхайн салбарын усны эрэлт хэрэгцээ өсөн нэмэгдэж байгаа нь энэ бүс нутагт усны ачаалал аль хэдийнэ тулгараад байна. Энэ бүс нутагт устөрөгчийн цөөн тооны төсөлхэрэгжиж буй.

ЭЗХАХБ-ын тооцоолсноор Өмнийн говийн бүсэд 1 кг сэргээгдэх устөрөгч үйлдвэрлэхэд 41.45 литр газрын доорх ус авч ашиглах шаардлагатай гэжээ. Энэхүү тооцоонд үндэслэн 1.5 КТ (килотонн) үйлдвэрлэлийн хүчин чадалтай орон нутгийн сэргээгдэх устөрөгчийн төслийг хэрэгжүүлснээр 62,000 $м^3$ усны шаардлагатай болно. Сэргээгдэх устөрөгчийн жилийн үйлдвэрлэлийг 1 м/тонн хүртэл нэмэгдүүлэхэд (Чили улсын 2030 онд нь өрсөлдөх чадвартай экспортлогч орон болох зорилт тавьсан) 41,455,000 $м^3$ ус шаардагдах бөгөөд энэ нь 2030 оны түвшинд уул уурхайн салбарын таамаглаж буй усны хэрэгцээтэй тэнцэх юм. Тиймээс 2030 оны түвшинд 1 м/тонн хүчин чадал бүхий сэргээгдэх устөрөгчийн үйлдвэрийг байгуулахад үйлдвэрлэлийн усны нийт хэрэгцээ одоогийн таамаглалтай харьцуулахад хоёр дахин нэмэгдэх болно.

Дүгнэхэд, туршилтын төслүүдийг хэрэгжүүлэх эхний үе шатанд усны хэрэгцээг хангах нь хэдийнээ бэрхшээлтэй харагдаж байна. Бусад хэрэглээтэй харьцуулахад шаардлагатай усны хэмжээг багахан гэж үзэж болох ч сэргээгдэх устөрөгчийн үйлдвэрлэлд шаардагдах усыг усны ачаалалтай байгаа уст давхаргаас авч ашиглах магадлалтай байна.

Сэргээгдэх устөрөгчийн усны хэрэгцээг урьдчилан таамаглаж, тогтвортой удирдахын тулд ЭЗХАХБ-ын судалгаанаас дараах зөвлөмжийг хүргүүлж байна:

- **Сэргээгдэх устөрөгчийн үндэсний стратегийн гол тулгуур болох усны тогтвортой байдлыг нэгтгэх.** Үүнд ирээдүйн сэргээгдэх устөрөгчийн үйлдвэрлэлийн зорилтын талаарх аливаа зөвлөгөөнд үйлдвэрлэлийн цар хүрээг нэмэгдүүлэхэд усны салбарт үзүүлэх нөлөөг авч үзэх, сэргээгдэх устөрөгчийн үйлдвэрлэл дэх ус ашиглалт, стандартын талаарх мэдээллийг хянах, боловсруулах, усны менежментийн мэдлэгийг уул уурхайн салбараас сэргээгдэх устөрөгчийн салбарт шилжүүлэхийг дэмжих, төслийн үнэлгээнд усны үр ашгийг нэгтгэх, инновацийг дэмжих зэрэг багтана.
- **Усны тогтвортой хүртээмж, ашиглалтыг дэмжсэн үйлдвэрлэлийн ус ашиглалтын бодлогыг үндэсний усны менежментийн тогтолцоонд тусгах**. Үүнд үндэсний хэмжээнд салбар хоорондын уялдаа холбоог сайжруулах, сав газрын байгууллагуудад онцгой анхаарал хандуулж, байгууллагын чадавхийг бэхжүүлэх, Байгаль орчны стратегийн үнэлгээ болон Байгаль орчинд нөлөөлөх байдлын стратегийн үнэлгээ хийхэд талуудын оролцоог хангасан хэлэлцүүлэг явуулах, усны мэдээллийн системийг

сайжруулах, ус хуваарилалтын горим дахь усны үнэ, тарифын өөрчлөлтийг авч үзэх, усны үр ашигтай байдлыг урамшуулах болон усны бохирдлыг бууруулах зэрэг арга хэмжээ багтана.

- **Ус, сэргээгдэх устөрөгчийн дэд бүтцийг хамтран байгуулах боломжийг судалж, төлөвлөх.** Монгол Улс хаягдал ус цэвэрлэх, эргүүлэн ашиглах боломжийг судлах боломжтой. Австрали, Испани зэрэг ЭЗХАХБ-ын гишүүн орны жишээн дээр ус, устөрөгч болон аж үйлдвэрийн (жишээлбэл, уул уурхай) дэд бүтцийг хамтад нь байгуулах "хаб төв"-ийн загварыг дагаж мөрдөх боломжтой. Энэ загвар нь кластер эдийн засгийг хэрэгжүүлэх, зардал хуваах үр өгөөж болон орон нутгийн түвшинд дугуй эдийн засгийн арга барилыг дэмжих боломжийг олгодог.

Эх сурвалж: (OECD, 2025[34]).

2.3.2. Боломжит усны нөөцийн талаар ойлгох, ус ашиглалтын хязгаар тогтоох

Усны нөөцийн талаар ойлгох

Усны нөөц буюу “усны нөөцийн сан”-г сав газар, дэд сав газар, уст давхаргын хэмжээнд ойлгох нь хэр хэмжээний усыг тогтвортой хуваарилж, ашиглаж болохыг тодорхойлоход тусалдаг. Монгол Улсын Усны тухай хуульд Усны газар улсын усны нөөц, усны хэрэглээний талаарх тайланг жил бүр гаргадаг байхаар заасан байдаг (Water Law, 2012[31]; National Statistics Office of Mongolia, 2023[35]). 2022 оны Усны данс нь үндэсний хэмжээнд Усны газрын усны хүртээмж, ашиглалтын талаарх салбаруудын өгөгдөлд үндэслэсэн усны нөөцийн жилийн мэдээлэл, салбарын нийт усны хэрэглээ, нийт усан хангамжийг салбараар болон ус ашиглалтын үр ашгийн талаарх мэдээллээр хангадаг (National Statistics Office of Mongolia, 2023[36]). Үүний сацуу сав газрын байгууллага, нутгийн захиргааны байгууллагууд хуулийн дагуу жил бүр сав газрын усны нэгдсэн тооллого явуулах үүрэг хүлээдэг байна (Water Law, 2012[31]). Сав газрын төлөвлөгөөнд дэд сав газрын түвшний ус ашиглалтын балансыг тусгасан болно. (Ministerial Order No 42, 2020[37]).

Өнөөгийн байдлаар усны нөөцийн талаарх мэдээлэл нь ус хуваарилах шийдвэр гаргахад хангалтгүй байна. Усны нийт нөөцийн жилийн тайланг Усны газраас 2021 оноос хойш шинэчилээгүй байна. Монгол Улсын усны нийт нөөц 564.8 сая м^3 хэмээн БОУАӨЯ-наас байгаль орчны суурь тайлангаас иш татан мэдээлсэн бөгөөд энэ тоо 2020 оноос хойш шинэчлэгдээгүй байна. Сав газрын байгууллагуудын явуулж буй гадаргын усны хяналт-шинжилгээгээр уст цэгүүдийг тоолж, хуурай эсвэл сэргээгдсэн, урсацтай байгаа эсэхийг тодорхойлдог. Гэсэн хэдий ч урсгал, урсцын бодит хэмжээг бүртгээгүй байна. Одоогоор экологийн урсцын хэрэгцээг тооцож хассаны дараах ус хэрэглээ, ашиглалтыг хангах усны нийт хэмжээ, хүртээмжийг тооцоолох тогтсон аргачлал байхгүй. Ялангуяа уур амьсгалын өөрчлөлтийн хувилбарын хүрээнд, мөн газрын доорх усны хамаарлыг бууруулж, гадаргын ус ашиглалт руу шилжих улсын зорилтын хүрээнд усны нөөцийн хүртээмж хангалттай эсэх нь тодорхойгүй байгаа өнөөгийн нөхцөлд энэхүү аргачлалыг тодорхойлох нь чухал юм (World Bank, 2024[5]).

Газрын доорх усны мэдээлэл хангалтгүй байгаа нь нийт нөөцийг тооцоолоход нөлөөлж болзошгүй (2030 Water Resources Group, 2014[3]). Газар доорх усны мониторингийн цэг хангалтгүй, ялангуяа Улаанбаатар хотын бүсэд зөвшөөрөлгүй худгууд олон байна (UNECE, 2018[32]). Мөн 2023 оны байдлаар газрын доорх усны ордын мэдээлэл бүхий гидрогеологийн дунд хэмжээний зураглал хийхээр төлөвлөсөн бөгөөд нийт талбайн 14%-д нь зураглал хийж дууссан. Энэ нь Монгол орны газрын доорх усны нөөцийг тодорхойлохын тулд гидрогеологийн судалгааг нэмэгдүүлэх хэрэгцээ байгааг харуулж байна. Өртөг, газрын доорх усны үйл ажиллагааны нарийн төвөгтэй байдал, нөөцийн үл үзэгдэх байдал зэргээс улбаалан газрын доорх усны мэдээллийн сан, хяналт-шинжилгээний системийг бий болгох нь дэлхийн олон оронд тулгамдсан асуудал гэдгийг тэмдэглэх нь зүйтэй (Unesco, UN-Water and Programme, 2022[38]).

Засгийн газар болон иргэний нийгмийн байгууллага хамтран газрын доорх усны менежментийн гэрээний дагуу тодорхой уст давхаргын зураглал гаргаж, удирдаж болох эсэхийг судлах нь зүйтэй болов уу. Франц улсад газрын доорх усны менежментийн гэрээгээр хэд хэдэн уст давхаргын менежментийг явуулдаг байна (Шигтгээ 4.7). Гэрээ нь эхлээд газрын доорх усны нөөцөд хяналт-шинжилгээ хийх, нөөцийн талаарх нэгдсэн ойлголтыг бий болгоход чиглэж болох юм. Дараагийн үе шатанд гэрээ нь нөхөн сэргээх хүчин чармайлт, нөөцийн хамтын удирлагад чиглэж болно.

Шигтгээ 2.7. Франц улсын газрын доорх усны сайн дурын менежментийн гэрээ

Франц улсад газрын доорх усны менежментийг зохицуулах, усны чанарыг хамгаалахад газрын доорх усны хамаарал бүхий оролцогч талуудын хооронд байгуулсан "газрын доорх усны менежментийн гэрээ" (contrats de nappe)-г ашигладаг байна. Оролцогч талуудад ХАА-н үйлдвэрлэл эрхлэгчид, хотын захиргаа, ундны усны компаниуд, үйлдвэрүүд, байгаль орчны ТББ-ууд багтана. Уг гэрээгээр дамжуулан оролцогч талууд газрын доорх усны менежментийг хамтран төлөвлөж, хөрөнгө оруулалт хийдэг байна. Үйл ажиллагаа нь ихэвчлэн газар ашиглалтад чиглэдэг бөгөөд газрын доорх усны менежментийг голдуу олон нийтийн холбоод удирддаг.

Шампагни уст давхарга нь Парисын бүс нутгийн гол усны нөөцийн нэг юм. Уг усны нөөцийг усны компаниуд, ХАА, аж үйлдвэрийн салбар, судалгааны байгууллага, засгийн газар, байгаль орчны чиглэлээр үйл ажиллагаа явуулдаг төрийн бус байгууллагуудын 30 орчим гишүүнээс бүрдсэн AQUI'Brie холбоо газрын доорх усны менежментийн гэрээгээр удирддаг.

Тухайлбал, Ла Крау бүс нутгийн газрын доорх усны менежментийн гэрээнд газрын доорх усны судалгаа, загварчлал, ХАА-н ус хэрэглэгчдэд зориулсан тоолуур суурилуулах, ус хангамжийн шугам сүлжээний засвар үйлчилгээ, хямралын үеийн менежментийн хамтарсан төлөвлөгөө боловсруулах зэрэг усны тогтвортой хуваарилалт, газрын доорх усны түвшинг хадгалан хамгаалахад чиглэсэн маш тодорхой арга хэмжээг тусгажээ. Салангид тусдаа холбоо нь AQUI'Brie Холбооны нэрийн өмнөөс өдөр тутмын удирдлагын ажлыг хариуцдаг.

Эх сурвалж: https://www.symcrau.com/wp-content/uploads/2022/12/SYNTHESE_Contrat-de-nappe-Crau_sept-2016.pdf https://onlinelibrary.wiley.com/doi/full/10.1002/ird.1655.

Урт болон богино хугацаанд ашиглах усны хязгаар тогтоох

Ус хуваарилалтын горим нь гол төлөв хоёр төрлийн ус ашиглалтын хязгаараас бүрдэнэ (OECD, 2015[26]):

- Урт хугацаанд ашиглах усны дээд хязгаар нь ямар ч үед татан авч болох усны дээд хэмжээг тодорхойлдог. Үүнийг бүрэн хуваарилсны дараа өөр хэн нэгний зөвшөөрөл дэх хэмжээг энэ хэмжээтэй тэнцэх хэмжээгээр бууруулаагүй бол шинээр зөвшөөрөл олгох ёсгүй. Урт хугацаанд ашиглах усны хязгаарыг устай холбоотой стратегийн хөрөнгө оруулалтыг чиглүүлэхэд ашиглаж болно.
- Тодорхой нөхцөл, цаг хугацаанд, жишээлбэл, улирлын дотор татан авч болох усны хэмжээг богино хугацааны хязгаараар тогтоодог. Богино хугацаанд ашиглах усны хэмжээг тодорхойлохдоо ус хэрэглэгчид (усжуулагчдыг оруулаад) дасан зохицоход шаардагдах хугацааг харгалзан үзэх ёстой. Тухайлбал, тариалалтын шийдвэрт нөлөөлөх бол тариалалт эхлэхээс өмнө богино хугацаанд ашиглах усны хэмжээг тогтоож, мэдэгдэх шаардлагатай.

Монгол Улс улирлын хэлбэлзлээс ихээхэн хамааралтай ч богино хугацаанд ашиглах усны хэмжээ, улирлын ус хуваарилалтын стратеги тогтоох туршлага багатай орон юм (тэргүүлэх чиглэлийн ус хэрэглээ болон богино хугацаанд ашиглах усны хэмжээний талаар 1.3.3 хэсгээс дэлгэрэнгүй үзнэ үү). БОУАӨЯ нь ус судлал, экологи, эдийн засгийн судалгаанд үндэслэн сав газар тус бүрээр урт хугацаанд ашиглах усны дээд хэмжээг тогтоох үүрэгтэй. Ашиглах усны нийт хэмжээнээс ашиглах буюу хэрэглэх боломжгүй тодорхой хэмжээний усыг нөөцөлдөг урт хугацаанд ашиглах усны хэмжээ ("дээд хэмжээ") нь доод урсгалын үүрэг хариуцлагыг багтаасан экологийн урсцаар тодорхойлдог. Ус хэрэглээ, ашиглалтын зориулалт газрын доорх болон гадаргын усны эх үүсвэрээс авч ашиглах усны хэмжээг сав газрын түвшинд тооцоолж гаргадаг байна (Government of Mongolia, 2012[39]). Урт хугацааны ус ашиглалтын дээд хэмжээ, хязгаарын талаар өмнө нь хийгдсэн голлох судалгаанд услаг багатай жилүүдийн нийт усны нөөц болон экологийн урсцыг хасч тооцох шаардлагыг авч үзжээ (Government of Mongolia, 2012[39]; 2030 Water Resources Group, 2016[40]). Газрын доорх ус ашиглалтын дээд хэмжээг гидрогеологийн судалгаанд суурилсан албан ёсны аргачлалаар тооцоолдож ажээ (Government of Mongolia, 2015[41]). Гэсэн хэдий ч улсын хэмжээнд гидрогеологийн цогц судалгаа ховорхон хийгдсэн бөгөөд 2022 оны байдлаар гол төлөв Өмнийн говь, нийслэл Улаанбаатарт хот зэрэг нийт нутаг дэвсгэрийн 16.6% нь л судалгаанд хамрагдсан байна (Boldbaatar, 2023[42]).

Тухайн сав газар дахь усны боломжит нөөц, тогтвортой ус ашиглалтыг тусгасан ус ашиглалтад бодитой хязгаарлалт тавихгүйгээр ирээдүйн усны аюулгүй байдлыг хангах цөөн хэдэн үр дүнтэй арга хэмжээг хэрэгжүүлэх боломжтой. ЭЗХАХБ-ын ус хуваарилалтын гарын авлагад сав газрын ус ашиглалтын нийт хэмжээг ("дээд хэмжээ") тодорхойлох дараах параметрүүдийг тодорхойлсон байдаг.

- Урсгалын доод хэсгийн хүлээх үүрэг: хил дамнасан голуудын хамгийн бага урсацыг тодорхойлж болно (гадаргын усны хувьд).
- Байгаль орчны хэрэгцээ: байгаль, экологийн урсац нь экологийн зорилтуудыг хангах, урсгалын доод хэсгийн ус хэрэглэгчдийг хамгаалахад шаардлагатай.
- Хэрэглээний бус ус ашиглалтын хэрэгцээ шаардлага: усанд сэлэх, завиар явах, усан дээр гулгах, загасчилах, загас, ан амьтдын амьдрах орчныг хамгаалах, усны эрчим хүч үйлдвэрлэл гэх мэт.
- Техникийн хязгаарлалт: эдийн засгийн хувьд хэрэгжих боломжтой ус хэрэглээг хязгаарлаж болно. Өөрөөр хэлбэл усыг боломжийн үнээр ашиглах боломжийг хязгаарласан техникийн саад бэрхшээл байж болох юм.
- Бусад шаардлага: дотоодын шаардлага, үүрэг хариуцлага, уугуул иргэдийн эрх.
- Температур хамарсан чанарын шаардлага.

Монгол орны өнөөгийн экологийн урсцад тавигдах шаардлага болон газрын доорх усны хамгаалалтын бүс нь усны нөөцийг хамгаалах сайн үндэс суурь болж, мөрдлөг болгосон тохиолдолд урт хугацаанд ашиглах усны хязгаар болдог. Монгол орны гадаргын усны хувьд экологийн урсцад тавигдах шаардлага маш хатуу байдаг бөгөөд олон жилийн дундаж урсац 90-95%-ийн хооронд хэлбэлздэг (ADB, 2020[33]). Эдгээр шаардлага нь олон жилийн дундаж урсацын 5-10%-ийн ус ашиглалтын дээд хязгаарт болдог. Гэсэн хэдий ч зарим сав газрын ус ашиглалт 10%-ийн босгыг аль хэдийнэ давсан байна (ADB, 2020[33]). Газрын доорх усны нөөцийн 40-60%-д газрын доорх усыг ашиглахыг зөвшөөрдөг байна (2030 Water Resources Group, 2014[3]). Газрын доорх болон гадаргын ус нь ус судлалын хувьд өөр хоорондоо уялдаа холбоотой байдаг бөгөөд өөр нөөцийг ашиглан тухайн усны нөөцийг зориулалтын бусаар хэтрүүлэн ашиглахаас зайлсхийхийн тулд ус ашиглалтын хязгаар тогтоохдоо энэхүү уялдаа холбоог харгалзан үзэх нь зүйтэй. Монгол Улсад газрын доорх болон гадаргын усны харилцан хамаарлыг усны сан бүхий газрын эргээс 50-аас доошгүй зайд, мөн 200 хүртэлх метрийн зайд онцгой болон энгийн хамгаалалтын бүс тогтоон зохицуулдаг (2030 Water Resources Group, 2014[3]; Water Law, 2012[43]). Гол мөрний урсац бүрэлдэх эх, усны сан бүхий газрын хамгаалалтын бүсэд ашигт малтмал хайх, ашиглахыг хориглож, тодорхой хил хязгаарыг Засгийн газар тогтооно (Law to prohibit mineral exploration and mining operations at headwaters of rivers, 2009[44]). Гэсэн хэдий ч усны хамгаалалтын бүсүүдэд голдуу анхаарал хандуулдаггүй тул хамгаалалтын бүсийн дэглэмийг илүү хатуу мөрдүүлэх нь үр өгөөжтэй болохыг оролцогч талууд дурдаж байв.

Монгол Улсад гадаргын усыг хянах, хуваарилах дэд бүтэц одоогийн байдлаар маш хангалтгүй бөгөөд "Алсын хараа-2050" Монгол Улсын урт хугацааны бодлогын баримт бичигт тусгагдсан төлөвлөгөөний дагуу 2031-2040 онд усны нөөцийг илт нэмэгдүүлэхээр төлөвлөсөн. (Government of Mongolia, 2020[45]). Усны дэд бүтэц нь ус хадгалах, цэвэрлэх, янз бүрийн зориулалтаар усыг хэрэглэгчдэд хүргэх боломжийг олгох замаар усны хуваарилалтыг дэмждэг. Усны дэд бүтэц хангалтгүй байгаа нь ус хуваарилалтын горимын уян хатан байдалд саад учруулж болзошгүй (OECD, 2015[26]). Санхүүгийн нөөц болон техникийн чадавхын хязгаарлагдмал байдал, хил дамнасан ус хуваарилалтын зохицуулалтаас үүдэлтэй хязгаарлалт зэргээс шалтгаалан олон зориулалт бүхий боомт, далан, газрын доорх усны тэжээгдлийн дэд бүтэц барьж байгуулах ажил одоогоор зураг төслийн шатанд байна (Fan, 2023[46]; McKinney and Rycewicz, 2019[47]). III Бүлэгт ус хуримтлуулах дэд бүтцийг санхүүжүүлэх талаарх нэмэлт зөвлөмж бэлтгэв.

2.3.3. Цаашид ус хэрэглээний тэргүүлэх зэрэглэлийг тодорхойлох

Ус хуваарилалтын ихэнх горим нь усны нөөцийн хомсдлын үед аль салбарын ус хэрэглээг бусад ус хэрэглээнээс давуу эрхтэй болохыг тодорхойлохын тулд ус хэрэглээний тэргүүлэх зэрэглэлийг тогтоосон байдаг (Зураг 2.7). Монгол Улсын усны бодлого, дүрэм журамд "хүн амын ус хангамжийн аюулгүй байдлыг хангах" нь нэн тэргүүний зорилт хэмээн тодорхойлсон бөгөөд үүнд үндэслэн төр ус ашиглах бүх эрхийг эргүүлэн татах боломжтой. Аймгийн удирдлагууд БОУАӨЯ-тай хамтран тухайн жилийн гангийн зэрэглэлийг тодорхойлж, түүнийг бууруулах, дасан зохицох төлөвлөгөө боловсруулж болох юм (Water Law, 2012[31]) Тухайн жилд давагдашгүй хүчин зүйл тохиолдсон бол Усны газар усны зөвшөөрлийг түр хугацаагаар өөрчилж, усны илүү их нөөцийг унд, ахуйн хэрэгцээнд хуваарилах эрхтэй.

Ус хэрэглэгчдийн хоорондын өрсөлдөөн нэмэгдэх, усны нөөцийн хомсдол улам бүр нэмэгдэх болон ирээдүйд ган гачиг болох, их хэмжээний бохирдол үүсэх зэрэг онцгой нөхцөл байдлыг шийдвэрлэх тэргүүлэх чиглэлийн зохицуулалтыг цаашид тодорхойлох шаардлагатай. Айл өрхийн ундны ус зэрэг "Зайлшгүй чухал", өндөр үнэ цэнэтэй усны хэрэглээ нь хуулиараа нэн тэргүүний статустай. Бразил улсын Сан-Маркосын сав газарт ус хуваарилалтын зарим төлөвлөгөөр мал, амьтны ус хэрэглээг чухалчилдаг бөгөөд энэ нь Монгол Улсын хувьд мал аж ахуй нь хүн амын амьжиргаанд чухал ач холбогдолтой тул ойлгомжтой юм (OECD, 2015[26]). Дарлингийн сав газар, Парон голын дэд сав газар, Перу, Франц улс ХАА, үйлдвэрлэлийн зориулалтаар ашиглахаас өмнө байгаль орчны хуваарилалтыг нэн тэргүүнд тавьдаг байна (Зураг 2.7-г харна уу).

УСУГ нь усны нөөцийн хомсдолын үед усны хуваарилалтыг эрэмбэлэх үүрэгтэй байж болох бөгөөд тухайлбал, ган гачигийн үед ашгийн төлөөх үйлчлүүлэгчдэдээ ус хүргэхийг хязгаарлах шаардлагатай. Ерөнхийдөө УСУГ нь усны эрэлтийн менежментийн арга хэмжээг үндэсний ус хуваарилалтын зарчим, УННМ-ийн стратегид нийцүүлэн хэрэгжүүлэх талаар авч үзэх хэрэгтэй (Шигтгээ 2.8).

Улсын хэмжээнд усны эрэлт нь Сэлэнгэ, Туул, Ховд, Хэрлэн, Онги, Байдраг болон Орхон голын сав газар, мөн Өмнийн говийн уст давхарга зэрэг хэд хэдэн кластерт төвлөрч байгаа тул эрсдлийн менежментийн стратегийг эдгээр сав газрын бүс нутгуудад төвлөрүүлж болох юм. Нөөцийг удирдахад оролцогч талуудыг нэгтгэх санаачилгууд нь Этиоп Улсын Аваш хамтын ажиллагааны гэрээ (Шигтгээ 2.5) эсвэл Франц улсын Газрын доорхи усны менежментийн гэрээг амжилттай хэрэгжүүлсэн (Шигтгээ 2.7)-ний нэгэн адил эрсдлийн удирдлага болон дасан зохицох чадварыг сайжруулж чадна. Сав газруудад харилцан адилгүй аргууд хэрэглэх нь үр дүнтэй байж болох юм.

Шигтгээ 2.8. Усны үйлчилгээ үзүүлэгчдийн усны эрэлтийн менежментийн арга хэрэгсэл

Улаанбаатар хотын ус хэрэглээ нэмэгдсээр байна (Ministry of Environment and Green Development, 2013[11]). Нийслэлийн ус хангамж, хаягдал ус цэвэрлэх асуудлыг хариуцсан УСУГ нь 2022 оноос хойш усны эрэлтийн менежментийн стратеги, тухайлбал усны алдагдлыг бууруулах, хянах, одоогийн усны тоолуурын нарийвчлалыг сайжруулах, улсын УННМ-ийн төлөвлөгөөтэй уялдуулах зэрэгт анхаарч ажиллаж байгаа болно. УСУГ иргэдийн үндсэн хэрэгцээг хангахын тулд усны үйлчилгээний хүртээмж таарухан гэр хорооллын усны хэрэглээг нэмэгдүүлэх зорилготой. Үүний зэрэгцээ үйлчилгээ сайтай газруудад усны хэрэглээний өндөр түвшинг удирдах зорилготой (2030 Water Resources Group, 2019[7]).

Усны эрэлтийн менежментийн төлөвлөгөөгөөр УСУГ-ын усны эрэлтийн стратегийг удирдан чиглүүлэх боломжтой. Сингапур, Номхон далайн хамтын нийгэмлэгийн гарын авлага, Барселона, Кейп Таун, Сан Францискийн гэх зэрэг ийм төлөвлөгөөний олон жишээ бий (Ong, Tortajada and Arora, 2023[48]; Water Research Commission, 2018[49]; Tortajada et al., 2019[50]). Усны эрэлтийн менежментийн арга хэрэгсэлд:

- Усны алдагдлыг шийдвэрлэх.
- Усны хэрэглээг зохицуулах санхүү, эдийн засгийн арга хэрэгсэл, тэр дундаа усны тарифыг ашиглах. Улаанбаатар хотод унд, ахуйн зориулалттай усны эрэлт харьцангуй уян хатан бус байдаг тул хязгаарлалтууд байдаг (Altai, 2013[51]).
- Өрхийн ус хэрэглээг багасгах. Ийм стратеги нь усны өндөр хэрэглээтэй орон сууцны барилга, ашгийн төлөөх томоохон ус хэрэглэгчдэд төвлөрч болно. Ус хэрэглээг бууруулах арга хэмжээ нь ус хэрэглэгчид зөвшөөрөлгүй худаг гэх мэт (хууль бус) усны өөр эх үүсвэр ашиглахаас зайлсхийх ёстой.
- Ус хамгаалах арга хэмжээ, кампанит ажил. Улаанбаатар хотын хувьд энэхүү кампанит ажил нь усны өндөр хэрэглээтэй хэрэглэгчдийн ус хэмнэлтийг дэмжихийн зэрэгцээ усны үйлчилгээний хүртээмж таарухан, ялангуяа гэр хорооллын хэрэглэгчдийн усны хэрэглээг өдөөх гэсэн хоёр чиглэлтэй байх ёстой.
- Цэвэрлэсэн хаягдал ус эргүүлэн ашиглах эсвэл давсгүйжүүлэх зэрэг ус хангамжийн системийн хувилбар (Хэсэг 2.4-ийг харах)

Эх сурвалж: (Ong, Tortajada and Arora, 2023[48]; Tortajada et al., 2019[50]; 2030 Water Resources Group, 2019[7]; Water Research Commission, 2018[49]; Altai, 2013[51]; Ministry of Environment and Green Development, 2013[11]).

Зураг 2.7. Сонгосон орнуудын ус хуваарилалт дахь ус хэрэглээний тэргүүлэх зэрэглэл

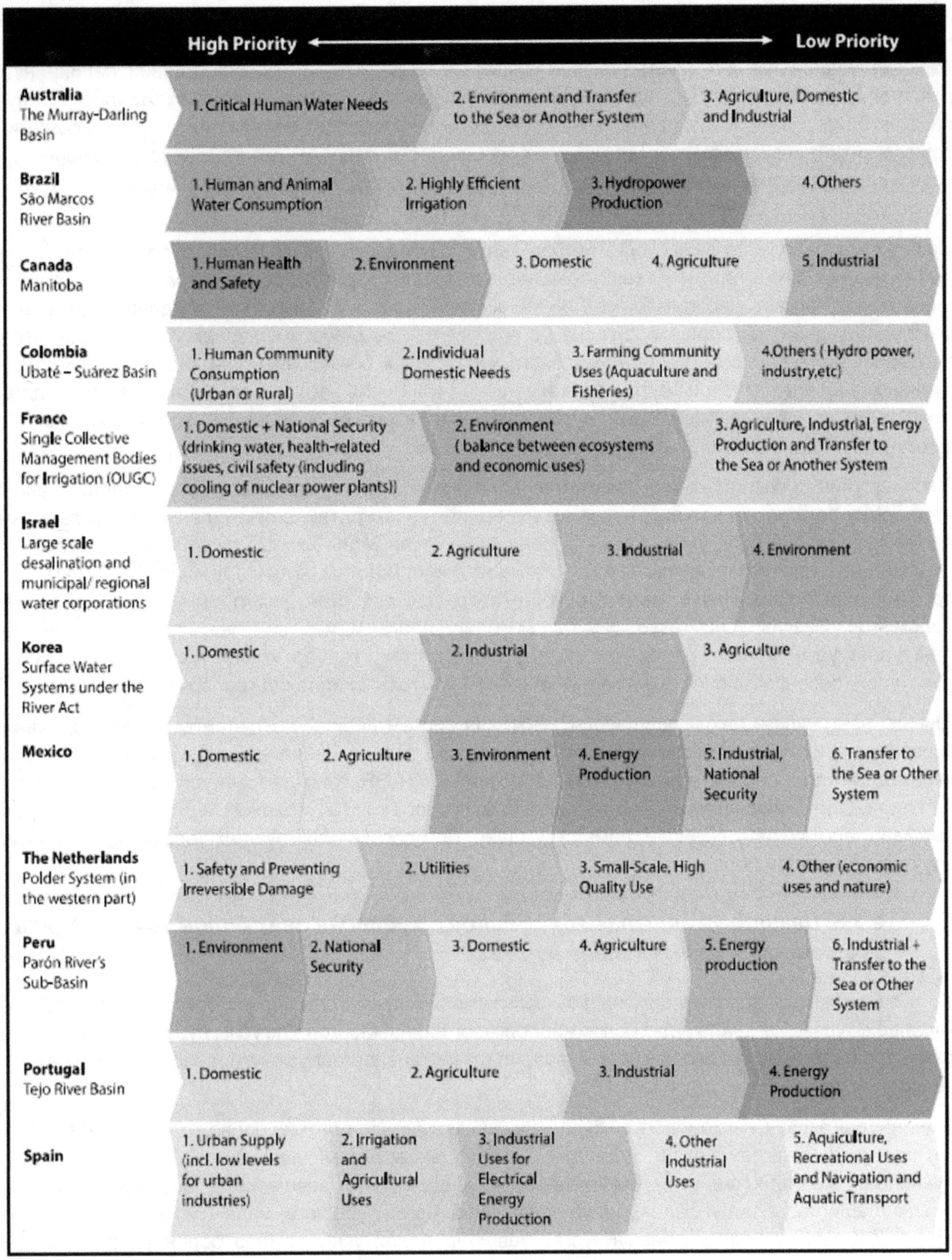

Эх сурвалж: (OECD, 2021[28]).

2.3.4. Ус ашиглуулах зөвшөөрлийн хэрэгжилтэд хяналт тавьж, мөрдлөг болгох нь тулгамдсан асуудал

Ус хуваарилалтын дүрмийг практикт үр дүнтэй хэрэгжүүлэхийн тулд холбогдох дүрэм, журмыг хатуу мөрдүүлэх шаардлагатай бөгөөд энэ нь Монголын орны усны салбарт тулгардаг гол бэрхшээлүүдийн нэг юм (2030 Water Resources Group, 2014[3]). Тухайлбал, нийслэлийн нутаг дэвсгэрт зөвшөөрөлгүй, бүртгэлгүй худгийн тоо нэмэгдэж байгааг холбогдох оролцогч талууд онцолж байв. Дата мэдээллийн менежмент, худгийн тооллого явуулах, худгийн өрөмдлөгийн санхүүжилтийг зөвхөн зохих ус ашиглуулах зөвшөөрөл авсан ААН-д олгох нь усны зөвшөөрлийн хэрэгжилтийг хангахад дэмжлэг болно (4 Бүлэг). Усны тоолуур суурилуулах талаар тодорхой заалт Усны тухай хуульд байдаг боловч бодит байдал дээр энэ нь бүрэн хэрэгжихгүй байна.

Сав газрын байгууллагуудыг усны төлбөр төлөх боломжгүй (эмзэг бүлэг) бүлгүүдэд зориулсан тусгай нөхцөл бүхий торгууль тавих, зөвшөөрлийг цуцлах зэрэг төлбөр төлөхгүй байгаа асуудлыг шийдвэрлэх нэмэлт хэрэгслээр хангах нь зүйтэй болов уу. Өнөөгийн байдлаар сав газрын байгууллагууд шүүхэд хандахаас гадна ус ашиглуулах зөвшөөрлийг хэрэгжүүлэх, ус ашигласны төлбөрийг барагдуулах хязгаарлагдмал арга хэрэгсэлтэй бөгөөд ялангуяа төлбөр төлөгч тал нь хувийн хэвшлийн томоохон байгууллага эсвэл улс төрийн аль нэг хүчнээр дэмжигдсэн тохиолдолд амжилт олдоггүй байна. Хэсэг 2.2.3-т дурдсанчлан сав газрын байгууллагуудын санхүүгийн байдлыг бэхжүүлэх нь хэрэгжилтийг сайжруулна.

Орон нутгийн түвшинд хяналт шалгалтыг зохицуулах, нэгтгэх замаар уялдаа холбоо, хамтын ажиллагааг бэхжүүлэх нь ус ашиглуулах зөвшөөрлийн хэрэгжилтийг сайжруулна. Этиоп улсын Аваш сав газрын төрийн байгууллагуудын хооронд байгуулсан Усны хамтын ажиллагааны гэрээ (дээр дурдсан) нь дээрх хэрэгжилтийг сайжруулах арга барил болж чадах юм. Жишээлбэл, Монгол Улс орон нутгийн түвшинд нуур, цутгал, суурин газар, дэд сав газар зэрэгт ийм тогтолцоог турших боломжтой. Энэ нь Усны газар, сав газрын байгууллага, аймаг, сум, усны үйлчилгээ үзүүлэгч байгууллагуудын хяналт шалгалтыг зохицуулах, нэгтгэх, төлбөр төвлөрүүлэлтийн төвлөрлийг сааруулах (decentralising fee collection)-д үр дүнтэй хамтран ажиллахад төвлөрч болно.

Шинээр нэвтрүүлсэн цахим зөвшөөрлийн нэгдсэн систем нь ус хуваарилалтын шийдвэр, хяналт, хэрэгжилтэд ихээхэн дэмжлэг үзүүлнэ. 2024 оны 03 сарын 01-ний өдрөөс Монгол Улсын усны зөвшөөрөл олгох систем цахим системд шилжиж, БОУАӨЯ, Усны газрын усны мэдээллийн санг нэгтгэсэн. Одоогийн систем нь их хэмжээний ус ашиглалтыг (>100 $м^3$/хоног) бүртгэдэг бөгөөд үүнийг аажмаар өргөжүүлж, ихэвчлэн аймаг, сумдаас олгодог ус ашиглуулах зөвшөөрөл/дүгнэлтийг оруулах боломжтой болно.

2.3.5. Цаашид ус ашиглах эрх худалдах, худалдан авах болон ус ашиглуулах зөвшөөрлийн шинэчлэлийг авч үзэх

Ус хуваарилалтын зарим горим нь ус хэрэглэгчдийн дунд усны эрхийг ямар нэгэн хэлбэрээр худалдах, түрээслэх, шилжүүлэх боломжийг олгодог байна. Монгол Улс усны бүрэн хөгжсөн зах зээл дээр суурилсан илүү боловсронгуй ус хуваарилалтын төлөвлөгөөг урт хугацаанд тодорхой нөхцөлд авч үзэх боломжтой юм (Шигтгээ 2.1).

Өмнийн говь зэрэг усны хомсдолтой бүсэд шинээр зөвшөөрөл олгохын оронд ус хэмнэлтийг дэмжих зорилгоор ус ашиглах эрхийг худалдах, шилжүүлэх асуудлыг авч үзэх нь зүйтэй болов уу. Тухайлбал, Монгол Улсад уул уурхайн салбар нь ус ашиглуулах зөвшөөрөлд заасан усны тодорхой хувийг л ашигладаг тул уг салбар нь ус арилжаалах өргөн туршлага, мэдээлэлтэй байж болох юм (Зураг 2.8 Уул уурхайн салбарын тусгай зөвшөөрөл дэх усны хэмжээ болон ашигласан усны хэмжээний харьцуулалт) (EITI, 2020[52]; EITI, 2021[53]; EITI, 2022[54]). Ус ашиглах эрх худалдах, худалдан авах зарим төлөвлөгөөнд оролцогчдыг (зөвшөөрөл эзэмшигчид) захиргааны зардал нөхөхийн тулд шаарддаг байна. Ус ашиглах эрхийг худалдах, шилжүүлэх нь зардал ихтэй, хэрэгжүүлэхэд хүндрэлтэй тул улсын төсөвт дарамт учруулж байна. Жишээлбэл, Австралийн Шинэ Өмнөд Уэльс мужид Хантер голын усны давсжилтыг зохицуулах "давсны кредит" нэртэй худалдах, худалдан авах төлөвлөгөө нь хоёр жил тутамд болдог зээлийн дуудлага худалдаагаар захиргааны зардлыг зээл эзэмшигчдээс авдаг (NSW EPA, 2003[55]). Ус ашиглах эрхийг худалдах, худалдан авах үйл явцад усны тоо бүртгэл, ус хэрэглээний талаар гүн гүнзгий ойлголт шаардлагатай (Шигтгээ 2.9-ийг харах).

Зураг 2.8. Уул уурхайн салбарын тусгай зөвшөөрөл дэх усны хэмжээ болон ашигласан усны хэмжээний харьцуулалт

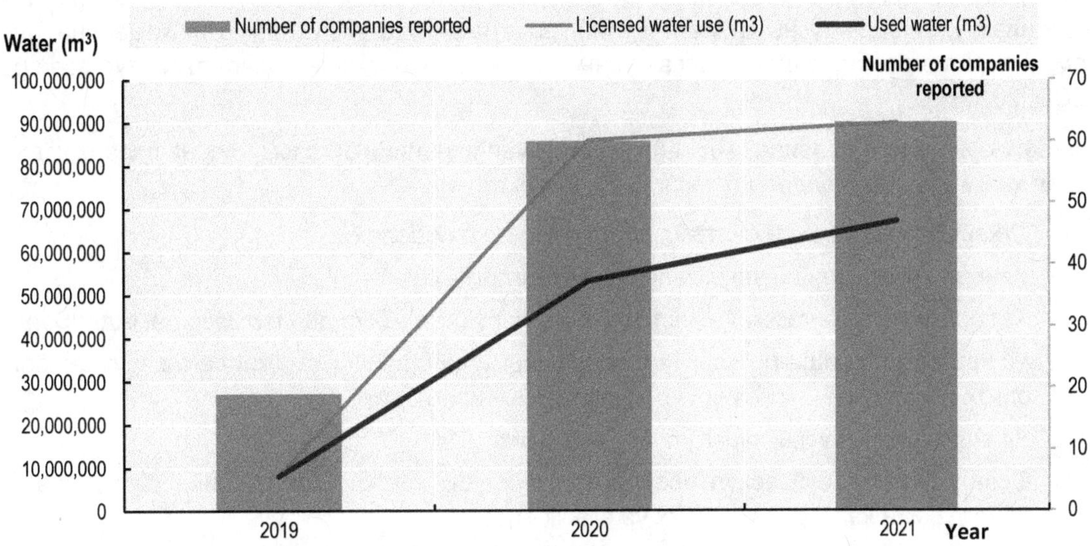

Жич: Тайлан мэдээлдэг компанийн тоо 2019 онд 19 байсан бол 2021 онд 63 болж өссөн байна.
Эх сурвалж: (EITI, 2020[52]; EITI, 2021[53]; EITI, 2022[54]).

Урт хугацаанд Монгол Улс ус ашиглуулах зөвшөөрөл/дүгнэлтийг зайлшгүй хэрэгцээнд ашиглахад хамгийн бага хэмжээгээр ашиглах баталгаа бүхий ашиглаж болох нийт усны хэмжээ гэхээсээ илүүтэй ашиглагдах боломжит нөөцийн хувийг тооцон үзэж болох юм. Энэ нь ус ашиглуулах зөвшөөрөл/дүгнэлд өөрчлөлт оруулах шаардлагагүй, усны нөөцийн хүртээмж, нэн тэргүүний хэрэглээнд тохируулан ашиглаж болох усны хэмжээг тохируулж болох илүү уян хатан байдлыг хангадаг байна (OECD, 2015[26]; OECD, 2024[56]). Усны арилжааны нэгэн адил энэ нь усны хэрэглээ, ашиглалтын тухайлбал, усны тоолуурын талаар нарийн ойлголттой болохыг шаарддаг.

Шигтгээ 2.9. Усны зах зээлээр дамжуулан ус хуваарилах: Энэ нь ирээдүйн хувилбар мөн үү?

Усны зах зээл нь ус хуваарилах нэг арга юм. Монгол Улс дахь усны хомсдол үүсээд буй сав газруудад ус хуваарилах тогтолцоог авч үзэж байгаа бөгөөд усны хомсдол улам хурцдаж байгаа энэ үед усны зах зээл ирээдүйд хэрэгжих боломжтой байж магадгүй. Энэ шигтгээ дэх жишээг Австралийн Мюррей-Дарлингийн сав газрын усны худалдааны албан ёсны төлөвлөгөө (эсвэл "усны зах зээл")-ийн сайн туршлагаас авсан болно. Усны зах зээл нь ус хэрэглэгчдэд ус хуваарилалтын талаар нарийн төвөгтэй шийдвэр гаргах боломжийг олгодог. Усны үнэ нь цаг уурын нөхцөл, өргөн хэрэглээний барааны зах зээл, өнөөгийн болон хүлээгдэж буй ус хуваарилалтын түвшин (усны тайлант жилийн эцэст ашиглаагүй хуваарилалт хамаарна), дүрэм, журмын өөрчлөлт зэргээс шалтгаалсан усны эрэлт, ус хангамжийн өөрчлөлтийг тусгасан болно (OECD, 2015[26]).

Усны зах зээл нь ус хуваарилах хамгийн сүүлийн үеийн нарийн арга юм. Энэ нь дараах хэд хэдэн нөхцөл хангагдсан тохиолдолд л хэрэгжих боломжтой:

- Тухайн ус хангамжийн системд усны хомсдол бий болох.
- Улирал эсвэл жилийн усны хэлбэлзэл ажиглагдах.
- Холбогдсон ус хангамжийн системүүд нь ус судлал эсхүл дэд бүтцээр дамждаг байх.
- Ус хэрэглэгчид, ашиглагчдын хооронд усны худалдааны үйл ажиллагаа явуулах боломж олгох хангалттай хэмжээний ус ашиглагчдын нөөц байх.
- Ус ашиглагчдын усны хэрэгцээ өөр өөр байх.
- Өсөн нэмэгдэж буй эсхүл өөрчлөгдөж буй усны эрэлт: зах зээлийн систем нь эрэлт нэмэгдэхийн хэрээр хамгийн их үр өгөөж өгдөг.

Усны хөгжингүй, тогтсон зах зээлийг хөгжүүлэхээс өмнө усны хуваарилалтын хэд хэдэн үр өгөөжтэй арга хэмжээг багтаасан тодорхой урьдчилсан нөхцөлүүд байх шаардлагатай. Эдгээр үндсэн элемент нь усны зах зээлийг амжилтай бий болгоход маш чухал бөгөөд усны менежментийг бүхэлд нь сайжруулахад хувь нэмэр оруулдаг. Үүнд ус ашиглах эрхийг ойлгомжтой тодорхойлсон байх, усны хүртээмж, ашиглалтыг хянан бүртгэж, тайлагнадаг тоолуурын систем болон зохих засаглал, зохицуулалтын тогтолцоотой байх зэрэг багтана. Эдгээр үндсэн элементийг хэрэгжүүлсний дараа усны зах зээлийн онцлог шинж чанаруудыг нэвтрүүлж болно:

- Нийт ус ашиглалтыг хязгаарладаг ус ашиглалтын дээд хязгаарыг тогтоох.
- Ус хэрэглэгчийн бүлэг тус бүрээр худалдаалах боломжтой усны эрхийг тодорхойлох.
- Худалдаа, үнийн механизмыг нэвтрүүлэх.
- Усны бүртгэл, нягтлан бодох бүртгэлийг боловсронгуй болгох, телеметрийн тоолуурыг дагаж мөрдөх.

Эх сурвалж: Айтер Райан Гормлигийн оруулсан хувь нэмэр.

2.3.6. Монгол Улсын ус хуваарилалтын талаар хүргүүлэх зөвлөмж

Монгол Улсад ус хуваарилалтын системийн олон элемент бий. Усны дарамттай сав газрын богино, урт хугацааны усны эрэлтийн менежментийн хэрэгжүүлэхийн тулд энэхүү системийг улам бэхжүүлэх шаардлагатай. Авч үзэх сайн туршлагууд нь:

- Монгол Улсын ус ашиглуулах зөвшөөрөл буюу "ус ашиглуулах дүгнэлт" нь зөв зохистой удирдан, зохицуулж чадвал ус хуваарилах шийдвэр гаргахад сайн үндэс суурь болно.
- БОУАӨЯ болон Усны газар хамтран хэрэгжүүлж буй шинэ, төвлөрсөн цахим зөвшөөрлийн систем нь ус ашиглах эрхийг тодорхойлж, хэрэгжүүлэх бат бөх суурь болж байна.
- Сүүлийн жилүүдэд Монгол Улс усны эрэлтийн менежментийн санхүү, эдийн засгийн хэрэглүүрийг бэхжүүлэх талаар дорвитой алхам хийсэн. Усны эрэлт хэрэгцээ болон бохирдлыг зохицуулахын тулд ус бохирдуулсны төлбөр болон усны нөөц ашигласны төлбөрийг цаашид нэмэгдүүлэх шаардлагатай.

Цаашлаад Монгол Улс ус хуваарилах тогтолцоог бэхжүүлэх хэд хэдэн арга хэмжээг авч үзэх шаардлагатай байна. Үүнд:

- Усан хангамж нь өнөөгийн болон төлөвлөсөн усны эрэлтийг хангахгүй (түр болон бүтцийн хувьд) байгаа идэвхтэй үйл ажиллагаа явуулж буй сав газарт ус хуваарилалтын горимыг эрэмбэлэх, нэвтрүүлэх.
- Улсын УННМ-ийн төлөвлөгөө болон сав газрын менежментийн төлөвлөлтийн гарын авлагад ус хуваарилах үйл явц, урт хугацаанд хэтрүүлэн ус хуваарилахаас зайлсхийх үүднээс ус ашиглуулах зөвшөөрлийг усны балансгай хэрхэн уялдуулах, мөн богино хугацаанд усыг янз бүрийн зориулалтаар хэрхэн хуваарилах талаарх зааварчилгааг тусгасан (тухайлбал, улирлын чанартай гэх мэт).
- Орон нутгийн түвшин дэх уялдаа холбоо бүхий хэрэгжилт ба менежмент нь үр ашигтай байх боломжтой. Төрийн бүх байгууллагын хоорондын хамтын ажиллагааны гэрээ нь хяналт-шинжилгээ, хяналт шалгалт, төлбөр төвлөрүүлэлт зэрэг чиг үүргийг тодорхойлж, нэгтгэнэ.
- Байгаль орчны урсгалыг тодорхойлж, ус ашиглах дээд хязгаарыг тогтооход хангалттай зааварчилгаагаар хангадаг. Ирээдүйд байгаль, экологийн урсцыг илүү боловсронгуй болгох шаардлагатай байж магадгүй юм. Уст давхаргын хэт их хуваарилалт хийхээс зайлсхийхийн тулд газрын доорх ус ашиглах дээд түвшинг хянаж үзэх.
- Усны ашиглагчдын дасан зохицоход шаардагдах хугацаа (жишээ нь, тариа тарих шийдвэр гэх мэт)-г харгалзан, усны ачаалал ихтэй үед богино хугацаанд ашиглах усны хэмжээг (жишээлбэл, улирлын дотор) тогтоох үйл явцыг тодорхойлох. Ус хэрэглээний тэргүүлэх зэрэглэлийг тодорхойлох алхам нь энэ үйл явцыг дэмжих боломжтой. Усны газар, сав газрын байгууллага, аймаг, сумд усны тоолууржуулалтыг дагаж мөрдөх замаар ус ашиглах зөвшөөрлийг хэрэгжүүлэх тоног төхөөрөмжтэй байх, мөн дагаж мөрдөөгүй тохиолдолд ус хэрэглэгчдэд хариуцлага тооцох арга хэрэгсэлтэй байх шаардлагатай.
- Сав газрын байгууллагуудын санхүүгийн байдлыг бэхжүүлэх нь ус ашиглуулах зөвшөөрлийн хэрэгжилтийг сайжруулна. Төвлөрсөн орлогын 35%-ийг сав газрын байгууллагуудад үе шаттайгаар шилжүүлэх, зохицуулалттай болон төлбөр нэгдсэн байдлаар татан төвлөрүүлэх болон ус ашигласны төлбөр төлөхгүй байгаа асуудалд хариуцлага тооцох нэмэлт арга хэрэгслээр хангах зэрэг арга хэмжээ байж болох юм. Усны үндэсний зөвлөл энэхүү үйл явцын ахиц дэвшилд хяналт тавьж болно.
- Гадаргын болон газрын доорх ус болон усны түвшний бүх мэдээллийг нэгтгэж, тогтмол шинэчлэх замаар шинэ цахим зөвшөөрлийн системийн үр өгөөжийг нэмэгдүүлж, гол төлөв аймаг, сумдаас олгодог бага хэмжээний ус ашиглуулах зөвшөөрлийг (өдөрт< 100 $м^3$) аажмаар баримтжуулах.
- Зөвшөөрөлгүй, бүртгэлгүй худаг нь газрын доорх усны нийт нөөцийг тооцоолоход нөлөөлж, улмаар газрын доорх усны эх үүсвэрийн хэт их хуваарилалтад хүргэж болзошгүй тул газар доорх усны дата мэдээллийн хийдэл, зөрүүг арилгах. Дата мэдээллийн менежмент, худгийн тооллого явуулах, хөтлөх, зөвхөн зохих зөвшөөрөл авсан ААН-д худгийн өрөмдлөгийн санхүүжилт олгох нь усны зөвшөөрлийн хэрэгжилтийг хангахад дэмжлэг болно. Сав газрын

(дэд) гадаргын усны мэдээллийн нарийвчилсан байдлыг сайжруулснаар үр ашигтай байх болно.

- Улсын байгууллагууд, тэдгээрийн харьяа байгууллагууд болон сав газрын байгууллагуудын хамтын ажиллагааг бэхжүүлэх.

Энэ хэсгийг ерөнхийд нь дүгнэхэд, урт хугацаанд оролцогч талуудын идэвхтэй оролцооны явцад ус хуваарилалтын дэвшилтэт системийг хөгжүүлэх дараах хэд хэдэн арга хэмжээг авч үзэж болно. Үүнд:

- Уялдаа холбоо, хамтын ажиллагаа, усны нөөцийн мэдээлэл, ус хуваарилалтын шийдвэр, сав газрын менежментийг сайжруулахын тулд сав газар эсвэл дэд сав газрын түвшинд (гол төлөв Усны газар, сав газрын захиргаа, аймаг, сумдын усны хэлтэс хамаарна) усны менежментийн үйл ажиллагаа явуулдаг иргэний нийгмийн байгууллага болон төрийн байгууллагуудын хоорондын усны менежментийн гэрээг тодорхойлж, байгуулах.
- Ус ашиглуулах зөвшөөрлийн үргэлжлэх хугацааг харгалзан үзэх, жишээ нь гадарын ус ашиглалт, хөгжүүлэлтийн хүрээнд урт хугацааны тогтвортой хөрөнгө оруулалтыг бий болгох үүднээс одоо мөрдөгдөж буй 10 жилийн хугацаанаас илүү урт хугацаанд зөвшөөрөл олгох, ашиглах усны хэмжээг үнэмлэхүй хэмжээгээр бус харин ашиглагдах боломжит нөөцийн эзлэх хувиар тооцоолох.
- Эдийн засаг, санхүү, нийгэм, байгаль орчны хувьд усыг үр ашигтай хадгалах, дамжуулах дэд бүтцийг хөгжүүлэх.
- Сав газрын байгууллага нь ус хуваарилах үйл явцад чухал чиг үүрэг гүйцэтгэх тул сав газрын байгууллагын санхүүгийн болон хүний нөөцийг нэмэгдүүлэх (бодлогын хэрэгжилт, төлөвлөлт, ус ашиглах дүгнэлт гаргах, зөвшөөрөл олгох, түүнчлэн хяналт тавих, хэрэгжүүлэхтэй холбоотойгоор).
- Ус хэрэглээний тэргүүлэх зэрэглэлийг тодорхойлох замаар ган гачиг, усны ноцтой бохирдол үүсэх зэрэг онцгой нөхцөл байдлын үед асуудлыг шийдвэрлэх зохицуулалтыг бэхжүүлэх.
- Улсын УННМ-ийн төлөвлөгөө, сав газрын менежментийн төлөвлөгөө, сав газрын менежментийн төлөвлөлтийн гарын авлага дахь ус хуваарилалтын богино, урт хугацааны үйл явцыг нэгтгэх. Үүнд өнөөгийн усны ашиглалт, ус ашиглах дүгнэлт, салбар болон сав газрын уст давхарга тус бүрийн ус ашиглалтын төсөөлөл, усны хяналт-шинжилгээ, мэдээлэл болон санхүүжилт, чадавхыг бэхжүүлэх хэрэгцээг тусгасан байдлаар усны урт, богино хугацааны хуваарилалтын үйл явц, байгууллагын чиг үүрэг, хариуцлага, оролцогч талуудын оролцоо, зөрчилдөөнийг зохицуулах, усны нөөцийн төлөв байдлын үнэлгээ зэрэг хамаарна.
- Ус ашиглуулах дүгнэлт, зөвшөөрөл, өгөгдөл, мэдээлэл, хяналт-шинжилгээ, хэрэгжилт, оролцогч талуудын оролцооны механизм, ус хуваарилах зохицуулалтын тогтолцоо зэрэг ус хуваарилалтын горимын үндсэн нөхцөл хангагдсан тохиолдолд усны хомсдолтой сав газруудад урт хугацаанд ус ашиглуулах зөвшөөрлийг худалдах, худалдан авах асуудал (“усны зах зээл”)-ыг авч үзэх.

2.4. Хаягдал ус дахин цэвэрлэх, эргүүлэн ашиглах замаар ус хангамжийг нэмэгдүүлэх

Бохирдлыг бууруулж, хаягдал усыг эргүүлэн ашиглах нь усны баталгаат, найдвартай нөөцийн хүртээмжийг нэмэгдүүлнэ. Монгол орны усны ихээхэн бохирдол нь цэвэрлэсэн хаягдал усыг эргүүлэн ашиглах, усны нэмэлт нөөцийг судлах хэрэгцээ үүсгэж байна (Мянганы сорилтын сангийн хаягдал усыг дахин боловсруулах үйл ажиллагаагаар дэмжиж байгаа болно). Улаанбаатар хотын Дулааны цахилгаан станцууд (ДЦС) жилд 21 сая м^3 газрын доорх усыг гол төлөв хөргөх зориулалтаар ашигладаг бөгөөд энэ нь нийслэлийн нийт усны хэрэглээний 23.8 хувийг эзэлдэг.

Үүний 15 сая м^3 (70%) нь хөргөх, цэвэрлэх, үнс зайлуулах зэрэгт ашиглагддаг байна. Хаягдал усыг дахин боловсруулснаар цэвэр усны хэрэгцээг 18.3 сая м^3/жил хүртэл бууруулах боломжтой.

Үйлдвэрлэлийн хаягдал усыг төв цэвэрлэх байгууламж (ТЦБ)-д нийлүүлэхээс өмнө урьдчилан цэвэрлэх шаардлагатай (2030 Water Resources Group, 2016[40]). Гэсэн хэдий ч зарим цэвэрлэх дэд бүтэц хуучирч, цаг хугацааны явцад доройтож байна. Нийслэлийн усны бохирдол нь биокомбинат, ноос, нэхмэлийн үйлдвэрлэл, арьс шир, газрын тосны үйлдвэрлэл, шувууны аж ахуй, мах боловсруулах үйлдвэр, уул уурхай, нүүрсний үйлдвэрлэл, нийслэлийн хаягдал бохир ус, мал аж ахуйтай холбоотой (ADB, 2020[33]) (оролцогч талуудын харилцаа холбоо). Дутуу эсхүл хангалттай цэвэрлэсэн хаягдал ус нь Туул зэрэг томоохон голын доод урсгалд усны хүртээмжтэй холбоотой тулгамдсан асуудлыг хүндрүүлж байна.

Дараах хэсгүүдэд үйлдвэрлэлийн бохирдлыг бууруулах үүднээс үйлдвэрлэлийн бохир усыг зайлуулах шилдэг техникийг хэрхэн нэвтрүүлж, цэвэрлэсэн хаягдал усны хэрэглээний эрэлт, хангамжийг хэрхэн идэвхжүүлэх талаар авч үзнэ.

2.4.1. Боломжит шилдэг техникийг тодорхойлох замаар үйлдэрлэлийн ялгаруулалтад тодорхой стандард тогтоох

Үйлдвэрийн хаягдал ус цэвэрлэх, усны үр ашгийг дээшлүүлэх дэмжлэг, урамшууллыг нэмэгдүүлэх боломжтой (WWF, 2019[57]) (ADB, 2020[33]). Засгийн газраас 2023 онд хаягдал бохир усны чанарын шинэ стандарт, зааварчилгаа, гарын авлагыг баталсан. Усны чанарын стандартад ямар технологи нийцэж байгаа нь тодорхойгүй байгаа тул оролцогч талууд шинэ гарын авлагыг дагаж мөрдөхөд бэрхшээлтэй тулгарч байна. Түүнчлэн зарим компани байгаль орчинд ээлтэй технологид хөрөнгө оруулах сонирхолтой ч өөрсдийн хэрэгцээнд нийцсэн хувилбарыг тодорхойлоход төвөгтэй байдаг (2030 Water Resources Group, 2014, p. 25[3]).

Боломжит шилдэг техник (БШТ) нь байгаль орчны чанарын стандарт, үйлдвэрлэлийн бохирдлын талаарх өнөөгийн мөрдөгдөж буй хууль тогтоомж, дүрэм, журам зэрэгт дэмжлэг болох зориулалттай. Монгол Улс үйлдвэрийн усны чанарын стандартад нийцүүлэн үйлдвэрийн хаягдал усыг цэвэрлэх БШТ-ийг тодорхойлох асуудлыг авч үзэх шаардлагатай. Цэвэрлэсэн хаягдал усыг эргүүлэн ашиглахыг дэмжих иж бүрэн стратеги боловсруулах шаардлагатай бөгөөд үүнд БШТ-д суурилсан арга барил чухал ач холбогдолтой.

БШТ-д суурилсан арга барил нь хаягдал ус цэвэрлэх технологийн шилдэг хувилбаруудыг тодорхойлдог. Европын Холбооны Үйлдвэрийн ялгаруулалтын удирдамжид (2010/75/EX) тусгагдсан тодорхойлолт нь ихэнх улс оронд БШТ-ийг хэрхэн ойлгодог талаарх жишээ юм (OECD, 2017[58]). Удирдамж, зааварчилгааны дагуу "боломжит шилдэг техник" гэж тухайн үйл ажиллагааг хэрэгжүүлэх аргуудыг хөгжүүлэхэд чиглэсэн хамгийн үр дүнтэй, дэвшилтэт үе шат бөгөөд энэ нь ялгаруулалт болон байгаль орчинд үзүүлэх нөлөөллийг бууруулахаас урьдчилан сэргийлэх боломжгүй тохиолдолд ялгаруулалтын дээд хэмжээ болон бусад зөвшөөрлийн нөхцөлийн үндэслэлийг хангах тодорхой арга техникийн практикт нийцэж байгааг харуулдаг. Энгийнээр хэлэхэд:

- **Шилдэг** = байгаль орчинд ялгаруулж буй хорт ялгаруулалтыг бууруулах, урьдчилан сэргийлэх хамгийн үр дүнтэй, дэвшилтэт технологи.
- **Боломжит** = Технологи нь тухайн улсад (энэ тохиолдолд Монгол Улсад) боломжтой байхаас гадна үнийн хувьд боломжийн байх шаардлагатай.
- **Техник** = хаягдал ус цэвэрлэх байгууламж, түүнчлэн технологийн ашиглалт, засвар үйлчилгээ бүхий технологийг хэлнэ.

БШТ-ийн давуу талуудын нэг нь үйлдвэрлэлийн байгууламжид мөрдөгдөх байгаль орчны чанарын стандарт, хаягдал ус зайлуулах зөвшөөрлийн нөхцөлийг хангахад өөрсдийн хүссэн арга хэрэгслийг сонгох сонголтыг олгодог бөгөөд БШТ-ийг бодлогын арга хэрэгсэл гэхээс илүүтэйгээр удирдамж, зааварчилгаа болгон ашигладаг (OECD, 2019[59]). БШТ-ийг ихэвчлэн салбарын оролцогч талуудтай зөвлөлдсөний үндсэн дээр тодорхойлдог (OECD, 2018[60]). Түүнчлэн, БШТ нь хаягдал ус цэвэрлэх технологид хийх хөрөнгө оруулалтыг хөхиүлэн дэмжиж, улмаар банкуудад хөрөнгө оруулалтаа засгийн газар болон салбарын баталсан технологийн жагсаалтад чиглүүлэхэд тусалж, дэмждэг байна.

БШТ –д суурилсан удирдамжийн баримт бичиг боловсруулах үйл явц

БШТ-д суурилсан арга барилыг нэвтрүүлэхийн тулд агаар, хөрс, усан дахь ялгаруулалтаас урьдчилан сэргийлэх, хянах зорилгоор байгаль орчны чанарын стандарт, хаягдал ус зайлуулах зөвшөөрлийн нөхцөлийн дагуу (хуулиар заавал биелүүлэх ёстой) үйлдвэрийн байгууламж төлөвлөх, ашиглах, түүнд засвар үйлчилгээ хийх, ашиглалтаас гаргахад үйлдвэрлэлийн операторуудад туслах удирдамж, зааварчилгааны баримт бичгийг боловсруулахад шаардлагатай (OECD, 2019[59]). Улс орны нөхцөл байдлаас хамааран БШТ-ийн баримт бичгүүдийг ихэвчлэн 10 жил тутамд шинэчилдэг байна.

БШТ-ийг ихэвчлэн оролцогч талуудтай зөвлөлдсөний үндсэн дээр, тухайлбал төрийн байгууллага, аж үйлдвэр, ТББ-ыг төлөөлсөн олон талт оролцоонд түшиглэн тодорхойлдог (OECD, 2018[60]). Техникийн үнэлгээний нэг хэсэг болох техникийн болон байгаль орчны асуудлуудыг харгалзан үздэг бөгөөд ихэнх тохиолдолд эдийн засгийн талаар (өөрөөр хэлбэл зардал, үр ашгийн шинжилгээнд үндэслэн) харгалзан үздэг. БШТ нь тухайн улс орны онцлог шинж чанартай байдаг тул зөвхөн тухайн харьяаллын хүрээнд хүртээмжтэй, санхүүгийн хувьд хэрэгжих боломжтой технологиудыг удирдамжийн баримт бичигт тусгадаг болно. Ерөнхийдөө БШТ болон зөвшөөрлийн нөхцөлийг дараах дөрвөн үе шаттайгаар тодорхойлдог (OECD, n.d.[61]):

1. Мэдээлэл цуглуулах: тодорхой салбарт бохирдлоос урьдчилан сэргийлэх, хяналтын техник, ялгаруулалт болон хэрэглээний түвшин, нөхцөл байдлын талаарх чухал мэдээллийг цуглуулдаг.
2. Техник болон дата өгөгдлийн үнэлгээ: Техник, байгаль орчин, эдийн засгийн шалгуурыг харгалзан техник болон бусад холбогдох элементийн талаарх дата өгөгдлийг үнэлдэг.
3. БШТ-ын лавлагаа баримт бичиг: БШТ болон холбогдох байгаль орчны гүйцэтгэлийн түвшин, түүний дотор ялгаруулалтын түвшинг БШТ-ийн лавлагаа баримт бичигт тусгасан болно.
4. Байгаль орчны зөвшөөрөл: Зөвшөөрөл олгодог эрх бүхий байгууллагууд БШТ-ийн лавлагаа баримт бичгээр байгаль орчны зөвшөөрлийн нөхцөл, түүний дотор ялгаруулалтын хэмжээний утгыг илэрхийлдэг.

БШТ –д суурилсан удирдамжийн баримт бичгүүдээс ашиг хүртэх боломжтой салбарууд

БШТ-ийг ХАА, ойн аж ахуй, хүнс, байгалийн хий, газрын тос, уул уурхай, төмөр ба ган, химийн бодис, цемент, цаас, цаасны зутан, цахилгаан станц, барилгын материал, дэд бүтэц, хог хаягдал зэрэг **тодорхой салбар, үйл ажиллагаанд** ашиглах боломжтой. БШТ-д суурилсан удирдамжийн баримт бичигт тусгах салбарууд нь тухайн улсаас хамаарна (OECD, 2017[58]). Хүснэгт 4.6-д цемент, мах, уул уурхай, нэхмэлийн үйлдвэрийн БШТ-ын удирдамжийн баримт бичгийн каталогийг үзүүлэв.

Хүснэгт 2.4. Сонгогдсон улс орнуудын БШТ-ийн удирдамжийн баримт бичгийн жишээ

Салбар	БШТ-ийн удирдамжийн баримт бичгийн жишээ
Ус, ундаа	https://burondt.ru/NDT/NDTDocsDetail.php?UrlId=1146&etkstructure_id=1872, ОХУ Beverage Processing Breweries, Дэлхийн Банк
Цемент	Production of Cement, Lime and Magnesium Oxide, Европын Комисс Production of cement, ОХУ Cement manufacturing effluent guidelines (Water), АНУ -Байгаль орчин хамгаалах агентлаг
Мах, махан бүтээгдэхүүн	Meat and Poultry Products Effluent Guidelines, (Мах нядалгааны газар, цаашдын боловсруулагч, бие даасан боловсруулагч, шувууны мах боловсруулагчаас шууд зайлуулсан бохир ус багтана) АНУ-ын Байгаль орчныг хамгаалах агентлаг, Мал нядалгааны газар, Мах, далайн хоол боловсруулах үйлдвэр, Энэтхэг улс Slaughterhouses (meat-processing plants and combined slaughterhouses, refrigeration, and storing of meat plants) and animals by-products industries, ОХУ
Уул уурхай	Coal mining and processing, ОХУ Precious metals mining, ОХУ Mineral mining and processing (Water), Mining and processing coal (Water), АНУ -Байгаль орчин хамгаалах агентлаг
Нэхмэл	Textiles Industry, Европын Комисс Textiles industry (washing, bleaching, mercerizing, Dying of textile fibres; bleaching, dying of textile products), ОХУ Textiles (Water), АНУ -Байгаль орчин хамгаалах агентлаг Нэхмэлийн үйлдвэрийн будаг, өнгөлгөө, Хятад

Жич: БШТ-ийн удирдамжийн бүх баримт бичиг нь усанд ялгарах ялгаруулалттай холбоотой байдаггүй. БШТ-ийн удирдамжийн зарим баримт бичигт усны хэрэглээг онцолсон байдаг.
Эх сурвалж: (OECD, n.d.[62]).

БШТ-д суурилсан удирдамжийн баримт бичиг нь агаар, ус, хөрсөнд ялгарах үйлдвэрийн ялгаруулалтыг хамааруулан авч үздэг (OECD, 2017[58]). Зарим БШТ-ийн удирдамжийн баримт бичиг нь ус хэрэглээг оновчтой болгох, хаягдал усыг эргүүлэн ашиглах, боловсруулах зэрэг ус хэрэглээг хамаардаг байна (OECD, 2022[63]).

2.4.2. Цэвэрлэсэн хаягдал усны эрэлт болон ус хангамжийг дэмжиж урамшуулах

Цэвэрлэсэн хаягдал ус нь усны хомсдолтой бүс нутагт усны найдвартай өөр эх үүсвэр байж болно. Хаягдал усыг эргүүлэн ашиглах талаарх өнөөгийн туршлагад тулгуурлан энэхүү хэсэгт Монгол Улсын арга барилыг цаашид бэхжүүлэх зарим зөвлөмж хүргүүлж байна. Монгол Улсын түвшинд цэвэрлэсэн хаягдал усны боломжит дараах ашиглалтыг хамруулах боломжтой. Үүнд (2030 Water Resources Group, 2020[64]) (2030 Water Resources Group, 2016[40]) (ADB, 2023[65]):

- ДЦС-ын хөргөлтийн ус, нэхмэлийн үйлдвэр, машин угаах зэрэг үйлдвэрлэлийн хэрэглээ
- Газрын доорх усны тэжээгдлийг нэмэгдүүлэх MAR шийдэл
- Цэцэрлэгт хүрээлэнгийн усалгаа, гал түймэр унтраах ус зэрэг ландшафтын ус хэрэглээ
- Мал аж ахуйн хэрэгцээнд зориулж ХАА-н зориулалтаар ашиглах ус хамааарна.

Ариун цэврийн өрөө, автомашин угаалга, зүлэг талбайн усалгаа зэрэгт цэвэрлэсэн хаягдал усны багахан хэсгийг эргүүлэн ашиглаж байна. Уул уурхай, хүнс, ундааны үйлдвэрүүд нь хаягдал усыг хамгийн ихээр үйлдвэрлэдэг бөгөөд үүнийг хаягдал ус эргүүлэн ашиглах стратегид ашиглаж болох юм (2030 Water Resources Group, 2020[64]) (2030 Water Resources Group, 2016[40]). Ундаа, хүнсний зарим компаниуд хаягдал ус цэвэрлэх, эргүүлэн ашиглах чиглэлээр аль хэдийнэ үйл ажиллагаа явуулаад эхэлжээ (2030 Water Resources Group, 2016[40]). Ус, ундааны үйлдвэрийн цэвэрлэсэн хаягдал усыг нийслэлийн ДЦС руу нийлүүлэх зэрэг дахин боловсруулсан хаягдал усыг дахин хуваарилах хэд хэдэн төлөвлөгөө хэрэгжих шатандаа явагдаж байна. Усны компакт гэрээгээр дамжуулан Мянганы сорилтын сангаас илүү том төлөвлөгөөг хэрэгжүүлж байна. Үүний нэгэн адил Азийн хөгжлийн банкны судалгаагаар Монгол улсын томоохон уул уурхай, үйлдвэрийн цооногийн талбайн дэргэдэх ахуйн болон уурхайн ус хангамжийн зориулалтаар Газрын доорх усны тэжээгдлийг нэмэгдүүлэх MAR шийдлийн хүрээнд боломжит газруудыг тодорхойлсон (ADB, 2023[65]).

Олон улсын туршлагаас харахад хаягдал усны эргүүлэн ашиглалтыг хялбарчлахын тулд дараах нөхцөлүүдийг харгалзан үзэх шаардлагатай. Үүнд:

- Хүн амын эрүүл мэнд, байгаль орчныг хамгаалах усны чанарын стандарт, хаягдал ус цэвэрлэх шаардлагад нийцсэн журам, хаягдал ус цэвэрлэх үе шатууд . Эдгээр стандарт нь цэвэрлэсэн хаягдал усыг эргүүлэн ашиглах зориулалтаас хамаардаг бөгөөд зарим ус хэрэглээ эсвэл экосистем нь хаягдал ус цэвэрлэх илүү өндөр стандарт шаарддаг байна. Дүрэм, журмыг дагаж мөрдөх боломжийг бүрдүүлэх үүднээс хангалттай хүчин чадал бүхий ус цэвэрлэх дэд бүтэц шаардлагатай.
- Цэвэрлэсэн хаягдал усны тогтвортой,тасралтгүй нийлүүлэлт. Дахин боловсруулж, нийлүүлэх усны боломжит хэмжээг тооцоолох шаардлагатай бөгөөд зардал хэмнэх үүднээс цэвэрлэх байгууламж болон цэвэрлэсэн хаягдал усыг ашиглах хэрэглэгчдийн хоорондох орон зай харьцангуй ойрхон байх шаардлагатай.
- Хаягдал ус эргүүлэн ашиглахад үүсэж болзошгүй стратегийн сөрөг нөлөөллийг анхааралтай авч үзэх. Үүнд ус цэвэрлэх илүү хатуу шаардлага бүхий импортын бүтээгдэхүүнд учирч болзошгүй худалдааны саад тотгор, цэвэрлэх байгууламжаас гадагш урсаж буй усыг өөрчилснөөр байгаль, экологийн урсац багасах, шаардлагатай эрчим хүчний нөөц, хүлэмжийн хийн ялгаруулалт зэрэг орно.
- Хаягдал ус эргүүлэн ашиглах стратеги боловсруулж, хэрэгжүүлэх санхүүжилтийн эх үүсвэрийг тодорхойлох, үүнд бүтээн байгуулалт, ашиглалт, засвар үйлчилгээний зардал нөхөх зэргийг тусгасан байх. Хаягдал усыг эргүүлэн ашиглах чиглэлээр санхүүжилт хийхэд хувийн хэвшлийн томоохон үүрэг оролцоог анхаарч үзэх хэрэгтэй. Санхүүгийн урамшуулал, засгийн газар, улс төрийн дэмжлэг нь хаягдал ус эргүүлэн ашиглах стратегийг амжилттай хэрэгжүүлэхэд хувь нэмэр оруулна.
- Цэвэрлэсэн хаягдал усыг хүн ам болон байгаль орчинд аюулгүй ашиглах, операторын хуулиар хүлээсэн үүргээ биелүүлэх хяналт, мониторинг хийх тогтолцоо.

Хаягдал усыг эргүүлэн ашиглах зохицуулалтын тогтолцоо, стандард

Монгол Улсад 2018 оноос эхлэн Стандарт, хэмжил зүйн газраас баталсан Цэвэрлэсэн хаягдал усыг эргүүлэн ашиглах үндэсний стандарт (MNS6734:2018)-аар дамжуулан усны чанарын стандарт, усыг эргүүлэн ашиглахад тавигдах шаардлагад тохирсон журмыг мөрдөж эхэлсэн. (2030 Water Resources Group, 2020[64]). Энэхүү стандарт нь хаягдал усны эцсийн ашиглалтаас хамааран ямар түвшинд цэвэрлэх тухайн зааварчилгаагаар хангадаг. Эдгээр удирдамж, зааварчилгааг холбогдох операторуудад мөрдлөг болгохыг төр засгийн зүгээс анхаарч, хэрэгжүүлэх нь маш чухал. Бодит байдал дээр, тухайн зөвшөөрөгдөх түвшнийг тодорхойлсон удирдамж, зааварчилгаа нь тухайлсан эцсийн хэрэглэгчдийн хувьд хэтэрхий өргөн хүрээг хамарсан байдаг байна.

2030 Усны нөөцийн бүлгийн хийсэн судалгаагаар хаягдал усыг эргүүлэн ашиглах эрсдлийн удирдлагын арга барилд суурилсан хууль эрх зүйн зохицуулалтын үр өгөөжийг онцлон тэмдэглэжээ. (2030 Water Resources Group, 2016[40]). Цэвэрлэсэн хаягдал усыг янз бүрийн зориулалтаар эргүүлэн ашиглахыг зохицуулсан олон улсын стандартууд байдаг (Хүснэгт 2.5).

Хүснэгт 2.5. Цэвэрлэсэн хаягдал усыг эргүүлэн ашиглах олон улсын стандартын жишээ

Цэвэрлэсэн хаягдал ус ашигладаг салбар	Стандар, удирдамжийн баримт бичгүүд
Аж үйлдвэрлэл	Water Reuse for Industrial Applications Resources | US EPA, АНУ-ын Байгаль орчин хамгаалах агентлаг
Газрын доорх усны тэжээгдэл	Minimum quality requirements for water reuse in agricultural irrigation and aquifer recharge[Note 1], Европын Холбооны Хамтарсан судалгааны төв
Ланшафтын усжуулалт	Reusing Water for Landscaping Resources | US EPA, АНУ-ын Байгаль орчин хамгаалах агентлаг
ХАА-н усжуулалт	Regulation 2020/741 on Minimum Requirements for Water Reuse, Европын Холбоо ISO 16075-3:2021 - Guidelines for treated wastewater use for irrigation projects, Олон Улсын стандарт Wastewater quality guidelines for agricultural use, Хүнс, ХАА-н байгууллага Guidelines for the safe use of wastewater, excreta and greywater, Дэлхийн эрүүл мэндийн байгууллага
МАА-н ус хэрэглээ	Water Reuse for Consumption by Livestock Resources, АНУ-ын Байгаль орчин хамгаалах агентлаг

Жич[1]: Энэхүү тайлан нь албан ёсны стандарт бус шинжлэх ухааны бодлогын баримт бичиг юм.
Эх сурвалж: (Leonard, Russell and Cressey, 2023[66]).

Кластер үйлдвэрүүдэд зориулсан хаягдал ус цэвэрлэх байгууламж нь үйлдвэржилт өндөр хөгжсөн бүс нутагт хаягдал усыг эргүүлэн ашиглах боломжийг олгодог. Хаягдал усны эрэлт, нийлүүлэлт (үүнд газрын доорх усны тэжээгдэл багтаж болно), тасралтгүй байдлыг хангах зураглалыг гаргах, тэдгээрийн хоорондын зайг тодорхойлох нь үр ашигтай байж болох юм. Үйлдвэрлэл хоорондын системд хязгаарлалт тулгардаг тул хаягдал усыг эргүүлэн ашиглах салбар дундын төлөвлөлт нь үр ашигтай. Улаанбаатар хотод ижил үйлдвэрлэл эсвэл салбарын хэд хэдэн компани хамтарсан цэвэрлэх байгууламж барихад тулгарч буй гол бэрхшээлүүдийн нэг бол газрын зөвшөөрөл, талбайн асуудал юм. Түүнчлэн хаалттай системд 81 сая м³/жил ус ашиглагдаагүй хэвээр үлдэнэ гэсэн тооцоолол хийжээ (2030 Water Resources Group, 2016[40]).

Хаягдал ус эргүүлэн ашиглах байгууламжийн эзэмшил, өмчлөлийн асуудал нь Монгол Улсын хувьд хэлэлцэх чухал асуудлын нэг болоод байна. Хувийн хэвшлийн хамтын ажиллагаа, хамтарсан хөрөнгө оруулалтын талаар хэлэлцсэнээр дэд бүтцийн үйл ажиллагаа, ашиглалт, засвар үйлчилгээг (ҮАЗҮ) хэн хариуцах, усны чанарын стандартыг хангах урт хугацааны усны эрэлт, ус хангамжийн гэрээг хэрхэн хангах вэ гэдэг асуулт гарч ирж байна. ҮАЗҮ-ний хариуцлагыг ойлголмжтой тодорхойлсон Өмнөд Африкийн Дурбан хотын төр, хувийн хэвшлийн түншлэлийн загвар нь холбогдох кейс судалгаа байж болох юм (Шигтгээ 2.10). III Бүлэгт хаягдал усыг эргүүлэн ашиглах төлөвлөгөөг санхүүжүүлэх талаар нэмэлт зөвлөмж өгсөн болно.

Шигтгээ 2.10. Өмнөд Африкийн Дурбан хотод үйлдвэрийн зориулалтаар хаягдал ус дахин боловсруулах туршлага

Өмнөд Африк бол усны хомсдолтой орон бөгөөд гурав дахь том хот болох Дурбан нь эдийн засгаа хөгжүүлэхийн тулд усны нөөцөд ихээхэн түшиглэдэг хот юм. 1990-ээд онд тухайн хотын бохир ус цэвэрлэх байгууламжийн хүчин чадал нь өсөн нэмэгдэж буй хаягдал бохир усаа цэвэрлэж дийлэхгүйд хүрсэн бөгөөд боломжит усны нөөц нь хүн амын усын эрэлтийг хангаж чадахгүйд хүрч, ус хангамжийн хомсдол улам нэмэгдэж байв.

Энэ асуудал нь хотын захиргааг үйлдвэрийн зориулалтаар хаягдал усыг дахин боловсруулах асуудлыг авч үзэхэд хүргэсэн байна. Цаасны Монди үйлдвэр, газрын тос боловсруулах Сапреф үйлдвэр нь дахин боловсруулсан хаягдал усыг үйлвэрлэлдээ ашиглахыг сонирхсон байна. Эдгээр үйлдвэрийн ус ашиглагчдад өндөр чанарын дахин боловсруулсан ус шаардлагатай болсон нь өнөөгийн хаягдал ус цэвэрлэх дэд бүтцийг шинэчлэх өндөр зардал, шаардлагатай техникийн мэдлэгийг бий болгоход түлхэц өгчээ. Тус хотын захиргаа нь гуравдагч шатны хаягдал ус цэвэрлэх байгууламжийг санхүүжүүлэх, ажиллуулах зорилгоор Veolia компаниар удирдуулдаг консорциумд Дурбан хотын Хаягдал ус дахин боловсруулдаг (DWR) компанитай ТХХТ байгуулсан байна. Хувийн хэвшил төслийн бүх санхүүжилтийг гаргаж, Дурбан хотын захиргаа нэмэлт зардал гаргаагүй байна. Дээрх хоёр үйлдвэрийн дахин боловсруулсан хаягдал усыг ашиглах баталгаат сонирхол нь Дурбан хотын Хаягдал ус дахин боловсруулдаг (DWR) компаний уг төсөлд хөрөнгө оруулах сонирхлыг нь ихээр татжээ. Хотын захиргаа нь хаягдал усны урьдчилсан болон анхан шатны цэвэрлэгээ хариуцаж ажилласан байна.

Төсөл бүх талаараа амжилттай хэрэгжсэн бөгөөд хаягдал ус дахин боловсруулах төсөл нь цэвэрлэсэн хаягдал усны хангамжийг нэмэгдүүлсэн ба үүнтэй холбоотойгоор далайн ус зайлуулах шинэ хоолойн төслийн хөрөнгө оруулалтыг хойшлуулахад хүргэжээ. Дурбан хотын уг хоёр үйлдвэрийн ус ашиглалтыг төлбөрөөс чөлөөлсөн бөгөөд энэ нь 400,000 иргэний ундны устай тэнцэхүйц хэмжээтэй байсан бөгөөд мөн үйлдвэрүүд усны төлбөрийн зардлаа хэмнэжээ. Байгаль орчны үр ашгийн талаас авч үзвэл уг төсөл нь далайд цутгаж буй хаягдал усны хэмжээг 10%-иар бууруулжээ. Энэхүү туршлагаас олж авсан гол сургамж, амжилтын хүчин зүйлүүд нь:

- Орон нутгийн удирдлагын чухал манлайлал, тусалж дэмжих үүрэг.
- ТХХТ-ийн төлөвлөгөөг байгууллагын шинэлэг бүтэц, зохион байгуулалт болгон ашиглах боломж.
- Хаягдал усны боломжит ханган нийлүүлэгчид, цэвэрлэсэн хаягдал усыг сонирхож буй үйлдвэрүүд зэрэг дотоодын боломжийг тодорхойлохын ач холбогдол.
- Хэрэглээний үйлдвэрлэлд хаягдал ус дахин боловсруулах төслийн эдийн засгийн сонирхол татахуйц байдал.
- Байгаль орчин, нийгмийн бүлгүүд, орон нутгийн засаг захиргаа, үйлдвэрлэлийн ус ашиглагчдад үзүүлэх үр өгөөжийг тусгасан энэхүү хаягдал ус эргүүлэн ашиглах санаачилгын эерэг үр өгөөж.

Эх сурвалж: (World Bank Group, 2018[67]).

Монгол Улсад хаягдал усыг цэвэрлэх, дахин ашиглах талаарх зөвлөмж

Усны бохирдол Монгол орны усны нэмэлт нөөцийг судлах хэрэгцээг бий болгож байна. Урьдчилан тооцоолсон усны хомсдол нь зөвхөн боломжит усны хэмжээ дутмаг байгаагаас бус усны чанараас мөн нөлөөлж байгаа юм. Хаягдал усыг цэвэрлэх замаар усны чанарын асуудлыг шийдвэрлэж, хаягдал усыг эргүүлэн ашиглахыг дэмжих нь найдвартай ус хангамжийг нэмэгдүүлнэ.

Хүрээлэн буй орчин болон бохирын төвлөрсөн шугам сүлжээнд хаягдал усыг шууд нийлүүлэх усны чанарын стандартыг хангах нь аж үйлдвэрийн хувьд томоохон сорилт болж байна. Боломжит шилдэг техник (БШТ)-т суурилсан арга барил нь үйлдвэрийн хаягдал ус цэвэрлэх шаардлагыг сайжруулах талыг дэмжих урамшууллыг санал болгох боломжтой. БШТ нь үр ашигтай арга барил эсэхийг судлах эхний алхмын хүрээнд БОУАӨЯ-ны зүгээс БШТ-ийн үзэл баримтлалтай танилцах, дотоодод үүнийг хэрэглэх боломжийг судлах зорилгоор салбаруудад зориулсан семинар (жишээлбэл, олон улсын арвин туршлагатай нэхмэлийн салбарт) зохион байгуулах талаар авч үзэх.

Хаягдал усыг эргүүлэн ашиглахад бэлэн, санхүүгийн чадавхтай салбарт чиглэсэн хууль, эрх зүйн болон зохицуулалтын орчинг бүрдүүлэх замаар хаягдал усны эргүүлэн ашиглалтыг идэвхжүүлэх нь усны эрэлтийн тогтвортой менежментэд ач тустай. Санхүүгийн урамшуулал нь ТХХТ, үнийн таатай бодлого, эсвэл хамгийн сүүлчийн арга болох татаасаар дамжуулан хаягдал ус эргүүлэн ашиглах төлөвлөгөөг эдийн засгийн хувьд ашигтай болгох боломжтой. Хаягдал усыг эргүүлэн ашиглах нь уст давхаргын тэжээгдлийн менежментээр дамжуулан усны нөөцийг сайжруулах боломжит хувилбар байж болох юм.

Ашигласан материал

2030 Water Resources Group (2020), *2030 Water Resources Group in Mongolia: Program Overview*, The 2030 Water Resources Group, Washington, https://documents1.worldbank.org/curated/en/099092723115038849/pdf/P17148802ebea006e0aa0f06cf88c5e9a36.pdf. [64]

2030 Water Resources Group (2019), *Urban Water Tariff Assessment: Integrating Social Equity, Financial Sustainability, Resource Conservation, Mongolia | Ulaanbaatar*, 2030 Water Resources Group, Ulaabaatar City. [7]

2030 Water Resources Group (2016), *Hydro-economic Analysis on Cost-Effective Solutions to Close Ulaanbaatar's Future Water Gap. Mongolia, Ulaanbaatar*, 2030 Water Resources Group, Washington, https://www.2030wrg.org/wp-content/uploads/2016/09/2030-WRG-Hydroeconomic-Analysis_Ulaanbaatar_Aug16_final.pdf. [40]

2030 Water Resources Group (2014), *Mongolia: Targeted Analysis on Water Resources Management Issues*, The 2030 Water Resources Group, Washington, https://2030wrg.org/wp-content/uploads/2014/03/2030WRG_MONGOLIA.pdf. [3]

ADB (2023), *Managed Aquifer Recharge in Mongolia: Policy Recommendations and Lessons Learned from Pilot Applications*, Asian Development Bank, https://doi.org/10.22617/BRF230405-2. [65]

ADB (2020), *Overview of Mongolia's Water Resources System and Management. A Country Water Security Assessment. July 2020*, Asian Development Bank, Metro Manila, https://doi.org/10.22617/TCS200202-2. [33]

Altai, Z. (2013), *Urban water demand management in Ulaanbaatar, Mongolia*, James Cook University, Townsville, Queensland, Australia, https://doi.org/10.25903/mamr-xz76. [51]

Amgalan, N. et al. (2021), "The socio-economic transition and health professions education in Mongolia: a qualitative study.", *Cost Eff Resour Alloc*, https://doi.org/10.1186/s12962-021-00269-5. [22]

Badarch, A. et al. (2021), "Projected water demand by 2050 in South Gobi region of Mongolia", *Proceedings of the Mongolian Academy of Sciences*, pp. 24-35, https://doi.org/10.5564/pmas.v61i03.1820. [2]

Boldbaatar, Y. (2023), *Presentation on groundwater management in Mongolia for the World Water Day*, Ministry of Environment and Tourism, Ulaanbaatar. [42]

Constitution of Mongolia (1992), *Constitution of Mongolia (amendment of 2019).* [29]

EITI (2022), *Mongolia Sixteenth EITI Reconciliation Report 2021. Mongolia Extractive Industries Transparency Initiative (Mongolia EITI)*, Mongolia Extractive Industries Transparency Initiative, Ulaanbaatar city. [54]

EITI (2021), *Mongolia Fifteenth EITI Reconciliation Report 2020. Mongolia Extractive Industries Transparency Initiative (Mongolia EITI)*, Mongolia Extractive Industries Transparency Initiative, Ulaanbaatar city, https://eiti.org/sites/default/files/attachments/mongolia_eiti_2020_report_in_eng.pdf. [53]

EITI (2020), *Mongolia Fourteenth EITI Reconciliation Report 2019. Mongolia Extractive Industries Transparency Initiative (Mongolia EITI)*, Mongolia Extractive Industries Transparency Initiative, Ulaanbaatar city, https://eiti.org/sites/default/files/attachments/eiti_14_report_en-20201230_mongolia_report_2019.pdf. [52]

Fan, M. (2023), "Managed Aquifer Recharge in Mongolia: Policy Recommendations and Lessons Learned from Pilot Applications. ADB Briefs No.263", *ADB Briefs*, Asian Development Bank, Manila, https://doi.org/10.22617/BRF230405-2. [46]

Fan, M. (2020), *Making Water in Mongolia Available at the Right Time, at the Right Place, and in the Right Quality. ADB Briefs.*, Asian Development Bank, Metro Manila. [4]

FAO (2024), *GIEWS Country Brief Mongolia, Reference Date: 04-March-2024*, Food and Agriculture Organization of the United Nations. [19]

Government of Mongolia (2022), *Resolution 416*, https://legalinfo.mn/mn/detail?lawId=16532256471221&utm_source=lemonpressnewsletter.beehiiv.com&utm_medium=newsletter. [13]

Government of Mongolia (2020), *"Vision-2050" Long-term Development Policy Of Mongolia, Annex 1 to Resolution 52, 2020*, State Great Hural, https://cabinet.gov.mn/wp-content/uploads/2050_VISION_LONG-TERM-DEVELOPMENT-POLICY.pdf. [45]

Government of Mongolia (2015), *Methodological guideline on approving groundwater reserve classification.* [41]

Government of Mongolia (2012), *Integrated Water Management Plan of Mongolia*, Ministry of Environment and Green Development. [39]

Law of Mongolia on Environmental Protection (1995), *Law of Mongolia on Environmental Protection, 2022 amendment (unofficial translation).* [30]

Law of Mongolia on Fees for Natural Resources Use (2022), *Law of Mongolia on Fees for Natural Resources Use, unofficial translation of 08-11-2022.* [10]

Law of Mongolia on Water Contamination Fees (2019), *Law of Mongolia on the Water Pollution Fees, 2019 amendment (unofficial translation of 14 November 2022)*. [24]

Law to prohibit mineral exploration and mining operations at headwaters of rivers, P. (2009), *Law to prohibit mineral exploration and mining operations at headwaters of rivers, protected zones of water reservoirs and forested area*. [44]

Leonard, M., K. Russell and P. Cressey (2023), *A review of international wastewater reuse standards and guidelines*, Science for Communities, https://www.esr.cri.nz/digital-library/environmental-health-report-a-review-of-international-wastewater-reuse-standards-and-guidelines/. [66]

Libanio, P. (2014), "The use of goal-oriented strategies in the building of water governance in Brazil", *Water International*, Vol. 39/4, pp. 401-416, https://doi.org/10.1080/02508060.2014.910433. [25]

McKinney, M. and C. Rycewicz (2019), *The Selenge River - Lake Baikal Transboundary Basin. A Preliminary Assessment of Opportunities to Enhance Collaboration on Conservation & Development*, University of Montana Center for Natural Resources & Environmental Policy, Missoula. [47]

Ministerial Order No 42 (2020), *Methodological Guidelines For Integrated Basin Water Resources Management Plans*. [37]

Ministry of Environment and Climate Change (2024), *Environment Baseline Study Report 2021-2023*, MECC. [15]

Ministry of Environment and Green Development (2013), *Integrated Water Management Plan of Mongolia*, Ministry of Environment and Green Development, Ulaanbaatar. [11]

Ministry of Environment and Tourism and Ministry of Finance (2021), *Joint Order A/406/226*, Government of Mongolia, https://legalinfo.mn/mn/detail?lawId=16389929469541. [23]

Ministry of Food, Agrilculture and Light Industry (2022), *Annual report on the agriculture and livestock sector*, MOFALI, https://mofa.gov.mn/files/pdf-files/4e78i6lz7wv/64a4e65878a6a4593d74da63.pdf. [17]

Montsame news (2023), *"Water and journalist" meeting overview*, https://montsame.mn/mn/read/328785. [14]

National Statistics Office of Mongolia (2023), *Environment- Economic Account System. Water Account-2022 (in Mongolian)*, National Statistics Office of Mongolia, Ulaanbaatar. [35]

National Statistics Office of Mongolia (2023), *Байгаль Орчин - Эдийн Засгийн Дансны Систем. Усны Данс-2022*, National Statistics Office of Mongolia, Ulaanbaatar. [36]

NSW EPA (2003), *Hunter River Salinity Trading Scheme: Working together to protect river quality and sustain economic development*, New South Wales Environment Protection Authority, Sydney. [55]

OECD (2025), *Towards a Renewable Hydrogen Strategy for Mongolia*, OECD Publishing, Paris, https://doi.org/10.1787/15122489-en. [34]

OECD (2024), *OECD Environmental Performance Reviews: Chile 2024*, OECD Environmental Performance Reviews, OECD Publishing, Paris, https://doi.org/10.1787/5bc65d36-en. [56]

OECD (2022), *Best Available Techniques (BAT) for Preventing and Controlling Industrial Pollution, Activity 6: Cross Country analysis of BAT and BAT-associated emission and environmental performance levels in the Thermal Power Plants, Cement and Textile industries*, Environment, Health and Safety, Environment Directorate, OECD. [63]

OECD (2021), *Toolkit for Water Policies and Governance: Converging Towards the OECD Council Recommendation on Water*, OECD Publishing, Paris, https://doi.org/10.1787/ed1a7936-en. [28]

OECD (2019), *Pharmaceutical Residues in Freshwater: Hazards and Policy Responses*, OECD Studies on Water, OECD Publishing, Paris, https://doi.org/10.1787/c936f42d-en. [59]

OECD (2018), *Best Available Techniques (BAT) for Preventing and Controlling Industrial Pollution. Activity 2: Approaches to Establishing BAT Around the World*, OECD Environment Directorate, Paris. [60]

OECD (2017), *Best Available Techniques (BAT) for Preventing and Controlling Industrial Pollution. Activity 1: Policies on BAT or similar concepts Across the World*, OECD Environment Directorate, Paris. [58]

OECD (2017), *Groundwater Allocation: Managing Growing Pressures on Quantity and Quality*, OECD Studies on Water, OECD Publishing, Paris, https://doi.org/10.1787/9789264281554-en. [27]

OECD (2017), *Water Charges in Brazil: The Ways Forward*, OECD Studies on Water, OECD Publishing, Paris, https://doi.org/10.1787/9789264285712-en. [8]

OECD (2015), *Water Resources Allocation: Sharing Risks and Opportunities*, OECD Studies on Water, OECD Publishing, Paris, https://doi.org/10.1787/9789264229631-en. [26]

OECD (n.d.), *Best Available Techniques (BAT) to Prevent and Control Industrial Pollution*, https://www.oecd.org/chemicalsafety/risk-management/best-available-techniques.htm#Activity_3. [61]

OECD (n.d.), *List of Best Available Techniques Reference Documents*, https://www.oecd.org/chemicalsafety/risk-management/best-available-techniques-reference-documents-by-sectors-and-activities.htm#Others (accessed on 11 March 2024). [62]

Ong, C., C. Tortajada and O. Arora (2023), “Developing a Water Demand Management Plan”, https://doi.org/10.1007/978-981-19-8677-2_3. [48]

Parry, J. and N. Habib (2023), *The Evolution of Mongolia’s Health Care System*, ADB, https://doi.org/10.22617/ARM230616-2. [21]

Project Management Unit for the Ministry of Food, A. (2021), *Mongolia: Vegetable Production and Irrigated Agriculture Project. Environmental Monitoring Report.*, The Project Management Unit for the Ministry of Food, Agriculture and Light Industry, https://www.adb.org/sites/default/files/project-documents/51423/51423-002-emr-en.pdf. [16]

Questionnaire (2023), *Questionnaire for the National Dialogue on Water. Responses from the Government of Mongolia..* [6]

Questionnaire (2023), *Questionnaire for the National Dialogue on Water. Responses from the Government of Mongolia.*. [1]

Tortajada, C. et al. (2019), "Water demand management strategies for water-scarce cities: The case of Spain", *Sustainable Cities and Society*, Vol. 45, pp. 649-656, https://doi.org/10.1016/j.scs.2018.11.044. [50]

UNECE (2018), *Environmental Performance Reviews. Mongolia. Environmental Performance Reviews Series No. 49*, United Nations Publication, New York and Geneva, https://unece.org/DAM/env/epr/epr_studies/ECE_CEP_182_Eng.pdf (accessed on 25 January 2024). [32]

Unesco, UN-Water and W. Programme (2022), "United Nations World Water Development Report 2022: groundwater: making the invisible visible", *Significance*, Vol. 19/3. [38]

UNICEF (2024), *UNICEF Mongolia Humanitarian Situation Report No. 3 (Dzud) - 22 March 2024*, UNICEF Mongolia Office. [18]

United Nations Economic Commission for Europe (2018), *Environmental performance reviews. Mongolia*, https://unece.org/environment-policy/publications/environmental-performance-review-mongolia (accessed on 12 February 2024). [9]

UNRC (2024), *2024 Dzud Early Action & Response Plan Mongolia, Dec 2023 - May 2024, Issued 19 Feb 2024*, United Nations Residence Coordinator Mongolia. [20]

Water Agency (2024), *Interview on the Implementation Status of the Water Use Fee mechanism*. [12]

Water Law (2012), *Law of Mongolia on Water / Revised Edition (Unofficial Translation)*. [43]

Water Law (2012), *Law of Mongolia on Water / Revised Edition (Unofficial Translation)*. [31]

Water Research Commission (2018), "Two thirsty cities' successful attempts to consume less water", *Water Wheel*, Vol. 17/4. [49]

World Bank (2024), *Mongolia - Country Climate and Development Report: Overview (English)*, World Bank Group, https://documents1.worldbank.org/curated/en/099101624054513645/pdf/P5005041b4ccef0d218575140014314d1e5.pdf. [5]

World Bank Group (2018), *Wastewater: From Waste to Resource, the Case of Durban, South-Africa*, The World Bank Group, Washington, https://documents1.worldbank.org/curated/en/770121521179248609/pdf/124334-19-6-2018-13-8-54-W.pdf. [67]

WWF (2019), *Tuul River Mongolia 2019 Basin Health Report Card*, World Wildlife Fund. [57]

3. Усны салбарт хөрөнгө оруулалт, санхүүжилт татах нь

Монгол Улсын усны аюулгүй байдал нь улс орны эдийн засгийн өсөлтийг хангах гол хүчин зүйлсийн нэг бөгөөд баталгаат ундны ус, хаягдал ус цэвэрлэгээгээр хангахаас гадна үйлдвэр, хөдөө аж ахуй, хот, суурины хөгжлийг дэмжих томоохон хөрөнгө оруулалт шаардана. Уур амьсгалын өөрчлөлт, устай холбоотой эрсдэлийн хүрээнд усны эрэлтийн стратеги, уур амьсгалд дасан зохицох төлөвлөлт гаргах шаардлагатай. Алсын хараа-2050 болон Шинэ сэргэлтийн бодлогод усны дэд бүтцийн томоохон зорилтууд дэвшүүлсэн бөгөөд эдгээрт хүрэхийн тулд бодлогын шинэчлэлт, усны нөөцийн үр дүнтэй ашиглалт, хувийн хэвшлийн оролцоо зайлшгүй хэрэгтэй. Энэ бүлэгт хөрөнгө оруулалт төлөвлөлт, усны үйлчилгээний санхүүгийн тогтвортой байдал, төр-хувийн хэвшлийн түншлэл рүү чиглэсэн арга барилыг тодорхойлон авч үзсэн болно. Бодлогыг сайжруулан, зардлыг үр ашигтай хэмнэж, санхүүжилтийн эх үүсвэрийг төрөлжүүлэх нь урт хугацаанд усны аюулгүй байдал, усны нөөцийн тогтвортой менежментээр хангах чиглэлд өндөр ач холбогдолтой.

Товч танилцуулга

Монгол Улсын усны аюулгүй байдал нь үндэсний хэмжээнд нэн тэргүүнд авч үзэх чухал асуудал бөгөөд энэ хүрээнд хөрөнгө оруулалт төлөвлөлтийн хийдэл, зөрүүг арилгах, хувийн секторын хөрөнгө оруулалт, санхүүжилт татах, ус хангамж, ариутгах татуургын үйлчилгээ үзүүлэгч байгууллага (УХАТҮҮБ)-ын санхүүгийн гүйцэтгэлийг сайжруулахад чиглэсэн яаралтай арга хэмжээ авах хэрэгцээ, шаардлага бий. Уур амьсгалын өөрчлөлт ид явагдаж буй, хотжилт, үйлдвэр, хөдөө аж ахуйн салбарын эрэлт, хэрэгцээ өсөн нэмэгдэж буй өнөө үед эдгээр тулгамдсан асуудлыг шийдвэрлэх нь баталгаат ундны усны хүртээмжийг сайжруулах, хаягдал усыг үр дүнтэй цэвэрлэх, усны нөөцийн тогтвортой менежментээр хангахад маш чухал ач холбогдолтой.

Улсын хэмжээнд өсөн нэмэгдэж буй усны дэд бүтцийн хэрэгцээ, шаардлагыг хангаж, хөрөнгө оруулалтын зөрүүг арилгахад стратегийн хөрөнгө оруулалт төлөвлөлт маш чухал. “Алсын хараа-2050” Монгол Улсын урт хугацааны бодлогын баримт бичигт устай холбоотой төсөл, арга хэмжээ хэрэгжүүлэх томоохон зорилт тусгасан ч техник, эдийн засгийн үндэслэл (ТЭЗҮ)-ийн судалгаа хийх нөөц хязгаарлагдмал, нэгдсэн бус төлөвлөлт, нэн тэргүүнд санхүүжилт татах өрсөлдөөн зэрэг нь уг зорилт руу чиглэсэн ахиц, дэвшил гаргахад төвөг учруулж байна. Түүнчлэн Монгол Улсын хувьд, үер усны аюул, ган гачиг, мөсөн гол хайлах зэрэг эрсдэлийг бууруулах, арилгах үүднээс уур амьсгалд дасан зохицсон дэд бүтэцтэй болох зайлшгүй шаардлагатай. Хөрөнгө оруулалт төлөвлөлтийг дараах байдлаар сайжруулах боломжтой. Үүнд:

- Стратегийн хуваарилалтыг тодорхойлоход чиглэсэн ТЭЗҮ-ийн судалгаа хийх санхүүжилтийг сайтар шалгаж туршсан төсөл, арга хэмжээ рүү чиглүүлэн төвлөрүүлэх.
- Уян хатан байдал ба тогтолцоог хамарсан үр өгөөжийг дээшлүүлэх тулд холбогдох төсөл, арга хэмжээнүүдийг хөрөнгө оруулалтын илүү өргөн сувгаар эрэмбэлэх.
- Чадавхыг бэхжүүлэх, зардал хэмнэх үүднээс ус хуримтлуулан хадгалах төвлөрсөн бус, байгалийн болон эдгээрийн хосолсон шийдлүүдийг нэгтгэх.
- Усны үндэсний зөвлөл зэрэг платформыг ашиглан салбар хоорондын зохицуулалтыг бэхжүүлэх зэрэг хамаарна.

Улсын хэмжээнд усны салбарын хөрөнгө оруулалтын өнөөгийн нөхцөлийг сайжруулах, УХАТҮҮБ-ын гүйцэтгэлийг сайжруулахад чиглэсэн ихээхэн хүчин чармайлт гаргасаар ирсэн. Цаашид УХАТҮҮБ-ын санхүүгийн тогвортой байдлыг сайжруулах нь ус хангамж, ариутгах татуургын барилга байгууламж, шугам сүлжээний дэд бүтцийг өртгөтгөх, засвар үйлчилгээ явуулахад салшгүй чухал. Одоогийн үр ашиггүй байдал нь УХАТҮҮБ /төр, хувийн/-ийн аль алиных нь алдагдсан боломжийн өртгийг харуулж байна. Ус хангамж, ариутгах татуургын ашиглалт, үйлчилгээ (УХАТАҮ)-г сайжруулах замаар санхүүгийн тогтвортой байдлыг хангах шаардлагатай. УХАТҮҮБ-ын санхүүгийн гүйцэтгэлийн хийдэл, зөрүүг арилгахын тулд Засгийн газар дараах зүйлсийг авч үзэх боломжтой. Үүнд:

- УХАТҮҮБ-ын хариуцлага, чиг үүргийг сайтар тодорхойлж, гүйцэтгэлд суурилсан гэрээ байгуулдаг болох.
- Орлого болоогүй усны асуудлыг шийдвэрлэх үүднээс төлбөр тооцдоггүй ус хэрэглээ, ашиглалт болон ус шүүрэлт, шугам хоолойн эвдрэл, гэмтэл, түүний улмаас үүссэн ус алдагдалтай холбоотой үйл ажиллагааны ба техникийн алдагдлыг бууруулахад чиглэсэн арга хэмжээ авах шаардлагатай. Тоолуургүйн улмаас үүссэн усны алдагдал (commercial loss)-ын хувьд, нийслэлийн хэмжээнд ус хэрэглээ, ашиглалтыг бүрэн тоолууржуулснаар усыг зохистой ашиглах, төлбөрийн дата мэдээллийг илүү нарийвчлан гаргах боломж бүрдэх бөгөөд Орон сууц, нийтийн аж ахуйн удирдах газар (ОСНААУГ)-аас нийлүүлдэг усыг унд, ахуйн зориулалтаар ус хэрэглэдэг гэр хороолол, орон сууцны ус хэрэглэгчид үүнд мөн хамааралтай.

- Орон тооны ажилтнуудын томоохон зардлын асуудлыг оновчтой шийдвэрлэх. Ялангуяа нийслэлийн түвшинд УСУГ-ын ажилтнуудын тоо зарим улс орны адилхан чиг үүрэгтэй байгууллагатай харьцуулахад маш өндөр байна.
- УХАТҮҮБ-аас үр ашиг, санхүүгийн гүйцэтгэлээ сайжруулах, капитал зардлаа төлөвлөх урт хугацааны зорилт бүхий тогтвортой бизнес төлөвлөгөө боловсруулахыг шаардах.
- Хот, суурины ус хангамж, ариутгах татуургын ашиглалт, үйлчилгээг зохицуулах хороо (ХСУХАТАҮЗХ)-ны чиг үүрэгт ялангуяа орлого болоогүй усны хувь хэмжээг бууруулах, шинэ капитал хөрөнгө оруулалтын хөтөлбөр, санхүүжилтийн эх үүсвэр болон нөхцөлтэй холбогдуулан Нийтийн аж ахуйн үйлчилгээний байгууллага (НААҮБ)-ын бизнес төлөвлөгөөнд хяналт тавих чиглэлийг нэмж оруулах.
- УХАТҮҮБ-ын санхүүгийн гүйцэтгэлийг сайжруулах, усыг хэмнэлттэй, зохистой ашиглахад үзүүлэх дэмжлэг талаас нь тарифын бүтцийг дахин хянах. Боломжит тариф болон зардал нөхөх балансыг хангах үүднээс шаталсан тарифыг төрөөс олгох татаастай хослуулах арга, боломжийг судлах.
- ХСУХАТАҮЗХ-нд тарифын бүтцийг сайтар хөгжүүлэх, тарифын саналыг хянах, энэхүү үйл явцыг үр дүнтэй удирдах чадавхаа бэхжүүлэхэд нь дэмжлэг үзүүлэх. Үүний зэрэгцээ орлого багатай өрхүүдэд усыг хямд үнээр авах боломжийг бүрдүүлэх замаар төрөөс олгох татаасын зорилтот хөтөлбөр хэрэгжүүлэх нь чухал.

Монгол Улсын усны салбарын санхүүжилтийн хийдэл, зөрүүг арилгахын тулд хувийн секторын оролцоо нэн чухал. Гэвч устай холбоотой хөрөнгө оруулалтын боломжийн талаар хувийн хэвшлийнхний мэдлэг, ойлголт дутмаг бөгөөд усны бохирдлыг хянах технологийн стандарт тодорхойгүй хэвээр байна. Төр, хувийн хэвшлийн түншлэл (ТХХТ)-ийн хүрээнд ялангуяа хаягдал усыг эргүүлэн ашиглах төсөл, арга хэмжээ хэрэгжүүлэх чиглэл хэвээр байгаа ч байгууллагын ба дата, мэдээллийн ил тод байдлын асуудал шийдэгдээгүй л байна. Хувийн хөрөнгө оруулалт татахад тулгараад буй асуудлыг шийдвэрлэхийн тулд Засгийн газар дараах зүйлсийг авч үзэх нь зүйтэй. Үүнд:

- Усны бохирдлыг хянах технологийн стандартыг тодорхойлох үүднээс нэмэлт удирдамж/зааварчилгаа гаргах, Боломжит шилдэг техник (БШТ)-ийн арга барилыг авч үзэх.
- Хөрөнгө оруулагчдын хувьд ойлгомжгүй, тодорхойгүй зүйлсийг шийдвэрлэх үүднээс дата, мэдээлэл цуглуулах, ил тод байлгах, хандалтыг сайжруулах
- Устай холбоотой дэд бүтцэд хувийн хөрөнгө оруулалт татах үүднээс тогтвортой санхүүжилтийн санаачилгуудыг өргөжүүлэн дэмжих.
- Хаягдал усыг эргүүлэн ашиглах, хэрэгжилтийн механизмыг тодорхойлох чиглэлд ТХХТ-ийн удирдамж, зааварчилгаа боловсруулах

3.1. Танилцуулга

Ус бол эдийн засгийн өсөлтийн салшгүй чухал хүчин зүйл бөгөөд нийслэлийн хэмжээнд үйлдвэр, хөдөө аж ахуй (ХАА), говийн бүсэд ялангуяа уул уурхайн үйл ажиллагааг дэмжих үүднээс хөрөнгө оруулалт зайлшгүй шаардлагатай. Дэд бүтцэд томоохон хөрөнгө оруулалт хийхэд хүн амын баталгаат ундны ус хангамж, хүртээмж, хаягдал ус цэвэрлэх үр дүнтэй технологийн асуудлыг шийдвэрлэсэн байх нь чухал. Түүнчлэн хур тунадасны төлөв байдал, мөсөн гол хайлж буй зэрэг уур амьсгалын өөрчлөлтөд дасан зохицохоос гадна үер, ган гачиг зэрэг устай холбоотой эрсдэлийг бууруулах шаардлагатай.

Улсын хэмжээнд төлөвлөлтийн хамгийн дээд түвшинд гаргасан баримт бичиг бол КОВИД-19 цар тахлын дараа Засгийн газраас тодорхойлж, гаргасан “Алсын хараа-2050”, “Шинэ сэргэлтийн бодлого” бөгөөд эдгээр баримт бичигт улс орны хөгжил, эдийн засгийн өсөлтийн урт хугацааны зорилтуудыг тусгажээ. Энэ хүрээнд аж үйлдвэрийн тэлэлт, дэд бүтцийн томоохон төсөл, арга хэмжээ, ХАА-н тогтвортой үйлдвэрлэл, эрчим хүчний үйлдвэрлэл, хотын хөгжлийг дэмжихэд чиглэсэн устай холбоотой дэд бүтцийн томоохон зорилтууд хамруулсан байна. “Алсын хараа-2050”-д ус хангамжийн шугам хоолой, дэд бүтцийг өргөтгөн шинэчилж, 2040 он гэхэд хүн амын 90%-ийг баталгаат ундны усаар хангах төлөвлөгөө тусгагджээ.

Усны салбарын санхүүжилтийн тулгамдсан асуудал нь тухайн санхүүжилт хэрэгтэй байгаа хэсгийг зөвхөн мөнгө, санхүүгээр хялбархан шийдвэрлэх төдий асуудал биш юм. Улсын хэмжээнд устай холбоотой хөрөнгө оруулалтын таатай орчныг бүрдүүлэхийн тулд бодлого, хууль эрх зүй, дүрэм, журам, бүтэц зохион байгуулалтын асуудлыг цогцоор нь авч үзэх хэрэгтэй. Өмнөх бүлгүүдэд дурдсан реформ, шинэтгэлүүд нь усны эрэлтийг бууруулах, усыг зохистой ашиглах, санхүүжилтийн боломжит эх үүсвэрийг хамгийн үр дүнтэй ашиглахад зэрэг нөлөөлөл үзүүлэхэд чиглэсэн болно. Чамбай тодорхойлсон бодлого, бүтэц зохион байгуулалт нь хөрөнгө оруулагчдыг татах, нөгөө талаас усны нөөцийн тогтвортой менежмент болон ус хангамж, ариутгах татуургын ашиглалт, үйлчилгээ (УХАТАҮ)-г бодитой дэмжих хөрөнгө оруулалтыг бүрдүүлэхэд маш чухал үүрэг гүйцэтгэнэ.

Монгол Улсын усны аюулгүй байдлыг тогтвортой хангахад хөрөнгө оруулалт, санхүүжилт татах стратегийн арга барил зайлшгүй хэрэгцээтэй байна. Усны нөөцийн хомсдол, усны бохирдол үүсээд буй өнөө үед урт хугацааны зорилтуудад хүрэхийн тулд хөрөнгө оруулалтыг мэргэжлийн түвшинд төлөвлөж, тэргүүлэх чиглэл болгон, төрөлжүүлэх шаадлага бий. УХАТАҮ нь усны аюулгүй байдлын зорилтуудад маш чухлаар тусгагджээ. Түүнчлэн зардлаа нөхөх, НААҮБ-ын гүйцэтгэл, орон тооны ажилтнуудын зардалтай холбоотой асуудал тулгамдсан байна. Эдгээр тулгамдсан асуудлыг шийдвэрлэхдээ үйлчилгээг сайжруулах, үр ашгийг дээшлүүлэх, УХАТАҮ-ний санхүүгийн тогтвортой байдлыг хангах талаас нь авч үзэх хэрэгтэй. Үүнээс гадна шаардлагатай хөрөнгө оруулалтын хамрах хүрээг тодорхойлсноор хувийн секторыг татан оролцуулах боломжийг ялангуяа хаягдал ус цэвэрлэх чиглэлд бүрдүүлэхэд маш чухал ач холбогдолтой.

Энэ бүлэгт хөрөнгө оруулалтыг үр дүнтэй, бодитой төлөвлөхийн нэн чухал хэрэгцээг авч үзсэн бөгөөд усны аюулгүй байдлыг хангахад чиглэсэн хөрөнгө оруулалтыг дэмжих уялдаа холбоог сайжруулахын ач холбогдол, төр ба хувийн секторын санхүүжилтийн нэмэлт эх үүсвэр татах хэрэгцээ, томоохон зорилтуудад хүрэхэд дэмжлэг болох дэд бүтцийн өөр хувилбар, шийдлийг онцолсон болно. Нэг талаас, тавьсан зорилгод хүрэхэд шаардагдах санхүүжилтийн нэмэлт эх үүсвэр авч ашиглах асуудлыг хөндөхөөс өмнө УХАТАҮ-ний хувьсан хөгжиж буй онцлог байдлыг энэхүү бүлэгт авч үзсэн бөгөөд холбогдох санхүүжилт, үйл ажиллагаанд тулгамдаад буй асуудлыг шийдвэрлэх шаардлагатай. Нөгөө талаас, шаардлагатай хөрөнгө оруулалтын хамрах хүрээг тодорхойлж, улмаар хувийн секторын оролцоог хангах боломжийг судалсан болно. Дүрэм, журам, стандартын нэмэлт удирдамж, худалдааны санхүүжилт болон ТХХТ нь хаягдал ус цэвэрлэх, эргүүлэн ашиглах зэрэг голлох чиглэлд хувийн хөрөнгө оруулалтыг хөхиүлэн дэмжих боломжтой.

Монгол Улсын усны аюулгүй байдлын зорилтуудыг ухаж ойлгоход чиглэсэн хөрөнгө оруулалт төлөвлөх (дугаар хэсэг 3.2), УХАТҮҮБ-ын санхүүгийн гүйцэтгэлийг хангах, зардал нөхөх (дугаар хэсэг 3.3), хувийн хөрөнгө оруулалтыг ялангуяа хаягдал ус цэвэрлэх чиглэлд татах (дүгээр хэсэг 3.4) 3 харилцан холбоотой хэсгээр дамжуулан усны салбарт санхүүжилт татахад дэмжлэг үзүүлэх бодлогын зөвлөмжийг энэхүү бүлэгт тусгасан болно.

3.2. Усны аюулгүй байдлын зорилтод хүрэхэд шаардлагатай хөрөнгө оруулалт төлөвлөлтөд чиглэсэн проактив ба стратегийн арга барил

“Алсын хараа-2050”, “Шинэ сэргэлтийн бодлого”-д устай холбоотой дэд бүтцийг хөгжүүлэх нь хүн амын өсөлт, эдийн засгийн хөгжил, уур амьсгалын өөрчлөлтийн нөлөөлөлд дасан зохицолтыг дэмжихэд өндөр ач холбогдолтой болохыг тодорхойлсон. Эдгээр зорилтод хүрэхийн тулд хөрөнгө оруулалтын зөрүүтэй байдал, гадаргын усны дэд бүтэц хязгаарлагдмал байдал, төсвийн санхүүжилтийг нэн тэргүүнд тавьсан өрсөлдөөн зэрэг тулгамдаад буй томоохон асуудлыг шийдвэрлэх шаардлагатай. Хөрөнгө оруулалт төлөвлөлтийн стратегийн арга барил нь усны нөөцийг үр дүнтэй хуваарилах, төсөл, арга хэмжээг эрэмбэлэх, усны тогтолцоо уян хатан, тогтвортой, урт хугацааны зорилтуудтай уялдуулан хөгжүүлэхэд нэн чухал ач холбогдолтой.

“Алсын хараа-2050”-д усны дэд бүтцэд хийгдэх шат дараалсан хөрөнгө оруулалтыг дараах байдлаар урьдчилан төлөвлөжээ (Government of Mongolia, 2020[1]):

- 2021-2030 он: Газрын байгалийн тогтоц, голын татамд хур тунадас, хайлсан цас, мөсний усыг хуримтлуулах хөв цөөрөм, далд усан сангууд байгуулж, томоохон голууд дээр урсцын тохируулгатай, олон зориулалтаар ашиглах усан сан барьж эхэлнэ.
- 2031-2040 он: Хөв цөөрөм, урсцын тохируулгатай усан сан, ус нөөцлөх, дамжуулах далд систем байгуулах ажлыг эрчимжүүлж, усны хуримтлалыг нэмэгдүүлэх зэргээр хөрөнгө оруулалтыг нэмэгдүүлнэ.
- “Алсын хараа-2050”-д Монгол Улсын эдийн засгийн өсөлтөд гүйцэтгэх уул уурхайн салбарын үүргийг онцлон тодорхойлсон.
- Эдгээр зорилтыг дэмжих зорилгоор “Хөх морь” төслийн хүрээнд 12-13 гол мөрөн дээр олон зориулалт бүхий усан цогцолбор, усан сан, далан, бооомтын барилга байгууламж, усан цахилгааны станцыг нийт 33 байршилд барьж байгуулах төслүүд нэгтгэгдсэн нь томоохон хөрөнгө оруулалт шаардах болно.

Сүүлийн үед “Шинэ сэргэлтийн бодлого” нь эдийн засгийн бие даасан, хараат бус байдлыг бэхжүүлэх, халдварт КОВИД-19 цар тахлын эдийн засагт үзүүлэх сөрөг нөлөөллийг бууруулах, эдийн засгийн хөгжил, тогтвортой байдлыг дэмжих саарал устай холбоотой томоохон дэд бүтцийн хөрөнгө оруулалтыг дэмжихэд голлон чиглэжээ. Засгийн газраас 2024 оныг “Бүсчилсэн хөгжлийг дэмжих жил” болгон зарласан нь “Алсын хараа-2050”, “Шинэ сэргэлийн бодлого”-ын хот, суурин болон хөдөө, орон нутгийг сэргээх зорилтод хүрэхэд чиглэсэн байна. Засгийн газрын 2024-2028 оны Үйл ажиллагааны хөтөлбөрийн хүрээнд эдгээр бодлогыг ялангуяа бүсчилсэн хөгжлийн зорилт руу чиглүүлэн хэрэгжүүлж байна. Уг үйл ажиллагааны хөтөлбөрт Орхон-Онги, Хэрлэн-Тооно ус дамжуулах хоолой зэрэг 15 томоохон төсөл, арга хэмжээг тусгасан (Government of Mongolia, 2024[2]). Түүнчлэн Эгийн голын УЦС, Эрдэнэбүрэнгийн УЦС, аймгийн түвшинд УХАТАҮ-г сайжруулах, үерээс хамгаалах дэд бүтцийн төслийг уг жагсаалтад тусгажээ. Эдгээр урт, дунд хугацааны хөгжлийн зорилтуудыг дэмжих үүднээс дотоодын ахуйн салбар (өрх, бизнес, төрийн секторын хамруулсан), уул уурхай, ХАА-н салбарын өсөн нэмэгдэж буй эрэлтийг хангах тогтвортой, найдвартай ус хангамж бүрдүүлэх зорилгоор гол төлөв усан сан, олон зориулалт бүхий усан цогцолбор, хөв цөөрөм, хиймэл нуур барьж байгуулахыг нэн тэргүүнд тавьж байгаа болно (Shar, 2022[3]).

3.2.1. Усны аюулгүй байдлыг хангахад чиглэсэн хөрөнгө оруулалтыг дэмжихэд уялдаа холбоо, эрэмбийг сайтар тодорхойлох хэрэгтэй

Монгол Улсын усны дэд бүтцийн уян хатан, тогтвортой байдлыг хангахад проактив арга барил салшгүй чухал. Усны нөөцөд суурилсан усны хуваарилалт зэрэг усны тогтвортой менежмент боловсруулан, эдгээр үйл ажиллагааг тусгасан усны нөөцийн нэгдсэн менежментийн төлөвлөгөө улсын хэмжээнд одоогоор байхгүй (World Bank, 2024). Монгол орны усны менежментийн тогтолцоо (үүнд усны нөөц, дэд бүтэц хамаарна) нь бусад орныхтой нэгэн адилаар үйл ажиллагаа, нийгэм-эдийн засаг, уур амьсгал, байгаль орчны ачаалал /стресс/ болон гэнэтийн шокоос үүдсэн ачаалал /стресс/ зэрэг янз бүрийн хүчин зүйлтэй тулгардаг болохыг Зураг 3.1-д харуулав. Эдгээр стресс үүсгэгч хүчин зүйлд хотжилт ба үйлдвэрийн эрэлт, хэрэгцээ өсөн нэмэгдсэнээс үүссэн, эсхүл уур амьсгалын өөрчлөлтийн улмаас температур, хур тунадасны өөрчлөлтөөс үүссэн ачаалал багтана. Бусад хүчин зүйлд үер, ган гачиг, газар хөдлөлт, гал түймэр, цар тахал зэрэг давагдашгүй хүчин зүйлийн улмаас үүссэн саатал, тасалдал зэрэг хамаарна (Brown, Boltz and Dominique, 2022[4]).

Зураг 3.1. Стресс, ачаалал үүсгэгч хүчин зүйлсийн ангилал, жишээ

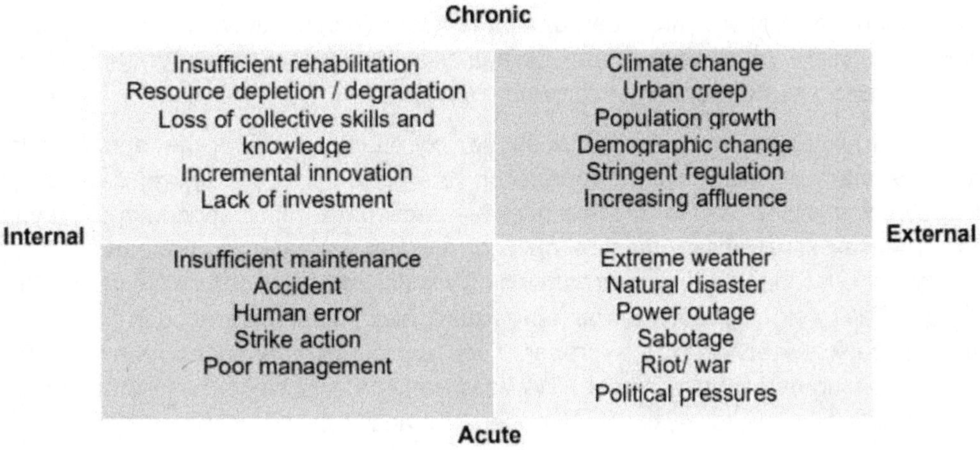

Эх сурвалж: (Butler et al., 2017[5]).

Усыг хөрөнгө оруулалт төлөвлөлтийн хамгийн дээд түвшинд авч үздэг ч уг төлөвлөлтийн дагуу хэрэгжихгүй байна. Усны салбарт төсвийн хөрөнгө оруулалтын бүх үе шат (investment pipeline)-ыг сайтар боловсруулахад БОУАӨЯ-д нэмэлт нөөц хэрэгтэй.

Бодит байдал дээр Эдийн засаг, хөгжлийн яам (ЭЗХЯ) салбарын яамдаас санал, хүсэлт хүлээн авсны дараа стратегийн ач холбогдолтой төсөл, арга хэмжээг үнэлж, эрэмблэн, сонгодог. Ийнхүү эрэмбэлсэн төсөл, арга хэмжээг жилийн төсөв болон эсхүл улсын төсвийн хөрөнгө оруулалтын хөтөлбөрийн хүрээнд аль алинд санхүүжүүлэх боломжтой (Parliament of Mongolia, 2020[6]).

Жилийн төсөвтэй холбоотойгоор ЭЗХЯ нь яамд, аймгийн ЗДТГ-ын боловсруулан танилцуулсан урт, дунд, богино хугацааны бодлого, төлөвлөлтийг нэгтгэн хянаж, Засгийн газарт танилцуулан, цааш нь УИХ-д өргөн барьдаг (2020[6]). Улсын жилийн төсвийг ЭЗХЯ-ны хянан баталгаажуулалт болон дээрх бодлогын зорилтын зохицуулалтад үндэслэсэн баталдаг байна. Хэрэв усны дэд бүтцийн төсөл, арга хэмжээ нь аймаг, нийслэлийн хөгжлийн төлөвлөгөө, яамны бодлогын зорилтод тусгагдсан бол холбогдох жилийн төсөвт нь суулгагдах боломжтой.

Шаардлагатай хөрөнгө оруулалтын дүн 9 сая ам.доллар (30 тэрбум төгрөг[1])-аас хэтэрсэн тохиолдолд 5 жилд нэг удаа батлагддаг Улсын төсвийн хөрөнгө оруулалтын хөтөлбөрөөс санхүүжилт авна. Үүний тулд уг төсөл, арга хэмжээ нь Төсвийн тухай хууль[2]-ийн 28.4 дэх заалт дахь ТЭЗҮ-ийн урьдчилсан судалгаа зэрэг шалгуур үзүүлэлтийг хангасан байх шаардлагатай.

Төсвийн санхүүжилтийн сонголтуудын хувьд, ирэх оны төсвийн саналаа Сангийн яам (СЯ)-нд танилцуулж буй тухайн яам нь зардал, үр ашгийн тооцоолол, нийгмийн ач холбогдлыг нь тодорхой тусгасан цогц ТЭЗҮ-ийн судалгааны тайланг хэрэгжилтийн санхүүжилт татах зорилгоор СЯ-нд хүргүүлнэ (Төсвийн тухай хуулийн 29.6 дахь заалт). Хэрэгжилтийн дараагийн шатны санхүүжилтийг хангахад шаардлагатай судалгаа, үнэлгээ хийх чиг үүрэг нь салбарын яаманд хамааралтай. Улсын төсвийн хөрөнгө оруулалтаар хэрэгжүүлэх төслүүдийг үнэлж, эрэмблэн, сонгох үйл ажиллагаа нь хязгаарлагдмал төсвийн төлөөх яам хоорондын өрсөлдөөнд хүргэх бөгөөд үүнд мөн улс төрийн эрх мэдэл хамааралтай байх талтай (World Bank, 2013[7]). ТЭЗҮ-ийн судалгаа боловсруулах төсөв хязгаарлагдмал байдаг тул БОУАӨЯ болон усны салбар нь дэд бүтцийн төсөл, арга хэмжээ төлөвлөдөг бусад яамтай харьцуулахад ерөнхийдөө улсын төсвөөс хангалттай санхүүжилт авахад хүндрэлтэй байдаг (GoGo news, 2023[8]).

ТЭЗҮ-ийн судалгаанд хангалттай хүрэлцэхүйц санхүүжилтийг илүү төвлөрсөн түвшинд хуваарилах хэрэгтэй бөгөөд ингэснээр эхний шалгаруулалтад тэнцсэн төслүүдэд ТЭЗҮ-ийн судалгааны хомс нөөцийг стратегийн түвшинд хуваарилах боломж бүрдэнэ. Урьдчилсан хяналт шалгалт явуулахын тулд төслийн боломжит үр өгөөж, зардал болон нөлөөллийн техникийн үнэлгээ хийхэд хангалттай санхүүгийн нөөц, чадварлаг хүний нөөц шаардлагатай. Төслийн зураг төсөл, төлөвлөлт тааруухан байх нь ихээхэн сөрөг үр дагавар авчрах бөгөөд эмзэг бүлэг, биологийн олон янз байдал, байгаль орчинд пропорцианаль бус нөлөөлөл тогтмол үзүүлдэг.

Бодитой аналитик шинжилгээнд суурилсан урт хугацааны стратегийн арга барилын үр дүнд хөрөнгүүд ашиглалтын хугацаандаа төлөвлөсөн үр өгөөжөө өгөх боломжтой бөгөөд хугацаанаасаа өмнө элэгдэж хоцрогдох, өндөр зардлаар дахин засварлах зэрэг эрсдлийг бууруулна. Дан ганц хувилбар, ганцхан хэмжүүрээр хөрөнгө оруулалтыг үнэлдэг нийтлэг байдал нь “хэврэг” хөрөнгө оруулалт руу, эсхүл тооцоолол, таамаглалыг буруу хийсэн тохиолдолд үр ашиггүй хөрөнгө оруулалт руу хөтөлдөг. Ган гачиг, үер зэрэг байгалийн гамшиг, аюул оршин тогтносоор байх бөгөөд эдгээр нь тогтолцоог нураах, бүтэлгүйтэхэд хүргэдэг. Гэвч эдгээрийг төлөвлөлт, үйл ажиллагаандаа авч үзэхгүй байх нь энгийн үзэгдэл болсон. Тиймээс нэгдсэн тогтолцооны арга барилаар янз бүрийн эрсдэл, аюулыг тооцох нь нэн чухал юм (Laubenstein and Leflaive, 2024[9]).

Түүнчлэн усны төсөл, арга хэмжээг тус тусад нь гэхээс илүүтэйгээр хоорондоо уялдаа холбоотойгоор авч үзэх нь тухайн зорьж буй нэгдмэл үнэ цэнэ, нийт тогтолцоонд өгөх үр өгөөжийг дээшлүүлэх боломжийг цогцоор нь үнэлж, дүгнэх боломжийг бүрдүүлнэ. Дан ганц төсөл, арга хэмжээ нь санхүүгийн хувьд ашигтай байж болох ч хуваах ашигладаг усны нөөцийн байдлыг улам дордуулсаар л байх болно. Тухайлбал, ус хангамжийн чанар, тоо хэмжээнд үзүүлэх бохирдол, хомсдлын улмаас ус ашиглалтыг илүү үр дүнтэй, үр ашигтай болгох хэрэгцээ, шаардлагын үүднээс УСУГ, ОСНААУГ нь цэвэр, бохир ус, хур тунадас, борооны ус, хаягдал усны эргүүлэн ашиглалтыг нэгтгэх сонголт, хувилбарыг авч үзэх, түүнчлэн цэвэрлэсэн хаягдал усыг услалтын системийн зориулалтаар ашиглах зэргээр эрчим хүч, ХАА, үйлдвэрлэлийн салбар, хотын захиргаатай хамтын ажиллагаа, зохицуулалт хийх боломжтой. Олон нийт, байгаль орчин, эдийн засагт бий болгох хөрөнгө оруулалтын үнэ цэнийг тодорхойлохдоо албан ёсны шалгуурын дагуу үнэлэн, эрэмбэлж, сонгосон төслүүдийн түвшинд үнэлэх нь маш зөв зүйтэй бөгөөд ингэснээр тэдгээрийн хамтын үр дүн, харилцан эерэг, сөрөг нөлөөллийг тодорхойлох боломжтой.

Монгол Улсад урт хугацаанд нүүрлэх уур амьсгалын өөрчлөлтийн үр дагавар нь энэхүү төлөвлөлтийн түвшинд усны салбарын гүйцэтгэл, холбогдох хөрөнгө оруулалтын асуудлыг нухацтай авч үзэхийг шаардах болно. Шигтгээ 3.1-д Стратегийн хөрөнгө оруулалтын алхмууд тодорхойлоход ашигладаг Эдийн засгийн хамтын ажиллагаа, хөгжлийн байгууллага (ЭЗХАХБ)-ын хамрах хүрээний тоймыг харуулав.

Шигтгээ 3.1. Стратегийн хөрөнгө оруулалтын алхмууд

Түүнчлэн усны төсөл, арга хэмжээг тус тусад нь гэхээс илүүтэйгээр хоорондоо уялдаа холбоотойгоор авч үзэх нь тухайн зорьж буй нэгдмэл үнэ цэнэ, нийт тогтолцоонд өгөх үр өгөөжийг дээшлүүлэх боломжийг цогцоор нь үнэлж, дүгнэх боломжийг бүрдүүлнэ. Дан ганц төсөл, арга хэмжээ нь санхүүгийн хувьд ашигтай байж болох ч хуваах ашигладаг усны нөөцийн байдлыг улам дордуулсаар л байх болно. Олон нийт, байгаль орчин, эдийн засагт бий болгох хөрөнгө оруулалтын үнэ цэнийг тодорхойлохдоо албан ёсны шалгуурын дагуу үнэлэн, эрэмбэлж, сонгосон төслүүдийн түвшинд үнэлэх нь маш зөв зүйтэй бөгөөд ингэснээр тэдгээрийн хамтын үр дүн, харилцан эерэг, сөрөг нөлөөллийг тодорхойлох боломжтой. Учир нь дан ганц төсөл, арга хэмжээ нь бусдынхаа хэрэгжих боломжийг бүрдүүлдэг, мөн үгүй хийх ч боломжтой.

Стратегийн хөрөнгө оруулалтын алхмуудын загвар нь ирээдүйн тодорхойгүй байдлын бүрэн зураглалын хүрээнд, усны оролцогч талуудын тодорхойлсон олон зорилтод хамаарах ирээдүйн янз бүрийн хувилбарыг хамтад нь авч үзсэн олон хөрөнгө оруулалтын үнэлгээнээс бүрдэнэ. Ус хангамжийн системийн илүү өргөн хил хязгаар (нэг эсхүл олон сав газрын)-ын хүрээнд шинжилгээний хамрах хүрээг тогтоож, гол динамик үйл явц, санал шүүмж солилцоо (feedback loop)-г системд хэрхэн харуулсныг Зураг 3.2-д үзүүлэв.

Зураг 3.2. Стратегийн хөрөнгө оруулалтын алхмуудын процесс, 5 алхам

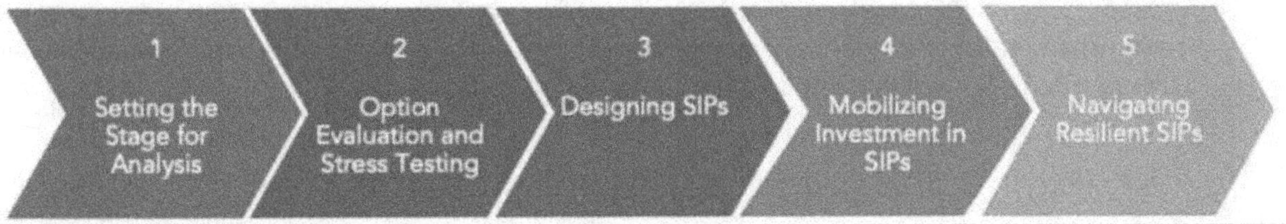

Алхам 1: Шинжилгээний шатыг тогтоох

Ашиг сонирхлын тогтолцоог тодорхойлох, орон зайн хил хязгаарыг тогтоох, талуудын оролцоог хангах, ус хангамжийн системийн менежментийн зорилт тавих, системийн гүйцэтгэлийн хэмжүүрийг тодорхойлох, зөрчил шийдвэрлэх зорилт тавих, дата цуглуулах, загвар боловсруулах замаар системийг ойлгох, усны менежментэд зорилт тавих.

Алхам 2: Системийн уян хатан, дасан зохицох ур чадвар, сонголт, стрессийг үнэлэх

Алхам 1-т тавьсан зорилтод хүрэхэд дэмжлэг болох ур чадварыг үнэлэхэд чиглэсэн системийн загварын сонголт бүрийг үнэлэх. Усны стресс буюу ачаалал хийх тест, туршилтад хөрөнгө оруулалт хийснээр тодорхойгүй байдлын талаарх янз бүрийн ойлголтын хүрээнд хөрөнгө оруулалтын сонголт бүрийг үнэлэх боломж бүрдэнэ.

Алхам 3: Стратегийн хөрөнгө оруулалтын алхмуудын загвар гаргах

Усны төсөл, арга хэмжээг тэргүүлэх ач холбогдлоор нь эрэмблэх замаар стратегийн хөрөнгө оруулалтын оновчтой, дасан зохицох чадвартай алхмуудын загвар боловсруулан гаргах.

Алхам 4: Үнэ цэнэ/өртгийн сүлжээнд хөрөнгө оруулалт татах

Хөрөнгө оруулалтын таатай орчин, газрын зургийн үр өгөөж, ашиг/өгөөж хүртэгчид, орлогын боломжит сувгуудыг сайтар шинжлэх, харилцан адилгүй нөхцөлд санхүүжилтийн арга барилыг тохируулах, санхүүгийн зохистой хэрэглүүрийн загвар гаргах. Эдгээр нь төр, хувийн секторын санхүүжилт, хандив, буцалтгүй тусламж хосолсон хэлбэрээр байж болно.

Алхам 5: Стратегийн хөрөнгө оруулалтын уян хатан алхмуудыг удирдах

Ус хангамжийн системийн өөрчлөлт, голлох босго шалгууртай холбоотой хяналт-шинжилгээ, прогноз төсөөлөл, дасан зохицсон менежмент хэрэгжүүлэх.

Эх сурвалж: (Brown, Boltz and Dominique, 2022[4]).

3.2.2. Төр, хувийн секторын санхүүжилтийн нэмэлт эх үүсвэр татах

Засгийн газраас тавьсан зорилтуудад хүрэхийн тулд хөрөнгө оруулалтыг ихээхэн нэмэгдүүлэх шаардлагатай. Үүний тулд янз бүрийн төсөл, арга хэмжээг хамруулан төр, хувийн секторын нэмэлт санхүүжилт татах стратеги тодорхойлох хэрэгтэй болно. Усны аюулгүй байдлыг хангахад чиглэсэн хөрөнгө оруулалтын санхүүгийн эрх үүсвэрийг шууд санхүүжилт (эргэн төлөгдөхгүй) болон эргэн төлөгдөх нөхцөлтэй санхүүжилтээс татах боломжтой (Зураг 3.3):

- Эргэн төлөгдөхгүй санхүүжилт нь үйлчилгээ хүлээн авагч, ус бохирдуулагч (ус бохирдуулсны төлбөрийн хэлбэрээр), улсын төсөв (буцалтгүй тусламж эсхүл татаас хэлбэрээр), эсхүл хөгжлийн санхүүжилтийн байгууллага, хандив тусламжийн байгууллага (филантропи)-ын гадны буцалтгүй тусламжаас бүрдэнэ. Ялангуяа ус хангамж, ариутгах татуургын хувьд (3.3 дүгээр хэсэгт дэлгэрэнгүй харуулав) санхүүжилтийн эдгээр эх үүсвэрийг ерөнхийд нь тариф, татвар, тусламж буюу "3Т" хэмээн авч үздэг байна.
- Харин эргэн төлөгдөх нөхцөлтэй санхүүжилтийн хувьд, хөнгөлттэй зээл санхүүжилтийн эх үүсвэр (буцалтгүй тусламжийн хэсгийг агуулдаг тул ихэвчлэн хөгжлийн санхүүжилтийн байгууллага хамаарна) болон худалдааны санхүүжилт (зээл, бонд эсхүл хувьцаа/хөрөнгө эзэмшил байж болно)-ийн аль алинаас нь татах боломжтой.

Зураг 3.3. Усны аюулгүй байдлыг хангахад шаардлагатай санхүүжилтийн боломжит эх үүсвэр

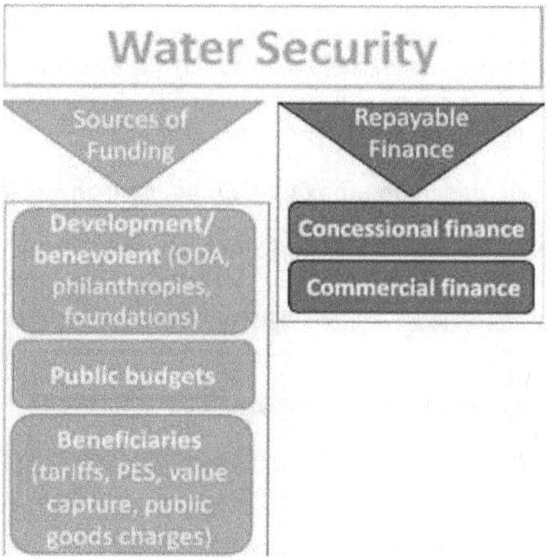

Эх сурвалж: (OECD, 2022[10]) –ээс авав.

Санхүүжилт (эргэн төлөгдөхгүй)-ийн эх үүсвэртэй холбоотойгоор I Бүлэгт авч үзсэний дагуу хөрөнгө оруулалтын хийдэл, зөрүү маш их хэвээр байна. Засгийн газраас тавьсан зорилтот хүрэхийн тулд хөрөнгө оруулалтыг ихээхэн нэмэгдүүлэх хэрэгтэй. Засгийн газрын зүгээс улсын хэмжээнд усны менежментэд зориулан төсвийн нэмэлт санхүүжилт гаргах нь зүйтэй. Усны менежменттэй холбоотой голлох яамд 2024 онд усны дэд бүтэц, ус менежментийн үйл ажиллагаанд зориулан 36.5 сая ам.доллар[3] төсвөөс гаргуулжээ. Үүнд усны бодлогын тэргүүлэх БОУАӨЯ-нд 1 сая ам.доллар, ХББОСЯ-нд 29 сая ам.доллар, ХХААХҮЯ-нд 5.5 сая ам.долларын төсөв тус тус хуваарилагдсан.

Хөрөнгө оруулалтыг нэн тэргүүнд олж авах өрсөлдөөнтэй холбоотойгоор усны дэд бүтцийн томоохон төсөл, арга хэмжээнүүд ихээхэн хөрөнгө оруулалт шаардана. Тухайлбал, "Туул усан цогцолбор" байгуулах төслийн зардал 2022 оны байдлаар 700 сая ам.доллараар тооцогдож байв. Энэхүү төсөл нь Туул голын урсцад тохируулга хийх замаар гадаргын усыг ашиглан, нийслэлийн унд, ахуйн болон үйлдвэрийн усны эрэлтийг хангах зорилготой (Shar, 2022[3]).[4] 3.2.1 3.3.1 дүгээр хэсэгт дурдсанчилан, Монгол Улсад шаардлагатай байгаа хөрөнгө оруулалтын хэмжээ нь дэд бүтцийн хөрөнгө оруулалтын загвар, эрэмбэ, төлөвлөлт, хэрэгжилтийг стратегийн түвшинд авч үзэх, улсын төсвийн санхүүжилтийг үр ашигтай зарцуулах, янз бүрийн төсөл, арга хэмжээг хамруулсан байдлаар нэмэлт санхүүжилтийг тодорхойлох чухал хэрэгцээ, шаардлага байгааг харуулж байна.

Гэвч улсын төсвийн санхүүжилт дангаараа хангалтгүй тул шаардлагатай хөрөнгө оруулалтын зөрүүг эргэн төлөгдөх нөхцөлтэй зээл, санхүүжилтээр нөхөхөөс өөр аргагүй. Монгол Улс дундаас дээш орлоготой орнуудын жагсаалтад багтах болсноос хойш Хөгжлийн албан ёсны тусламж авах эрх, хэмжээ нь тодорхой хэмжээгээр буурсан. Үйлчилгээний өгөөж хүртэгчид, үйлчилгээ хүлээн авагчид нь цаашид илүү их үүрэг хүлээх хэрэгтэй болно. Ялангуяа тариф, төлбөр нь усны менежментийн санхүүжилтийг бүрдүүлэхэд дэмжлэг үзүүлэхэд маш чухал үүрэгтэй (III Бүлэгт мөн дурдсан). Улсын хэмжээнд усны нөөц ашигласны төлбөр, ус бохирдуулсны төлбөр төвлөрүүлэлтийг сайжруулснаар санхүүжилт хамгийн их хэрэгцээтэй төсөл, арга хэмжээ рүү холбогдох төсвийг хуваарилах тухайн салбарын санхүүжилтийн тогтвортой, тогтмол урсгалыг бий болгоход ач холбогдолтой. Засгийн газрын зүгээс урт хугацаанд усны нөөц ашигласны төлбөр, ус бохирдуулсны төлбөрийг хэрхэн хамтад нь үр дүнтэй төвлөрүүлэн ашиглах, БОУАӨЯ, Усны газар, сав газрын захиргаадаар дамжуулан стратегийн төсөл, арга хэмжээг дахин санхүүжүүлэх талаар судлан авч үзэх боломжтой. Хөрөнгө оруулалтын нөлөөлөл ба үр өгөөжийн үнэлгээг сайжруулснаар эдийн засгийн хэрэглүүрийг тодорхойлоход ашиглах боломжтой. Тухайлбал, ялангуяа уул уурхайн бүс нутагт төслийн үр өгөөжийн үнэлгээ болон 'хэрэглэгчийн төлөх боломжит үнэ'-ийн судалгааг хангалттай түвшинд хийснээр газрын доорх усны тэжээлийг нэмэгдүүлэх MAR шийдлийн хөгжүүлэлт, ашиглалт, засвар үйлчилгээг нь тарифтай холбох боломжтой (Fan, 2023[11]).

Хөрөнгө оруулагчдыг өргөн хүрээнд татан оролцуулах нь хөрөнгө оруулалтын хэмжээг нэмэгдүүлэхэд дэмжлэг болно. "Алсын хараа-2050"-д усны дэд бүтцийг сайжруулах, хаягдал ус цэвэрлэх байгууламжийг өргөтгөн шинэчлэх, бохирдлыг тасралтгүй хянах зэрэг зорилт тавьсан. Бохирдуулагч төлөх зарчмын хүрээнд байгаль орчинд хохирол учруулсан буруутай этгээд уг хохирлыг бүрэн хариуцдаг. Үүнийг өмчийн эрх, зөвшөөрөл олгох замаар хэрэгжүүлж болох бөгөөд ингэснээр нэмэлт орлогын урсгал бий болгох боломжтой. Үүний нэг жишээ нь байгаль орчны оффсет зах буюу дүйцүүлэн хамгаалах арга хэмжээ бөгөөд усны нөөц, экосистемд сөрөг нөлөөлөл бүхий этгээд нь нөхөн төлбөр шаардлагатай нөхөн сэргээлтийн төсөл, арга хэмжээнд санхүүжилт олгодог гэрчилгээ худалдан авдаг байна (OECD, 2022[10]). Европт ус бохирдуулагчийн өргөтгөсөн хариуцлага тооцох замаар Европын комисс нь Бохирдуулагч төлөх зарчмыг хэрэгжүүлдэг. Хүмүүст зориулсан эмийн ба гоо сайхны бүтээгдэхүүний бохирдуулагч бодис үйлдвэрлэгчид нь хаягдал усыг дөрвөн шатлалаар цэвэрлэх зардлын 80-аас доошгүй хувийг төлөх үүрэгтэй (үүнд хот, суурины хаягдал уснаас бичил бохирдуулагч бодисыг цэвэрлэх багтана) (European Commission, 2022[12]; European Parliament, 2024[13]). Үүний нэгэн адил Засгийн газрын зүгээс Монгол Улсын хэмжээнд хүнд, хөнгөн үйлдвэрийн салбарын онцлог бүхий бохирдуулагч бодисыг нэмэлтээр цэвэрлэх санхүүгийн үүрэг, хариуцлагыг нэмж ногдуулах боломж байгаа эсэхийг судлах боломжтой юм.

Дээрх зарчмуудаас мэдэх хэрэгтэй зүйл бол хөрөнгө оруулалт болон боломжит ашгийг холбох санхүүжилтийн төлөвлөгөө. Энэ нь Ашиг хүртэгч төлөх зарчим бөгөөд үйл ажиллагааны үр ашиг бий болгох хөрөнгө оруулалтад эргэн төлөгдөхгүй санхүүжилт хийхийг орон нутгийн оролцогч талуудаас уриалж, дэмждэг. Тухайлбал, НААҮБ, үл хөдлөх хөрөнгийн компаниуд нь орон нутгийн сав газрын сайжруулсан менежментээс тодорхой өгөөж хүртэх боломжтой бөгөөд ингэснээр өөрсдийн бүтээгдэхүүний тусын тулд хаягдал ус цэвэрлэх, усны чанарыг сайжруулахад бага зардал гаргаж, бараа бүтээгдэхүүний эргэлт сайжирна. Эдгээр өгөөжийг стратегийн түвшинд хөрөнгө оруулалттай холбосноор энэ нь орон нутгийн оролцогч талуудын хувьд усны нөөцийн менежментийг сайжруулахад чиглэсэн хөрөнгө оруулалтад эргэн төлөгдөхгүй хөрөнгө, санхүүжилт оруулах чухал түлхэц болж, улмаар үйл ажиллагааны хэмнэлт бий болно. Тухайлбал, нийслэлийн ус хангамжийг газрын доорх уснаас голлон бүрдүүлдэг бөгөөд уг газрын доорх ус нь Хан Хэнтийн тусгай хамгаалалтай газраас эх авч, Горхи-Тэрэлжийн байгалийн цогцолборт газраар дамжин урсдаг Туул голын сав газрын гадаргын усаар тэжээгддэг байна. Судалгаагаар хамгаалалтын бүс дэх дээд хэсгийн хагалбар газрын ундны усыг зах зээлийн үнэ цэнээр тооцож, эдийн засгийн үр өгөөжийг нь усны бохирдолд хүргэж болзошгүй усны тогтворгүй менежментийн түвшинтэй харьцуулан авч үзсэн байна. Нийслэлийн бүсийн ус хангамжийн хувьд 2018-2032 оны хооронд 162 сая ам.доллар (557 тэрбум төгрөг)-ийн эдийн засгийн цэвэр өгөөжтэй байхаар тооцоолжээ (Flores, Gonchigsumlaa and Surenjav, 2015[14]). Энэ нь ус ашигласны төлбөрөөс төвлөрүүлэх орлогыг байгаль хамгаалал руу чиглүүлэхээс өөр аргагүй байдалд оруулж болзошгүй (III Бүлэгт мөн дурдсан). Нэмж дурдахад, НААҮБ-ын зүгээс орон нутгийнханд хамгаалалтын бүсүүдийг хариуцуулж, экосистемийн үйлчилгээний холбогдох төлбөрийг нь төлөх боломжтой эсэхийг судлах боломжтой.

Эргэн төлөгдөх нөхцөлтэй санхүүжилтийн хувьд, хөгжлийн санхүүжилт нь Монгол орны устай холбоотой дэд бүтцийг дэмжихэд голлох үүрэгтэй бөгөөд цаашид ч устай холбоотой хөрөнгө оруулалтыг санхүүжүүлэх төвлөрсөн үүрэг гүйцэтгэсээр байх төлөвтэй. Ихэнх тохиолдолд хөгжлийн санхүүжилт нь шууд дангаараа зээл хэлбэрээр эсхүл буцалтгүй тусламжтай хосолсон хэлбэрээр байдаг. Тухайлбал, Улаанбаатар хотын УСУГ-ын байгууламж, шугам хоолой зэргийг хөгжлийн санхүүжилтийн байгууллагаас зээл хэлбэрээр голлон санхүүжүүлсэн байна. Энэхүү өрийг төлж барагдуулахын тулд тарифын орлогыг нэмэх эсэхийг урьдчилан тооцоолоход чухал үүрэг гүйцэтгэх хүчин зүйл бол улсын төсвийн зардал. Төсвийн тухай 2011 оны хуулиар орон нутгийн засаг захиргааны байгууллага өрийг өөртөө хүлээн авахыг зөвшөөрсөн байдаг. Ингэснээр донор болон Сангийн яамнаас хотын захиргааны авсан хөнгөлттэй зээлийг УСУГ руу шилжүүлсэн бөгөөд УСУГ өөрийн тайлан балансад уг өрийг бүртгэх болжээ. Түүнчлэн 3.3 дугаар хэсэгт дурдсанчилан урт хугацааны өрийг төлж барагдуулахад одоогийн усны тарифаас төвлөрүүлж буй орлого хангалттай бус. Уг өрийн асуудал нь УСУГ-т санхүүгийн дарамт болсны улмаас 2021 онд хотын захиргаа руу буцаан шилжүүлсэн байна.

Энэ тайлангийн 3.2.1 дүгээр хэсэгт дурдсанчилан, улсын төсвийн усны салбарт чиглэсэн хөрөнгө оруулалтын бүх үе шат (investment pipeline)-ыг сайтар хөгжүүлэх, эдгээр хөрөнгө оруулалтын өгөөжийг дээшлүүлэх үүднээс ялангуяа томоохон төсөл, арга хэмжээний түвшинд бодитой боловсруулсан ТЭЗҮ-ийн судалгаа, стратегийн хөрөнгө оруулалт төлөвлөлтийг нэн тэргүүнд эрэмбэлэх шаардлагатай. Усны дэд бүтцийн төлөвлөлт, бүтээн байгуулалт, менежмент нь тулгамдсан асуудал байсаар иржээ. Монгол орны газрын доорх усны тэжээгдлийг нэмэгдүүлэх MAR төслийн туршлагаас харахад, зардалд нөлөөлөх боломжтой төслийн судалгаа, олборлолтын шатанд хамаарах тодорхойгүй байдлыг мөн онцолжээ. Үүнд судалгааны урьдчилсан дүнд үндэслэн холбогдох үйл ажиллагаанд тохируулга хийх боломжийг бүрдүүлэх уян хатан санхүүжилт шаардлагатай. Нэмж дурдахад, хээрийн судалгаа, бүтээн байгуулалтын улирал богинохон байдаг нь ихээхэн хоцрогдол үүсэх, зардал нэмэгдэхэд хүргэдэг байна. Түүнчлэн одоогийн (эргэн төлөгдөхгүй) санхүүжилтийг хяналт-шинжилгээ, үнэлгээ, засвар үйлчилгээ зэрэг үйл ажиллагаанд зарцуулах шаарлагатай (Fan, 2023[11]).

Хөгжлийн санхүүжилтийг мөн батлан даалт, баталгаа гаргах замаар бизнесийн байгууллагуудын нөхцлүүдийг сайжруулах санхүүжилтийн хосолсон арга барилыг ашиглан хувийн хөрөнгө оруулалт татахад дэмжлэг болгон ашиглаж болно. Тухайлбал, төслийн эдийн засгийн үр өгөөжийг дээшлүүлэх эсхүл ТЭЗҮ-ийн судалгаа явуулахад ашиглах боломжтой (OECD, 2019[15]). Хөнгөлттэй зээл, санхүүжилтийг стратегийн түвшинд ашигласнаар зээлийн хугацаа урт, үнийн дүн бага байх хэрэгцээ шаардлага, зээлээ төлөх чадвар хязгаарлагдмал, орлогын эх үүсвэрийг тодорхойлох боломжгүй зэрэг тулгамдсан асуудлыг даван гарахад хувийн санхүүжилт татах боломжтой (OECD, 2022[10]). Хувийн санхүүжилтийг татахын тулд санхүүгийн тогтвортой байдал нэн тэргүүнд тавигдана. Хөрөнгө оруулагчийн харах өнцгөөс орлого тогтвортой байх, зардлаа нөхөх, өрөө төлж барагдуулах чадвар (өөрөөр хэлбэл зээл төлөх чадвар) маш чухал. Тиймээс худалдааны санхүүжилт авахын тулд устай холбоотой хөрөнгө оруулалтын таамаглаж болохуйц тодорхой орлогын урсгал байх хэрэгтэй. Хөрөнгийн зах зээл рүү нэвтрэх зэрэг төслийн бүтцийг дэмжихэд улсын төсвийн санхүүжилт эсхүл хөгжлийн санхүүжилтийг ашиглаж болно. Түүнчлэн санхүүжилтийг ашиглан зээлдэгчийн зээлээ төлөх чадварыг нэмэгдүүлэх хүрээнд ялангуяа УХАТҮҮБ-ын дотоод чадавхыг бэхжүүлэх зорилгоор техникийн туслалцаа үзүүлэх замаар хөрөнгө оруулалт хийх боломжтой. Гэсэн хэдий ч Монголын УХАТАҮ-ний салбарын хувьд худалдааны санхүүжилт рүү хөдлөхөөс өмнө зардлаа нөхөх, үр ашгийн түвшинг дээшлүүлэх нь ойрын ирээдүйд нэн тэргүүнд байх болно (3.3 дугаар хэсэгт илүү дэлгэрэнгүй авч үзсэн болно).

3.2.3. Томоохон уламжлалт дэд бүтцийн хувилбарыг авч үзэх нь зүйтэй

Улсын хэмжээнд хүн амын өсөлт, эдийн засгийн хөгжлийг дэмжихэд хангалттай хүрэлцэхүйц цэнгэг устай. Гэсэн хэдий ч ус хэрэгцээтэй газартаа хэрэгтэй үедээ хангалтай хэмжээгээр, хангалтттай чанарын түвшинд байх боломжгүй нь тулгамдаад буй гол асуудал. Ус хуримтлуулан хадгалах нь усны нөөцийн оновчтой хуваарилалтад тавих хяналтыг сайжруулах боломжийг усны менежерүүдэд олгохоос гадна усны хүртээмжтэй байдлыг нэмэгдүүлэх, үер усны аюулын нөлөөллийг бууруулах, усны урсцын тохируулга хийх замаар эрчим хүч, тээвэр, бусад салбарыг янз бүрийн үйлчилгээгээр хангах зэргээр нийгэм, байгаль орчин, эдийн засгийн зорилтуудад дэмжлэг үзүүлдэг (Burke et al., 2023[16]). Одоогоор улсын хэмжээнд гадаргын усыг хянах, хуваарилах маш жижиг дэд бүтэцтэй бөгөөд "Алсын хараа-2050"-д тусгасан төлөвлөгөөний дагуу 2031-2040 онд ус хуримтлуулан хадгалах хүчин чадлыг ихээхэн нэмэгдүүлэх зорилт тавигдсан (Government of Mongolia, 2020[1]). Олон зориулалт бүхий боомт, далан болон газрын доорх усны тэжээгдлийн дэд бүтцийн барилга байгууламжийн ажил зураг төслийн шатанд явагдаж байгаа бөгөөд энэ нь санхүүгийн нөөц ба техникийн хүчин чадал хязгаарлагдмал, хил дамнасан ус хуваарилалтын асуудалтай холбоотой (Fan, 2023[11]; McKinney and Rycewicz, 2019[17]).

Монгол Улсын хувьд ус хадгалах томоохон /уламжлалт/ дэд бүтэц бий болгоход чиглэсэн хөрөнгө оруулалт төлөвлөлт, түүнчлэн ус хуримтлуулан хадгалах байгалийн ба инженерийн, эдгээрийг хослуулсан шийдэлд үндэслэн одоо ба ирээдүйн ус хадгалах хүчин чадлыг тэдгээрийн онцлог шинж, давуу, сул талуудыг хамруулан анхааралтай авч үзэх нь зүйтэй. Ус хуримтлуулах, хадгалах янз бүрийн төрөл, систем, үйлчилгээг хослуулснаар тулгамдаад буй тодорхой асуудлыг шийдвэрлэж, зардлыг бүхэлд нь хэмнэхээс гадна оролцогч талуудын хүртэх өгөөжийг дээшлүүлэх боломжтой (Зураг 3.4). Ус хадгалах шийдэлд хийх хөрөнгө оруулалт нь гол төлөв боомт, далан, усан сан, хөв цөөрөм, бусад барилга байгууламжийн систем хөгжүүлэлт рүү чиглүүлнэ. Ингэснээр хур тунадасны хэмжээ харилцан адилгүй улирлуудын түвшинд харилцан адилгүй усны хүртээмжтэй байдлын асуудлыг шийдвэрлэх, үер ба ган гачигийн эрсдэлийн нөлөөллийг бууруулах, цэвэр эрчим хүч, тээвэр, услалтын систем, ундны болон үйлдвэрийн ус хангамж зэрэг чухал ашиглалт, үйлчилгээнд бодитой хяналт тавих боломжийг усны менежерүүдэд олгоно.

Зураг 3.4. Ус хуримтлуулан хадгалах төрөл, систем, үйлчилгээ

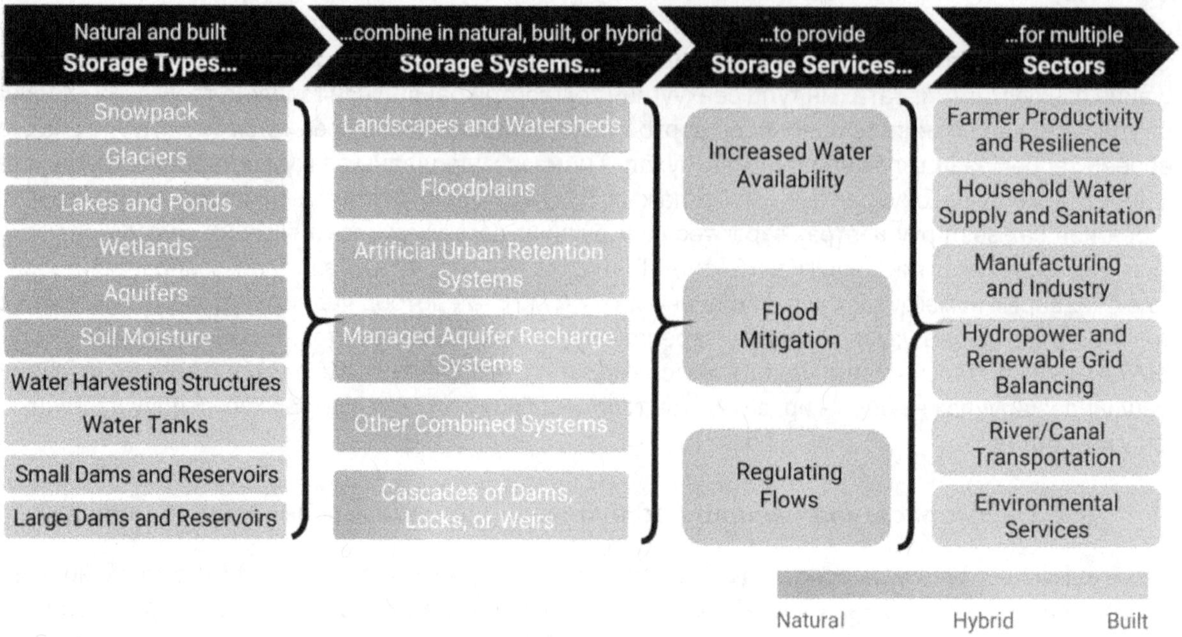

Эх сурвалж: (Burke et al., 2023[18]).

Байгаль дахь цэнгэг усны хуримтлал, байгальд суурилсан шийдэл нь ус хуримтлуулах, хадгалах шийдлүүдийн салшгүй хэсэг юм. Үүнд намгархаг газар, уст давхарга, нуур, хөрс, байгалийн бусад шийдэл хамаарах бөгөөд эдгээрийг сайтар хамгаалж, зохистой хадгалан авч үлдэх нь ус хуримтлуулах, хадгалах талаас амин чухал. Байгальд ус хуримтлуулах, хадгалах янз бүрийн хэлбэр нь усны урсцыг шингээж, удаашруулах зэргээр үерийн аюул, эрсдэлийг сааруулахад үр дүнтэй ашиглагддаг. Тухайлбал, томоохон намгархаг газар нь шингээх хүчин чадлаасаа хамааран хур тунадастай улирлын урсцыг хуримтлуулан хадгалж, хур тунадас багатай улиралд хуримтлуулсан усаа гаргадаг (Burke et al., 2023[16]). Өөр нэг жишээ нь үерийн эрсдэлд өртөх өндөр магадлалтай нийслэл хотыг дурдаж болно. Улаанбаатар хотын захиргаанаас 2015 оны 06 дугаар сард баталсан Үерийн эрсдэлийн менежментийн стратегид “хэрэв 1966 онд болсон нэг хувийн хангамшилтай үер дахин болбол нийслэлийн хэмжээнд 80 сая орчим ам.долларын эдийн засгийн хохирол учрах болно” хэмээн урьдчилсан таамаг дэвшүүлсэн. Уг үерийн эрсдэлийг шийдвэрлэх стратеги нь Туул, Хараа голын сав газруудын нөхөн сэргээлт хэмээн тодорхойлсон бөгөөд үүнд Үерийн эрсдэлийн менежментийн стратегийн хүрээнд үерийн үеэрх урсцыг багасгахын тулд хөрсний элэгдлийг бууруулах, ус шингээх, хуримтлуулах хүчин чадлыг нэмэгдүүлэх ойн санг хамгаалах зэрэг асуудал тусгагджээ (GFDRR, 2015[19]).

Нөгөө талаас байгаль дахь ус хуримтлал нь уулын мөсөн гол, цасан бүрхүүл зэрэг усны эх үүсвэрийн урсцыг удаашруулах замаар хур тунадас багатай улиралд усны хүртээмжтэй байдлыг нэмэгдүүлэх боломжтой. Нутгийн баруун, хойд хэсэгт орших Монгол Алтайн нуруу, Хөвсгөлийн уулсын мөсөн голууд нь ялангуяа зуны улиралд усны нөөцийн маш чухал эх үүсвэр болж өгдөг. Уур амьсгалын өөрчлөлтийн нөлөөллийн улмаас мөсөн голуудын мөсний хэмжээ багасч, өөрчлөгдөж байгаа нь эдгээр хагалбар газрын ус зүйд нөлөөлснөөр энэ нь усны хүртээмжтэй байдлыг тодорхойгүй болгож, ялангуяа Монгол Алтайн нурууны усны нөөцийн менежментийн хүрээнд тулгамдсан асуудал үүсгээд байна (Krumwiede et al., 2014[20]). Нэг талаас сав газрын нэгдсэн менежментийг үр дүнтэй хэрэгжүүлэхэд чиглэсэн мөсөн гол хайлах эрсдэлийн үнэлгээ, байгаль орчны хяналт-шинжилгээ хийх шаардлагатайг харуулна. Усны нөөцийн зохистой ашиглалт, өрхийн усны хүртээмж, усны нөөцийг хамгаалах улс оны үүрэг амлалтыг хэрэгжүүлэх үүднээс нутгийн баруун хэсэг дэх усны нөөцтэй холбоотой бодлого, шийдвэрийн талаар хангалттай мэдээлэл боловсруулж гаргах нь зүйтэй (Krumwiede et al., 2014[20]). Нөгөө талаас УЦС-аас орлого төвлөрүүлэх зэрэг дунд хугацаанд эдийн засгийг солонгоруулах боломж бий. Энэ хүрээнд мөсөн гол хайлах, нуурын ус хальж үерлэх эрсдэлээс урьдчилсан сэргийлэх дэд бүтцийг барьж байгуулах асуудлыг нэн тэргүүнд авч үзэх шаардлагатай болно. Эрсдэл тооцсон, уур амьсгалд зохицсон, олон зориулалт бүхий дэд бүтцийг байгальд суурилсан шийдлээр барьж байгуулах хөрөнгө оруулалт татах нь маш чухал (Osti, 2024[21]).

Зураг 3.5. Ус хуримтлуулах, хадгалах байгалийн, инженерийн, хосолсон шийдлүүд

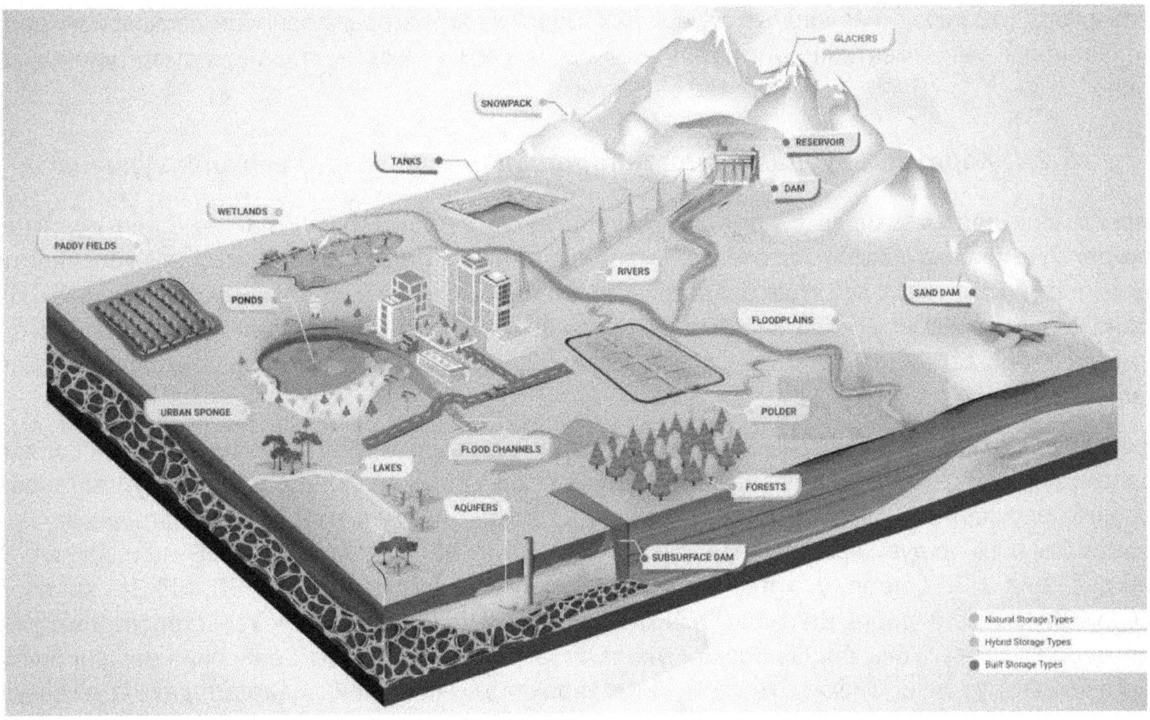

Эх сурвалж: (Burke et al., 2023[16]).

Улсын хэмжээнд усны эрэлт, хэрэгцээг хангахад газрын доорх ус голлох үүрэг гүйцэтгэсээр ирсэн. Газрын доорх усны тэжээгдлийг нэмэгдүүлэх MAR шийдлийг газрын доорх усны менежментийг илүү үр дүнтэй дэмжих боломжит хувилбар хэмээн тодорхойлжээ. MAR нь газрын доорх усыг нөхөн сэргээх, байгаль орчны өгөөжийн тусын тулд уст давхаргыг хиймлээр тэжээж, усны тэжээгдлийг нь нэмэгдүүлэх зорилготой бөгөөд улс орны газрын доорх уснаас ихээхэн хамааралтай байдлыг шийдвэрлэх боломжтой. Үүнээс гадна хаягдал усыг цэвэрлэн, эргүүлэн ашиглах дадал, туршлагыг дэмжих сайн талтай (Fan, 2023[11]). Азийн хөгжлийн банкны дэмжлэгтэйгээр Хэрлэн голын сав газарт Багануур дүүрэгт хэрэгжсэн туршилтын төслийн дүнд MAR-ийн хүрээнд Монгол орны газрын доорх усны нөөцийг нэмэгдүүлэх боломжтой гэдгийг харуулсан. Туршилтын төслийн хүрээнд хаврын тэжээгдэл бүхий олон жилийн урсацтай Нарийн горхины урсцын чиглэлийг өөрчлөн гүехэн сувгуудаар дамжуулан голын үерийн татмын гүехэн хэсгийн гадарга руу тархааж урсгасан байна. Нойтон чийглэг газрын хэмжээ өргөссөнөөр, гадаргын ус аажмаар хөрс рүү нэвчсэн. Сувгууд доторх дараалсан гүехэн нүх сүвийг хайрга, чулуугаар дүүргэн бөглөж өгснөөр нэвчилтийг түргэсгэж өгсөн байна. Багануур дүүрэгт хэрэгжүүлсэн туршилтын төсөл нь уст давхаргын тэжээгдлээр дамжуулан газрын доорх усны нөөцийг нэмэгдүүлэх боломжтой гэдгийг харуулсан. Гэсэн хэдий ч энэ нь гидрогеологийн нөхцөл байдлаас хамаарахаас гадна техникийн, санхүүгийн, бүтэц зохион байгуулалтын хүчин зүйлээс ихээхэн хамааралтай (Fan, 2023[11]).

Ахуйн ус хангамж, уул уурхай, үйлдвэрийн ус ашиглалт, услалтын системд зориулан тогтмол суурь урсцаар хангахад байгаль дахь ус хуримтлал нь дангаар тийм ч тохиромжтой биш. УННМ-ийн гадаргын усны суурь судалгаанд байгалийн урсцыг урьдчилан тооцоолж, байгаль нь үлдээх хэрэгцээ, шаардлагыг анхааралтай авч үзэх нь зүйтэй. Байгаль дахь ус хуримтлуулан хадгалах шийдлийг хэрэгжүүлэхийн тулд хөрсний чийгшил, газрын доорх усны тэжээгдлийг нэмэгдүүлэхэд дэмжлэг үзүүлэх чадварыг нь үнэлэх, үүний тулд хөрсний бүтэц, нэвчилт, шүүрлийн онцлогыг нь анхааралтай шинжлэн судалсны үндсэн дээр идэвхтэй стратегийн менежмент гаргах шаардлагатай болно. Энэ хүрээнд холбогдох бүсийг хамгаалах (ялангуяа гол, мөрний урсац бүрэлдэх эх), малчидтай хамтран ажиллах (экосистемийн үйлчилгээний төлбөрийн системээр дамжуулах хэлбэрээр) хэрэгцээ, шаардлагыг хамруулах боломжтой бөгөөд ялангуяа бэлчээрийн дадал, зуршил зэрэг менежментийн сайн туршлагыг авч хэрэгжүүлэхэд нь тэдэнд түлхэц, урамшуулал болно.

3.2.4. Хөрөнгө оруулалт төлөвлөлтийн талаарх зөвлөмжийн хураангуй

Хөрөнгө оруулалтын салбар дундын зохицуулалтыг үр дүнтэй хэрэгжүүлэх нь өдгөө тулгамдсан асуудал хувьсан өөрчлөгдөж буй өнөө үед маш чухал ач холбогдолтой. Уур амьсгалын өөрчлөлтийн нөлөөлөл үер, ган гачиг, зуд зэрэг байгалийн гамшгийн хэлбэрээр явагдсаар ирсэн, цаашдаа ч байх болно. Монгол орны усны нөөц, хангамжийн системд уур амьсгалын өөрчлөлтийн үзүүлэх нөлөөлөл нэмэгдэж байгаа тул уян хатан дасан зохицох байдлыг бэхжүүлэхэд анхаарч, төлөвлөх шаардлагатай.

Ерөнхий сайдаар ахлуулсан Усны үндэсний зөвлөл (ҮҮЗ) нь улсын усны аюулгүй байдлын бодлогын зөвлөмжөөр хангах, салбар хоорондын зохицуулалт хийх байгууллага. Уг зөвлөл нь улсын төсвийн хөрөнгө оруулалтыг хамгийн өндөр түвшинд дэмжих чиг үүрэгтэй байгуулагдсан ч хүчин чармайлтынх нь үр дүн хараахан гараагүй байна. ҮҮЗ-д ХББОС, ХХААХҮ, АҮЭБ-ын сайд нар, ЭМ-ийн дэд сайд, НЗД бөгөөд УБ хотын захирагч, Усны үндэсний зөвлөлийн НБД, ЗГХЭГ-ийн даргын зөвлөх, Усны газрын дарга, ШУА-ийн Газарзүй, геоэкологийн хүрээлэнгийн Усны холбогдох нэгжийн дарга, БОУАӨЯ-ны Усны бодлого зохицуулалтын газрын дарга бөгөөд Зөвлөлийн нарийн бичгийн дарга нараас бүрдэнэ.[5] Энэхүү бүрэлдэхүүнээс харахад улсын төсвийн ашиглалт дахь усны асуудал болон хөгжлийг дэмжих устай холбоотой хөрөнгө оруулалтыг нэн тэргүүнд авч үзэхэд голлох үүрэг гүйцэтгэгч Сангийн яам уг бүрэлдэхүүнд багтаагүй.

Монгол Улсад шаардлагатай байгаа хөрөнгө оруулалтын хэмжээ нь дэд бүтцийн хөрөнгө оруулалтын загвар, эрэмбэ, төлөвлөлт, хэрэгжилтийг стратегийн түвшинд авч үзэх, улсын төсвийн санхүүжилтийг үр ашигтай зарцуулах чухал хэрэгцээ, шаардлагыг харуулж байна. ЭЗХЯ болон төсөл боловсруулагчид нь төсөл, арга хэмжээнүүдийг ач холбогдлоор эрэмбэлж, стратегийн хөрөнгө оруулалтын өргөтгөсөн хүрээнд төслийн бүх үе шат (project pipeline)-ыг тодорхойлсноор өгөөж хүртэх боломжтой бөгөөд ингэснээр төсөл, арга хэмжээ нь уян хатан, дасан зохицсон, урт хугацаанд усны нөөцийн тогтвортой менежмент ба тогтвортой өсөлтөд хувь нэмэр оруулах зорилготой. Ус хадгалах томоохон уламжлалт дэд бүтэц байгуулахад чиглэсэн хөрөнгө оруулалт төлөвлөлтөөс гадна Монгол Улсын хувьд ус хуримтлуулан хадгалах байгалийн, инженерийн, хосолсон шийдлүүдэд үндэслэн одоо ба ирээдүйн ус хуримтлуулах, хадгалах хүчин чадлыг авч үзэх нь зүйтэй. ТЭЗҮ-ийн судалгаанд зориулан хангалттай санхүүжилтийг илүү төвлөрсөн түвшинд хуваарилах нь нэн чухал бөгөөд ингэснээр ТЭЗҮ-ийн судалгааны хомс нөөц болох төсвийн санхүүжилтийг эхний ээлжинд холбогдох шалгуурыг хангасан төсөл, арга хэмжээнд стратегийн түвшинд хуваарилах боломж бүрдэнэ.

Усны аюулгүй байдлын түвшинд хөгжлийн санхүүжилтийг илүү үр дүнтэй зохицуулах боломжтой. Үүнд төсөл, арга хэмжээг үр дүнтэй хэрэгжүүлэхэд дэмжлэг үзүүлэх, эдийн засаг, нийгэм, байгаль орчны талуудыг сайтар тусгасан ТЭЗҮ-ийн нарийвчилсан судалгаа боловсруулахад шаардлагатай байгууллагын бүтэц, зохион байгуулалтыг бэхжүүлэх үүднээс дэмжлэг үзүүлэх зөвлөх үйлчилгээ, техникийн туслалцааг санхүүжүүлэх буцалтгүй тусламж хамаарна.

Монгол Улс нь хөгжлийг дэмжих хэд хэдэн тэргүүлэх чиглэлийг "Алсын хараа-2050", "Уур амьсгалын өөрчлөлтөд дасан зохицох үндэсний төлөвлөгөө", "Парисын хэлэлцээрийг хэрэгжүүлэх үндэсний хэмжээнд тодорхойлсон хувь нэмэр"-т тусгасан бодлогын зорилтуудтай уялдуулах талаар авч үзэж боломжтой. Боломжит арга барил нь бодлогын тэргүүлэх чиглэлүүд, стратегийн дэд бүтцийн төсөл, арга хэмжээ рүү чиглэсэн хөгжлийн дэмжлэг, туслалцаа, хувийн хөрөнгө оруулалтын зохицуулалт хийх улсын хэмжээний платформын хүрээнд байж болно. Тухайлбал, Египет улс Ус, хүнс, эрчим хүчийг нэгтгэсэн үндэсний платформыг 2022 онд эхлүүлсэн байна. Уг платформ дахь Усны бүрэлдэхүүн хэсэг нь услалтын систем, усны менежментийн системийг дахин сэргээхэд чиглэсэн төсөл, арга хэмжээнд голлон төвлөрсөн. Үүний зорилго нь ирээдүйн усны хомсдлоос урьдчилан сэргийлэх, түүнийг шийдвэрлэх, хомсдол үүссэн усны нөөцийг хамгаалах, усны хүртээмж, ашиглалтыг сайжруулахад оршино. Холбогдох төсөл, хөтөлбөрийг үр дүнтэй хэрэгжүүлэхэд дэмжлэг үзүүлэх үүднээс энэхүү платформын хүрээнд дотоодын оролцогч талуудад зөвлөх үйлчилгээ, техникийн туслалцаа үзүүлсээр иржээ. Хөгжлийн түншүүдийн буцалтгүй тусламжаар санхүүждэг энэхүү дэмжлэгт нийгэм, эдийн засаг, байгаль орчны талуудыг бүрэн тусгасан ТЭЗҮ-ийн иж бүрэн судалгаа боловсруулах байгууллагын бүтэц, зохион байгуулалтын чадавхыг бэхжүүлэхэд чиглэсэн чадавхыг бэхжүүлэх бүрэлдэхүүн хэсэг багтдаг байна (Government of Egypt, 2023[22]).

Шигтгээ 3.2. Египет улсын Ус, хүнс, эрчим хүчийг нэгтгэсэн үндэсний платформ

НҮБ-ын Уур амьсгалын өөрчлөлтийн конвенцийн Талуудын 27 дугаар бага хурал (COP27)-ын бэлтгэл ажлын хүрээнд Египетийн засгийн газар Шударга санхүүжилтийн гарын авлага (NWFE فـيـنـوي) болон Ус, хүнс, эрчим хүчийг нэгтгэсэн үндэсний платформыг эхлүүлсэн. Бодлогоос хэрэгжилт рүү шилжсэнээр энэхүү платформд Шарм Эл Шэйх гарын авлагын шударга санхүүжилтийн зарчмуудын гол сэдвүүдийг ашигласан. Үүнд:

- **Улсын эзэмшил:** Үндэсний хэрэгцээ шаардлага ба нөөцийг тэргүүлэх чиглэлээр нь эрэмблэх нь улсын эзэмшлийг бэхжүүлэхэд маш чухал ач холбогдолтой. Энэхүү арга барил нь ялангуяа, эдгээр тэргүүлэх чиглэлийг хөрөнгө оруулалт хийх боломжит төслийн бүх үе шат (project pipeline) руу оруулах үед хөрөнгө оруулалтад тулгардаг саад бэрхшээлийг давч гарахад тусална.
- **Эрх тэгш алхмууд**: Уур амьсгалын үйл ажиллагааны хөтөлбөр хэрэгжүүлэх их зардал, төсөв нь хөгжлийн төлөвлөлтөд зориулаад буй хөгжиж буй орнуудын чадавх, хүчин чадлаас гол төлөв хэтэрсэн байдаг тул олон улсын санхүүжилтийн байгууллагуудаас тодорхой үндэслэл бүхий нөхцөлөөр нэмэлт санхүүжилт олгодог.
- **Засаглал:** Уур амьсгалын санхүүжилтийн засаглалын цогц бүтэц одоохондоо дэлхийн хэмжээнд байхгүй нь санхүүжилтийг үр дүнтэй зарцуулах, ашиглахад төвөг учруулдаг. Тиймээс бодитой үр дүн гаргахын тулд уур амьсгалын санхүүжилтийн засаглалын бүтцийг үндэсний ба олон улсын түвшинд бий болгох нь чухал.

Уг платформд улс нь манлайлсан, доороос дээш чиглэсэн арга барил ашигласан байна. Египетийн засгийн газрын үүрэг амлалтын давуу талыг авч ашиглан, улмаар уур амьсгалын зорилго, зорилтуудыг тодорхой болгосноор, ил тод ба хариуцлагатай байдалд суурилсан дэлхийн олон нийтийн тодорхой бүлгүүдийн итгэл үнэмшлийг бий болгосон. Бодитой хэрэгжих төсөл, хөтөлбөрийн загвар, бүтцийг гаргаж, бэлтгэл хангах замаар уг платформ нь Египетийг уур амьсгалын санхүүжилт, хөрөнгө оруулалтын сангаас эх үүсвэр татах боломжийг ихээхэн нэмэгдүүлж, санхүүжилтийн шинэлэг хэлбэрийг улам сайжруулан ашиглах замаар хувийн хөрөнгө оруулалтыг амжилттай татаж эхэлсэн байна.

Египетийн Ус, хүнс, эрчим хүчийг нэгтгэсэн үндэсний платформын ашиглалт

Египетийн уур амьсгалын өөрчлөлтийн улсын стратеги 2050 болон Үндэсний хэмжээнд тодорхойлсон хувь нэмэр баримт бичигт тодорхой тусгасан үндэсний ба олон улсын уур амьсгалын зорилтуудтай уялдсан уур амьсгалын өөрчлөлтөд дасан зохицох, нөлөөллийг бууруулахад чиглэсэн тэргүүлэх ач холбогдол бүхий 26 төсөл, арга хэмжээг тодорхойлжээ. Эдгээрийн 9 төсөл, арга хэмжээг үндэсний платформын хүрээнд сонгосон байна. Үүнд:

- **Усны бүрэлдэхүүн хэсэгт,** төсөл, арга хэмжээг услалтын болон усны менежментийн системийг дахин сэргээхэд төвлөрүүлсэн. Ингэснээр ирээдүйн усны хомсдлоос урьдчилан сэргийлэх, түүнийг шийдвэрлэх, усны хомсдол бүхий ус нөөцийг хамгаалах, усны хүртээмж ба ашиглалтыг сайжруулах зорилготой.
- **Хүнсний бүрэлдэхүүн хэсэгт,** төсөл, арга хэмжээг ХАА-н үйлдвэрлэл эрхлэгчдийн дунд ХАА-н ухаалаг дадал, туршлага нэвтрүүлэхийг хөхиулэн дэмжих замаар ХАА-н уур амьсгалын өөрчлөлтөд дасан зохицох, уян хатан байдлыг бэхжүүлэхэд чиглүүлсэн.
- **Эрчим хүчний бүрэлдэхүүн хэсэгт**, төсөл, арга хэмжээг цэвэр, сэргээгдэх эрчим хүчийг ашиглах боломжийг нэмэгдүүлэхэд чиглүүлсэн байна.

Нийт 30 гаруй оролцогч талтай хийсэн техникийн хамтын ажиллагаа, тэднээс татсан санхүүжилтийн үр дүнд уур амьсгалын өөрчлөлтийн өрийн своп, баталгаа/батлан даалт, хөнгөлттэй зээл, буцалтгүй тусламж, хувийн хөрөнгө оруулалт зэргээс бүрдсэн хөрөнгийн төрөлжсөн эх үүсвэрийг үр дүнтэй ашиглаж байна. Хамгийн гол зорилго нь өрийн дарамтыг хөнгөлж, илүү тогтвортой санхүүжилтийн бүтцийг бий болгоход чиглүүлсэн байна.

Энэхүү Египетийн үндэсний платформын нийт хөрөнгө оруулалт 14.7 тэрбум ам.доллараар хэмжигдэж байгаа бөгөөд үүнд эрчим хүчний салбарт 10 тэрбум ам.доллар, усны салбарт 1.35 тэрбум ам.доллар, ХАА болон хүнсний аюулгүй байдлын салбарт 3.35 тэрбум ам.доллар тус тус ногдож байгаа болно.

Эх сурвалж: (Government of Egypt, 2023[22]) Египетийн Ус, хүнс, эрчим хүчийг нэгтгэсэн үндэсний платформын хэрэгжилтийн амлалт, Явцын тайлан-1, 2023 оны 11 дүгээр сар.

3.3. Монгол Улсын ус хангамж, ариутгах татуургын ашиглалт, үйлчилгээ хувьсан өөрчлөгдөж байгаа ч тулгамдсан асуудал байсаар байна

Монгол Улс усны менежмент, ус ашиглалтыг зохицуулах хууль эрх зүйн орчноо маш сайн бүрдүүлсэн бөгөөд усны нөөц ашигласны төлбөр, ус бохирдуулсны төлбөр, хаягдал ус хаях, зайлуулах дүгнэлт, зөвшөөрлийн хураамж, төлбөр, нөхөн төлбөрийг ус ашиглагчид ногдуулах үндэслэлийг бий болгосон. Хууль эрх зүйн орчин нь Усны тухай хууль (2012), Байгалийн нөөц ашигласны төлбөрийн тухай хууль (2012), Усны нөөц бохирдуулсны төлбөрийн тухай хууль (2019), Хот, суурины ус хангамж, ариутгах татуургын ашиглалт, үйлчилгээний тухай хууль (2011)-д суурилсан байна.

ХСУХАТАҮЗХ 2012 онд байгуулагдсан бөгөөд Монгол Улсын нутаг дэвсгэрт усны үйлчилгээний төлбөр, ус хангамж, ариутгах татуургын ашиглалт, үйлчилгээний тарифыг тогтоох, хуулийн этгээдэд тусгай зөвшөөрөл олгох, мэргэжлийн дүгнэлт, шийдвэр гаргах чиг үүрэгтэй хэрэглэгчийн болон салбарын мэргэжлийн төрийн бус байгууллагын төлөөлөл бүхий бие даасан, хараат бус хамтын удирдлагын байгууллага юм. Засгийн газар ус болон хаягдал усны дэд бүтцийг эзэмшдэг боловч орон нутгийн засаг захиргаа нь холбогдох усны барилга байгууламжид босгох хөрөнгө, санхүүжилт болоон холбогдох ашиглалт, засвар үйлчилгээний зардлыг хариуцдаг байна.

ХСУХАТАҮЗХ янз бүрийн тусгай зөвшөөрөл олгодог бөгөөд зөвшөөрлийн хамрах хүрээ нь ус хангамжийн барилга байгууламж, ундны ус дамжуулах шугам сүлжээний ашиглалт, засвар үйчилгээнээс авхуулаад бохир ус цуглуулах, татан зайлуулах, шугамаас цэвэрлэх байгууламж руу нийлүүлэх ашиглалт, засвар үйлчилгээ хүртэл байна.

УХАТАҮ үзүүлэх нөхцөл байдал нь хотжилтын түвшингээс ихээхэн хамааран харилцан адилгүй. Хотжилт өндөр хөгжсөн нийслэлд УХАТАҮ-г ОНСНААУГ болон хувийн байгууллагуудаар дамжуулан үйлчилгээ үзүүлдэг. Алслагдсан дүүргүүдийн хувьд, гол төлөв их хэмжээний ус түгээн дамжуулах бөгөөд НААҮБ эцсийн хэрэглэгчид ус хүргэх үйлчилгээ үзүүлдэг байна. Хүн ам багатай хөдөө, орон нутагт дүүрэг нь ус хангамжтай холбоотой үйлчилгээг хариуцдаг. Үүний нэгэн адил, ариутгах татуургын ашиглалт, үйлчилгээг хотжилтын түвшингээс хамааран өөр өөр байгууллага үзүүлэх бөгөөд алслагдсан дүүргийн хувьд, тухайн дүүрэг нь бохир ус цуглуулах, бохир усны септик танкаас бохир ус татах үйлчилгээг тодорхой төлбөрөөр үзүүлдэг байна.

Нийслэлийн хэмжээнд Хотын захиргаанд харьяалагддаг УСУГ нь голлох үүрэг гүйцэтгэдэг. УСУГ нь нийслэлийн хэрэглэгчдийг цэвэр усаар хангах, бохир ус татан зайлуулах үйлчилгээг голлон эрхэлдэг бөгөөд эх үүсвэрээс ус татах, хаягдал ус цэвэрлэх, жижиглэн болон бөөний үнэ, тарифаар хэрэглэгчид ус дамжуулах ус хангамжийн эцсийн чиг үүрэг гүйцэтгэдэг. Төвлөрсөн шугам сүлжээгээр дамжуулан хэрэглэгчид жижиглэнгийн үнээр ус дамжуулах үйлчилгээг ОСНААУГ болон 70 орчим хувийн байгууллагатай хамтран үзүүлж байна. Эдгээр хувийн байгууллага нь гол төлөв барилгын компаниуд бөгөөд төвийн шугамаас ихэвчлэн хотын захын орон сууцны шинэ хороолол руу ус дамжуулах шугам хоолой татах, өргөтгөх хэлбэрээр ус хангамжийн зах зээлд оролцдог.

Усны барилга байгууламж, шугам хоолой зэрэг хөрөнгө болон холбогдолх сангуудын ашиглалтыг оновчтой болгох нь улсын хэмжээнд хот, суурины ус хангамж, ариутгах татуургын дэд бүтцийн санхүүжилтийн хийдэл, зөрүүтэй асуудлыг шийдвэрлэх эхний чухал алхам юм. Одоогоор ашиглалт, засвар үйлчилгээ болон хөрөнгийн элэгдлийн зардлыг үйлчилгээ үзүүлэх төсөвт бүрэн тусгаагүй байна. Эдгээр зардлыг бууруулах арга замыг тодорхойлох шаардлагатай байгаа нь хязгаарлагдмал төсвийн хүртээмж, хүрэлцээг нэмэгдүүлэх чухал боломжийг илтгэн харуулж байна.

3.3.1. Худалдааны санхүүжилтийг авч ашиглахаас өмнө одоогийн санхүүжилтийн эх үүсвэрээр зардлаа үр дүнтэй нөхөх шаардлагатай

Нийтийн аж ахуйн үйлчилгээний байгууллага (НААҮБ) нь эргэн төлөгдөх нөхцөлтэй зээл, санхүүжилт татахаар хайж эхлэлээс өмнө тарифаар зардлаа нөхөх боломжийг дээшлүүлж, ашиглалт, засвар үйлчилгээний зардлыг үр дүнтэй бууруулах замаар юуны түрүүнд санхүүгийн тогтвортой байдлаа хангахыг эрэлхийлэх нь зүйтэй. НААҮБ-ын хувьд зардал нөхдөггүй тариф, татвараас санхүүждэг тогтворгүй нөхцөл байдлаас хөрөнгө оруулалтын урьдчилгаа санхүүжилт татах боломжтой тогтвортой хэлбэр рүү шилжих чиглэлд авч хэрэгжүүлэх боломжтой алхмууд буюу энэхүү арга барилыг Зураг 3.6-д харуулав. Эдгээр алхмыг хэрэгжүүлэхэд бага зардлаар үр ашигтай ажиллан зардлыг бууруулах, тарифыг нэмэгдүүлэх (ялангуяа нэг үйлчилгээг сайжруулсан байх), эргэн төлөгдөх нөхцөлтэй зээл, санхүүжилтийг хөнгөлттэй болон худалдааны санхүүжилт зэрэг холимог эх үүсвэрээс татах хэрэгтэй (Goksu et al., 2017[23]).

Зураг 3.6. УХАТАҮ-ний санхүүжилтийн хийдэл, зөрүүг арилгах боломжит алхмууд

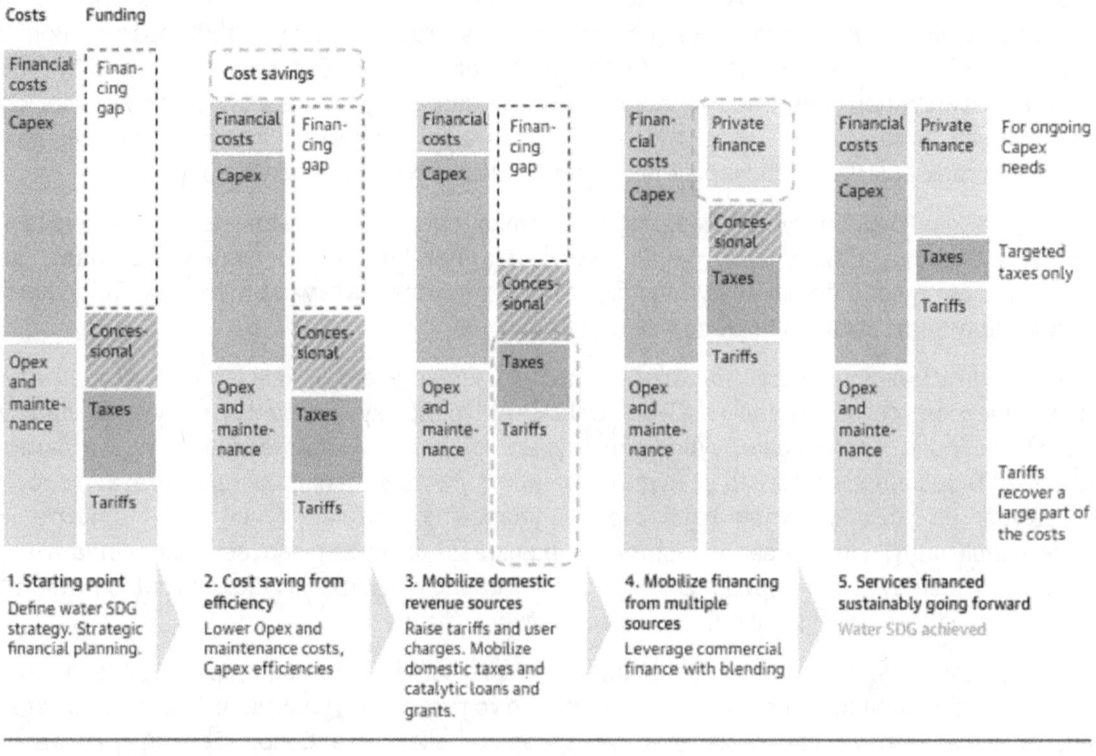

Source: World Bank 2016b.
Note: Capex = capital expenditures; Opex = operating expenditures; SDG = Sustainable Development Goal; WSS = water supply and sanitation.

Эх сурвалж (Goksu et al., 2017[23]).

Дунд, урт хугацаанд хөрөнгө оруулалтын хэрэгцээ өндөр байх тул хувийн секторын хөрөнгө оруулалтыг өргөн хүрээнд татан оролцуулах нь хэдийгээр өндөр эрсдэлтэй ч өндөр ашигтай, бодитой хэрэгжих төсөл, арга хэмжээний хөрөнгө оруулалтыг нэмэгдүүлэх давуу талтай. Эргэн төлөгдөх, төлөгдөхгүй санхүүжилтийн хувилбарыг сонгож, хослуулахад Тогтвортой зардал нөхөх зарчмыг дагаж мөрдөх бөгөөд холбогдох орлогын урсгал 3T (тариф, татвар, тусламж) хосолсон байдлаар баталгаажна. Ингэснээр тухайн баталгаатай орлогыг эргэн төлөгдөх нөхцөлтэй зээл, санхүүжилт татахад ашиглана (OECD, 2011[24]). Нэмж дурдахад, салбарын худалдааны санхүүжилтийн боломжийг нэмэгдүүлснээр дан ганц улсын төсвийн санхүүжилтээс хамаарахгүйгээр УХАТАҮ-г сайжруулах, өргөтгөх зориулалтаар зээл авах, хөрөнгө оруулалтаа нэмэгдүүлэхэд нь УХАТҮҮБ-д дэмжлэг болно. Ингэснээр усны хуримтлал, тээврийн дэд бүтцийн томоохон хөрөнгө оруулалт зэрэг улсын төсвийг хамгийн үр дүнтэй зарцуулах боломжийг мөн бүрдүүлэх сайн талтай.

Дундаас доош болон дунд орлоготой улс орнуудад усны дэд бүтцэд хийгдэх худалдааны санхүүжилт төдийлэн нийтлэг бус байдаг ч зарим улс оронд НААҮБ дотоодын болон олон улсын санхүүгийн зах зээл рүү нэвтрэн орж, шаардлагатай санхүүжилтийг татсан амжилттай жишээнүүд бий. Тухайлбал, Филиппин улсын Манила Уотер, Бразил улсын Companhia de Saneamento Basico do Estado de São Paulo (SABESP), Кени улсын Найроби Уотер, Камбож улсын Пном Пен хотын ус хангамжийн байгууллага зэргийг дурдаж болно (Goksu et al., 2017[23]).

3.3.2. УСУГ-ын гүйцэтгэл нийслэлийн түвшинд нэлээд сайжирсан

УСУГ гүйцэтгэлээ нийслэлийн түвширнд сайжруулах чиглэлд нэлээд ахиц, дэвшил гаргасан байна. Дэлхий банкнаас гаргасан Ус хангамж, ариутгах татуургын шугам сүлжээний олон улсын жишиг (IBNET) тайланд тусгасан дата үзүүлэлтээс харахад УСУГ нь ус хангамжийн тасралтгүй байдал, ундны усны хүртээмж ба чанар, тоолууржуулсан холболтын хувь хэмжээ, хаягдал бохир ус цуглуулах ,цэвэрлэх, үйлчилгээний санал, гомдол шийдвэрлэх зэрэг үзүүлэлтээр олон улсын дунджаас дээгүүр гүйцэтгэлтэй байгааг -д харуулав (World Bank, 2024[25]).

Орлого болоогүй усны хувь хэмжээ харьцангуй өндөр түвшинд буюу алдсан орлоготой тэнцэнэ. Аймгийн түвшинд 2023 онд орлого болоогүй ус 39.7%-д хүрсэн байв. Нийслэлийн хэмжээнд УСУГ-аас нийлүүлсэн нийт усны 14 орчим хувь нь орлого болоогүй ус байгаа нь абсолют хувь хэмжээгээр тооцвол ижил төстэй орнуудын түвшингээс доогуур үзүүлэлт юм. Гэсэн хэдий ч орлого болоогүй усыг хувь хэмжээгээр тооцон хэмжих нь андуу ташаа байх талтай. Шугам сүлжээний уртын хэмжээ, үйлчилгээний холболтын тоогоор авч үзвэл, нийслэл Улаанбаатар хотын орлого болоогүй усны хувь хэмжээ нь дундаас доош болон дунд орлоготой зарим орны НААҮБ-тай харьцуулахад нэлээд өндөр байна. Ус дамжуулах шугам сүлжээний хамрах хүрээ болон үйлчилгээний холболтын тоо хэмжээг хамруулан орлого болоогүй усны хэмжээг холболт тус бүрт литрээр тооцсон бөгөөд энэ нь шугам сүлжээний онцлог байдлыг харгалзан үзэх үүднээс өөр өөр нөхцөл байдал (тухайлбал, хот, суурины ба хөдөө, орон нутгийн)-д НААҮБ-ыг харьцуулахад дөхөмтэй болно (World Bank, 2024[25]). Холболт тус бүрт цаг/литрээр тооцвол бүхэлдээ өөр зураглал гарч ирж байна.

Зураг 3.7. Улаанбаатар хотын орлого болоогүй усны ус хангамжид эзлэх хувь хэмжээг холболт тус бүрт цаг/литрээр тооцсон харьцуулалт, 2022 он

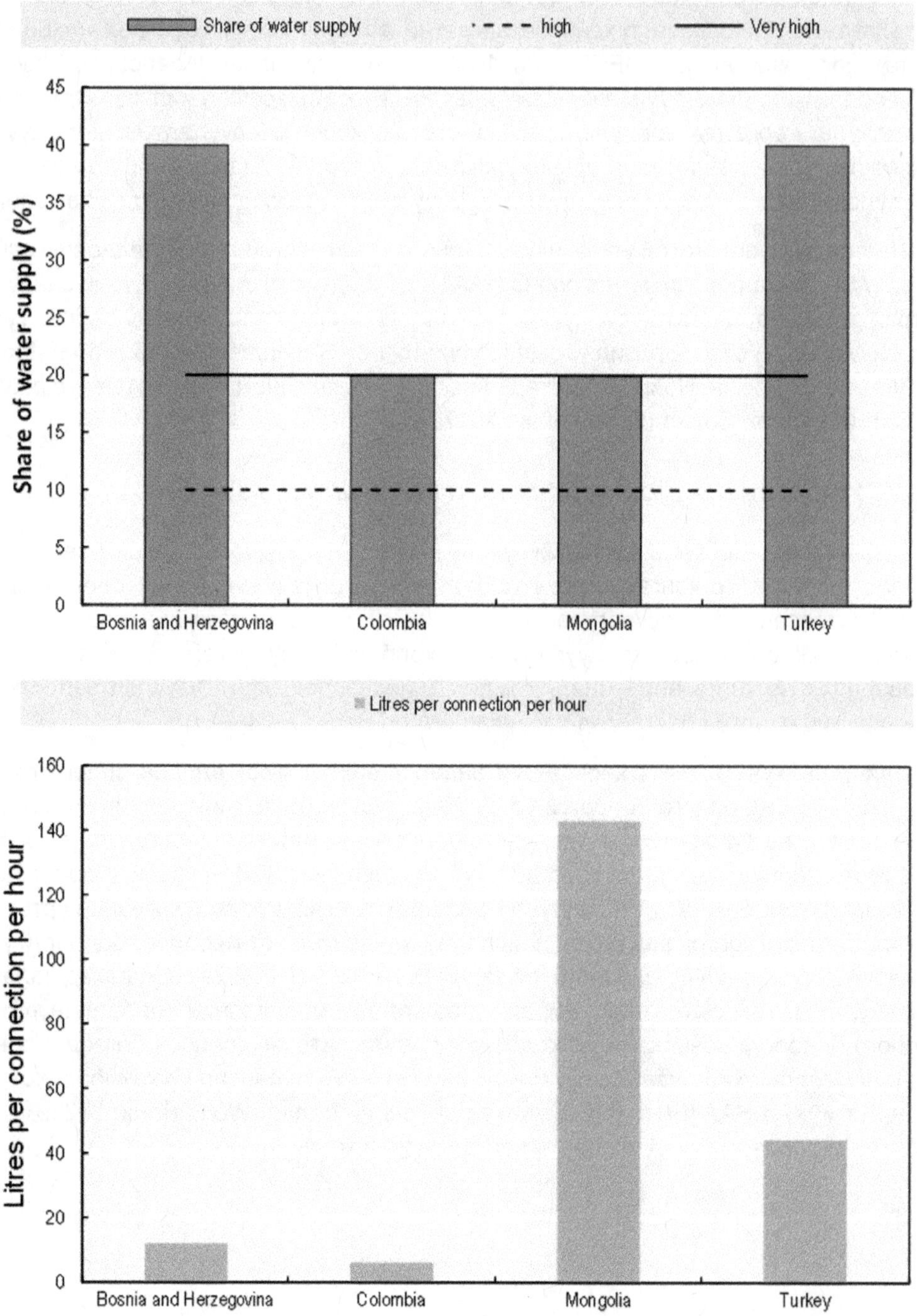

Жич: Орлого болоогүй усны талаарх зөвлөмжийг өнгийн шугам/зураасаар харуулав. Усны алдагдал 20%-иас дээш тохиолдолд маш ноцтой алдагдал, хэрэв 5%-иас доош бол ялимгүй алдагдал хэмээн авч үзнэ. Монгол Улсын холбогдох дата мэдээлэлд зөвхөн УСУГ-ыг хамруулсан бол бусад орны дата мэдээлэлд янз бүрийн хот, суурины янз бүрийн НААҮБ-ыг нэгтгэн хамруулсан болно.

Эх сурвалж: Дэлхий банкнаас гаргасан Ус хангамж, ариутгах татуургын шугам сүлжээний олон улсын жишиг (IBNET) тайлан болон албан ёсны эх сурвалжаас зөвлөхүүд иш татаж, бүрдүүлсэн дата мэдээлэлд үндэслэн ЭЗХАХБ-ын хийсэн шинжилгээ.

Орлогын бус усны асуудлыг шийдвэрлэхийн тулд төлбөр тооцдоггүй ус хэрэглээ, ашиглалт болон ус шүүрэлт, шугам хоолойн эвдрэл, гэмтэл, түүний улмаас үүссэн ус алдагдалтай холбоотой үйл ажиллагааны ба техникийн алдагдлыг бууруулахад чиглэсэн арга хэмжээ авах шаардлагатай. Тоолуургүйн улмаас үүссэн усны алдагдлын хувьд (commercial loss), усны тоолуур ашиглалтыг нэмэгдүүлснээр ус хэрэглээ, ашиглалтын илүү нарийвчилсан дата мэдээлэл бүрдүүлэх, зохистой төлбөр тооцох боломж бүрдүүлнэ. УСУГ-аас нийлүүлсэн цэвэр усны 70%-ийг хүлээн авдаг ОСНААУГ-ын хувьд усны тоолуурын алдагдал илүү их байна. ОСНААУГ-аас 2017 онд нийлүүлсэн цэвэр усны 84%-ийг унд, ахуйн зориулалтаар ус хэрэглэгчид эзэлж байсан бөгөөд тэдний 70%-д нь усны тоолуур суурилуулсан байв. Ус хангамжийн үлдсэн 16%-ийг үйлдвэр, үйлчилгээний зориулалтаар ус ашиглагчид бүрдүүлж байгаагаас тэдний 92%-ийг нь тоолуужуулсан. Ихэнх хувийн байгууллагын ус ашиглалтыг тоолуужуулсан байна (WRG, 2019[26]). Энэ нь нийслэлийн хэмжээнд ялангуяа ОСНААУГ-аас нийлүүлдэг усыг унд, ахуйн зориулалтаар хэрэглэгчдийн ус хэрэглээнд тоолуур суурилуулж, төлбөр тооцох үр дүнг сайжруулах боломж байгааг харуулж байна.

Хотын захын болон алслагдсан дүүрэг, орон нутгийн түвшинд орон нутгийн засаг захиргаа цэвэр ус нийлүүлэх үйлчилгээнд томоохон үүрэг гүйцэтгэдэг. Дүүргийн түвшинд их хэмжээний ус дамжуулах, бохир ус цуглуулах, бохирын септик танкаас бохир татах, зайлуулах үйлчилгээг орон нутгийн засаг захиргаа голлон хариуцдаг бол хөдөө, орон нутагт УХАТАҮ-г орон нутгийн засаг захиргаа нь гол төлөв зохион байгуулдаг байна. НААҮБ нь Хотын захирагчийн ажлын албатай гэрээ байгуулсны үндсэн дээр Хотын захиргаанаас төлөөлүүлсэн эрх, хэмжээний дагуу үйл ажиллагаагаа явуулна. УХАТАҮ үзүүлэхэд тулгардаг хүндрэл нь Засгийн газраас хуваарилдаг орон нутгийн төсвийн хязгаарлагдмал, хүрэлцээгүй байдал. Улсын төвлөрсөн төсвөөс орон нутгийн түвшинд хийх төсвийн хуваарилт нь төвлөрсөн төсвийн хатуу чанга нормыг мөрдлөг болгодог (I Бүлэгт энэ тухай авч үзсэн).

Энэхүү системийн томоохон дутагдалтай тал нь орон нутгийн засаг захиргааны зүгээс орон нутгийнхаа төсвийн аливаа алдагдал, дутагдлыг нөхөх шаардлагатай болдог. Үүнээс гадна хууль эрх зүйн орчин, чиг үүргийн хуваарилалт, төсвийн төсөл боловсруулалтыг дагаж мөрдөхөд үүсэх үл нийцэл зэрэг орон нутгийн чадавхтай холбоотой тулгамдсан асуудал шийдэгдээгүй (ADB, 2021[27]; UNICEF, 2016[28]). Түүнчлэн УХАТҮҮБ-д хариуцуулсан тодорхой гүйцэтгэлийн зорилт байхгүй нь ямар нэг урамшуулал байхгүй, мөн зорилтод хүрэхгүй тохиолдолд тооцох ямар нэг хариуцлага, торгууль байхгүй гэсэн үг. Энэ нь ялангуяа НААҮБ-тай менежментийн гэрээ байгуулж, ажил даалган хийлгэдэг УХАТАҮ-ний эцсийн хариуцагч болох орон нутгийн засаг захиргаатай хамааралтай асуудал юм.

3.3.3. Орон тооны ажилтнууд бүрдүүлэх нь УХАТҮҮБ-ын зардлын гол хүчин зүйл

УХАТҮҮБ-ын зардлын томоохон хувь хэмжээ ажилтнуудын цалин, хөлсөнд зарцуулагддаг байна. Ажилтнуудын цалингийн болон гэр хороололд ус нийлүүлэх өндөр зардал нь УХАТҮҮБ-ын санхүүгийн ашигтай байдалд нөлөөлдөг. Хүн амын 70% (3.3 сая) хот, суурин газарт амьдарч байгаа ч зонхилох хувь нь төвлөрсөн ус хангамж, ариутгах татуурын дэд бүтэцгүй хотын захын хэсэг, суурин гацаанд амьдарч байна. Ялангуяа нийслэлийн хэмжээнд гэр хорооллын оршин суугчид 400,000 орчим байгаа нь нийт хүн амын 15%-ийг эзэлдэг. Уламжлалт нүүдлийн гэр сууц бүхий албан бус суурьшлын бүсэд цэвэр ус, бохир усны шийдлийг зохион байгуулахад ихээхэн зардал шаардагдана. Нийслэлийн хэмжээнд гэр хорооллын ундны ус хангамжийн үйлчилгээг 708 худгаар дамжуулан УСУГ зохион байгуулж, хариуцдаг бөгөөд эдгээр худгийн ихэнх нь зөөврийн усаар хангагддаг (бусад худаг нь төвлөрсөн ус хангамжийн сүлжээнд холбогдсон). Ихэнх худаг гар ажиллагаатай тул УСУГ-ын ажилчид тэдгээр худгийг ажиллуулдаг байна (USUG, 2024[29]).

УСУГ-ын ажилтнуудын тоо зарим улс орны адил төстэй байгууллагынхтай харьцуулахад маш өндөр байна. Тайлангаас харахад 1,000 холболтыг хариуцсан 129 ажилтан байгаа нь дунд орлоготой зарим орны 1000 холболтод 1-15 ажилтан ногдож буй дундаж жишгээс маш өндөр тоо юм (World

Bank, 2024[25]). Хэдийгээр үүнд Монголын онцлог нөхцөл байдалд хамаарах ашиглалт, засвар үйлчилгээний хэрэгцээ, шаардлагыг дурдаж болох ч эдгээр зардлыг оновчтой, үр ашигтай болгох боломжийг судлах нь зүйтэй. Тухайлбал, засвар үйлчилгээтэй холбоотой тодорхой үйл ажиллагааг ялангуяа ижил төрлийн үйлчилгээг НААҮБ, хувийн компаниудтай гэрээлж, аутсорсинг хэлбэрээр үр дүнтэй шийдвэрлэх боломжтой (USUG, 2024[29]). Ажилтнуудтай холбоотой зардлыг бууруулах, худгийн ажиллах цагийн хуваарийг ус хэрэглэгчид зориулан илүү уян хатан болгох зорилгоор УСУГ-ны зүгээс гэр хороололд ус нийлүүлэх ухаалаг худаг хөгжүүлэх чиглэлээр Мянганы сорилтын сангийн хөгжлийн хөтөлбөртэй хамтран ажиллаж байна.

Зураг 3.8. 1,000 холболт тус бүрт ногдох ажилтнуудын тоо

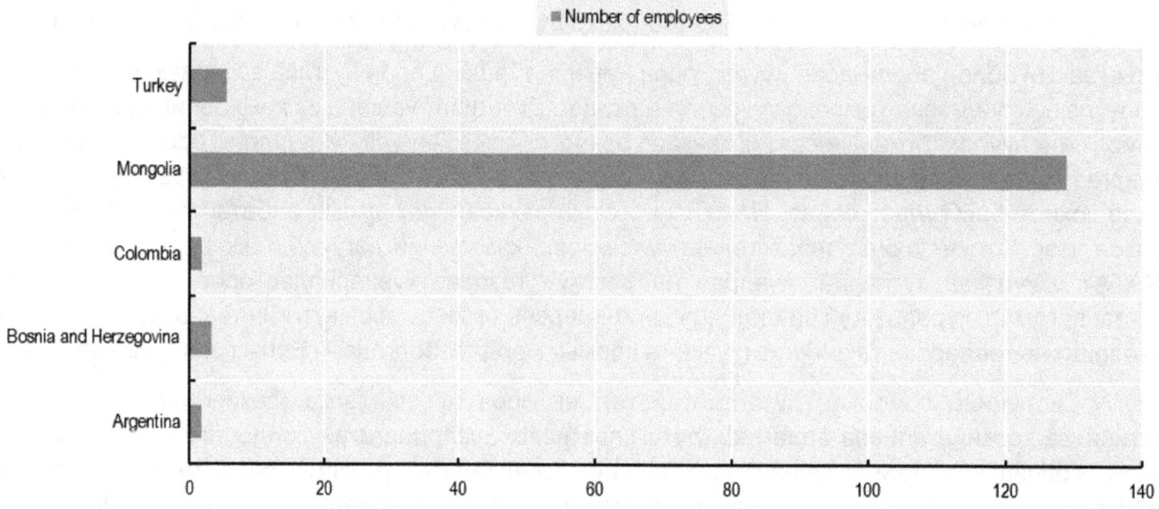

Эх сурвалж: Дэлхий банкнаас гаргасан Ус хангамж, ариутгах татуургын шугам сүлжээний олон улсын жишиг (IBNET) тайлангаас авсан дата мэдээлэл.

Усны үндэсний хэлэлцүүлгийн хүрээнд гаргасан Монгол Улсын УХАТҮҮБ-ын зардлын шинжилгээгээр нийт зардалд эзэлж буй цалингийн хувь хэмжээ нь элдэгдэл, ашиглалт, засвар үйлчигээг нэгтгэсэн зардлын хувь хэмжээнээс өндөр байгааг харуулсан. Ялангуяа ашиглалт, засвар үйлчилгээний зардал нь нийт зардлын багахан хувийг эзэлдэг. Энэ нь барилга байгууламж, шугам сүлжээ зэрэг хөрөнгийн ашиглалтын хугацааг уртасгах гол шийдэл болох урьдчилсан засвар үйлчилгээнд харьцангуй бага зардал гаргадаг болохыг харуулж байна.

Монгол Улс хот, суурины дэд бүтцийн томоохон бүтээн байгуулалтын олон ажлыг 1970-1980-аад онд хийж гүйцэтгэсэн бөгөөд өдгөө дэд бүтцийн насжилтын асуудалтай тулгараад байна (Erofeev, 2024[30]). Дэд бүтэц насжих тусам шугам хоолойн нөхцөл ерөнхийдөө муудаж, ус дамжуулах хоолойд байнгын эвдрэл, гэмтэл гарч, үүнтэй холбоотой засвар үйлчилгээний зардал ч нэмэгддэг. Тухайлбал, нийслэлийн Төв цэвэрлэх байгууламж (ТЦБ)-ийг 1970-1980-аад онд барьж, ашиглалтад оруулсан бөгөөд ашиглалтын хугацаа нь ерөнхийдөө дуусч байгаа гэж хэлэхэд болно. Баригдсанаас нь хойш томоохон засвар үйлчилгээ хийгдээгүй нь эргээд жижиг засвар үйлчилгээний ажлын зардал нэмэгдэхэд хүргэжээ. Сүүлийн жилүүдэд нийслэлийн хүн амын тоо нэмэгдэж, шинэ үйлдвэрүүд ихээр баригдах болсон тул цэвэрлэх шаардлагатай хаягдал бохир усны хэмжээ огцом нэмэгдсэн. Өнөөгийн ийм нөхцөлд ТЦБ-ын цэвэрлэх хаягдал усны хэмжээ ба бохирдлын ачаалал аль аль нь хэт өндөр түвшинд байна (Byambadorj and Lee, 2019[31]).

Хөрөнгө ашиглагч болон санхүүжүүлэгчийг салгаж, тусгаарлах нь зохистой хөрөнгийн менежмент, үйлчилгээний үнэ тарифийн үнэ цэнийг дордуулдаг. Өмнөх судалгаануудад дэд бүтцийн хөгжүүлэлт болон системийн ашиглалт, засвар үйлчилгээг салгаж, тусгаарласнаар “барих-үл ойшоох—дахин барих" гэсэн цикл тойрог руу ороход хүргэсэн болохыг онцолжээ (UNICEF, 2016[28]). Тодруулбал, Засгийн газар шинэ дэд бүтцэд хөрөнгө оруулалт хийдэг боловч зардлаа нөхөх боломжгүй, үйл ажиллагааны үр ашиг тааруухан тул орон нутгийн засаг захиргаа, УХАТҮҮБ-ын зүгээс тухайн хөрөнгийн засвар үйлчилгээг үл ойшоох хандлагатай. Дэд бүтцийн насжилт нь цэвэрлэх байгууламжийг хэт ачаалахад хүргэхийн зэрэгцээ бохирын шугам хоолойн нөхцөлийг доройтуулж, ус дамжуулах хоолойд эвдрэл, гэмтэл учруулж байна. Хуучирсан шугам хоолой нь ундны усны чанарт сөргөөр нөлөөлөх эрсдэлтэй.

Төрийн байгууллагуудын чиг үүргийн хуваарилалт нь НААҮБ-ын зорилтуудад нэлээд дарамт, ачаалал болох магадлалтай. Нийслэлийн хэмжээнд УХАТАҮ-тэй холбоотой бүхий л эд хөрөнгө Хотын захиргааны мэдэлд байдаг бөгөөд Хотын захиргаа хяналт тавих чиг үүрэг гүйцэтгэдэг. УСУГ, ОСНААУГ нь Хотын захиргааны мэдэлд байдаг тул Хотын захирагчийн албатай байгуулсан гэрээгээр төлөөлүүлэн өгсөн эрх мэдлийн хүрээнд ажил, үүргээ гүйцэтгэдэг. Хотын захиргаанаас УСУГ-ын удирдлагыг сонгох бөгөөд УСУГ-ын үйл ажиллагаа, орон тооны ажилтнуудын бүрдүүлэлтийг ерөнхийд нь хянадаг. Орон нутгийн засаг захиргааны байгууллагын зорилтод ажлын байраар хангах, усны холбогдох үйлчилгээг бага орлоготой хэрэглэгчид өртгөөс доогуур тарифаар санал болгох зэрэг багтдаг. Энэ нь санхүүгийн үр ашигтай байх зорилттой зөрчилдөхөөс гадна тухайн НААҮБ-ын гүйцэтгэлд сөргөөр нөлөөлж байна (Soppe, Janson and Piantini, 2018[32]).

3.3.4. НААҮБ-ын гүйцэтгэлийг сайжруулах хүчин чармайлт сүүлийн жилүүдэд нэмэгдсэн

Монгол Улс усны салбарын гүйцэтгэлийг сайжруулах чиглэлд тодорхой хүчин чармайлт гаргасаар ирсэн. Үүний нэг тод жишээ бол Хот, суурины ус хангамж, ариутгах татуургын ашиглалт, үйлчилгээг зохицуулах хороо (ХСУХАТАҮЗХ)-г 2012 оны 06 дугаар сард байгуулсан явдал мөн. ХСУХАТАҮЗХ усны эх үүсвэрийн ашиглалт үйлчилгээ, ус хангамж, бохир усны менежментийн сүлжээний ашиглалт, үйлчилгээ эрхлэх зөвшөөрөл олгодог. Монгол Улсад үйл ажиллагаа явуулж буй бүх НААҮБ, УХАТҮҮБ, хувийн компаниуд нь ХСУХАТАҮЗХ-ны тусгай зөвшөөрөл эзэмшигчид бөгөөд тэдгээрийн гүйцэтгэлийг холбогдох жишиг стандартад нийцсэн эсэхэд хяналт-шинжилгээ хийдэг байна. Аймгийн түвшинд УХАТАҮ-ний чанарыг сайжруулах зорилгоор ийм төрлийн үйлчилгээ эрхэлдэг мэргэжлийн байгууллагад холбогдох үйлчилгээг хариуцуулах, холбогдох зохицуулалт хийх ажил хийгдэж байна. Ус, дулаанаар хангах үйл ажиллагааны менежментийг нэгтгэж байгаа бөгөөд холбогдох үйлчилгээ үзүүлэх тусгай зөвшөөрөл бүхий НААҮБ, УХАТҮҮБ, хувийн компаниудад энэхүү чиг үүргийг хариуцуулах болсон. Тусгай зөвшөөрөл эзэмшигчдийн тоо ирэх жилүүдэд нэмэгдэх төлөвтэй байна.

ХСУХАТАҮЗХ нь НААҮБ-ын гүйцэтгэлийн жишиг тогтоох, өндөр гүйцэтгэлтэй байгууллагыг шагнах, урамшуулахад чухал үүрэг гүйцэтгэдэг. Үйлчилгээг тасралтгүй сайжруулах үүднээс сайжруулалтын үр дүнтэй хөтөлбөрийн загвар гаргах, хэрэгжүүлэх, санхүүгийн менежментийн найдвартай систем хэрэгжүүлэх, KPI гүйцэтгэлийн үнэлгээний аргачлалыг ашиглан салбарын бусад оролцогчтой харьцуулсан тогтмол жишиг тогтоох боломжоор УХАТҮҮБ-ыг хангах нь зүйтэй.

Өөр нэг анхаарах чухал зүйл бол ХСУХАТАҮЗХ бизнес төлөвлөгөө батлах чиг үүрэг хэрэгжүүлдэггүй байна. Олон жилээр төлөвлөсөн тогтвортой бизнес төлөвлөгөө нь НААҮБ-ын гүйцэтгэлийг сайжруулахад маш чухал бүрэлдэхүүн хэсэг болж өгнө. Тухайлбал, уг төлөвлөгөөнд хүний нөөц, менежментийн мэдээллийн системийг сайжруулах эсхүл орлого болоогүй усны хувь хэмжээг бууруулах, хөрөнгө оруулалтын шинэ хөтөлбөр, санхүүжилтийн эх үүсвэр ба нөхцөлийн талаарх төлөвлөлтийг тусгаж болно.

Үйл ажиллагааны чадавхыг бэхжүүлэхийг мөн тэргүүлэх чиглэлээр тодорхойлжээ. ХСУХАТАҮЗХ-ноос 2024 оныг “Хүний нөөцийг чадавхжуулах жил” болгон зарлаж, шаардлагатай техникийн шинжээч, инженерүүд болон уул уурхайн салбарын шинжээчдийг ажилд түлхүү авах боломжийг дэмжиж өгсөн. Энэхүү тайлангийн II Бүлэгт дурдсанчилан чадварлаг хүний нөөцийн чадавхыг бэхжүүлэх нь Засгийн газрын 2024-2028 оны Үйл ажиллагааны хөтөлбөрт тусгасан төрийн өмчит байгууллагуудын менежментийн тогтолцоог шинэчлэхэд өндөр ач холбогдолтой.

УСУГ-ын үйл ажиллагааны чадавхыг бэхжүүлэх хүчин чармайлтыг Мянганы сорилтын сан (МСС)-гаас дэмжсээр ирсэн (Шигтгээ 3.3). МСС-ын хөтөлбөр нь "НААҮБ-ын үйл ажиллагааны нэмэлт арга хэмжээ"-ний хүрээнд хөрөнгийн удирдлага, харилцагчийн үйлчилгээг сайжруулах харьцуулалтын жишиг арга хэрэгслийг ашиглан, туршлагатай НААҮБ-тай хамтын ажиллагаа, түншлэл үүсгээд байгаа болно. Уг хөтөлбөрийн хүрээнд 2023-2030 онд УСУГ нь Нидерланд улстай хамтран Усны операторын түншлэл хөтөлбөрт оролцогчоор хамрагдаж байгаа бөгөөд энэхүү хөтөлбөрийн зорилго нь олон улсын НААҮБ-ын үнэлгээ, жишиг харьцуулалт гаргадаг AquaRating усны үнэлгээний аргачлалаар Монгол Улсын НААҮБ-ын үйл ажиллагааны түвшинг тодорхойлж, аливаа доголдол, дутагдал илэрсэн үйл ажиллагааны хэсгийн чадавхыг бэхжүүлэхэд чиглэсэн болно (VEI, 2024[33]).

Шигтгээ 3.3. Мянганы сорилтын сан

Мянганы сорилтын корпорац (МСК) сүүлийн жилүүдэд Монгол Улсын усны салбарт тодорхой дэмжлэг үзүүлсээр ирсэн (Шигтгээ 3.3). Монгол Улсын Засгийн газар болон АНУ-ын Мянганы сорилтын корпорац хооронд байгуулсан хоёр дахь Компакт гэрээний хүрээнд Улаанбаатар хотын ус хангамжийг урт хугацаанд тогтвортойгоор нэмэгдүүлэхэд чиглэсэн “Нийт ус хангамжийг нэмэгдүүлэх хөтөлбөр”-ийг хэрэгжүүлж байна. Энэхүү хөтөлбөр нь хот, суурины УХАТАҮ-ний талбарт хэрэгжиж буй хамгийн том төсөл бөгөөд уур амьсгалд ухаалаг зохицох хөрөнгө оруулалтын чиглэлээр 462 сая ам.долларын санхүүжилт татсанаас, АНУ-ын засгийн газраас 350 сая ам.долларын буцалтгүй тусламж, Монгол Улсын Засгийн газраас 112 сая ам.долларын хувь нэмэр оруулсан (2021 оны 03 дугаар сарын 31-нээс 2026 оны 03 дугаар сарын 31-ний өдөр хүртэл 5 жилийн хугацаатай).

Энэхүү хөтөлбөр нь “ус хангамж, ариутгах татуургын өндөр зардалтай хүртээмж”-ийн зайлсхийх аргагүй хязгаарлалтад голлон чиглэсэн бөгөөд нийслэлийн урт хугацааны тогтвортой ус хангамжийн хязгаарлагдмал асуудлыг шийдвэрлэх зорилготой.

Хөтөлбөрийн хүрээнд (i) Ус хангамжийн баруун эх үүсвэрийг шинээр байгуулах үйл ажиллагаа, (ii) Хаягдал ус дахин боловсруулах үйл ажиллагаа, (iii) Усны салбарын тогтвортой байдлыг хангах үйл ажиллагаа гэсэн харилцан уялдаа бүхий 3 төсөл, үйл ажиллагаа хэрэгжиж байгаа болно. Үүнд:

- Ус хангамжийн баруун эх үүсвэрийг шинээр байгуулах үйл ажиллагаа: Ус хангамжийн хоёр шинэ эх үүсвэрийг байгуулах ба эх үүсвэрээс ус цэвэршүүлэх байгууламж, байгууламжаас хотын төвлөрсөн сүлжээнд нийлүүлэх ус дамжуулах шугам, хоолойг угсарч суурилуулах, түүнчлэн дэвшилтэт технологи бүхий ус гүн цэвэршүүлэх байгууламж барих зэрэг үйл ажиллагаа багтана.
- Хаягдал ус дахин боловсруулах үйл ажиллагаа: Шинэ ТЦБ-ийн дэргэд цэвэрлэсэн хаягдал усыг дахин боловсруулах үйлдвэр байгуулах, дахин боловсруулсан усыг ДЦС-3, ДЦС-4-ийн дэргэдэх ус нөөцлөх сан руу дамжуулах хоолой, шахуургын станц байгуулах, ДЦС-3 болон ДЦС-4-ийн үйл ажиллагаанд дахин боловсруулсан усыг ашиглахад шаардлагатай хяналтын систем, дотоод шугам хоолой, нөөцийн савыг өөрчлөн шинэчлэх зэрэг багтана.
- Усны салбарын тогтвортой байдлыг хангах үйл ажиллагаа: Нийслэлийн ус хангамжийн урт хугацааны тогтвортой байдлыг хангахад чиглэх бөгөөд энэ хүрээнд усны салбарын институцийн тогтолцоо, хууль эрхзүйн орчин, бодлого зохицуулалтыг сайжруулах, салбарын байгууллагуудын чадавхыг бэхжүүлж, техникийн туслалцаа үзүүлэх төсөл, үйл ажиллагаануудыг хэрэгжүүлнэ. Ингэснээр зардлаа нөхөх, үйлчилгээ тааруухан бүс нутагт зардлыг тогтоон барих, НААҮБ-ын үйл ажиллагааг өргөжүүлэх, үйлдвэрийн бохирдлыг хянах, олон нийтийн мэдлэг, ойлголтыг дээшлүүлэх аян зэрэг асуудлыг шийдвэрлэнэ.

Эх сурвалж: (MCA, 2022).

3.3.5. Тарифаар зардал нөхөх боломжгүй хэвээр байна

Дэлхий банкнаас гаргасан Ус хангамж, ариутгах татуургын шугам сүлжээний олон улсын жишиг (IBNET) тайланд тусгасан Улаанбаатар хотын УСУГ-ын үйл ажиллагааны зардал нь санхүүгийн ихээхэн эрсдэлийг харуулж байна. УСУГ-ын 2021 оны үйл ажиллагааны нийт орлого нь тухайн жилийн нийт зардлын 83%-тай тэнцэж байгааг доорх зурагт харуулав. Энэ асуудал нь бүс нутгийн хэмжээнд НААҮБ-ын дунд тийм ч нийтлэг бус үзэгдэл бөгөөд зардлаа нөхөх түвшинд Армени,

Бангладеш зэрэг ижил төстэй оронтой харьцуулахад доогуур үзүүлэлттэй байна (World Bank, 2024[25]). Тарифаас төвлөрүүлж буй орлого хангалтгүй байгаа нь өсөн нэмэгдэж буй эрэлтэд нийцүүлэн бэхжүүлэх шаардлагатай НААҮБ-ын чадвар, чадавхыг хязгаарлаж, улмаар дэд бүтцийн шаардлагатай хөрөнгө оруулалтыг санхүүжүүлэх чадваргүй болоход хүргээд байгаа болно.

Зураг 3.9. Үйл ажиллагааны зардлын харьцуулалт, 2021 оноор

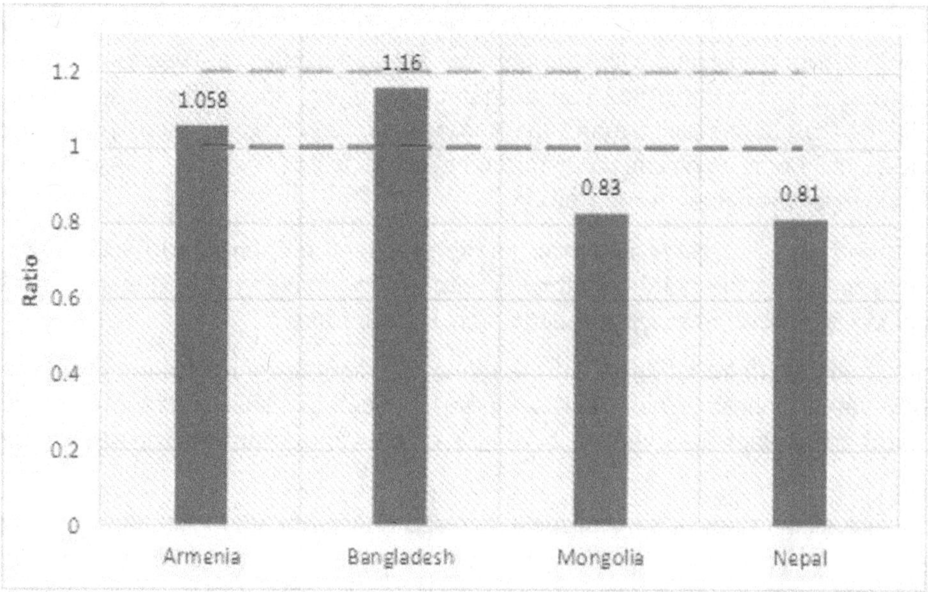

Жич: Үйл ажиллагааны зардлын хүрээнд санал болгож буй зохистой түвшинг ногоон өнгөтэй тасархай зураасаар харуулсан болно. Мөн 1.2 гэсэн тоо нь жилийн үйл ажиллагааны нийт орлогын үйл ажиллагааны зардлаас хангалттай өндөр түвшинг харуулсан бөгөөд 0.8-аас доош байгаа тохиолдолд зардлаа нөхөхөд орлого ихээхэн дутагдалтай гэсэн утгатай. Монгол Улсын хувьд зөвхөн УСУГ-ын дата мэдээллийг хамруулан авч үзсэн бол бусад орны хувьд янз бүрийн хот, суурины НААҮБ-ын дата мэдээллийг хамруулсан болно.
Эх сурвалж: Дэлхий банкнаас гаргасан Ус хангамж, ариутгах татуургын шугам сүлжээний олон улсын жишиг (IBNET) тайлан болон албан ёсны эх сурвалжаас зөвлөхүүд иш татаж, бүрдүүлсэн дата мэдээлэлд үндэслэн ЭЗХАХБ-ын хийсэн шинжилгээ.

Цэвэр, бохир усны тариф, төлбөр тооцоолох аргачлалыг 2018 онд баталсан бөгөөд зардал тусгах, зардал нөхөх явцыг сайжруулах үүднээс холбогдох нэмэлт, өөрчлөлтийг 2021 онд оруулжээ. “Шаардлагатай орлого”-ын аргачлалыг үйл ажиллагааны зардал, элэгдлийн зардал, хөрөнгө оруулалтын өгөөжид үндэслэн тооцоолдог бөгөөд Шигтгээ 3.4-д харуулав. Нийслэлийн тарифын бүтцийг ерөнхийд нь унд, ахуйн зориулалтаар ус хэрэглэгчид (гэр хороолол, орон сууцны оршин суугчид) болон ус ашиглагч иргэн, ААН, байгууллага хэмээн ангилдаг байна. Унд, ахуйн зориулалтаар ус хэрэглэгчдийг орон сууцны болон гэр хорооллын оршин суугчид хэмээн ангилна. Ус ашиглагч иргэн, ААН, байгууллагыг үйлдвэр, үйлчилгээ бизнес ба бусад байгууллага гэж хуваан авч үздэг байна.

ХСУХАТАҮЗХ нь үйлчилгээний бодит зардалд хийсэн санхүүгийн нарийвчилсан үнэлгээнд үндэслэн холбогдох талуудаас санал болгосон үнэ тарифыг өөрчлөх, батлах чиг үүрэгтэй. Тухайлбал, нийслэлийн түвшинд УСУГ, ОСНААУГ-аас санал болгосон тарифыг шаардлагатай тохиолдолд нэмэлт, өөрчлөлт оруулан баталдаг. Ингэхдээ үйлчилгээний бодит зардалд хийсэн санхүүгийн нарийвчилсан үнэлгээнд суурилахаас гадна ямар УХАТҮҮБ үйлчилгээ үзүүлэхээс үл хамааран хот, суурин болон хөдөө, орон нутагт оршин суугаа ус хэрэглэгчдийн төрөл, ангилал тус бүрт нэгэн адил тариф үйлчлэх ёстой гэсэн шаардлагад үндэслэдэг байна.

ХСУХАТАҮЗХ-ны зүгээс КОВИД-19 цар тахлын хөл хорио бүрэн тавигдсаны дараа 2022 оны 01 дүгээр сард усны тарифыг нийслэлийн хэмжээнд 50-100%-иар нэмэгдүүлжээ. Энэхүү өсөлт нь

УСУГ-ын 2022 оны 12 дугаар сарын 31-ний байдлаарх санхүүгийн байдал нь томоохон алдагдалгүй, сайжирсан үзүүлэлттэй гарахад хувь нэмэр оруулсан. Орон сууцны оршин суугчид, ААН-ийн тарифыг 2023 оны 11 дүгээр сард 25%-иар нэмэгдүүлсэн байна (MCA, 2024[34]).

Тарифын аргачлалыг шинэчилснээс үл хамааран сүүлийн 10 жилийн хугацаанд зардал нөхөхтэй холбоотой асуудал нь тарифын орлого ба зардлын хооронд хийдэл, зөрүү үүсгэсэн хэвээр байна. Одоогийн тарифын зохицуулалтын хүрээнд дараах хэд хэдэн тулгамдсан асуудлыг тодорхойлсон. Үүнд :

a. Тарифын аргачлалд цэвэр ус нийлүүлэлтийн бөөний үнэ, тарифыг тодорхой тусгаагүй. УСУГ-ын усны борлуулалтад бөөний борлуулалт гол жин дардаг тул эргээд УСУГ-ын санхүүгийн үр ашигтай байдалд нөлөөлдөг. Тиймээс ОСНААУГ болон хувийн компаниудын төлбөл зохих усны бөөний үнэ, тарифыг холбогдох өртөг, зардлыг тусгасан байдлаар тодорхойлох ойлгомжтой аргачлалтай байх нь санхүүгийн тогтвортой ба ил тод байдлыг хангахад чухал ач холбогдолтой. Түүнчлэн уг аргачлалаар УХАТАҮ-н дэх санхүүгийн алдагдлыг орон нутгийн засаг захиргааны санхүүжилтээр нөхөх боломжийг бүрдүүлэх боломжтой. Гэвч энэхүү хувилбар ашиглагдаж байгаа эсэх нь тодорхойгүй байна (WRG, 2019[26]).

b. Тарифын бодлогод урт хугацааны өр төлбөрийг усны тарифаар эргэн төлөх асуудлыг авч үзээгүй байна. Сүүлийн үеийн шинжилгээгээр өнөөгийн нөхцөлд УСУГ нь хөрөнгийн элэгдлийг зөвхөн хэсэгчилсэн байдлаар нөхөх бололцоотой ч капитал зардлыг нөхөх боломжгүй гэжээ (WRG, 2019[26]). Эргэн төлөгдөх нөхцөлтэй зээл, санхүүжилт нь хөнгөлттэй зээл эсхүл худалдааны санхүүжилт байхаас үл хамааран УСУГ-ын хувьд тухайн санхүүжилтийг амжилттай татахын тулд юуны түрүүнд зардлаа бүрэн нөхөн чадвараа сайжруулах нь маш чухал.

c. Гэр хорооллыг усаар хангах өндөр зардлыг бусад ус ашиглагчид шингээдэг. Бусад улс орны хувьд албан бус суурин газар эсхүл хотын захын хөгжил тааруухан хэсэгт ус нийлүүлэхдээ засгийн газрын болон орон нутгийнхаа дэмжлэгийг авдаг бөгөөд ингэснээр капитал болон үйл ажиллагааны зардлаа нөхдөг байна. Энэ нь орлого багатай хэрэглэгчдэд хөнгөлттэй тарифаар усыг эрх тэгш хүргэх боломжийг олгоход чухал үүрэг гүйцэтгэдэг. Гэр хорооллын нэн ядуу хэрэгчлэгчдийн төвлөрсөн сүлжээн дэх холболтыг илүү хялбар, дөхөмтэй болгосноор (жишээ нь холболтын төлбөр, хураамжаас хөнгөлөх, чөлөөлөх) зэрэг нөлөөлөл гаргах боломжтой. Ялангуяа худаг өрөмдөх, гаргах зэрэг хууль бус үйлдлийг бууруулж, УХАТҮҮБ-ын хувьд илүү найдвартай орлогын эх үүсвэрээр хангах боломжтой.

Шигтгээ 3.4. Тарифын аргачлал

Цэвэр, бохир усны тариф, төлбөр тооцоолох аргачлал нь ус хангамж, ариутгах татуургын үйлчилгээний тусгай зөвшөөрөл эзэмшигчдийн үзүүлэх цэвэр, бохир усны үйлчилгээний тариф, төлбөрийг холбогдох бүс бүрээр тодорхойлох зорилготой. Тариф, төлбөрийг тооцоолоход сүүлийн 3 жилийн үйл ажиллагааны бодит гүйцэтгэл болон ирэх оны үйл ажиллагааны төлөвлөгөөнд суурилдаг байна.

Ус хэрэглэгч, ашиглагчдын бүлэг, зардлын хуваарилалт

Цэвэр, бохир усны тариф, төлбөр тооцоолоход ус хэрэглэгч, ашиглагчдыг дараах ангилалд хамруулан авч үзнэ. Үүнд:

A. Өрхийн (усны тоолууртай, тоолуургүй)
B. Үйлдвэр, үйлчилгээ, ААН, байгууллага
   a. Доор дурдсанаас бусад үйлдвэр, үйлчилгээ, ААН, байгуулага
   b. Төрийн сектор – байгууллагууд
   c. Спирт, архи, пиво, ундаа, жүүс, ус, талх нарийн боовны үйлдвэр, мах, сүү боловсруулах үйлдвэр, эмнэлэг
   d. Ноос, ноолуур, арьс шир, автомашин угаалга

Шаардлагатай орлого

Аргачлал нь тусгай зөвшөөрөл эзэмшигчийн тасралтгүй үйл ажиллагаа, найдвартай байдал, хэрэглэгчийн чанарын үүднээс “шаардлагатай орлого”-ын тооцоололд суурилдаг. Тиймээс ашиглалт, засвар үйлчилгээ нь сүүлийн 3 жилийн бодит гүйцэтгэл болон ирэх оны үйл ажиллагааны төлөвлөгөөнд суурилдаг.

Шаардлагатай орлого = Үйл ажиллагааны зардал + Элэгдлийн зардал + Хөрөнгө оруулалтын өгөөж

Тариф, төлбөр тооцоолоход шаардлагатай борлуулалтын орлого

Тариф, төлбөр тооцоолоход шаардлагатай борлуулалтын орлого = [Борлуулалтын орлогын шаардлагатай дүн] - [Суурь хураамжийн орлого] + [Гэр хорооллын оршин суугчдад нийлүүлдэг зөөврийн усны алдагдал]

Тогтмол тариф

Суурь үнэ буюу эсхүл тогтмол тариф нь төвлөрсөн ус хангамж, ариутгах татуургын шугам сүлжээтэй холбогдсон хэрэглэгчдэд 24 цагийн тасралтгүй үйлчилгээ үзүүлэх нөхцөлийг бүрдүүлэх, үйлчилгээний байнгын хүртээмжтэй байх нөхцөлөөр хангах зорилготой.

Унд, ахуйн зориулалтаар ус хэрэглэгчид: [Суурь үнэ] = [Тогтмол зардал]/(12*хэрэглэгчдийн тоо) (төг/сар)

Бусад хэрэглэгч, ашиглагч: [Суурь үнэ] = [Тогтмол зардал]/[Үйлчилгээний бодит хэмжээ] (төг/мянган $м^3$)

Ус ашиглагчийн төлөх төлбөр

Ус ашиглагчийн цэвэр, бохир усны үйлчилгээний сарын нийт төлбөр = [цэвэр усны үйлчилгээний сарын төлбөр] + [бохир усны үйлчилгээний сарын төлбөр] + [суурь үнэ]

Дүгнэвэл,

- Цэвэр усны үйлчилгээний сарын төлбөр = [цэвэр усны батлагдсан тариф, төг/м^3]*[сар тутамд ус хэрэглэгчийн хэрэглэсэн цэвэр усны хэмжээ, м^3]
- Бохир усны үйлчилгээний сарын төлбөр = бохир усны батлагдсан тариф, төг/м^3]*[сар тутамд ус ашиглагчийн ашигласан бохир усны хэмжээ, m^3]
- Суур хураамж, төлбөрийг усны тоолуур суурилуулсан хүйтэн ус дамжуулах хоолойн диаметр эсхүл шугамын диаметр (метр)-ээр тооцоолно.

Эх сурвалж: ХСУХАТАҮЗХ-ны Цэвэр, бохир усны үйлчилгээний тариф, төлбөр тооцоолох аргачлал (2018).

3.3.6. ХСУХАТАҮЗХ нь УХАТАҮ-ний тариф тогтоох чухал чиг үүрэгтэй

"Алсын хараа-2050" Монгол Улсын урт хугацааны бодлогын баримт бичигт эдийн засгийн хэрэглүүрийг бэхжүүлэх, УХАТАҮ-нээс төвлөрүүлэх орлогыг нэмэгдүүлэх, усны чанар ба тоо хэмжээний менежменттэй холбоотой түлхэц, урамшууллаар хангах төлөвлөгөөг тусгасан. Үүнд усны тариф, төлбөрийг 2030 онд нэмэгдүүлэх, 2040 он гэхэд усны нөөц ашигласны болон ус бохирдуулсны төлбөрийг оновчтой болгох зорилт хамаарна (Government of Mongolia, 2020[35]). Тариф, төлбөрөөс төвлөрүүлэх орлого нь дэд бүтцийн өргөтгөлийг дэмжих, илүү үр ашигтай, тогтвортой технологийн шинэчлэлт хийх, үйлчилгээг сайжруулах замаар ашиглалт, засвар үйлчилгээний зардлыг санхүүжүүлэхэд дэмжлэг болох учиртай. УСУГ-ын цэвэр, бохир усны тариф, төлбөрөөс төвлөрүүлэх орлого нь нийслэлийн хэмжээнд гэр хорооллыг хамруулаад цэвэр ус нийлүүлэх, бохир ус цуглуулах, хаягдал ус цэвэрлэхтэй холбоотой үйл ажиллагаа, ашиглалт, засвар үйлчилгээ, элэгдлийн зардлыг бүрэн нөхдөг байх шаардлагатай.

Ерөнхийдөө УСУГ унд, ахуйн зориулалтаар ус хэрэглэгчид болон ус ашиглагч иргэн, ААН, байгуулага аль алиных нь тариф, төлбөрийн хэмжээг нэмэгдүүлэх хэрэгтэй болно. Үүний зэрэгцээ тариф, төлбөрийн хэмжээг тогтоохтой холбоотойгоор усны үнэ, тариф ба усны үйлчилгээний хүртээмжид шууд нөлөөлөх нийгмийн чухал хүчин зүйлс бий. Ус ашиглагчдын төлбөрийн чадвар хязгаарлагдмал байх үед орлого төвлөрүүлэх түвшин буурах бөгөөд тарифын орлого нь үйл ажиллагаа, ашиглалт, засвар үйлчилгээний зардлыг бүрэн нөхөхгүй байх магадлалтай (Leflaive and Hjort, 2020[36])

Зохицуулагч агентлагын хувьд ХСУХАТАҮЗХ нь үйлчилгээний түвшинг сайжруулах, ус худалдан авах чадварын зорилтот хөтөлбөр боловсуулан хөгжүүлэхэд дэмжлэг үзүүлэхтэй холбоотойгоор тарифыг аажмаар нэмэгдүүлэх тодорхой чиг үүрэг гүйцэтгэх болно. Энэхүү хүчин чармайлтын хүрээнд гэр хороолол болон бага орлоготой өрхүүдийн ус худалдан авах чадварыг хангаж, хадгалахад оршино. Бодит өртөг, зардлыг тусгасан тариф, төлбөрийн системд ус худалдан авах чадварын зорилтот татаасыг тусган хамруулж өгөх нь зүйтэй. Бага орлоготой хэрэглэгчид өгөх татаасыг ялангуяа үйлдвэр, үйлчилгээний зориулалтаар ус ашиглагчид (тухайлбал, нэхмэлийн үйлдвэр, ундаа, жүүсний үйлдвэр гэх мэт)-ын ус ашиглалтаас гаргаж авах талаар сайтар бодож боловсруулах хэрэгтэй болно. Үүний тулд ХСУХАТАҮЗХ нь маш сайн тарифын бүтэц боловсруулах, тарифын саналуудыг хянах чадавхаа улам бэхжүүлэх шаардлагатай.

Тарифын бүтцийн шинэчлэлийн талаар 2030 Усны нөөцийн бүлэг судалж байсан бөгөөд сүүлийн үед МСС-гийн Усны салбарын тогтвортой байдлыг хангах үйл ажиллагааны хүрээнд судлах болжээ. "Зардал нөхөх арга хэмжээ" нь үйл ажиллагааны зардлыг нөхөхүйц усны тарифын бүтцийг санал болгоход чиглэсэн бөгөөд ус "хэрэглэгчийн төлөх боломжит үнэ"-д сүүлийн үед хийсэн үнэлгээ зэрэг янз бүрийн судалгааг хамруулсан. Энэхүү ажлын зорилго нь ус хэрэглэгч, ашиглагчдын төрөл, ангилал тус бүрээр гаргасан тарифын бүтэц, түвшин, худалдан авах чадварын асуудлын талаарх дата мэдээллээр ХСУХАТАҮЗХ-г хангах, түүнчлэн үйлчилгээний түвшний зорилтууд боловсруулах, хэрэглэгчийн эрэлтийг тусгасан хөрөнгө оруулалт, төлөвлөлтийн шийдвэрийн талаар холбогдох эрх бүхий усны байгууллагуудад мэдээлэхэд оршино. Ус худалдан авах чадварын судалгаагаар тарифын тодорхой түвшинд ус "худалдан авах чадварын асуудал"-тай тулгардаг өрхүүдийн ангилал, жагсаалт гаргажээ. Түүнчлэн төвлөрсөн ус хангамж, бохир усны шугам сүлжээнд холбогдсон тоолууртай орон сууцны оршин суугч; сүлжээнд холбогдсон тоолуургүй өрхүүд; гэр хорооллын худгийн ус хэрэглэгчийн орлогын бүлгүүдийг авч үзсэн байна (MCA, 2024[34]).

МСС-гийн төслийн дараагийн шат нь тариф ба татаасын загварчлал, хяналт хэрэгжүүлэх замаар тарифын бүтцэд хяналт тавих хангалттай чадавхыг хөгжүүлэхэд нь ХСУХАТАҮЗХ-нд дэмжлэг үзүүлэхэд чиглэж байна. Усны үнэ, тарифт өдийг хүртэл цэвэр ус нийлүүлэх өртөг, зардлыг тусгаагүй бөгөөд УСУГ-ын зүгээс үйл ажиллагааны тодорхой түвшинд төрийн татаас авах хүсэлт тавьж байв. МСС-гийн Компакт гэрээний хүрээнд хөгжүүлж буй хөрөнгө (Шигтгээ 3.3) нь УСУГ-ын санхүүгийн тогтвортой байдалд нэмэлт дарамт, ачаалал үүсгэж болзошгүй. Учир нь уг төсөлд нийслэлийн ус хангамжийг нэмэгдүүлэх шинэ худаг, насос станц, ус дамжуулах хоолой, хаягдал ус цэвэрлэх байгууламж зэрэг багтаж байна.

Хаягдал усыг цэвэрлэх, эргүүлэн ашиглах ялангуяа ДЦС-уудад нийлүүлэх зорилгоор хаягдал ус дахин боловсруулах үйлдвэр, холбогдох дэд бүтцийн барилга байгууламж баригдаж байгаа нь цэнгэг усны эх үүсвэрт учруулж буй дарамт, ачааллыг бууруулахад дэмжлэг үзүүлнэ. Гэсэн хэдий ч төсөл бүрэн хэрэгжиж дууссаны дараа уг цэвэрлэх байгууламжийг хэрхэн удирдаж, ажиллуулах вэ гэдэг чухал асуулт урган гарна. Шинэ цэвэрлэх байгууламжийн цэвэрлэх хаягдал усны тарифт холбогдох өртөг, зардлыг нь тооцож, тусгах тохиолдолд одоогийн тарифаас өндөр байх бөгөөд энэ нь ДЦС-уудын цахилгаан эрчим хүч үйлдвэрлэх өртөг, зардлыг нэмэгдүүлэх магадлалтай. Бизнесийн загварыг бодитой хэрэгжүүлэхийн тулд улсын төсвийн санхүүжилтийн ус худалдан авах чадварыг хангах чиг үүргийн тухай чухалчилан авч үзнэ. УСУГ-ын зардлаа нөхөх чадварт дэмжлэг үзүүлэх нь нийслэлийн хэмжээнд УХАТАҮ-ний тогтвортой байдлыг хангах үүднээс маш чухал юм.

Шаталсан тариф нь худалдан авах чадвартай байх болон зардал нөхөх тэнцлийг хангахад чиглэсэн нэг төрлийн арга барил бөгөөд ялангуяа бага орлоготой хэрэглэгчдийн хувьд зорилтот татаастай хослуулсан үед үр дүнтэй байдаг. Энэ тариф нь усыг их хэмжээгээр ашиглах үед аажмаар нэмэгдэж, усыг хэмнэлттэй ашиглах үед урамшуулал олгон, УХАТҮҮБ зардлаа нөхөхөд нь дэмжлэг үзүүлэх замаар суурь хэрэглээний түвшинд илүү бага үнийг санал болгодог онцлогтой. Нөгөөтэйгүүр дараах 2 нөхцөлд нийцсэн үед шатлалтай нэмэгдүүлж болдог. Үүнд: i) хамгийн өндөр тарифын багц (highest tariff blocks)-ыг үйлчилгээний дундаж зардлаас хангалттай дээгүүр тогтоодог бөгөөд үүнээс төвлөрүүлсэн орлого нь татаас бүхий бага тарифын багц (the subisidised lower block)-ын зардлыг нөхөхөд чиглэдэг; ii) эмзэг бүлгийн өрхүүдийн ус хэрэглээний хэмжээг баян чинээлэг өрхүүдийнхээс илүү байлгахыг авч үздэг (учир нь ядуу өрхүүд олон хүүхэдтэй эсхүл ус хэмнэх технологи, төхөөрөмж төдийлэн ашиглах боломжгүй) (Leflaive and Hjort, 2020[36]). Ийм шаталсан тарифын арга барил нь ялгаварлан гадуурхалт ихтэй хүн амын усны хүртээмжийн тулгамдсан асуудлыг зорилтот татаас олгох замаар шийдвэрлэсэн Чили зэрэг оронд амжилттай хэрэгжсэн байна (Шигтгээ 3.5).

Шигтгээ 3.5. Чили улсын ус хангамжийн зорилтот татаас

Чили улсад хот, суурины УХАТАҮ-ний тариф шинэчлэлийг 1980-аад онд явагдсан усны реформын хүрээнд хэрэгжүүлсэн. Энэхүү реформ нь үйлчилгээний зардлыг нөхөхөд чиглэсэн бөгөөд ус хангамжийн хүргэлтийн үнийг нэмэгдүүлж, улмаар ихээхэн үр ашиг руу хөтөлсөн байна.

Бага орлоготой өрхүүдийн үйлчилгээ худалдан авах чадвартай холбоотой асуудлыг шийдвэрлэхийн тулд засгийн газраас нь 1990-ээд оны эхэн үед тухайн өрхийг ус хэрэглээний зорилтот татаас олгох хөтөлбөрт хамруулах эсэхийг тодорхойлох туршилт эхлүүлсэн байна.

Уг хөтөлбөрийн хүрээнд Чили улсын нийт ядуу өрхийн 20%-ийг зорилтот түвшинд хамруулсан бөгөөд УХАТАҮ-ний төлбөр, тооцоо тэдний сарын орлогын 5 орчим хувийг эзэлж байв. Хамрагдсан өрхийн усны үндсэн хэрэглээ (сард 15 $м^3$ хүртэл) болон бохир ус зайлуулах зардлын 25-85%-д нь зорилтот татаас олгосон бөгөөд уг хязгаараас хэтэрсэн аливаа хэрэглээг бүрэн төлүүлдэг болгосон байна. Ингэснээр хотын захиргаа нь өргөдөл хүсэлт хүлээн авах, татааст хамруулах эсэхийг тодорхойлох, засгийн газраас хуваарилсан санхүүжилтээс холбогдох татаасыг УХАТҮҮБ-д шууд төлөх зэргээр голлох үүрэг гүйцэтгэх болжээ.

Чили улсын хувьд энэхүү шаталсан тариф ба татаасыг хослуулсан энэхүү хөтөлбөр нь устай холбоотой нийгмийн болон ус дамжуулалт, түгээлтийн зорилтод саад учруулахгүйгээр зардлыг бүрэн тусгасан байдлаар усны үнэ, тарифыг амжилттай нэмэгдүүлж чадсан байна. 2000 онд татаасын хөтөлбөрийн зардал 42.5 сая ам.долларт хүрсэн нь өмнөх татаасын хөтөлбөрийнхтэй харьцуулахад маш үр дүнтэй бууруулсан бөгөөд алдагдал хүлээж байх үед нь УХАТҮҮБ-д татаас олгож эхлэжээ. Өмнө нь УХАТАҮ-ний салбарын хөрөнгийн 2%-ийн санхүүгийн алдагдалтай ажилладаг байсан бол энэхүү хөтөлбөрийг хэрэгжүүлсний дүнд 107 сая ам.долларын цэвэр ашигтай ажиллаж, 4%-ийн илүүдэл үүссэн байна. Энэ нь хөтөлбөрийн зардлаас даруй хоёр дахин их ашигтай үзүүлэлт юм.

Эмзэг бүлгүүдийн хамрах хүрээг тэлэх үүднээс зорилтот татаасын хөтөлбөрийг тогтмол шинэчлэн өргөжүүлсээр иржээ. Үр дүнд нь нэн ядуу өрхүүдэд зориулсан халамжийн хөтөлбөр (Chile Solidario)-т хамрагдсан өрхүүдэд 100% татаас олгодог болсон байна.

Эх сурвалж: (Contreras, Gómez-Lobo and Palma, 2018[37]) (Leflaive and Hjort, 2020[36]).

3.3.7. УХАТҮҮБ-ын санхүүгийн гүйцэтгэл, зардал нөхөх талаарх зөвлөмжийн хураангуй

Монгол Улсын усны салбарын хувьд капитал хөрөнгийн үр ашгийн асуудлыг шийдвэрлэх нь маш чухал. Хөрөнгө ашиглагч болон санхүүжүүлэгч нарыг салгаж, тусгаарлах нь хөрөнгийн зохистой удирдлага, үйлчилгээний үнэ тарифыг улам доройтуулдаг. Гүйцэтгэлийг сайжруулах чиглэлд гүйцэтгэлийн суурь шугам бий болгох, зарлагыг оновчтой болгох, тодорхой зорилго, зорилт тавих, менежментийн мэдээллийн системийг шинэчлэх, хүний нөөцийг бэхжүүлэх зэрэг үйл ажиллагаа хэрэгжүүлэх шаардлагатай. Дэлхийн банкнаас гаргасан НААҮБ-ын Эргэлт хийх хүрээ (Utility Turn Around Framework) нь НААҮБ-ын үйл ажиллагааны төлөвшилтийн үе шат (phase of maturity) болгонд шаардагдах үйл ажиллагаа бий болгоход ашиглах боломжтой арга барилуудын нэг бөгөөд Шигтгээ 3.6-д харуулав (Soppe, Janson and Piantini, 2018[32]).

Шигтгээ 3.6. НААҮБ-ын Эргэлт хийх хүрээ

НААҮБ-ын гүйцэтгэл нь дотоод хүчин зүйлс болон улс төрийн эдийн засгаас хамааралтай. Гүйцэтгэлийг нь сайжруулахын тулд үйл ажиллагаа болон менежментийн чадавхыг бэхжүүлэхэд чиглэсэн системтэй, зохицуулалтттай, эрэмбэлсэн арга барил шаардлагатай.

Дэлхийн банкнаас НААҮБ-ын гүйцэтгэлийг сайжруулах зорилгоор НААҮБ-ын Эргэлт хийх хүрээ (Utility Turn Around framework)-г тодорхойлсон байдаг. Энэхүү аргачлалд тухайн НААҮБ-ын тодорхой хамрах хүрээг тусгасан тохиргоонуудыг хийх шинжээчийн дүгнэлт мэдээж хэрэгтэй. Гэсэн хэдий ч тухайн байгууллагын үйл ажиллагааны ерөнхий төлөвшилт, одоогийн гүйцэтгэлийн түвшин болон улс төрийн эдийн засгийн тэнцвэрт байдал дахь үйл ажиллагааны доголдлын хэм хэмжээнээс үл хамааран энэхүү аргачлалыг ашиглах боломжтой.

Эргэлт хийх хүрээ нь 4 үе шатаас бүрдэх бөгөөд үе шат тус бүр хэд хэдэн алхмаас бүрдэнэ. 0 үе шат нь тухайн НААҮБ-ын өнөөгийн нөхцөл байдал, гадаад орчныг үнэлэх урьдчилсан шат юм. 1-р үе шат нь дараагийн 2-р үе шат руу шилжин ороход шаардагдах найдвартай байдал, эгэх хариуцлага, бие даасан байдлыг бий болгох зардал багатай харьцангуй бага оролцоог хангахад нь холбогдох менежерт дэмжлэг үзүүлнэ. 2-р үе шат нь үйл ажиллагааны төлөвлөгөө боловсруулан хэрэгжүүлэх боломжоор удирдлагыг хангана. Эцэст нь, 3-р үе шатанд НААҮБ-ын төлөвшилтийн түвшинг үргэлжлүүлэн сайжруулах, шилдэг туршлагыг үйл ажиллагаанд хэрэгжүүлэх, үүнийг урт хугацааны стратегийн төлөвлөлт боловсруулахад ашиглах боломжийг бүрдүүлэх арга хэмжээг авч хэрэгжүүлэх боломжоор удирдлагыг хангана.

Зураг 3.10. НААҮБ-ыг сайжруулах дараагийн алхмуудыг тодорхойлох шийдвэрийн мод

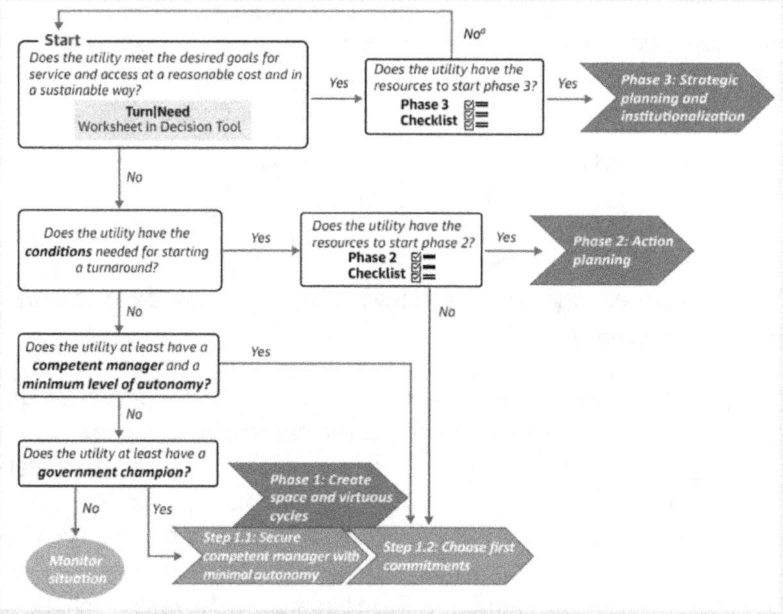

Жич: Хэрэв тухайн НААҮБ нь 3-р үе шатыг эхлүүлэх боломжгүй гэж үзвэл, түүний одоогийн гүйцэтгэл, эргэлт хийх хүрээг дахин үнэлэх хэрэгтэй болно. Дахин үнэлэхдээ, НААҮБ нь худалдан авах боломжтой үнэ бүхий үйлчилгээ, хүртээмжийг тогтвортой бий болгох зорилтод нийцэж буй эсэх талаас нь авч үзнэ. Ийм тохиолдолд тухайн НААҮБ нь бүтэн эргэлт хийж, 1-р эсхүл 2-р үе шатаас дахин эхлэх хэрэгтэй болно.

Эх сурвалж: (Gerard Soppe, Nils Janson and Scarlett Piantini, 2018[38]).

Одоогийн үр ашиг, үр дүн таарууxан байдал нь Засгийн газар болон УХАТҮҮБ-ын аль аль түвшинд алдагдсан боломж үүссэнийг харуулж байна. УХАТАҮ-ний салбарын санхүүгийн тогвортой байдлыг хангахын тулд үр ашиггүй байдлыг юуны түрүүнд багасгах нь чухал. УХАТҮҮБ-ын гүйцэтгэл болон үйл ажиллагааны илт тод байдлыг сайжруулснаар УХАТАҮ-ний салбарын санхүүгийн үр ашгийг дээшлүүлж, санхүүгийн хүртээмжийг сайжруулах боломжтой. Үүнд:

- Засгийн газартай гүйцэтгэлийн гэрээ байгуулж, гарын үсэг зурснаар НААҮБ-аас хүлээгдэх гүйцэтгэлийг тодорхойлж, түүнд хүрэхэд Засгийн газрын дэмжлэгийг авах боломжтой. УХАТҮҮБ-ын гүйцэтгэлийн түвшинд хариуцаж буй одоогийн чиг үүрэг, зорилт нь төдийлэн сайн тодорхойлогдоогүй байгаа нь тухайн зорилтод хүрэхгүй тохиолдолд тооцох аливаа хариуцлага байхгүй, түүнчлэн урамшуулал ч байхгүй гэсэн үг. Орон нутгийн засаг захиргаа болон УХАТҮҮБ-ын хооронд байгуулах гэрээнд гүйцэтгэлийн зорилтыг сайтар тусгаж өгөх нь үр ашгийг дээшлүүлэхэд чухал хөшүүрэг болно. Энэ нь ялангуяа УХАТАҮ-г хариуцдаг орон нутгийн засаг захиргааны зүгээс НААҮБ-тай менежментийн гэрээ байгуулж, уг чиг үүргийг хариуцуулан өгсөн тохиолдолд чухал хамааралтай юм.
- Орлогын бус усны асуудлыг шийдвэрлэхийн тулд төлбөр тооцдоггүй ус хэрэглээ, ашиглалт болон ус шүүрэлт, шугам хоолойн эвдрэл, гэмтэл, түүний улмаас үүссэн ус алдагдалтай холбоотой үйл ажиллагааны ба техникийн алдагдлыг бууруулахад чиглэсэн арга хэмжээ авах шаардлагатай. Тоолуургүйн улмаас үүссэн усны алдагдал (commercial loss)-ын хувьд, усны тоолуур ашиглалтыг нэмэгдүүлснээр ус хэрэглээ, ашиглалтын илүү нарийвчилсан дата мэдээлэл бүрдүүлэх, зохистой төлбөр тооцох боломж бүрдэнэ. Нийслэлийн хэмжээнд ялангуяа ОСНААУГ-аар дамжуулан цэвэр ус нийлүүлдэг унд, ахуйн зориулалтаар ус хэрэглэгч, ашиглагчдын усны тоолууржуулалт, төлбөр тооцоог сайжруулах шаардлагатай.
- УСУГ-ын ажилтнуудын тоо зарим улс орны адил төстэй байгууллагынхтай харьцуулахад маш өндөр байна. Тайлангаас харахад 1,000 холболтыг хариуцсан 129 ажилтан байгаа нь дунд орлоготой зарим орны 1,000 холболтод 1-15 ажилтан ногдож буй дундаж жишгээс маш өндөр тоо юм (World Bank, 2024[25]). Хэдийгээр үүнийг Монголын онцлог нөхцөл байдал дахь ашиглалт, засвар үйлчилгээний хэрэгцээ, шаардлагатай хамаатуулж болох ч эдгээр зардлыг оновчтой болгох боломжийг судалж, эрэлхийлэх нь зүйтэй.

ХСУХАТАҮЗХ нь зохицуулагч агентлагийн хувьд улсын хэмжээнд УХАТҮҮБ-ын үйл ажиллагаа болон санхүүгийн гүйцэтгэл сайжирч буй эсэхэд хяналт тавих чухал үүргийг гүйцэтгэх болно. Дэлгэрүүлбэл:

- Урт хугацааны зорилтыг тусгасан тогтвортой бизнес төлөвлөгөө нь НААҮБ-ын гүйцэтгэлийг сайжруулах стратегийн маш чухал бүрэлдэхүүн хэсэг. Үүнийг хүний нөөц, удирдлагын мэдээллийн системийг сайжруулах бизнесийг төлөвлөгөөнд тусгах боломжтой. Зохицуулагчийн хувиар ХСУХАТАҮЗХ-ны зүгээс улсын хэмжээнд УХАТҮҮБ-ын үйл ажиллагаа болон санхүүгийн гүйцэтгэл сайжирч буй эсэхэд хяналт тавих чухал үүрэг гүйцэтгэх болно. Үүнд мөн орлого болоогүй усны хувь хэмжээг бууруулах, капитал хөрөнгө оруулалтын шинэ хөтөлбөр, санхүүжилтийн эх үүсвэр ба нөхцөлийг тусгасан төлөвлөгөөг хянах зэргийг хамруулан ойлгож болно.
- Зардлыг үр дүнтэй нөхөхөд дэмжлэг болох үүднээс тарифыг дахин сайтар хянаж, тарифын цогц реформ хийх нь зүйтэй. УСУГ болон УХАТҮҮБ-ын зүгээс унд, ахуйн зориулалтаар ус хэрэглэгчид болон ус ашиглагч иргэн, ААН, байгууллагын усны үнэ, тарифыг нэмэгдүүлэх хэрэгтэй болно. ХСУХАТАҮЗХ нь үйлчилгээний түвшинг сайжруулахтай холбоотойгоор тарифыг аажмаар нэмэгдүүлэхэд чухал үүрэг гүйцэтгэх болно. Зорилтот татаас олгох боломжийг бүрдүүлэх замаар нийгмийн тодорхой бүлгийн ус худалдан авах чадварыг үнэлж судалсны үндсэн дээр шаталсан тарифын арга барилыг авч үзэх хэрэгтэй.
- Нэмж хэлэхэд, өдгөө зохицуулагдаж буй тарифын түвшинд холбогдох хийдэл, зөрүүг тарифын хяналт бий болгох замаар шийдвэрлэх нь зүйтэй. УСУГ-ын хувьд цэвэр усыг

бөөний үнээр нийлүүлэх нь санхүүгийн хувьд гол жин дарж байгаа тул (тухайлбал, ОСНААУГ болон хувийн компаниудын хувьд) тул усыг бөөний үнэ, тарифаар нийлүүлэх арга барилыг одоогийн тарифын бүтцийн хүрээнд авч үзэн, маш тодорхой болгох шаардлагатай.

- ХСУХАТАУЗХ тарифын чамбай бүтэц боловсруулан хөгжүүлэх, тарифын саналуудыг хянах, үйл явцыг нь үр дүнтэй удирдах чадавхаа бэхжүүлэх хэрэгтэй болно. Энэхүү хүчин чармайлтын хүрээнд гэр хороолол, бага орлоготой өрхүүдийг чухалчилан авч үзнэ. Усны тарифыг нэмэгдүүлэхийн зэрэгцээ бага орлоготой өрхүүдийн ус худалдан авах чадварыг хадгалахад чиглэсэн зорилтот татаасын хөтөлбөрийг хэрэгжүүлэх нь мөн чухал ач холбогдолтой. Бага орлоготой хэрэглэгчид өгөх татаасыг ялангуяа үйлдвэр, үйлчилгээний зориулалтаар ус ашиглагчдын ундны ус ашиглалтаас гаргаж авах талаар сайтар бодож боловсруулах хэрэгтэй болно.

3.4. Хаягдал ус цэвэрлэх, эргүүлэн ашиглах чиглэлд хувийн секторын хөрөнгө оруулалтыг түлхүү дэмжих нь зүйтэй

Уул уурхай, хөнгөн үйлдэр (тухайлбал, арьс шир, нэхмэл гэх мэт), ХАА зэрэг эдийн засгийн хурдацтай хөгжиж буй салбар нь ус хангамжийн эрэлтийг нэмэгдүүлсээр ирсэн. Түүнчлэн эдгээр салбар ялангуяа, үйлдвэрлэл нь усны хүртээмжтэй байдалд цаашид сөргөөр нөлөөлж болох усны эх үүсвэрийн бохирдол зэрэг тулгамдсан асуудлыг хурцатгаж байна. Үүний зэрэгцээ Монгол Улсын усны тулгамдсан асудал нь байгууллага, ААН-д ихээхэн эрсдэл үүсгэж, голлох үйл ажиллагаанд нь нөлөөлж байна.

Усны салбарын бодлого, зохицуулалт нь хөрөнгө оруулалтыг дэмжихэд чухал үүрэг гүйцэтгэнэ. Усны бохирдол, хаягдал ус цэвэрлэхтэй холбоотой зохицуулалтын сүүлийн үеийн шинэчлэлт (III Бүлэгт дурдсан)-ийн хүрээнд бохирдлыг хянах, хаягдал усыг эргүүлэн ашиглах цаашдын сонголт, хувилбарыг судлах чиглэлд тухайлбал, үйлдвэрийн салбарт тодорхой арга хэмжээ авч хэрэгжүүлэн дэмжлэг үзүүлж байна. Ингэснээр усны аюулгүй байдлыг хангахад чиглэсэн хөрөнгө оруулалтад хувийн санхүүжилт татах боломжтой. Хувийн секторын хувьд усны бохирдлыг хянаж, хаягдал усыг эргүүлэн ашигласнаар үйлдвэр, уурхайн талбайн ус ашиглалтыг бууруулах, хаягдал усыг хаях, зайлуулах, ус бохирдуулсны төлбөрөөс хөнгөлөлт, чөлөөлөлт авах боломцоотой. Ус хангамж болон усны эрэлтийн хоорондох хийдэл, зөрүү өргөн хүрээг хамарч, зохицуулалт нэмэгдэхийн хэрээр усны үр ашиггүй ашиглалт, бохирдлын зардал улам нэмэгдэх төлөвтэй. Усны тулгамдсан асуудлын талаар олон нийтийн мэдлэг, ойлголт нэмэгдэх тусам нэр хүндтэй холбоотой эрсдэл мөн нэмэгдэх болно.

3.4.1. Худалдааны санхүүжилт нь устай холбоотой хөрөнгө оруулалтад түлхүү үүрэг гүйцэтгэх боломжтой

Устай холбоотой хөрөнгө оруулалт руу чиглэсэн худалдааны санхүүжилт хийх боломжтой гэдгийг ойлгох хүсэл, сонирхол банкны салбарынхны дунд нэмэгдэж байгаа нь ялангуяа усны бохирдлыг хянах чиглэлээр хувийн хөрөнгө оруулалт татах таатай орчин бүрдүүлэхэд сайн дэмжлэг болно. Үүнээс гадна Монгол Улсын ногоон болон тогтвортой санхүүжилтийг ихээр сонирхох болсон нь усны салбарын хувьд боломж хэмээн харагдаж байна.

Уотер Экүити (water.org-ыг анх үүсгэн байгуулж байсан) зэрэг усны салбарт оролцогч олон улсын байгууллага Монгол орны усны салбарт идэвхтэй үйл ажиллагаа явуулдаг байгууллага, ААН-ийг дэмжиж, арилжааны зээл олгох зорилгоор дотоодын зах зээлд нэвтэрч байгаа бөгөөд энэ нь усны дэд бүтэцтэй холбоотой барилгын компаниуд, гэрээлэгчдэд мөн дэмжлэг болно. Үүний дунд усны салбарт мэргэжлийн хөрөнгө оруулагч байгаагүй, усны салбарын хэрэгцээний талаарх хөрөнгө оруулагчдын мэдлэг дутмаг байсаар ирсэн өнөө үед зэрэг алхам болж байна. Уотер Экүити зэрэг мэргэжлийн хөрөнгө оруулагчийн ажил нь хувийн санхүүжилт татах, өнөөгийн тулгамдсан асуудлыг хэлэлцэхэд дэмжлэг үзүүлэх устай холбоотой боломжийг дахин сайтар тодорхойлоход илүү дэмжлэг болно.

Усны үндэсний хэлэлцүүлгийн нээлтийн уулзалт, хэлэлцүүлэгт оролцсон арилжааны банкуудын төлөөлөл ялангуяа Уотер Экуити зэрэг санхүүжүүлэгчээс тавигддаг олон улсын санхүүжилтийн шаардлагад нийцүүлэх үүднээс УХАТАҮ-тэй холбоотой хөрөнгө оруулалтыг холбогдох багцдаа аль хэдийнэ тусгасан болохыг онцлон тэмдэглэж байв. Голомт банк 10.6 сая ам.долларын УХАТАҮ-тай холбоотой зээлийн багц, түүнчлэн 2023 онд УХАТ-ын шугам хоолойд 22 сая ам.доллар төлөвлөсөн тухай онцолсон.

Гэсэн хэдий ч уг Хэлэлцүүлгийн сэдвүүдийн хүрээнд усны аюулгүй байдал, хомсдол, хөрөнгө оруулалтын боломж, усны салбарын хөрөнгө оруулалтын нөлөөллийн талаар ерөнхийдөө мэдлэг дутмаг болохыг хувийн хэвшлийнхэн хэлж байв. Арилжааны банкуудын зүгээс эрсдэлийн тухай мэдээллийн хүртээмжтэй байдлыг дээшлүүлэх, тогтвортой байдлын үнэлгээ хийх үндэслэлийг бүрдүүлэх зорилгоор өөрсдийн харилцагч, үйлчлүүлэгчдийн дунд усны үр дүнтэй менежмент, тоолууржуулалтыг хөхиулэн дэмжих сонирхолтой байгаагаа илэрхийлсэн. Хэлэлцүүлгийн үер хувийн худаг ашиглан газрын доорх ус авч ашигладаг байгууллага, ААН-д усны тоолуур хангалттай суурилуулагдаагүй бөгөөд тухайн байгууллага, ААН нууцлалын асуудлаас болоод ус ашиглалтын талаарх дата мэдээллээ санхүүгийн байгууллагатай хуваалцах төдийлэн сонирхолгүй болохыг банкуудын төлөөлөл мөн дурдсан.

Усны нөөц ба усны эрсдлийн талаарх дата мэдээллийн хүрээнд тулгамдаад буй асуудал нь ирээдүйн хөрөнгө оруулагчдын хувьд удирдан чиглүүлэхэд төвөгтэй орчинг бүр л дордуулах бөгөөд ялангуяа усны салбарт оруулах хөрөнгө оруулалтын холбогдох зардал, эрсдлийг нэмэгдүүлэх талтай. Чанарын дата, мэдээлэл дутмаг байгаа нь усны нөөцийн урт хугацааны хүртээмжтэй байдлын талаас авч үзэхэд, дундаас урт хугацаанд хөрөнгө оруулалтын тодорхойгүй нөхцөл байдал үүсгэж болзошгүй бөгөөд нөгөө талаас, бодлогын өөрчлөлттэй холбоотойгоор шилжилтийн боломжит эрсдэл, усны нөөцөд үзүүлэх уур амьсгалын өөрчлөлтийн дарамт зэргээс үүдэлтэй чиг үүргийн эсхүл нэр хүндийн эрсдэл үүсч болзошгүй. III Бүлэгт дурдсанчилан сав газрын захиргаа нь төлөвлөлтийн үйл ажиллагааг хариуцдагаас үл хамааран одоогийн төсөв нь маш бага байна. Энэ нь өндөр мэдлэг, ур чадварын түвшинг нь үнэлэх, хадгалахад хүндрэл учруулж, улмаар сав газрын төлөвлөгөө боловсруулах, дата цуглуулах, усны менежментийн суурь дэмжлэгээр хангахад саад, тотгор болж байна.

Гэсэн хэдий ч усны тогтвортой санхүүжилтийн санаачилгуудыг үр дүнтэй ашиглах боломж бий. Монгол Улсад усны аюулгүй байдалтай холбоотой томоохон зорилтуудыг дэмжих боломжоотой харьцангуй хүчирхэг банкны салбар хөгжсөн. Устай холбоотой эрсдэлийг ойлгох үүднээс Монголын Тогтвортой санхүүжилтийн (ТоС) холбооны гишүүд 12 сарын хугацаатай 25,000 ам.доллараас дээш үнийн дүнтэй бизнесийн зээлийн хүсэлтэд Байгаль орчин, нийгэм, засаглал (ESG)-ийн эрсдэлийн үнэлгээг хийдэг болоод нэлээд хугацаа өнгөрчээ. ТоС-ийн зарчим, Байгаль орчин, нийгмийн менежментийн тогтолцооны хүрээнд устай холбоотой үнэлгээний тодорхой асуултууд байдаг.

Банкны тухай хуульд 2021 онд нэмэлт, өөрчлөлт оруулсан бөгөөд одоогоор банкны салбарт илүү олон хувьцаа эзэмшигчтэй болж, нийгмийн эгэх хариуцлага бий болгох замаар банкны засаглалаа сайжруулах реформ ид өрнөж байна. Сүүлийн үед дотоодын хөрөнгийн зах зээлийг бэхжүүлэхэд чиглэсэн хүчин чармайлтын үр дүнд устай холбоотой хөрөнгө оруулалтын хүртээмжийг эдийн засгийн өргөн хүрээнд нэмэгдүүлэх боломж бүрдэх магадлалтай. Засгийн газрын зүгээс хөрөнгийн зах зээлийг хүчирхэг болгох, капитал, багцын хөрөнгө оруулалтыг бий болгоход төрийн өмчит Монголын хөрөнгийн биржийг ашиглах зорилт тавьсан бөгөөд эдгээр нь Үнэт цаасны зах зээлийн тухай хуулийн шинэчилсэн найруулгаар дэмжигдэж байна. Монгол Улс Ногоон хөрөнгө оруулалтын хүрээ (Green Investment Framework)-г хөгжүүлж байгаа бөгөөд үүнд тогтвортой санхүүжилт, ногоон даатгалын зохицуулалтын үндэсний замын зураглал болох ногоон бондын зохицуулалт хамаарна.

ТоС-ийн хороо нь усны асуудлыг тусгасан хөрөнгө оруулалтад зориулсан Ногоон болон Тогтвортой хөгжлийн зорилт (ТХЗ)-ын санхүүжилтийн таксономи зэрэг санаачилгыг улсын хэмжээнд гарган манлайлж байна.

Монгол Улсын ТХЗ-ын санхүүжилтийн таксономийн хүрээнд сонгон шалгаруулах, хяналт тавих шалгуур нь илүү нарийвчлалтай байх бөгөөд ингэснээр оролцогч талуудад технологийн сонголтын талаар ойлгоход дөхөмтэй болно. Устай холбоотой төсөл, арга хэмжээний нэг онцлог нь усны чанар, биологийн олон янз байдал, бохирдлын хяналтыг нэгэн зэрэг сайжруулахад чиглэсэн байгальд суурилсан шийдэл эсхүл нэгдсэн сав газрын менежмент зэрэг байгаль орчны хэд хэдэн зорилтод нийцүүлэх боломж юм. Энэ нь ногоон, тогтвортой хэмээн авч үзэж болохуйц устай холбоотой хөрөнгө оруулалтын технологи ба арга барилыг тодорхойлох санхүүгийн салбарын хүчин чармайлтыг дэмжихэд чухал ач холбогдолтой.

3.4.2. Төр, хувийн хэвшлийн түншлэлийг хөрөнгө оруулалт татах хэрэгсэл хэмээн тодорхойлсон

Хаягдал ус цэвэрлэх, эргүүлэн ашиглах асуудлыг нийслэлийн усны эрэлтийн менежментийн түвшинд стратегийн тэргүүлэх чиглэлээр тодорхойлсон. Төр, хувийн хэвшлийн түншлэл (ТХХТ)-ийн хүрээнд зардал, эрсдэл, техникийн талын асуудлыг хувийн сектор руу хэсэгчилэн шилжүүлэх боломжтой тул ялангуяа ТХХТ-ийг хаягдал усыг эргүүлэн ашиглах төлөвлөгөөний түвшинд авч үзүүштэй. Олон улсын туршлагаас харахад, ТХХТ нь хаягдал усыг эргүүлэн ашиглах төлөвлөгөөнд хувийн секторын хөрөнгө оруулалт, техникийн өндөр мэдлэг, ур чадварыг татах бүрэн боломжтой (OECD, 2023[39]). Тухайлбал, Өмнөд Африкийн Дурбан хотод хаягдал усыг цэвэрлэж, үйлдвэрлэлийн зориулалтыг эргүүлэн ашиглах боломжийг судалж, тодорхойлсноор ТХХТ-ээр холбогдох төсөл, арга хэмжээг амжилттай хэрэгжүүлсэн байна (Шигтгээ 4.9). Монгол Улсад өмнө нь ДЦС-ын технологийн зориулалтаар хаягдал усыг эргүүлэн ашиглах чиглэлд ТХХТ-ийн боломжийг судалж байсан ч төсөл, арга хэмжээний эдийн засагтай холбоотой асуудал ялангуяа, хаягдал усны тарифын үнэ цэнэ ба өртөг, төр ба хувийн хэвшлийн түншүүдийн хоорондох зардал хуваах асуудлын улмаас тодорхой ахиц, дэвшил гараагүй өдийг хүрсэн (2030 Water Resources Group, 2016[40]).

Төр, хувийн хэвшлийн түншлэлийн тухай хууль 2022 онд батлагдаж, уг хуульд хамгийн сүүлд 2024 онд нэмэлт, өөрчлөлт оруулсан бөгөөд уг хууль нь ТХХТ-ийн зохицуулалтын орчинг тодорхойлох зорилготой. Энэ хүрээнд 2010 онд батлагдсан, тухайн үед хүчин төгөлдөр хэрэгжиж байсан Концессын тухай хуулийг 2022 онд хүчингүй болгосон. ТХХТ-ийн тухай хуулийн зорилт нь төрийн үйлчилгээний салбар дахь өрсөлдөөнийг дэмжих, өсөн нэмэгдэж буй эрэлт, хэрэгцээнд нийцэх санхүүгийн хэрэглүүрийг нэвтрүүлэх, урт хугацаанд улсын төсвийн ачааллыг бууруулах замаар Шинэ сэргэлтийн бодлого, Алсын хараа-2050-д тусгасан дэд бүтцийн зорилтуудыг хэрэгжүүлэхэд урт хугацааны дэмжлэг үзүүлэхэд оршино (Government of Mongolia, 2022[41]). Эдгээр зорилтод нийтийн зориулалттай дэд бүтэц, төрийн үйлчилгээний салбар хамаарах бөгөөд батлан хамгаалах салбар, банк, санхүүгийн зах зээлийн үйлчилгээ, үйл ажиллагаа, ашиг олох зорилго бүхий уул уурхайн хайгуул, олборлолтын үйл ажиллагаа, хуулиар хориглосон бусад үйл ажиллагаа хамаарахгүй болно. ТХХТ-ийн хүрээнд анхны өрсөлдөөнт тендэрийн зарлах, сонгон шалгаруулах ажил 2024 онд сэргээгдэх эрчим хүчний салбарт болох хүлээлттэй байв (IFC, 2024[42]).

Олон улсын туршлагаас харахад хаягдал усыг цэвэрлэх, эргүүлэн ашиглах зорилт амжилттай хэрэгжих эсэх нь уг чиглэлийг бүрэн дэмжсэн, гэрээ контрактын загварыг мэргэжлийн түвшинд боловсруулан гаргах чадавхтай хүчирхэг бүтэц, зохион байгуулалтын орчинтой байхаас голлон хамаарч байна (World Bank Group, 2019[43]). Хаягдал усыг цэвэрлэх, эргүүлэн ашиглах зориулалтаар ТХХТ-ийг хэрхэн үүсгэн байгуулах тухай Засгийн газрын үндсэн чиглэл (үүнд хэрэгжилтийн механизм хамаарна) нь хувийн секторын санхүүжилт болон хаягдал ус цэвэрлэх дэд бүтцийн менежментийг аль алийг нь адилхан түвшинд дэмжих боломжтой.

3.4.3. Зохицуулалт, техникийн стандартын тодорхой байдал нь усны бохирдлыг хянах чиглэлд хувийн хөрөнгө оруулалтыг түлхүү дэмжих боломжтой

Усны бохирдлыг хянах технологид чиглэсэн хөрөнгө оруулалт эхлэлийн шатандаа байгаа ч энэ төрлийн хөрөнгө оруулалтын ач холбогдлын тухай мэдлэг, ойлголт улам нэмэгдэж байгаа бөгөөд усны бохирдлын тухай хууль тогтоомж, зохицуулалтын хэрэгжилт ба хяналт-шинжилгээ цаашид сайжрах төлөвтэй. III Бүлэгт дурдсанчилан усны бохирдолд хяналт-шинжилгээ хийх, стандарт, нормын хэрэгжилтийг хангах, усны нөөц бохирдуулсны төлбөр төвлөрүүлэх бүтэц, зохион байгуулалтын чадавх тааруухан хэвээрээ байна. Хэрэгжилт, төлбөр төвлөрүүлэлт төдийлөн тодорхойгүй байгаа нь бохирдлыг хянах чиглэлд хөрөнгө оруулалтыг дэмжихэд чиглэсэн Ус бохирдуулсны төлбөрийн тухай хуулийн боломжит эерэг нөлөөллийг үр дүнгүй болгох талтай.

Ерөнхийдөө усны бохирдлыг хянах менежменттэй холбоотой арга барил, технологийн тухай мэдлэг дутмаг хэвээр байна. Усны үндэсний хэлэлцүүлгийн үеэр хүнс, ундаа, жүүс үйлдвэрлэлийн салбарын төлөөлөгчдийн зүгээс холбогдох зохицуулалтын стандартад нийцүүлэх шаардлагатай хөрөнгө оруулалт гэж юу болох талаар бүрэн ойлголтгүй байгаагаа илэрхийлж байв. Жижиг, дунд үйлдвэрлэгчдийн хувьд, усны бохирдлыг хянах технологид тавигдах стандартын тухай ойлголт нь хязгаарлагдмал байдгаас гадна эхлэлтийн хөрөнгө оруулалтын зардал өндөр байдгаас хөрөнгө оруулалтын тодорхойгүй нөхцөл байдал үүсдэг тухай дурдсан. Мөн хэлэлцүүлэгт оролцсон нэхмэлийн үйлдвэрийн төлөөлөл хаягдал ус цэвэрлэхэд шаардагдах хөрөнгө оруулалтын хэмжээ нь тулгамдаад буй томоохон асуудал болохыг онцолсон бөгөөд түүнчлэн хаягдал ус цэвэрлэх нийтлэг технологиор нэхмэлийн үйлдвэрийн боломжит кластр үүсгэх замаар дэд бүтцэд хамтарсан хөрөнгө оруулалт хийх нь салбарын хувьд давуу талтай шийдэл болохыг мөн онцолж байв. Усны бохирдлыг хянах, хаягдал усыг цэвэрлэх, эргүүлэн ашиглах чиглэлд хөрөнгө оруулалт хийхэд тулгарч буй эдгээр тулгамдсан асуудлыг хэлэлцэх үүднээс орон нутгийн хувийн секторын оролцоог тасралтгүй хангахын чухал ач холбогдлыг эдгээр туршлага харуулж байна.

Ялангуяа гадны хөрөнгө оруулалттай томоохон хувийн компани, ААН, байгууллагын хувьд олон улсын стандартад нийцүүлэн, компанийн нийгмийн хариуцлага (КНХ)-ын хүрээнд тогтвортой ус ашиглалтын дадал, туршлагыг аль хэдийнэ хэрэгжүүлсэн байна. Эдгээрт "Говь" ХК, "Лоро Пьяна Монгол" ХХК зэрэг байгаль орчны нөлөөллийг бууруулах үүднээс хаягдал ус цэвэрлэх технологийг нэвтрүүлсэн ААН, байгууллага багтана. Өөр нэг жишээ нь "Говь" ХК ноолуур будах үйл явцад байгаль орчинд үзүүлэх сөрөг нөлөөллийг сааруулах зорилгоор Швейцарь, Герман улсаас эко будаг импортолж, будгийн шугамдаа ашигладаг байна. Байгальд ээлтэй бүтээгдэхүүний нэр хүнд нь тэднийг өрсөлдөгчдөөс нь давуу талтай болгож, илүү өндөр үнээр бүтээгдэхүүнээ борлуулах, нэмэлт хөрөнгө оруулалт татах үндэслэлийг бүрдүүлжээ (Gobi Cashmere, 2023[44]).

"М-Си-Эс Кока-Кола" ХХК нь үйчлүүлэгчийнхээ КНХ-ын олон улсын стандартад нийцүүлэн нийслэлийн хэмжээнд хаягдал ус цэвэрлэх байгууламжийг анх удаа барьж байгуулсан. Тус компани хаягдал усаа ТЦБ руу нийлүүлэхээс өмнө олон улсын холбогдох стандарт, нормын дагуу урьдчилан цэвэрлэдэг байна. Ингэснээр дэлхийн стандартыг нутагшуулах, эерэг нэр хүндийг олж авах, хадгалах, брэндийн үнэ цэнийг шууд бусаар нэмэгдүүлэхэд зорилготой (2030 WRG, 2014[45]).

Ус бохирдуулсны төлбөр, хаягдал ус цэвэрлэх, эргүүлэн ашиглах тухай эрх зүйн баримт бичгийн хэрэгжилтийг тасралтгүй хангаснаар хувийн хөрөнгө оруулалт татах бизнесийн туршлага бий болгоход дэмжлэг болно. Ялангуяа хаягдал усыг үр дүнтэй цэвэрлэх, эргүүлэн ашиглах асуудал нь энэ чиглэлийг дэмжих, гэрээг нарийвчлан боловсруулах чадавхтай хүчирхэг бүтэц, зохион байгуулалтын орчноос шууд хамааралтай (World Bank Group, 2019[43]).

3.4.4. Хувийн хөрөнгө оруулалт татах тухай зөвлөмжийн хураангуй

Хөнгөн үйлдвэрийн салбарын усны бохирдлыг хянах чиглэлд хувийн хөрөнгө оруулалтыг түлхүү татахад дэмжлэг үзүүлэхийн тулд цаашид технологийн стандартыг тодорхойлох нь үр дүнтэй. III Бүлэгт дурдсан Боломжит шилдэг техник (БШТ)-ийн арга барилыг усны бохирдлын хүрээнд авч үзэх нь зүйтэй. Ингэснээр байгаль орчны холбогдох зорилтуудад нийцэх технологийн сонголт хийхэд тухайн салбарын оролцоог хангахаас гадна эдийн засгийн талаас хэрэгжүүлэх боломжийг бүрдүүлнэ. Үйлдвэрийн хаягдал усны бохирдлын менежментийн хувьд зөвшөөрөгдсөн технологи ба аргачлалын удирдамж, зааварчилгаа боловсруулж гаргаснаар БШТ-д суурилсан зөвшөөрөл олгох боломж бүрдэнэ. Техникийн ажлын хэсэг нь техник, байгаль орчин, эдийн засгийн талаас холбогдох шалгуураар тодорхойлсон арга техникүүдийг ашиглан БШТ-ийн тодорхойлолтыг гаргана. Эдгээр 3 талыг зайлшгүй тусгах нь тухайн бохирдолд хяналт тавих зорилтод нийцсэн зааварчилгаа, удирдамж боловсруулан гаргахад дэмжлэг болохын зэрэгцээ улсын хэмжээнд эдийн засгийн үр ашигтай байдалд эерэгээр нөлөөлөх талтай (Шигтгээ 3.7). Энэ арга барил нь үйлдвэрийн хаягдал усны бохирдлыг хянахад чиглэсэн эдийн засаг, байгаль орчны тогтвортой алхмуудын хүрээнд зохицуулагч болон үйлдвэрийн хооронд тодорхой, нийтлэг ойлголтыг бий болгоход дэмжлэг болно.

Цаашид технологийн стандартыг илүү тодотгож өгснөөр хөрөнгө оруулагчдын зүгээс тогтвортой төсөл, арга хэмжээнд оруулах хөрөнгө оруулалт нэмэгдэж, өсөн нэмэгдэж буй эрэлтийг хангахад үр дүнтэй. Усны салбарын хөрөнгө оруулалт нь ерөнхийдөө уур амьсгалын арга хэмжээ, биологийн олон янз байдал ба байгаль орчинд авчрах үр өгөөжийн хамрах хүрээг тодруулахаас гадна “ногоон тархи угаалт”-аас урьдчилан сэргийлэх арга хэмжээ авч хэрэгжүүлнэ. Үүний тулд ногоон эсхүл тогтвортой хөрөнгө оруулалт гэж юуг авч үзэх тухай нийтлэг ойлголтыг тодорхой болгох нь зүйтэй. Тогтвортой хөрөнгө оруулалттай холбоотой бодлого, стандартуудын зөрүү, ялгаатай байдлын улмаас зах зээлийн хуваагдмал, тодорхойгүй байдал нэмэгдэж, улмаар шилжилтийн үед тохиромжтой хөрөнгө ба төслийн санхүүжилтийг хязгаарлаж болзошгүй.

Хаягдал ус цэвэрлэх, эргүүлэн ашиглах, усны бохирдлыг хянах чиглэлд хувийн секторын хөрөнгө оруулалтыг бэхжүүлэх таатай нөхцөлийг бүрдүүлэх нь зүйтэй. Үүнд ялангуяа төлбөр төвлөрүүлэхтэй холбоотойгоор Ус бохирдуулсны төлбөрийн тухай хуулийн үр дүнтэй хэрэгжилт хамаарна. Ус бохирдуулсны төлбөр, хаягдал ус цэвэрлэх, эргүүлэн ашиглах тухай эрх зүйн баримт бичгийн хэрэгжилтийг тасралтгүй хангаснаар хувийн хөрөнгө оруулалт татах бизнесийн туршлага бий болгоход дэмжлэг болно. Ялангуяа хаягдал усыг үр дүнтэй цэвэрлэх, эргүүлэн ашиглах асуудал нь уг чиглэлийг дэмжих, гэрээг нарийвчлан боловсруулах чадавхтай хүчирхэг бүтэц, зохион байгуулалтын орчноос шууд хамааралтай. Олон улсын туршлагаас харахад энэхүү зорилт амжилттай хэрэгжих эсэх нь хаягдал усыг цэвэрлэх, эргүүлэн ашиглахыг дэмжсэн, гэрээний загварыг сайтар бүрдүүлж чадсан хүчирхэг институцийн орчноос голлон хамаарсан байна (World Bank Group, 2019[43]). Хаягдал усыг цэвэрлэх, эргүүлэн ашиглах зориулалтаар ТХХТ-ийг хэрхэн байгуулах тухай Засгийн газрын үндсэн чиглэл (үүнд хэрэгжилтийн механизм хамаарна) нь хувийн секторын санхүүжилт болон хаягдал ус цэвэрлэх дэд бүтцийн менежментийг аль алийг нь нэгэн адил түвшинд дэмжих боломжтой.

Дата, мэдээлэл, арга хэрэгслийн хүртээмжтэй, хүрэлцээтэй байдал нь чиг үүргээ бүрэн гүйцэтгэхэд маш чухал бөгөөд газрын доорх усны чанар, тоо хэмжээний талаарх дата, мэдээлэл дутмаг байх нь үр дүнтэй төлөвлөлтийг хойш татаж буй тулгамдсан асуудал хэвээр байна. Цаашид хөрөнгө оруулалтыг дэмжихийн тулд ялангуяа газрын доорх усны дата, мэдээлэл цуглуулах чиглэлд үр дүнтэй, ил тод, хүртээмжтэй байдлыг дээшлүүлэх нь зүйтэй. Холбогдох байгууллагуудаас шаардлагатай дата, мэдээллийг системтэйгээр цуглуулж, эмхтгэх үүднээс дата цуглуулах төвлөрсөн механизмыг хэрэгжүүлэх нь цаашид хөрөнгө оруулагчдад илүү ойлгомжтой, тодорхой байдлыг бүрдүүлэх тал дээр үр дүнтэй.

Шигтгээ 3.7. Боломжит шилдэг техникийг тодорхойлох эдийн засгийн хэрэгсэл

БШТ-ийг тодорхойлохдоо техник, байгаль орчин, эдийн засгийн талаас бүрдлийг бүрэн хангах замаар олон улсын цогц шалгуурт суурилсан байх шаардлагатай. Бүх 3 талыг бүрэн авч үзсэн байх нь маш чухал.

Үүнээс гадна БШТ-ийг тодорхойлоход агаар, ус, хөрсний дам бохирдлын нөлөөлөл (cross-media and cross-pollutant effects)-ийг зайлшгүй авч үзэх нь зүйтэй. Түүнчлэн БШТ-тэй холбогдох ялгаруулалтын түвшин (AEL)-г тогтоохдоо олон улсын гэрээ конвенц эсхүл бусад орныхтой ижил төстэй усны чанарын стандартад тодорхойлсон байгаль орчны чанарын стандартад тавигдах доод түвшинг авч үзэх шаардлагатай

Сонгон шалгаруулж буй техникүүдийг үнэлэхдээ, Техникийн ажлын хэсгийн зүгээс зардал, үр ашгийн шинжилгээ хийх, ийм боломжгүй тохиолдолд, 'нөөцийн бага зарцуулалттай процедур' зэрэг худалдан авах чадварыг хамруулсан байдлаар техникүүдийг эдийн засаг талаас нь үнэлэх үнэлгээний стандарт аргачлал ашиглах нь зүйтэй. Дараах тохиолдолд тухайн техник нь эдийн засгийн хувьд үр ашигтай хэмээн үзэж болно. Үүнд:

- энэхүү техник нь салбартаа дунд зэрэгт тооцогдох үйлдвэр, компани, ААН, байгууллагын хувьд худалдан авах боломжтой байх. Тухайлбал, засгийн газрын татаас болон бусад санхүүгийн дэмжлэгийн механизмийг ашиглахгүйгээр холбогдох үйлдвэрийн салбарт өргөн хүрээнд нэвтрүүлсэн байх, нийт санхүүгийн зардал ба байгаль орчны үр өгөөжийг бүхэлд нь хамруулсан байх. Түүнчлэн операторуудын хувьд хангалттай хүртээмжтэй байх. Тухайлбал, хязгаарлагдмал эрх, патентгүй байх;
- зардал/байгаль орчны үр өгөөж нь үндэслэлтэй байх.

Эх сурвалж: (OECD, 2020[46]) Үйлдвэрийн бохирдлоос урьдчилан сэргийлэн, түүнд хяналт тавих Боломжит шилдэг техник (БШТ), Үйл ажиллагаа 4: БШТ-ийг тодорхойлох, БШТ-тэй холбоотой Байгаль орчны гүйцэтгэлийн түвшин, БШТ-д суурилсан зөвшөөрлийн нөхцөлүүдийн тухай удирдамж, зааварчилгааны бичиг баримт.

Ашигласан материал

2030 Water Resources Group (2016), *Hydro-economic Analysis on Cost-Effective Solutions to Close Ulaanbaatar's Future Water Gap. Mongolia, Ulaanbaatar*, 2030 Water Resources Group, Washington, https://www.2030wrg.org/wp-content/uploads/2016/09/2030-WRG-Hydroeconomic-Analysis_Ulaanbaatar_Aug16_final.pdf. [40]

2030 WRG (2014), *Mongolia: Targeted Analyis on Water Resource Management Issues*, 2030 Water Resources Group, Washington. [45]

ADB (2021), *Decentralization, Local Governance, and Local Economic Development in Mongolia*, Asian Development Bank, Manila, Philippines, https://doi.org/10.22617/TCS210319-2. [27]

Brown, C., F. Boltz and K. Dominique (2022), "Strategic Investment Pathways for resilient water systems", *OECD Environment Working Papers*, Vol. 202. [4]

Burke, E. et al. (2023), *What the Future Has in Store: A New Paradigm for Water Storage (English)*, World Bank Group, Washington. [16]

Burke, E. et al. (2023), *What the Future Has in Store: A New Paradigm for Water Storage (English)*, World Bank Group, Washington. [18]

Butler, D. et al. (2017), "Reliable, resilient and sustainable water management: the Safe & SuRe approach", *Global Challenges*, Vol. 1/1, pp. 63-77, https://doi.org/10.1002/GCH2.1010. [5]

Byambadorj, A. and H. Lee (2019), "Household Willingness to Pay for Wastewater Treatment and Water Supply System Improvement in a Ger Area in Ulaanbaatar City, Mongolia", *Water 2019, Vol. 11, Page 1856*, Vol. 11/9, p. 1856, https://doi.org/10.3390/W11091856. [31]

Contreras, D., A. Gómez-Lobo and I. Palma (2018), "Revisiting the distributional impacts of water subsidy policy in Chile: a historical analysis from 1998–2015", *Water Policy*, Vol. 20/6, pp. 1208-1226, https://doi.org/10.2166/wp.2018.073. [37]

Erofeev, N. (2024), "Complementary assistance: multilateral exchanges between the Soviet Union, China and Eastern European countries in Cold War Mongolia", *Cold War History*, Vol. 24/3, pp. 453-473, https://doi.org/10.1080/14682745.2024.2328702. [30]

European Commission (2022), *Proposal for a Directive of the European Parliament and of the Council concerning urban wastewater treatment (recast)*, Directive of the European Parliament and of the Council. [12]

European Parliament (2024), *New EU rules to improve urban wastewater treatment and reuse*, European Parliament News Press Releases. [13]

Fan, M. (2023), "Managed Aquifer Recharge in Mongolia: Policy Recommendations and Lessons Learned from Pilot Applications. ADB Briefs No.263", *ADB Briefs*, Asian Development Bank, Manila, https://doi.org/10.22617/BRF230405-2. [11]

Flores, M., G. Gonchigsumlaa and K. Surenjav (2015), *An Economic Valuation of Contribution of Ecosystem Services of the Network of Protected Areas to the Economy of Mongolia*, Ministry of Environment, Green Development and Tourism, GEF and UNDP. [14]

Gerard Soppe, Nils Janson and Scarlett Piantini (2018), *Water Utility Turnaround Framework - A Guide for Improving Performance*, Water Global Practice World Bank Group, Washington. [38]

GFDRR (2015), "Boosting Flood Resilience in Mongolia", *Global Facility for Disaster Reduction and Recovery (GFDRR)*. [19]

Gobi Cashmere (2023), *World Water Day 2023 - the benefits of organic cashmere*, https://www.gobicashmere.com/blogs/news/world-water-day-2023-the-benefits-of-organic-cashmere/. [44]

GoGo news (2023), *Allocation of MNT 340 billion to PM next year is higher than budget of some Ministries*, https://mongolia.gogo.mn/r/qo0m7. [8]

Goksu, S. et al. (2017), *Easing the Transition to Commercial Finance for Sustainable Water and Sanitation*, World Bank Group, Washington. [23]

Government of Egypt (2023), "NWFE Progress Report Number 1 - November 2023", *Ministry of International Cooperation*. [22]

Government of Mongolia (2024), *Government action plan for 2024-2028*, https://legalinfo-mn.translate.goog/mn/detail?lawId=17141368141311&_x_tr_sl=mn&_x_tr_tl=en&_x_tr_hl=en&_x_tr_pto=sc. [2]

Government of Mongolia (2022), "Law of Mongolia on Public and Private Partnerships", *Unified Legal Information System - Unofficial Translation*, https://legalinfo.mn/en/edtl/16959927275401 (accessed on 18 November 2024). [41]

Government of Mongolia (2020), *"Vision-2050" Long-term Development Policy Of Mongolia, Annex 1 to Resolution 52, 2020*, State Great Hural, https://cabinet.gov.mn/wp-content/uploads/2050_VISION_LONG-TERM-DEVELOPMENT-POLICY.pdf. [1]

Government of Mongolia (2020), *"Vision-2050" Long-term Development Policy Of Mongolia, Annex 1 to Resolution 52, 2020*, State Great Hural, https://cabinet.gov.mn/wp-content/uploads/2050_VISION_LONG-TERM-DEVELOPMENT-POLICY.pdf. [35]

IFC (2024), "IFC to Advise Government of Mongolia on its First Competitively Tendered Renewable Energy IPP", *International Finance Corporation - World Bank Group*. [42]

Krumwiede, B. et al. (2014), "Recent Glacier Changes in the Mongolian Altai Mountains: Case Studies from Munkh Khairkhan and Tavan Bogd", in *Global Land Ice Measurements from Space*, Springer Berlin Heidelberg, Berlin, Heidelberg, https://doi.org/10.1007/978-3-540-79818-7_22. [20]

Laubenstein, H. and X. Leflaive (2024), "Water investment planning and financing", *OECD Environment Working Papers* 237. [9]

Leflaive, X. and M. Hjort (2020), "Addressing the social consequences of tariffs for water supply and sanitation", *OECD Environment Working Papers*, Vol. 166. [36]

MCA (2024), "Procurement notice: Consulting Services for Strengthening of the Water Services Regulatory Commission; Water Affordability and Customer Assistance Policy Development; and Tariff and Subsidy Modeling and Revision", *Millenium Challenge Account - Mongolia*, https://mca-mongolia.gov.mn/en/procurement/spn-20240925 (accessed on 12 December 2024). [34]

McKinney, M. and C. Rycewicz (2019), *The Selenge River - Lake Baikal Transboundary Basin. A Preliminary Assessment of Opportunities to Enhance Collaboration on Conservation & Development*, University of Montana Center for Natural Resources & Environmental Policy, Missoula. [17]

OECD (2023), *Water Financing and Disaster Risk Reduction in Indonesia: Highlights of a National Dialogue on Water*, OECD Studies on Water, OECD Publishing, Paris, https://doi.org/10.1787/3205b20a-en. [39]

OECD (2022), *Financing a Water Secure Future*, OECD Studies on Water, OECD Publishing, Paris, https://doi.org/10.1787/a2ecb261-en. [10]

OECD (2020), "Best Available Techniques (BAT) for Preventing and Controlling Industrial Pollution - Activity 4: Guidance Document on Determining BAT, BATAssociated Environmental Performance Levels and BAT-Based Permit Conditions", *OECD Series on Prevention and Control of Pollutant Releases, OECD Publishing, Paris*, https://doi.org/10.1787/face67e3-en (accessed on 18 November 2024). [46]

OECD (2019), *Making Blended Finance Work for Water and Sanitation: Unlocking Commercial Finance for SDG 6*, OECD Studies on Water, OECD Publishing, Paris, https://doi.org/10.1787/5efc8950-en. [15]

OECD (2011), *Meeting the Challenge of Financing Water and Sanitation*, OECD Publishing, Paris. [24]

Osti, R. (2024), *Freezing the Impact: Tackling Glacial Melt with Resilient Solutions*, Asian Development Bank (ADB), Manilla. [21]

Parliament of Mongolia (2020), *Law on Policy, Planning and its Management*, https://legalinfo.mn/mn/detail/15403. [6]

Shar, M. (2022), *Green Development Revival Policy: “Blue Horse” project overview*. [3]

Soppe, G., N. Janson and S. Piantini (2018), *Water Utility Turnaround Framework - A Guide for Improving Performance*, Water Global Practice World Bank Group, Washington. [32]

UNICEF (2016), *Equity in Public Financing of Water, Sanitation and Hygiene (WASH) MONGOLIA unite for children UNICEF East Asia and Pacific Regional Office*, http://www.unicef.org/eapro. [28]

USUG (2024), *It will be possible to get water 24 hours a day from 331 smart water dispensers*, Information Page, https://usug.ub.gov.mn/mn/post/271/331-%D1%83%D1%85%D0%B0%D0%B0%D0%BB%D0%B0%D0%B3-%D1%83%D1%81-%D1%82%D2%AF%D0%B3%D1%8D%D1%8D%D1%85-%D0%B1%D0%B0%D0%B9%D1%80%D0%BD%D0%B0%D0%B0%D1%81-24-%D1%86%D0%B0%D0%B3%D0%B0%D0%B0%D1%80-%D1%83%D1%81%D0%B0%D0%B0-%D0%B0%D (accessed on 19 November 2024). [29]

VEI (2024), *WOP Mongolia: Consulting Services USUG*, VEI Water Operator Partnerships (WOPs), https://www.vei.nl/projects/wop-mongolia (accessed on 14 March 2024). [33]

World Bank (2024), *International Benchmarking Network for Water and Sanitation (IBNET)*, Intelligent Utilities New IBNET. [25]

World Bank (2013), *MONGOLIA: IMPROVING PUBLIC INVESTMENTS TO MEET THE CHALLENGE OF SCALING UP INFRASTRUCTURE*, World Bank, https://worldbankgroup.sharepoint.com/sites/public-investment-management-pim-cop/Knowledge%20Base/Mongolia-Public-Investment-Report.pdf. [7]

World Bank Group (2019), “From Waste to Resource - Shifting paradigms for smarter wastewater interventions in Latin America and the Caribbean”, *International Bank for Reconstruction and Development / The World Bank*, https://documents1.worldbank.org/curated/en/976781582255030562/pdf/Background-Paper-VI-Market-Potential-and-Business-Models-for-Resource-Recovery-Products.pdf (accessed on 19 November 2024). [43]

WRG (2019), *Urban Water Tariff Assessment: Integrating Social Equity, Financial Sustainability, Resource Conservation*, Water Resource Group, Ulaanbaatar. [26]

ТЭМДЭГЛЭЛ

[1] 1 USD = 3,433.89 MNT

[2] The same law states that if the preliminary findings of the technical and financial feasibility of the project proves its socio-economic benefit and impact, then MED conducts detailed feasibility study and detailed design.

[3] Валютын ханшийг 2024 оны 02 дугаар сарын байдлаар ашиглав, 1 ам.доллар = 3,450 төгрөг

[4] Нэг төслийн ТЭЗҮ-ийн нарийвчилсан судалгаа тухайн үед хийгдэж байсан, зардлын тооцоолол шинэчлэгдэнэ.

[5] Усны үндэсний зөвлөл байгуулах ЗГ-ын 2023 оны тогтоолоос холбогдох яамдын нэрсийг иш татав. 2024 оны 12 дугаар сарын байдлаар зарим яамны нэрс өөрчлөгдсөн болно. Яамдын өмнөх болон одоогийн нэрсийг лавлах мэдээлэл, товчилсон үгсийн жагсаалтаас харна уу.

4. Усны мэдээллийн систем, хүний нөөцийг сайжруулах нь

Уур амьгалын өөрчлөлт ид явагдаж буй өнөө цагт усны мэдээллийн найдвартай систем бий болгох нь төрөөс усны салбарт баримтлах бодлого болон усны үр дүнтэй менежмент хэрэгжүүлэх үндэс суурь билээ. Ус судлалын менементийн системийг өргөтгөн сайжруулснаар бүтэц, зохион байгуулалт сайтай усны мэдээллийн систем хөгжүүлэх боломж бүрдэж, цаашид үр дүнтэй шийдвэр гаргахад дэмжлэг үзүүлнэ. Үүнээс гадна урт хугацааны арга барилыг авч ашиглан энэхүү системийн бүрэн гүйцэт ашиглалтыг хангахын тулд хүний нөөцийн чадавхыг бэхжүүлэхэд хүчин чармайлт тавих нь усны менежментийн тогтвортой бүтэц, зохион байгуулалт бий болгох үндэс суур болж өгнө.

Товч танилцуулга

Энэ бүлэгт уур амьсгалын өөрчлөлтөөс үүдэлтэй гидрологийн өөрчлөлт, өнөөгийн усны дэд бүтэц ба холбогдох технологийн системийн эмзэг байдлыг авч үзснээр **усны мэдээллийн үр дүнтэй систем** бий болгох чиглэл, Монгол Улсын усны мэргэжилтнүүдийн **чадавхыг бэхжүүлэх** арга замыг тодорхойлсон болно. Энэ хүрээнд дараах бүрэлдэхүүн хэсгүүдийг шинжилсэн. Үүнд:

- Ус судлалын хяналт-шинжилгээний сүлжээний суурилуулалт, ашиглалтын түвшинд инновац бүхий стандарт нэвтрүүлэх, бүтэц, зохион байгуулалтын шинэчлэл хийх.
- Системчилсэн ус судлалын хяналт-шинжилгээний сүлжээг бодитой өргөтгөх.
- Мэдээлэл харилцааны технологи (МХТ)-д суурилсан ус судлалын хяналт-шинжилгээний төхөөрөмжийг сайжруулах, ус судлалын хяналт-шинжилгээний дэд бүтцийг шинэчлэх:
  - Ус судлалын хяналт-шинжилгээний хуучирч буй дэд бүтцийг шинэчлэх
  - Ус судлалын хяналт-шинжилгээний дата мэдээллийн чанарын хяналтыг сайжруулах
  - Орчин үеийн дэвшилтэт технологи ашиглан үерийг урьдчилан таамаглах, түүнээс сэрэмжлүүлэх систем бий болгох хамаарна.

Усны мэдээллийн нэгдсэн системийг улсын усны мэдээллийн нэгдсэн систем болон усны менежментийн төв байгуулах замаар илүү дэвшилтэт болгож, сайжруулах боломжтой.

Дунд, урт хугацааны урьдчилсан төлөвлөгөө боловсруулж, усны салбарын мэргэжилтнүүдийг чадавхжуулах цогц арга барил хэрэгжүүлэн, хүний нөөцийн чадавхыг бэхжүүлснээр усны мэдээллийн системийг боловсронгуй болгох боломжийг бүрдүүлнэ. Ус, байгаль орчин болон Боловсролын үндэсний төвийг байгуулснаар энэхүү арга барилыг дэмжих боломжтой.

Дээр дурдсан төлөвлөгөө боловсруулахын сацуу Монгол Улсад МХТ-д суурилсан усны дэвшилтэт менежментийг хэрэгжүүлэх боломжийг харуулах хоёр туршилтын төслийг богино хугацаанд хэрэгжүүлэх боломжтой. Үүнд:

- Төсөл 1. БОУАӨЯ-ны хүрээнд УННМ-ийн нэгдсэн үйл ажиллагааны төв байгуулах төсөл
- Төсөл 2. Хот суурины ус хангамж, ариутгах татуургын ашиглалт, үйлчилгээг зохицуулах хороо (ХСУХАТАҮЗХ)-ны дэмжлэгтэйгээр хүний нөөцийн чадавхыг бэхжүүлэх төсөл

4.1. Ус судлалын хяналт-шинжилгээний сүлжээг бэхжүүлэх

БОУАӨЯ улсын хэмжээнд ус судлалын ажиглалт, гадаргын усны дата мэдээлэл боловсруулалтыг хариуцдаг бол Цаг уур орчны шинжилгээний газар болон Усны нөөцийн хэлтэс нь гадаргын болон газрын доорх усны асуудлыг хариуцан ажилладаг байна (Зураг 4.1)

Зураг 4.1. Монгол Улсад усны нөөцийн хяналт-шинжилгээ, дата менежментийн чиг үүрэг гүйцэтгэдэг байгууллагууд

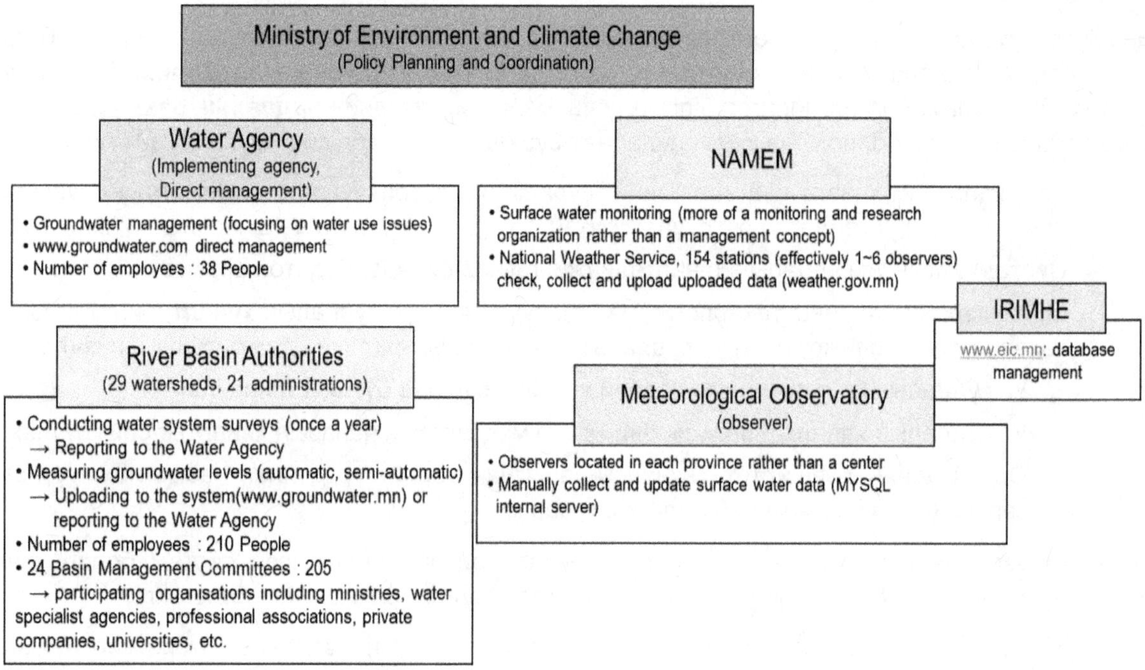

Эх сурвалж: БОАЖЯ (хуучнаар).

4.1.1. Ус судлалын хяналт-шинжилгээний сүлжээний төлөв байдал

Ус судлалын ажиглалтын харуул нь улсын усны нөөцийн төлөвлөлт, хөгжлийн менежменттэй холбоотой хамгийн гол мэдээллийг ажиглах, судлахад чухал үүрэг гүйцэтгэдэг. Засгийн газар эдгээр чиг үүргийг хангахын тулд гадаргын усны түвшин болон урсгалд хэмжилт хийдэг 181 цаг уурын ажиглалтын харуул (Байгаль орчин, аялал жуулчлалын яам, 2021) болон газрын доорх усны 325 мониторингийн цэгийг (68 автомат, 255 хагас автомат, 2 гар аргаар) зохион байгуулан, үйл ажиллагаа явуулж байна.

Зураг 4.2. Монгол Улсын цаг уурын болон ус судлалын ажиглалтын өртөө, харуул (гадаргын ус)-ын байршил (2020 он)

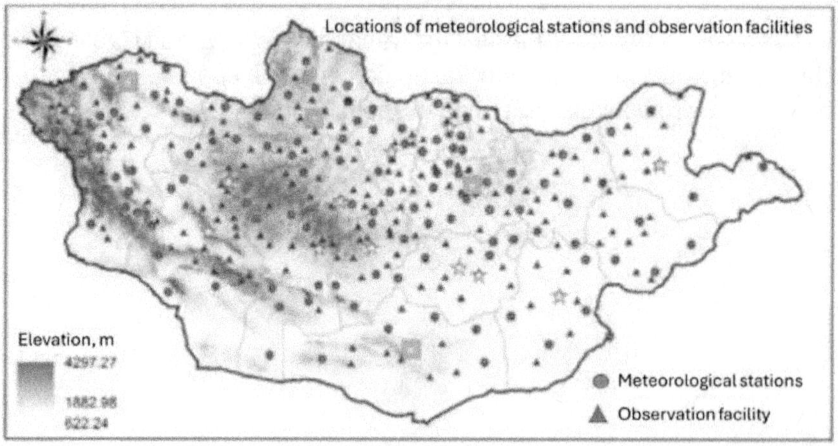

Эх сурвалж: БОАЖЯ, 2019-2020.

Ус судлалын дата мэдээллийг үр дүнтэй цуглуулах, хадгалах, дүн шинжилгээ хийх, танилцуулах зорилгоор АХБ-ны дэмжлэгтэйгээр 2022 онд улсын хэмжээнд 29 сав газарт Газарзүйн мэдээллийн систем (ГМС-GIS) бий болгосон. Гэсэн хэдий ч уг систем нь ус судлалын зөвхөн үндсэн дата мэдээллийг бүртгэснээр хязгаарлагдаж байв. Дата мэдээлэл олж авах боломжийг илүү олон сав газарт өргөжүүлэх нь дүн шинжилгээний үр дүнг илүү тодорхой гаргах боломжийг бүрдүүлнэ. Салхины хурд, чиглэл, хур тунадас, температур, чийгшил, атмосферийн даралтыг минут тутамд ажиглах зорилгоор 2017-2019 онд (гурван жилийн хугацаанд) улсын хэмжээнд цаг уурын ажиглалтын 32 харуулд Цаг агаарын уурын автоматжуулсан систем (AWS) суурилуулсан.

Газрын доорх усны хяналт-шинжилгээний сүлжээ

Улсын хэмжээнд газрын доорх усны хяналт–шинжилгээний 325 цэг байгаагаас 28% нь Улаанбаатар хотод, 45% нь говийн бүсэд, 27% нь улсын бусад хэсэг байрладаг бөгөөд зургаан цаг тутамд ажиглалт хийдэг. Илүү олон хяналт-шинжилгээний цэг байгуулснаар газрын доорх усны нөөцийн үр ашигтай менежментийг дэмжих боломж бүрдэнэ. Засгийн газраас сүүлийн үед хүн ам ихээр суурьшсан газар, томоохон уул уурхайн бүс, байгаль орчны экологийн мониторинг хийх цэгүүдийн тоог нэмэгдүүлсэн (2011 оноос хойш). "Алсын Хараа-2050" Монгол Улсын урт хугацааны хөгжлийн бодлогод тусгаснаар жилд 20 цэгээр (2020-2024) нэмэгдүүлэн 2050 оны түвшинд 500 орчимд хүргэхээр төлөвлөж байна.

Усны температур, түвшин, даралт зэрэг газрын доорх усны мэдээллийг үүрэн холбооны сүлжээгээр 6 цаг тутамд серверт дамжуулдаг. Автомат ажиглалт хийхэд хүндрэлтэй тохиолдолд Сав газрын захиргаа жилд хоёр удаа дата мэдээллийг цуглуулж, Усны газарт дамжуулан мэдээллээр хангадаг. Усны газар нь газрын доорх усны эцсийн дата мэдээллийг хариуцан ажилладаг байна (Mr. Batbayar Zeneemyadar, 2024[1]).

Монгол орны 29 сав газрын захиргаанд ус судлалын ажиглалтын сайжруулсан байгууламж, төсөв, ажиллах хүчин шаардлагатай байгаа бөгөөд мэргэшсэн боловсон хүчин, мэдээллийн дүн шинжилгээний систем дутмаг байгаагаас системчилсэн дата мэдээллийн дүн шинжилгээ, мэдээллээр хангахад бэрхшээл тулгарч байна. Зөвхөн нэг монитор ажиллаж байгаагаас серверийн үйл ажиллагааны удирдлага асуудалтай тулгамдаж байгаа бөгөөд зарим тохиолдолд төсвийн хязгаарлалтын улмаас сервер ажилладаггүй байна.

Ус судлалын ажиглалтын сүлжээний суурилуулалт, үйл ажиллагааны удирдлагын стандарт зөрүүтэй байна. Мэдээллийн менежмент нь үндэсний хэмжээний байгууллага эсвэл аймаг, ажиглалтын төв тус бүрийн ажиглалтын стандарт тогтоох зэрэг үйл ажиллагааны удирдлагын ААН, байгууллагыг тодорхойлсноор үр ашигтай байх боломжтой. Стандарт болон систем нь эмзэг бүс нутгийн усны тоо хэмжээ, усны чанарт төвлөрч, улмаар ажиглалтын хүчин зүйлс, давтамжийг өргөжүүлж болно. Ялангуяа эмзэг бүсэд усны чанарыг үе үе хэмжих нь усны чанарыг илүү сайжруулна (Battulga Dariimaa, Gombosuren Odontuya and Andarai Tsiiregzen, 2021[2]).

Гадаргын усны ажиглалтын сүлжээ

Орон нутгийн цаг уур, орчны шинжилгээний төв нь 1-6 цаг уурын харуулын ажиглагчтай бөгөөд шаардлагатай тохиолдолд аймаг болон сав газрын захиргаатай хамтран ажилладаг. Монгол Улсын хэмжээнд өнөөгийн байдлаар 5,000 км² талбай тутамд нэг ажиглагч байгаа нь боловсон хүчнийг нэмэгдүүлэх, тоног төхөөрөмжийг шинэчлэх зайлшгүй шаардлагатайг харуулж байна (Fan, 2020[3]). Дэлхийн цаг уурын байгууллага (ДЦУБ)-аас уулархаг нутагт 250 км², тал, гүвээрхэг газарт 575 км², арлын бүс нутагт 25 км² талбай тутамд хур тунадас ажиглах станц байх шаардлагатай хэмээн зөвлөдөг. Монголын орны цөлөрхөг өргөн уудам нутаг дэвсгэр (40%)-ийг харгалзан үзвэл энэ стандарт нь тус орны хувьд төдийлөн хамааралтай биш ч байж болох юм.

Хүснэгт 4.1. Ус судлалын ажиглалт, дата мэдээллийн менежментийн төлөв байдал

Эх сурвалж: Цаг уур, орчны шинжилгээний газартай хийсэн ярилцлага, 2023 он

Ажиглалтын харуул	Хэмжих арга	Ус судлалын мэдээллийн менежмент
Усны түвшин хэмжигч	Урсгалын хөндлөн огтлол ба усны гүнийг ихэвчлэн шугам, модон хавтангаар хэмждэг бол урсгалын хурдыг хөвүүрийн тусламжтайгаар хэмждэг байна.	Өдөрт хоёр удаа (өглөө, орой) цаг уурын харуулын ажиглагчид талбайн хэмжилт хийж, мэдээллийг SQL серверт илгээдэг. Ус цаг уур, судалгаа мэдээллийн хүрээлэнгийн Гадаргын усны судалгааны хэлтсийн ажилтан дата мэдээллийг шалгаж, weather.gov.mn сайтад байршуулахыг зөвшөөрдөг.
Усны халуун хэмжигч	Усны түвшний хэмжилтийн хамт термометрээр хэмжинэ.	Дээрхтэй адил
Урсгал хэмжигч	-	-
Хурд хэмжигч	Сэнсний төрлийн хурд хэмжигч	Зун: сард 5 хэмжилт, Өвөл: сард 3 хэмжилт, Дата мэдээллийг сар бүр БОАЖЯ (хуучнаар)-нд хүргүүлж, жил бүр БОАЖЯ (хуучнаар) дүн шинжилгээ хийж, бүртгэлд хадгална (хэвлэмэл файл).
Ууршилт	Жилд нэг удаа 3-5 цэгт хэмжилт хийдэг	БОАЖЯ-ны бүртгэлд хадгалах

Усны түвшний ажиглалтыг шугаман эсвэл модон ус хэмжигчээр өдөрт 2 удаа (автомат ус хэмжигч багаж суурилуулалтын туршилт) хийдэг бөгөөд улсын хэмжээнд 156 байрлалд (138 гол, мөрөн, 18 усан сан) гадаргын усны ажиглалтын байгууламж байгаа бөгөөд ихэнх нь ашиглалтаас гарсан байна (Хүснэгт 4.1 Ус судлалын ажиглалт, дата мэдээллийн менежментийн төлөв байдал).

4.1.2. Ус судлалын хяналт-шинжилгээний системийг бэхжүүлэх талаарх зөвлөмж

Ус судлалын хяналт-шинжилгээний системыг сайжруулах чиглэлээр гурван зөвлөмж санал болгож байна. Үүнд: 1) Ус судлалын ажиглалтын сүлжээний тоног төхөөрөмж суурилуулалт, ашиглалтын стандарт болон байгууллагын шинэчлэл, 2) Ус судлалын системчилсэн ажиглалт, МХТ-д суурилсан ус судлалын ажиглалтын байгууламжийг өргөжүүлэх хамаарна.

Ус судлалын ажиглалтын сүлжээний тоног төхөөрөмж суурилуулалт, ашиглалтын стандарт болон байгууллагын шинэчлэлт

Засгийн газар ус ажиглалтын бодлогын чиглэлийг засгийн газрын түвшинд (тухайлбал, ус судлалын ажиглалтын сүлжээг шинэчлэх ажлын хэсэг байгуулах гэх мэт) тогтоож, холбогдох хууль тогтоомж, тогтолцоо, хэм хэмжээг стандартчилах арга хэмжээг хамруулсан цогц стандарт, тогтолцоог бий болгохыг эрэлхийлэх нь зүйтэй. Усны мэдээллийн үнэн, зөв байдлыг шинэлэг байдлаар сайжруулах, тоног төхөөрөмжийг шинэчлэх, чанарын хяналтыг стандартчилах, хяналт-шинжилгээний сүлжээг хариуцах мэргэшсэн байгууллага байгуулах шаардлагатай байна.

Орон нутгийн нөхцөл байдалд тохирсон тоног төхөөрөмж, системийг туршилтын журмаар (ууршилт, усны түвшин хэмжигч багаж гэх мэт) эмзэг цэгүүдээс эхлээд үе шаттайгаар нэвтрүүлэх хэрэгтэй. Энэ нь хур тунадасны урьдчилсан мэдээ, ус судлалын дүн шинжилгээ, үерийн урьдчилсан мэдээ, сэрэмжлүүлгийг нэгэн зэрэг гүйцэтгэх системээр дамжуулан ус судлалын ажиглалтын ажлыг дэмжих боломжийг бүрдүүлнэ. Усны чанарт Ус цаг уур, орчны судалгаа, мэдээллийн хүрээлэн (ЦУОСМХ) дүн шинжилгээ хийж, EIC.mn цахим хуудсаар мэдээлдэг байна. Гэсэн хэдий ч хэрхэн, хаана, хэзээ дээж авах талаарх үндсэн арга зүй, зохицуулалт нь тодорхойгүй байгаа юм. Дата мэдээллийн дүн шинжилгээг аймгийн цаг уур, орчны шинжилгээний газар, алба өөрсдийн лабораторт хийж, EIC.mn цахим хуудаст нийтлүүлэхээр ЦУОСМХ-д илгээдэг. Тэдгээрийн мэдээлдэг параметрүүдэд цахилгаан дамжуулах чанар (EC), биохимийн хэрэгцээт хүчилтөрөгч (BOD), перманганатын исэлдэлтийн түвшин (мг/л) болон усны чанарын индекс багтана. БОУАӨЯ-наас энэ жил нийтлэхээр төлөвлөж буй байгаль орчны суурь судалгааны тайланд гадаргын усны чанарын хяналт-шинжилгээний 81 дээж авсан талаар тусгажээ. Тиймээс гадаргын усны чанарын хяналт-шинжилгээний харуулын тоо жилээс жилд харилцан адилгүй байна.

Ус судлалын дата мэдээлэлд хяналт-шинжилгээ хийх, мэдээллийн сан байгуулах, мэдээллийн чанарын менежментийн стандартыг сайжруулах боломжтой. Үүний тулд мэдээллийн чанарын менежментийн системчилсэн ус судлалын ажиглалтын шуурхай мэдээллээр хангах тусгай, төвлөрсөн ус судлалын ажиглалтын чиг үүрэг бүхий байгууллагын асуудлыг авч үзэх боломжтой. Шигтгээ 4.1-д БНСУ дахь ус судлалын ажиглалтын төвлөрсөн байгууллагын жишээг харуулав.

Шигтгээ 4.1. БНСУ дахь ус судлал ажиглалтын сүлжээний тоног төхөөрөмжийн суурилуулалт, ашиглалтын хууль тогтоомж, тогтолцоо

БНСУ-ын Ус судлалын ажиглалтын тусгай байгууллага болох Ус судлалын ажиглалт, технологийн хүрээлэнг байгуулж, Засгийн газрын Ус судлалын ахисан түвшний ажиглалтын таван жилийн төлөвлөгөө (2005), Ус судлалын ажиглалтын анхны үндсэн төлөвлөгөө (2010-2019), Ус судлалын ажиглалтын хоёр дахь үндсэн төлөвлөгөө (2020-2029)-г тус тус хэрэгжүүлэн ажиллаж байгаа бөгөөд Ус нөөцийн ажиглалт, менежментийн тухай хууль батлуулжээ.

Тус улсын усны нөөцийн судалгаа, технологийн хүрээлэн нь ус судлалын ажиглалт, дэвшилтэт тоног төхөөрөмж бүтээх, үндэсний хэмжээний сав газрын үйл ажиллагааны ажиглалт, үерийн үеийн хохирлын ажиглалт зэрэг олон салбарт үйл ажиллагаагаа өргөжүүлж байна. Тус хүрээлэн нь мэргэжлийн ус судлалын ажилчдын хууль, эрхзүйн боловсрол болон онол, практик хосолсон системчилсэн боловсрол олгох зорилгоор ус судлал ажиглалтын янз бүрийн боловсролын агуулгыг боловсруулжээ. Засгийн газрын томоохон зорилтын үр дүнд ус судлалын ажиглалтын салбарыг хөгжүүлэх боломжтой хэмээн итгэж байгаа болно.

БНСУ-д устай холбоотой янз бүрийн хууль тогтоомж, шинжлэх ухаанч болон системтэй менежментийг хэрэгжүүлдэг бөгөөд энэ нь ард иргэдийн усны аюулгүй орчин, сайн сайхан байдлыг хангах зорилготой. Энэ талаар Зураг 4.3-аас харна уу.

Зураг 4.3. БНСУ-ын усны нөөцийн ажиглалттай холбоотой хуулиуд

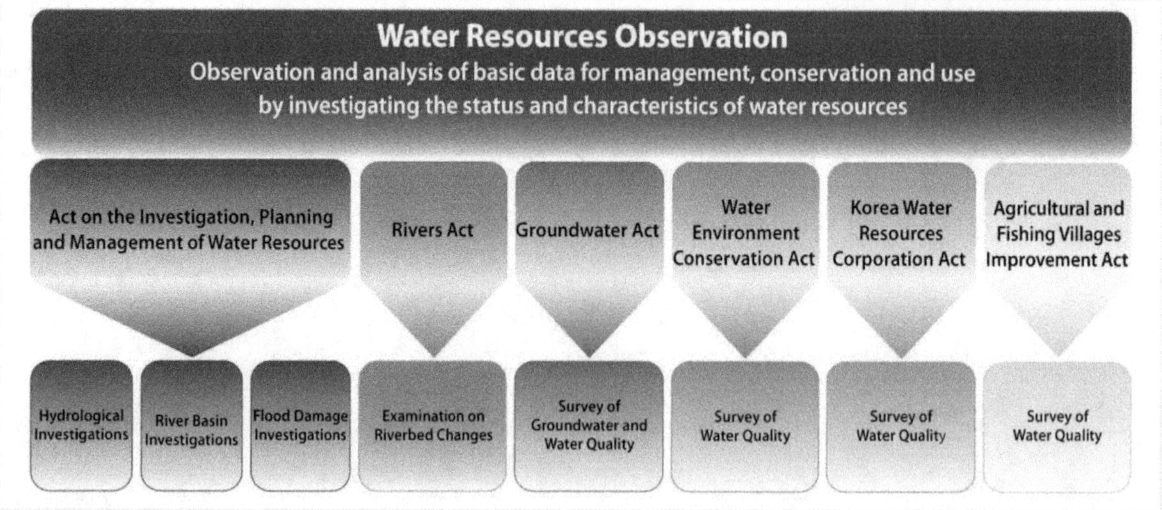

Эх сурвалж : БНСУ-ын Ус судлалын хүрээлэн, 2023 он (KLRI, 2023[4]; Ministry of Environment of Korea, 2018[5]; Ministry of Environment of Korea, 2018[6]).

БНСУ-д ус судлалын судалгааны хууль тогтоомжид нийцүүлэн гаргасан дөрвөн стандарт байдаг бөгөөд Ус судлалын ажиглалтын тоног төхөөрөмж суурилуулах, ашиглах гарын авлага зэргийг хамруулсан байдлаар Хүснэгт 3.6-д үзүүлэв.

Ус судлалын ажиглалтын үйл ажиллагааны тухай журамд тус улсын Байгаль орчны яамнаас уг журмын дагуу ус судлалын ажиглалт явуулж, ус судлалын ажиглалт (хур тунадас, усны түвшин)-ын үнэлгээ хийж, уг үнэлгээний үр дүнд суурилсан байдлаар арга хэмжээ авах шаардлагатай болохыг тодорхойлжээ. Ус судлалын судалгааны ажлын журмын дагуу ус судлалын ажиглалтын төхөөрөмжийг суурилуулах орчин, засвар үйлчилгээ, менежмент, ус судлалын мэдээллийн чанарын хяналтын стандартыг дагаж мөрдөх шаардлагатай бөгөөд ус судлалын ажиглалтын төхөөрөмжийн үнэлгээний шалгуурыг тогтоох шаардлагатай.

Ус судлалын ажиглалтын харилцаа холбооны төхөөрөмжийн нарийвчилсан мэдээлэл нь "Ус судлалын ажиглалтын харилцаа холбооны төхөөрөмжийг удирдах, ашиглах заавар"–тай нийцсэн байдаг. Ус судлалын ажиглалтын гарын авлагад ус судлалын ажиглалтын ерөнхий асуудлыг тодорхойлсон бөгөөд ус судлалын ажиглалтын төхөөрөмжийн суурилуулалтын стандартын агуулгыг голчлон тусгасан. Мөн ус судлалын дата мэдээллийн чанарын хяналтын стандарт, төхөөрөмж суурилуулах орчин, засвар үйлчилгээний стандартыг уг гарын авлагад тусгасан болно (БНСУ-ын Байгаль орчны яамны 2018 оны 6-р сарын 11-ний өдрийн 1344 тоот удирдамж)

Хүснэгт 4.2. БНСУ-ын ус судлалын ажиглалтын төхөөрөмжийн суурилуулалтын стандарт, гарын авлага

Ус судлалын ажиглалтын төхөөрөмжийг суурилуулах шалгуур, гарын авлага	Гол агуулга
Ус судлалын ажиглалтын төхөөрөмжийг суурилуулах орчин, засвар үйлчилгээ, ус судлалын дата мэдээллийн чанарын хяналтын стандарт	Ус судлалын ажиглалтын төхөөмжийн суурилуулалт, засвар үйлчилгээ, чанарын хяналтын стандартууд.
Ус судлалын судалгааны ажлын журам	Ус судлалын ажиглалтын журам, Ус судлалын ажиглалтын төхөөрөмжийн үнэлгээ
Ус судлалын ажиглалтын харилцаа холбооны төхөөрөмжийн менежмент. Тухайлбал, үйл ажиллагааны удирдамж гэх мэт.	Харилцаа холбооны төхөөрөмжийг суурилуулах, ажиллуулах дэлгэрэнгүй заавар, Хур тунадасны радарын төхөөрөмж суурилуулах, ажиллуулах
Ус судлалын ажиглалтын гарын авлага	Ус судлалын ажиглалтын талаар дэлгэрэнгүй тайлбарлах

Эх сурвалж: БНСУ-ын Ус судлалын хүрээлэн.

4.1.3. Ус судлалын системтэй хяналт-шинжилгээний сүлжээг бодитойгоор өргөжүүлэх

Усны үр ашигтай менежмент нь үндсэндээ ус судлалын ажиглалтын сүлжээг өргөтгөхөөс хамаардаг. Монгол Улсын хэмжээнд өдгөө ашиглагдаж буй ажиглалтын төхөөрөмжүүдийн засвар үйлчилгээ тааруухан хийгддэг бөгөөд тэдгээрийн ихэнх нь хуучирсан байгаа тул яаралтай сольж, сэлбэх шаардлагатай.

Цахим системд суурилсан газрын доорх усны хяналт-шинжилгээний сүлжээг өргөтгөх, газрын доорх усны нэгдсэн менежментийн системийг шинэчлэн байгуулах нь газрын доорх усны тогтвортой хэрэглээг хангах, бохирдлоос урьдчилан сэргийлэх болон экосистемийг хамгаалахад дэмжлэг үзүүлэх боломжийг бүрдүүлнэ.

Усны тоо хэмжээ, чанарын улсын ус судлалын ажиглалтын сүлжээ (ус судлалын радар төхөөрөмж суурилуулах зэрэг) болон цаг агаар, гадаргын болон газрын доорх усыг холбосон голын үерийн аюулаас урьдчилан сэргийлэх дэд бүтцийг өргөжүүлэх нь усны менежментийн талаарх шийдвэрийг үнэн зөв, шуурхай гаргахад дэмжлэг болно.

Засгийн газрын түвшинд хууль тогтоомж, бодлого, тогтолцоо, стандартчилал, ус судлалын ажиглалтын стандарт зэрэг ус судлалын ажиглалтын системийг сайжруулах зорилгоор ус судлалын ажиглалтын бодлого боловсруулж, ажлын хэсэг байгуулах нь зүйтэй (Шигтгээ 4.2).

Шигтгээ 4.2. БНСУ-ын жишээ: Ус судлалын судалгааны ажиглалтын сүлжээ байгуулах

БНСУ-ын засгийн газрын дөрвөн агентлагийн харьяа станцууд хур тунадас хэмждэг байна (Байгаль орчны яам, БНСУ-ын Цаг уурын алба, БНСУ-ын Усны нөөцийн корпораци-Кэй Уотер болон БНСУ-ын Ус, цөмийн эрчим хүчний корпораци). Тухайн улсын хувьд энэ талаар Усны нөөцийн судалгаа төлөвлөлт, менежментийн тухай хуульд нарийвчлан тусгаж, чиг үүргийн давхардлаас сэргийлэх үүднээс байгууллага тус бүрт хэрэгжилтийг хангадаг. Ус судлалын суурь хуульд агентлагуудын хооронд чиг үүргийн давхардал үүсгэхгүй байх үүднээс зорилго, зохицуулалтыг тодорхой тусгаж өгсөн бөгөөд үүний дагуу шаардлагатай ус судлалын судалгааны хяналтыг хэрэгжүүлдэг байна. Ус судлалын менежментийн суурь хуульд үндэсний менежментийн нийтлэг асуудлыг тусгажээ. БНСУ-ын 2022 оны усны судалгааны жилийн тайланд тусгасны дагуу дээр дурдсан дөрвөн байгууллагын харьяанд үйл ажиллагаа явуулдаг нийт 853 усны түвшин хэмждэг станц ажиллаж байв (Байгаль орчны яам, БНСУ-ын Усны нөөцийн корпораци-Кэй Уотер, БНСУ-ын Ус, цөмийн эрчим хүчний корпораци болон БНСУ-ын хөдөө орон нутгийн нийгэмлэг) (MoE Korea, 2022[7]) (Хүснэгт 4.3) (Хүснэгт 4.4).

Хүснэгт 4.3. БНСУ-ын хур тунадас болон усны түвшин ажиглалтын харуулын байдал (2022)

Нэг байгууллагад ногдох ажиглалтын харуулын тоо

	БНСУ-ын БОЯ	БНСУ-ын Цаг уурын алба	БНСУ-ын Усны нөөцийн корпораци (Кэй-Уотер)	БНСУ-ын Ус, цөмийн эрчим хүчний корпораци	Нийт
Хур тунадас ажиглалтын харуул	426	95	190	29	740
Усны түвшин ажиглалтын харуул	590	187	16	60	853

Эх сурвалж : БНСУ-ын Усны судалгааны жилийн тайлан, Байгаль орчны яам, 2022 он (MoE Korea, 2022[7]).

Хүснэгт 4.4. БНСУ-ын газрын доорх усны сүлжээний хэмжилтийн хүчин зүйлс болон аргачлал

Онцлог шинж			Хэмжилтийн хүчин зүйлс	Хэмжих байгууллага	Хэмжилтийн арга
Улсын менежментийн сүлжээ	Улсын менежментийн сүлжээ		Усны түвшин, усны температур, цахилгаан дамжуулах чанар	Ки-вотар -БНСУ-ын Усны нөөцийн корпораци	Автомат
		Хяналт-шинжилгээний сүлжээ			
		Бохирдлын хяналт-шинжилгээний сүлжээ	Усны түвшин, усны температур, цахилгаан дамжуулах чанар	Байгаль орчин хамгаалах агентлаг	Автомат
		Бохирдлын хэмжилтийн сүлжээ	-	-	-
		Хөдөлмөрийн чадваргүй байдал хэмжилтийн сүлжээ	Усны түвшин, усны температур, цахилгаан дамжуулах чанар	Кэй-Уотер БНСУ-ын Усны нөөцийн корпораци	Автомат
Туслах сүлжээ	Хэмжилтийн туслах сүлжээ		Усны түвшин, усны температур, цахилгаан дамжуулах чанар	Хот, муж болон Дүүрэг	Авто-хагас-автомат-гар аргаар
	Чанар хэмжилтийн туслах сүлжээ		-	-	-

Эх сурвалж : Газрын доорх усны хяналт- шинжилгээний сүлжээниий төхөөрөмж суурилуулах, ашиглах төлөвлөгөө, БОЯ, БНСУ, 2022 он (MoE Korea, 2022[7]).

Усны түвшинг хэмжих аргууд-Цикл давтамж

- Автомат: Хэмжилтийг цаг тутамд автоматаар авч, төв сервер рүү илгээдэг.
- Хагас автомат: 1 цагийн зайтай автоматаар хэмжиж, хэмжилтийн төхөөрөмжид хадгалдаг бөгөөд админ нь сард нэг удаа сайтад нэвтэрч, дата мэдээллийг татан авч, бүртгэдэг.
- Гарын аргаар: Админ сард нэг удаа газар дээр нь очиж, газрын доорх усны түвшинг усны түвшний тоолуур эсвэл туузан хэмжүүр ашиглан гараар хэмжиж, тэмдэглэнэ.

4.1.4. Мэдээлэл харилцааны технологид суурилсан ус судлалын хяналтын төхөөрөмжийн өргөтгөл

Мэдээлэл харилцааны технологи (МХТ)-д суурилсан хур тунадасны урьдчилсан мэдээ, усны нөөцийн бодит мэдээлэл, шинжлэх ухаанд суурилсан усны менежментийн үерийн дүн шинжилгээний системийг хөгжүүлэх нь ус судлалын хяналт-шинжилгээг хөгжүүлэх боломжийг бүрдүүлнэ.

Бодит хяналт-шинжилгээний автоматжуулалтын систем, алсын удирдлагатай төхөөрөмжөөр дамжуулан дата мэдээллийг нэгэн зэрэг дамжуулах, хянах замаар цахим системд суурилсан гамшгийн менежментийг бий болгох төхөөрөмжийг өргөтгөх нь гамшгийн эрсдлийн менежментийг дэмжих боломжийг бүрдүүлнэ.

Мэдээллийн технологи хөгжихийн хэрээр Франц, Япон, БНСУ, Их Британи, АНУ болон бусад улс орон дата мэдээллийн хариуцлага, аюулгүй байдлыг хангах үүднээс засгийн газар, төрийн байгууллагаар удирдуулсан нэгдсэн менежментийг хэрэгжүүлж байна. Зарим улс оронд олон нийтийг мэдээллээр хангадаг удирдлагын нэгдсэн тогтолцоотой байгууллага байдаг. Тухайлбал, БНХАУ-ын Усны нөөцийн яам, Францын Ус цаг уур, үерийн урьдчилсан мэдээний үндэсний төв, Японы Газар, дэд бүтэц, тээвэр, аялал жуулчлалын яам, Шинэ Зеландын Ус, агаар мандлын судалгааны үндэсний хүрээлэн, Их Британийн Экологи, ус судлалын төв, АНУ-ын Геологийн судалгааны алба гэх мэт байгууллагыг дурдаж болно.

Дуу авианы долгионы давтамжийн өөрчлөлтийн профайлер (ADCP - Acoustic Doppler Current Profiler), ууршилт, хөрсний чийг хэмжих төхөөрөмж зэрэг ус судлалын ажиглалтын дэвшилтэт технологийг үе шаттайгаар нэвтрүүлэх нь ус судлалын дүн шинжилгээнд өгөөжтэй бөгөөд дэвшилтэт төхөөрөмж, хэрэгслийг турших системийг бий болгосноор хэмжилтийн үр дүнгийн чанар сайжирна.

Усны түвшин болон урсгал/урсац ажиглалтын аль нэг харуулыг сонгосноор ижил төстэй байдал, усны температур, цахилгаан дамжуулах чадваргүй байдал зэрэгтэй холбоотой усны түвшин, урсгал/урсцыг тасралтгүй ажиглах боломжтой цахим системд суурилсан нэгдсэн ажиглалтын төхөөрөмжийг туршилтаар суурилуулах.

4.2. Ус судлалын хяналт-шинжилгээний дэд бүтцийн шинэчлэлт

4.2.1. Монгол Улсын ус судлалын хяналт-шинжилгээний дэд бүтцийн нөхцөл байдал

Газрын доорх ус ажиглалтын багаж төхөөрөмж

Дэлхийн Банкны дэмжлэгтэйгээр 324 цэгт газрын доорх усны түвшин хэмжигч багаж суурилуулсан төслийн тухайд сэтгэл ханамж өндөр байгаа ч хэмжилтийн нарийвчлал (дата мэдээлэл)-ыг хараахан үнэлээгүй байна. Төсөл нь хэмжигч багажийг засварлах, хадгалах, ажиллуулах, мэдээлэлд дүн шинжилгээ хийх туршлага дутмаг байгаагаас асуудалтай тулгарсан (WB, 2021[8]). Говийн бүс (3 сав газар)-д 119 газрын доорх усны хяналт-шинжилгээний цэгийн ашиглалтын хугацаа дуусч байна (Хүснэгт 4.5).

Хүснэгт 4.5 Газрын доорх усны ажиглалтын сүлжээний төхөөрөмж суурилуулалт, мэдээлэл цуглуулалт болон дамжуулалт

Суурилуулалтын талбай (газрын зургийн дэлгэц)	суурилуулалтын тоо	Бүтээгдэхүүний нэр (тодорхойлолт)	Мэдээлэл цуглуулалт		Мэдээлэл цуглуулалт/дамжуулалт		Төхөөрөмжийн нарийвчлал			Төхөөрөмжийн сэтгэл ханамж			Өргөжүүлэх хэрэгцээ		
			Автомат	Гар аргаар	Цуглуулах цикл давтамж	Харилцааны арга	Их	Дунд	Бага	Их	Дунд	Бага	Их	Дунд	Бага
21 Аймаг 80 сум: УБ хотын 9 дүүрэг Нийт 324 цэг	68	Хавсралт харах	v		6 цаг тутамд	Үүрэн холбоо	v			v			v		
	254 хагас автомат			v	Улирал тутам/ Хагас жил	Боломжгүй	v			v			v		
	2				Багажийг тохируулах		v			v			v		

Эх сурвалж: Монгол Улсын Усны салбарын үндэсний хэлэлцүүлгийн асуумж, БОАЖЯ, Монгол Улс, 2023 он.

Автомат дата мэдээлэл (усны түвшин, усны температур, агаарын температур, агаарын даралт, усны даралт, цахилгаан дамжуулах чанар)-ийг үүрэн холбоогоор 6 цаг тутамд серверт дамжуулж, гар аргаар авсан мэдээллийг сав газрын захиргаа тус бүр жилд 2 удаа цуглуулж, дүн шинжилгээ хийдэг. Монгол орон хүн амын нягтаршил багатай учир үүрэн холбооны сүлжээ зөвхөн зүүн, баруун, хойд, урд чиглэлийг холбосон хатуу хучилттай автозамын эргэн тойронд төвлөрдөг тул алслагдсан бүс нутагт автомат тоолуур суурилуулах боломж хязгаарлагдмал байна.

Гадаргын усны ажиглалтын багаж төхөөрөмж

Улсын хэмжээнд нийт 48 ус авах байгууламж байгаагийн 12 нь Улаанбаатар хотод, 21 нь аймаг болон уурхайн бүсэд байна. Энэ талаарх мэдээллийг ус татан авалтын хяналт-шинжилгээний системд хадгалдаг бөгөөд энэ нь нэгдсэн хяналт-шинжилгээний системтэй холбогдоогүй байна. Гадаргын усны ажиглалт нь ихэвчлэн суурин түвшин хэмжигч болон хөвөгч урсгал хэмжигчид тулгуурлаж хийгддэг. Багаж төхөөрөмж, дүн шинжилгээний хөтөлбөрүүд нь ихэвчлэн хуучин ЗХУ-ын үеийн хувьсах нарийвчлалтай байдаг (Хүснэгт 4.6).

Хүснэгт 4.6. Гадаргын усны ажиглалтын багаж төхөөрөмжийн төлөв байдал

Хэлтэс		Ус судлалын ажиглалтын төхөөрөмж					
		Хур тунадас хэмжигч	Хурд хэмжигч	Ус хэмжигч	Тунадас	Ууршилт	Хөрсний чийг
Байршил		Боломжгүй	Хавсралт харах	Хавсралт харах	Боломжгүй	Боломжгүй	Боломжгүй
Суурилуулсан он			1942 оноос хойш	1942 оноос хойш			
Суурилуулсан тоо			154 цэг	154 цэг			
Бүтээгдэхүүний нэр			GR-21 (ОХУ)	Модон хавтан			
Мэдээлэл	Гар аргаар		v	v			
	Автомат						
	Харилцаа, холбооны сүлжээ			SQL сервер/гар утас			
	Эрчим хүч хангамж	Боломжгүй		Боломжгүй	Боломжгүй	Боломжгүй	Боломжгүй
	Цуглуулах давтамж		1 / Сар	2 / Өдөр			

Эх сурвалж: Монгол Улсын Усны салбарын үндэсний хэмжээний хэлэлцүүлгийн асуулга, БОАЖЯ, 2023 он.

Улсын хэмжээнд гадаргын усны ажиглалтыг өдөрт хоёр удаа өглөөний 08.00 цаг болон орой 20.00 цагт хийж, голын нарийн хэсгээс усны түвшинг хэмжиж, SQL серверт бүртгэнэ. Хэмжих зүйл нь ажиглалтын цэгээс хамаарч өөр өөр байдаг ба 16 хүртэлх зүйлийг ажиглаж болно.

Цаг уур, орчны шинжилгээний газрын гадаргын ус судлаачид гар утас ашиглан MS SQL Сервер удирдлагын программд гараар хэмжсэн (ажиглалтын) дата мэдээллийг бүртгэж, Ус цаг уур, судалгаа мэдээллийн хүрээлэнгийн Гадаргын усны судалгааны хэлтсийн ажилтан энэ мэдээллийг хянаж, weather.gov.mn цахим хуудаст бүртгэдэг байна.

Зөвлөмж

Ус судлалын ажиглалтын багаж төхөөрөмжийг сайжруулах 3 зөвлөмжийг санал болгож байна. Үүнд: 1) Ус судлалын ажиглалтын хуучин багаж төхөөрөмжийг шинэчлэх, 2) Ус судлалын мэдээллийн чанарын менежментийн тогтолцоог боловсронгуй болгох, 3) Дэвшилтэт технологи ашиглан үерийн аюулаас урьдчилан сэргийлэх системийг бий болгох (Шигтгээ 4.3).

4.2.2. Ус судлалын хяналт-шинжилгээний хуучин дэд бүтцийг шинэчлэх

Ус судлалын ажиглалтын багаж төхөөрөмжийг автоматжуулж, хуучирсан багаж төхөөрөмжийг шинэчлэх.

- Богино хугацаанд: Урсгал, урсац ажиглалтын автомат төхөөрөмж, контакт үүсгэхгүйгээр урсгал хэмжигч (радар, видео гэх мэт), псевдо хэмжигч, ууршилт хэмжигч багаж гэх мэт.
- Дунд болон урт хугацаанд: Хур тунадасны радар (S-band, X-band гэх мэт) суурилуулах, дуу авианы долгионы давтамжийн өөрчлөлтийн профайлер (ADCP) зэрэг дэвшилтэт төхөөрөмжийг нэвтрүүлэх, ажиглалтын нэг адил талбайд усны чанар, тоо хэмжээг нэгэн зэрэг хэмжих.
- Харилцаа холбооны сүлжээ: Маш өндөр давтамжтай хос сүлжээ, хиймэл дагуулын сүлжээ болон CDMA (Кодоор хуваах олон хандалт)-ын утасгүй сүлжээ. Энэ нь дунд болон урт хугацааны үйл ажиллагаа юм.

Мэдээллийн чанарын менежментийн систем (чанарын хяналтын стандартыг бий болгох) нь усны мэдээллийн менежментийн дэвшилтэт арга барилыг хөгжүүлэхтэй нэгэн адил чухал ач холбогдолтой.

Дэлхийн цаг уурын байгууллага (ДЦУБ)-ын хур тунадасны станцын стандартын дагуу ерөнхийдөө уулархаг бүсэд 250 км², тал, доворхог газарт 575 км², хот суурин газарт 25 км² тутамд нэг хур тунадасны станцтай байхыг зөвлөдөг. Гэсэн хэдий ч Монгол орны нийт газар нутгийн 40% нь цөлөрхөг учраас энэ стандартыг дагаж мөрдөх үндэслэлгүй юм. Түүнчлэн харилцаа холбооны сүлжээний систем хамрах хүрээг бүхэлд нь хангаж чадахгүй байгаа учраас ажиглалтын сүлжээг улсын хэмжээнд өргөтгөхөөс илүүтэйгээр Туул гол зэрэг томоохон сав газарт, эсхүл усны эрэлт хэрэгцээ өсөн нэмэгдэж байгаа сав газарт эхлээд туршилт хийж, гүйцэтгэлийг нь үнэлсний дараа аажмаар өргөтгөх нь зүйтэй гэж үзэж байна.

Шигтгээ 4.3. БНСУ-ын усны нөөцийн менежментэд зориулагдсан хиймэл дагуулууд

Байгаль орчны яам, Кэй-Уотер (БНСУ-ын Усны нөөцийн корпораци) усны гамшгийг урьдчилан таамаглах, түүнд бэлтгэх зорилгоор 2025 оны сүүлээр усны нөөцөд зориулсан дэлхийн анхны хиймэл дагуул хөөргөнө. Уг хиймэл дагуул нь үер, ган гачиг, ногоон болон улаан түрлэгийг хянах, усны нөөц, усан санг хянах зорилготой юм. Мөн цаг агаарын байдлаас үл хамааран голын урсац болон хөрсний чийгшлийн агууламжийг бодит хугацаанд хянах боломжтой дэвшилтэт технологи болох C-band синтетик диафрагмын радар (SAR) системээр тоноглогдсон. Түүнчлэн, усны энэхүү хиймэл дагуул нь Солонгосын хойгийг дамнан урсдаг гол, мөрөнд хяналт тавихаас гадна аадар борооны улмаас газрын хэлбэр өөрчлөгдөх, хөрсөн дэх усны хэмжээ зэргийг тооцоолох технологийг агуулжээ. Уг хиймэл дагуулыг Азийн бусад оронд ч ашиглах боломжтой.

Эх сурвалж: Кэй-Уотер.

Голын урсац хэмжих автомат төхөөрөмж гэдэг нь урсцын хурдыг тооцоолохын тулд тодорхой хугацааны интервалаар усны түвшин болон урсцын хурдыг бодит цагаар автоматаар хэмжих урсац хэмжилтийн систем юм. Энэ нь утсан/утасгүй холбооны сүлжээг ашиглан хэмжилтийн үр дүнг сервер рүү дамжуулах хэд хэдэн үүрэг гүйцэтгэдэг бөгөөд хүний гараар ямар нэгэн үйлдэл хийхгүй, бүрэн автоматаар ажилладаг. Урсац хэмжих автомат төхөөрөмжийн бүрэлдэхүүнийг хэмжих систем нь (Шигтгээ 4.4) дараах зүйлээс бүрдэнэ:

- Урсцын хурд хэмжигч, усны түвшин хэмжигч гэх мэт хэмжих хэрэгсэл, туслах төхөөрөмж.
- Хяналтын систем: Хэмжилтийн системийг хянах, хэмжилтийн талаарх дата мэдээллийг боловсруулах, дамжуулах.
- Үйл ажиллагааны удирдлагын систем: Хэмжилтийн талаарх дата мэдээллийг цуглуулах, мэдээллийн санд хадгалах, хянах.

Усны хяналт-шинжилгээний мэдээллийн чанарын хяналтыг сайжруулах

Олж авсан дата мэдээлэл буруу эсхүл дутуу байх магадлалтай тул мэдээллийн чанарын хяналт Олж авсан дата мэдээлэл буруу эсхүл дутуу байх магадлалтай тул мэдээллийн чанарын хяналт маш чухал юм. Мэдээллийг ашиглахын өмнө мэдээллийг тусад нь урьдчилан боловсруулдаг бөгөөд энэхүү бүрэн дүн шинжилгээ хийх ажилд ихээхэн цаг хугацаа, хүчин чармайлт зарцуулагддаг байна (Шигтгээ 4.4).

Шигтгээ 4.4. БНСУ-ын голын урсац хэмжих автомат төхөөрөмж

БНСУ-д урсац хэмжихэд ашигладаг гол арга, аргачлал нь цахилгаан соронзон долгионы гадаргууны хурд хэмжигч (EWSV) болон дуу авианы долгионы давтамжийн хурдыг хэмжих багаж (ADVM) юм.

- EWSV арга нь орж ирж буй үндсэн долгионы тоо болон тархсан объектуудад ойлгон хүлээн авсан долгионы тоо хоорондох зөрүүгээс үүссэн Доплер шилжилтийг тооцоолох замаар урсцын хурдыг хэмждэг. Энэ арга нь урсцын хурдыг цахилгаан соронзон долгионы хэмжилтийн байршил үндэслэн олон цэг (1-9 хүртлэх цэг)-ээр тус бүрээр хэмждэг
- ADVM арга нь урсцын хурдыг Доплер шилжилт ашиглан хэмждэг бөгөөд энэ нь усны доор тархсан объектуудад ойлгон хүлээн авсан хэт авианы долгионы цуурайны дууны зөрүүгээс үүсдэг. Мэдрэгч багажийг тодорхой байршилд суурилуулан урсцын хурдыг хэт авианы чиглэлийн дагуу тогтмол интервалаар бүрдэл хэсгийнх нь дотор хэмждэг

БНСУ-ын хэмжээнд эдгээр урсац хэмжих автомат төхөөрөмжийг нийт 71 голын байршилд суурилуулан, ажиллуулж байна. 2022 оны байдлаар хэмжилтийн давтамж нь 10 минут тутамд жилийн дундаж дата мэдээлэл олж авах түвшин 99.1%-тай тогтворжсон байдалтай байсан нь системийн тогтвортой байдлын өндөр түвшинг харуулж байна. Урсац хэмжих автомат төхөөрөмжийг суурилуулсны дараа ашиглалтын хамгийн үр дүнтэй тохиргоо үүсгэх оновчлолын процесс хийгдэх бөгөөд үүнээс хойш ойролцоогоор нэг жилийн дараа тогтвортой, найдвартай дата мэдээллийг ерөнхийдөө гаргах боломжтой.

Эх сурвалж: БНСУ-ын Ус судлалын хүрээлэн.

Ажиглалтын дата мэдээллийн хувьд, шинжилгээний үр дүн нь шинжилгээ хийхэд ашигласан дата мэдээллийн чанараас ихээхэн хамаардаг тул өндөр чанартай мэдээлэл нь усны менежментийн шийдвэр гаргахад дэмжлэг болно. Ажиглалтын мэдээлэл нь мэдээллийн алдаа, дутагдлыг шалгаж, засварлахын тулд байгалийн үзэгдэл, физик утгад суурилсан чанарын хяналтын нарийн төвөгтэй алгоритм, статистик дүн шинжилгээг шаарддаг.

Ажиглалтын дата мэдээллийг стандартчилснаар системээр тархсан дата мэдээллийн элементүүдийн формат, дүрмийг тодорхойлох замаар харилцаа холбоон дахь аливаа төөрөгдлөөс урьдчилан сэргийлэх бөгөөд өндөр чанартай дата дата мэдээллийн аюулгүй байдлыг хангах, мөн дата мэдээллийн нэгтгэл ба нийлэмжийн холболтыг үр дүнтэй гүйцэтгэх үүднээс дата мэдээллийн үнэн зөв, тогтвортой байдлыг хадгалахад чиглэсэн.

Улсын усны мэдээллийн чанарын удирдлагын тогтолцоо нь өндөр чанартай дата мэдээлэл боловсруулахад дэмжлэг үзүүлэх боломжтой. Үүнд усны мэдээллийн ашиглалтыг сайжруулах чанарын удирдлагын зорилтуудыг бий болгох, ус судлалын ажиглалтын статистикийн үнэлгээний магадлан итгэмжлэлийн тогтолцоог бий болгох зэрэг хамаарна.

Ус судлалын ажиглалтын агентлагт зориулан чанарын удирдлагын тухай журам батлах, зөвхөн тухайн агентлагт хамаарах чанарын удирдлагын даалгаварт зориулсан гарын авлага, тогтолцоо боловсруулах зэргээр агентлаг тус бүрт зориулсан чанарын удирдлагын тогтолцоо нь агентлагийн үйл ажиллагаа болон ажиглалтын чанарыг бататгадаг.

Зураг 4.4. Мэдээллийн чанарын удирдлагын тухай ойлголт

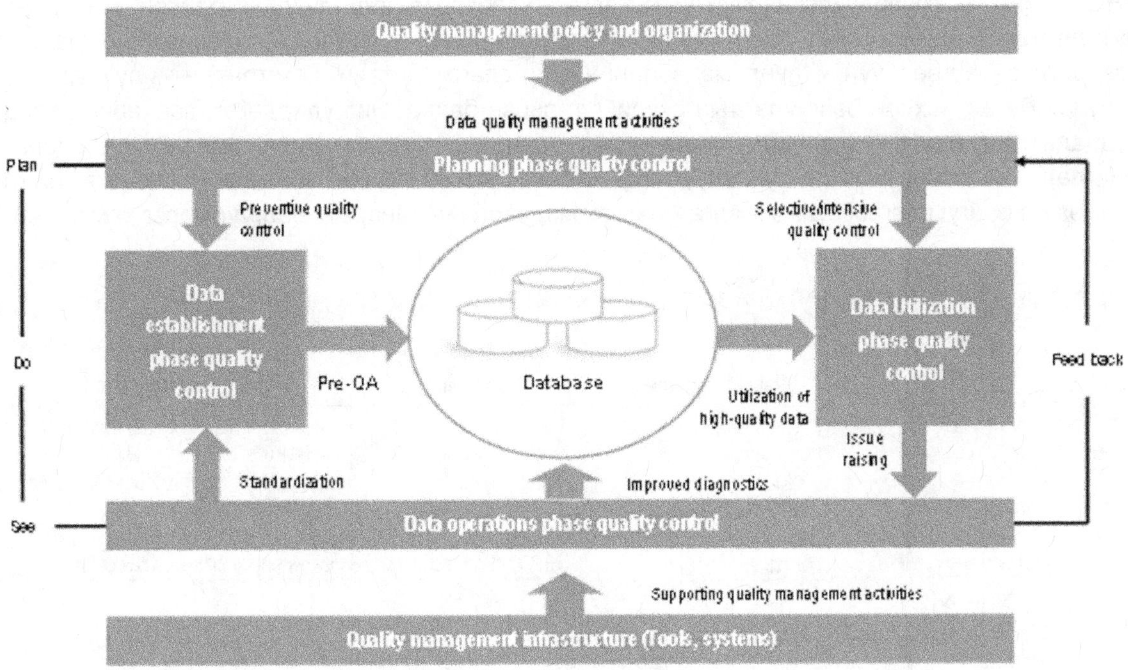

Эх сурвалж: АУЗ.

Шигтгээ 4.5. БНСУ-ын усны мэдээллийн чанарын удирдлага

БНСУ өмнө нь суурилуулсан, тархай бутархай хэлбэрээр ажиллуулдаг байсан ус судлалын ажиглалтын төхөөрөмжид зориулан стандартжуулсан удирдамж, заааварчилгаа 2021 нэвтрүүлсэн бөгөөд үүний дүнд мэдээллийн удирдлага (дата менежмент)-ыг илүү үр дүнтэй явуулах бүтэц, зохион байгуулалтын суурийг тавьсан байна. Энэ удирдамж, зааварчилгаанд ус судлалын ажиглалтын байгууллагуудын усны нөөцийн менежментийн стандарт, ус судлалын ажиглалтын төхөөрөмжийн суурилуулалт, засвар үйлчилгээний чанарын стандарт, нийтийн сүлжээ ба байгууллагын сүлжээг ялгаж салгах мэдээллийн чанарын шалгуур зэрэг хамаарна.

Зураг 4.5. Чанарын хяналтын горим, түүнийг сайжруулах чиглэл

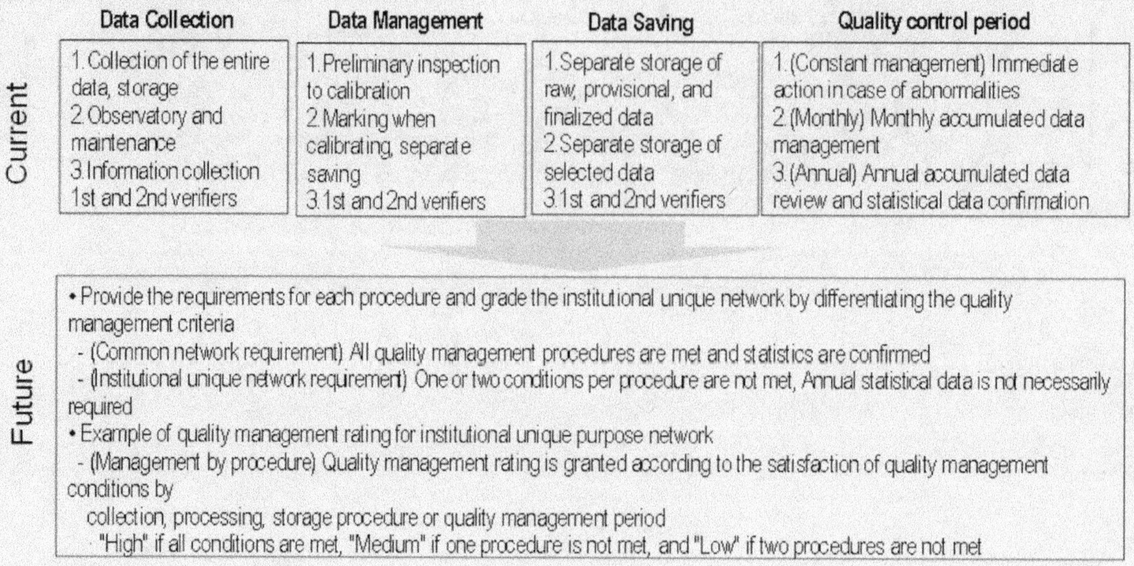

Эх сурвалж: БНСУ-ын ус судлалын судалгааны төлөвлөгөө, БОЯ, 2021 он.

- Мэдээлэл цуглуулах чиг үүрэг бүхий байгууллагууд чанарын хяналтын бүх үйл явцын системтэй нэгдсэн удирдлагын тогтолцоог бий болгосон (2020 оноос хойш).
- Хээрийн ажлын хэмжилтээс эхлээд мэдээлэл түгээх хүртэлх бүх үйл явцыг чанарын хяналтын систем болгон өөрчлөн зохион байгуулсан.
- Усны мэдээлэл үүсгэх бүх үйл явцад чанарын удирдлагын тогтолцоог бий болгож, Ус судлалын ажиглалтын статистикийн товхимолд ашиглах.

Зураг 4.6. Чанарын хяналтын удирдлагын бүх үйл явцын нэгдсэн удирдлагын систем

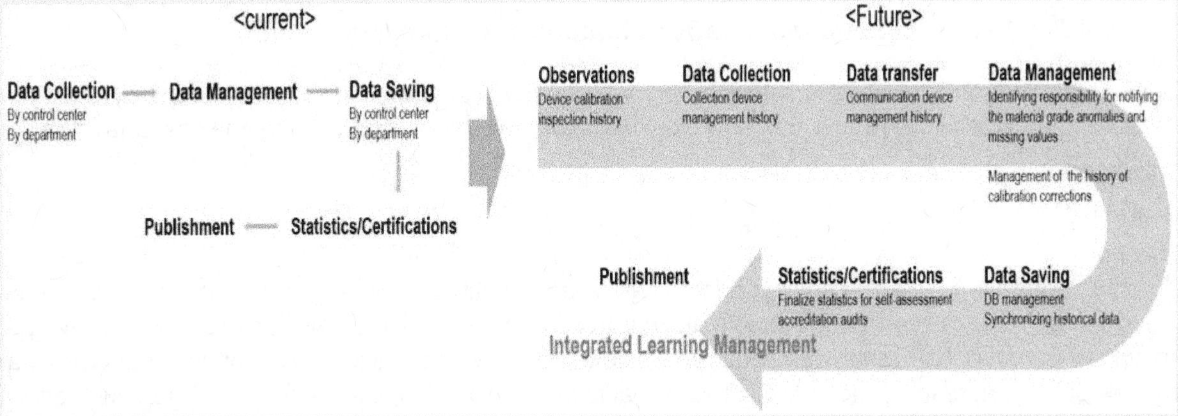

Эх сурвалж: БНСУ-ын ус судлалын судалгааны төлөвлөгөө, БОЯ, 2021 он.

Орчин үеийн дэвшилтэт технологи ашиглан үерийн аюулыг урьдчилан таамаглах, түүнээс сэрэмжлүүлэх системийг бий болгох

Тооцоолсон хур тунадасны хэмжээ, голын усны түвшин нэмэгдэхийг урьдчилан таамаглах нь үерийн гамшгийн үеийн хариу арга хэмжээг сайжруулах, хохирлыг бууруулах боломжтой юм.

Цаг уурын ажиглалтын автомат сүлжээгээр голын усны түвшинг бодит хугацаанд шинжилж, үерийн эрсдэлтэй газруудад урьдчилан дүн шинжилгээ хийдэг систем.

Ажиглалтын мэдээлэл цуглуулалт болон мэдээллийн сангийн систем нь хур тунадасны автомат ажиглалтын станц болон усны түвшний автомат ажиглалтын станцаас мэдээлэл хүлээн авч, тасралтгүй мэдээлэл цуглуулах системийг бий болгохын тулд маш өндөр давтамж (VHF) (үндсэн сүлжээ) болон гар утасны харилцаа холбооны олон улсын сүлжээ (GSM) (туслах сүлжээ)-ний нэмэлт тохиргоо шаардаж болох юм.

Мэдээллийн удирдлагын систем нь усны мэдээллийн чанарын хяналтын чиг үүргийг системд хэрэгжүүлдэг бөгөөд энэ нь ажиглалтын мэдээллийн гажуудал, хангалтгүй байдлыг хурдан илрүүлж, шуурхай, зохистой арга хэмжээг авах боломжтой.

Ус судлалын бодит ажиглалтын хяналтын систем нь ус судлалын дата мэдээлэл, хаалттай хэлхээний видео хяналтын систем (CCTV)-ийн мэдээлэл болон бодит хугацаанд цуглуулж, хадгалсан ус судлалын дата мэдээлэлд үндэслэсэн байр зүйн зураг дээрх мэдэгдэл зэргийг харуулдаг. Газарзүйн мэдээллийн систем (ГМС)-д суурилсан цахим систем нь дата мэдээллийн менежмент, үерийн гамшгийг урьдчилан таамаглах системтэй хамт бүтээгдсэн бөгөөд ингэснээр хэрэглэгчид үерийн нөхцөл байдлыг хянаж, дүгнэх боломжтой юм. Мөн үерийн талаарх мэдээллээр олон нийтийг хангах цахим хуудас хөгжүүлсэн.

Үерийн гамшгийг урьдчилан таамаглах систем нь цуглуулсан ажиглалтын мэдээлэл, параметрүүдийг ашиглан урсцын загвар программ, үерийн урьдчилан таамаглах программаар дамжуулан хүснэгт, график зэрэг үр дүнтэй харуулах аргуудыг ашигладаг Компьютерийн шинжлэх ухаан (C/S)-д суурилсан систем юм.

Үерийн аюулаас урьдчилан сэргийлэх системийн үр дүнд бодит ажиглалтын дата мэдээлэл ба үерийн урьдчилсан таамаглалын үр дүнг холбосон үерийн аюулаас сэрэмжлүүлэх удирдлагын систем болон LED дэлгэцтэй самбарыг ашиглагдана. Энэ нь үерийн аюулаас урьдчилан сэргийлэх ажлыг үр дүнтэй гүйцэтгэх дохиоллын төхөөрөмж, цахимд суурилсан хяналт, удирдлагын чиг үүргийг алсаас хянах боломжийг олгодог.

4.2.3. Усны мэдээллийн нэгдсэн системийн сайжруулалт

Энэ хэсэгт Монгол Улсын усны мэдээллийн удирдлагын өнөөгийн байдалд үндэслэн улсын усны мэдээллийн нэгдсэн системийг бий болгох, усны менежментийн төвийг байгуулах саналыг тусгасан болно.

Монгол Улсын усны мэдээллийн системийн төлөв байдал

Цаг уур, гадаргын ус, газрын доох ус зэрэг усны мэдээллийг нэгтгэж, ажиллуулдаг усны мэдээллийн (удирдлагын) нэгдсэн төв болон үерийн аюулаас сэрэмжлүүлэх ус судлалын дүн шинжилгээний цогц хөтөлбөр байхгүй. Ган гачиг, үер зэрэг усны менежментийн томоохон шийдвэрийг холбогдох яам, төрийн байгууллагаас бүрдсэн ажлын хэсэг гаргадаг байна. Үер, ган гачгийн давтамжийн талаарх статистик тоо баримт байгаа хэдий ч мэдээллийг удирдах чиг үүрэг бүхий яам/байгууллагыг тодорхойлох боломжгүй байна.

Сүүлийн жилүүдэд уур амьсгалын өөрчлөлтийн улмаас мөсөн голууд хайлж, улмаар гол, мөрний усны түвшин нэмэгдэж, үерийн эрсдэл нэмэгдсээр байна. Ус судлалын бодит мэдээллийн системийг ашигладаг шинжлэх ухаанд суурилсан усны менежментийн систем (хур тунадасны урьдчилсан мэдээ, голын үерийн шинжилгээ, үерийн сэрэмжлүүлэг гэх мэт) болон ГМС нь усны хяналт-шинжилгээ, гамшгийн эрсдлийн менежментийг дэмжих боломжтой.

Усны гамшгийн менежментийн үр дүнд нэгдсэн удирдлагын тогтолцоо болон байгалийн гамшгаас хамгаалах тухай хуулийн үр өгөөжийг хүртэх боломжтой. Нийслэлд 2023 оны 07 дугаар сард болсон үер нь сүүлийн 50 жилийн хугацаанд тохиолдсон хамгийн том гамшиг байв. Үүнээс үүдэлтэйгээр хууль эрх зүйн тогтолцоо, төрийн бодлоготой холбоотой асуудлууд ар араасаа урган гарч, цаашид баримтлах бодлогын чиглэлийг эргэн харах шаардлага үүссэн. Энэ хүрээнд Нидерландын Гамшгийн эрсдэлийг бууруулах, онцгой байдлын агентлаг (DRRS) 2024 оны 02 дугаар сард Улаанбаатар хотын үерийн гамшгаас урьдчилан сэргийлэх үйл ажиллагааны төлөвлөгөөг боловсруулах урьдчилсан судалгааг долоо хоногийн хугацаатай хийсэн байна.

Ус цаг уур, орчны шинжилгээний газраас гаргасан Монгол орны гадаргын ус, нөөц, усны чанарын тухай 400 хуудас бүхий “Ус судлалын мэдээллийн үйлдвэрлэл, ашиглалтын ус судлал ажиглалтын статистик” нь зургаан хэсгээс бүрдсэн эмхтгэл юм. Эдгээр бүрдэл хэсэгт усны урсац, нөөц, уур амьсгал, гол, мөрөн, нууруудын хяналт-шинжилгээний байдал, усны экологийн ажиглалтын дүн, гол, мөрөн, нуурын усны чанар, бохирдлын түвшин, газрын доорх усны хяналт-шинжилгээ зэрэг багтана.

Устай холбоотой гурван цахим хуудас байдаг ч төсөв, технологи, мэргэшсэн боловсон хүчин дутмаг байгаагаас цахим хуудаст цуглуулсан дата мэдээллийг өргөнөөр ашигладаггүй, мөн мэдээллийн чанарт хяналт тавьдаггүй байна (www.groundwater.mn, www.eic.mn, weather.gov.mn).

Цаашид www.groundwater.mn цахим хуудас болон ус ашиглагч томоохон байгууллагуудыг газрын доорх ус ашиглалтын системд холбох төлөвлөгөөг хэрэгжиж байна. Төлөөлөгч байгууллагуудын тоонд “Оюутолгой” ХХК (Өмнийн говийн бүсэд байрладаг Монгол Улсын хамгийн том зэсийн уурхай), Эрдэнэт үйлдвэр ТӨҮГ (мөн нутгийн хойд хэсэгт байрладаг Азийн хамгийн том зэс, молибдений уурхай), “Эрдэнэс Тавантолгой” ХК (Өмнийн говийн бүсэд байрлах нүүрсний уурхай) зэрэг үйлдвэр, уурхай багтана.

Олон төрлийн дата мэдээлэл (дижитал хэлбэрт шилжүүлээгүй) ашигладаг ус судлалын дүн шинжилгээний программ, мэргэжилтнүүд цөөхөн байдаг бөгөөд одоогийн ус судлалын дүн шинжилгээнд Реки Режима (Орос: Реки Режима) программыг ашиглаж байна.

Газрын доорх усны мэдээллийн системийг газрын доорх усны түвшинг хянах (зөвшөөрөгдсөн хэмжээнээс илүү ашиглахад хяналт тавих)-д ашигладаг. Газар доорх усны хэрэглээ, бохирдлын хяналт-шинжилгээний дата мэдээлэлд дүн шинжилгээ хийх систем учир дутагдалтай. Газар доорх усны менежментийн системийн мэдээллийн сан байгаа ч аналитик систем, мэргэшсэн боловсон хүчин дутмаг байна.

Гадаргын усны мэдээллийн сан нь усны мэдээллийн сангийн сервертэй боловч зөвхөн мэдээллийг баримтжуулах, хадгалахад ашиглагддаг байна. Мэдээллийн сан нь тусдаа бие даасан хэд хэдэн мэдээллийн сангаас бүрдэх бөгөөд дата мэдээлэл оруулах үйлдлийг янз бүрийн байгууллага хийдэг тул дата мэдээллийн давхардал үүсч, алдаа гардаг. Түүнчлэн мэдээллийг гар аргаар оруулснаар алдаа гарахаас гадна цаг хугацаа их шаардагддаг байна.

Зөвлөмж

Усны мэдээллийн системийг цаашид сайжруулах чиглэлд 1) Улсын усны мэдээллийн нэгдсэн систем бий болгох, 2) Усны менежментийн цогц төв байгуулах дараах хоёр саналыг дэвшүүлж байна.

4.2.4. Улсын усны мэдээллийн нэгдсэн систем бий болгох

Усны тоо хэмжээ, усны чанар, байгалийн болзошгүй гамшиг, усны экологи зэргийг нэгтгэсэн, сав газрын түвшинд усны эрэлтийн менежментийг тусгасан усны нэгдсэн тогтвортой менежмент нь сав газрын усны үр ашигтай зарцуулалт, усны эрүүл ахуйн аюулгүй байдлыг хангана.

Үүний тулд Усны газрын дэргэд газрын доорх болон гадаргын усыг нэгтгэсэн мэдээллийн төвийг туршилтын журмаар байгуулж ажиллуулж болох юм. Үүнийг мэргэшсэн боловсон хүчин бэлтгэх төлөвлөгөөтэй уялдуулан сав газрын түвшинд нарийн мэргэжлийн дүн шинжилгээний системийг бий болгох замаар аажмаар өргөтгөх боломжтой. Усны мэдээллийн нэгдсэн системийг байгуулахын тулд дараах зүйлийг анхаарах нь зүйтэй. Үүнд:

- Багаж төхөөрөмж суурилуулалт, цахим системд суурилсан (ЦСС) төхөөрөмж, стандарт болон стандартчиллын талаарх дата мэдээлэл цуглуулахад чиглэсэн мэдээллийн сангийн урьдчилсан суурь төлөвлөгөөг боловсруулах.
- Талбар бүрт ажиглалтын сүлжээ бий болгон, олон нийтийг аналитик мэдээллээр хангах замаар дата мэдээллийг яам хооронд солилцоход дэмжлэг үзүүлэх усны мэдээллийн нээлттэй үйлчилгээ бий болгох.
- Усны тоо хэмжээ, усны чанар, цаг уур, ус хангамж, ариутгах татуурга, үер, ган гачгийн талаарх дата мэдээллийг төрийн байгууллагуудын түвшинд үе шаттайгаар нэгтгэх, солилцох ажлыг өргөжүүлэх.
- Хоёр талын харилцаа холбоог дэмждэг, гадаад системүүдийн хооронд дата мэдээлэл солилцох боломжийг олгодог нээлттэй Хэрэглээний программын интерфейс (ХПИ) хөгжүүлэх.
- Тодорхой, ойлгоход хялбар баримт бичгээр хангах нь ХПИ-ийг нээлттэй ашиглах, мөн үүнийг ашиглахад шаардлагатай мэдлэг, хэрэгслээр хангах боломжийг бүрдүүлнэ. Үйл ажиллагааны мэргэжилтнүүдийг хамтад нь хөгжүүлэх шаардлагатай.
- Дата мэдээллийн найдвартай, үнэн зөв байдлыг хадгалах, шаардлагатай бол системийг сайжруулах, шинэчлэх зорилгоор дата мэдээллийн чанарыг хянах.

Шигтгээ 4.6. БНСУ-ын Усны мэдээллийн систем

БНСУ-ын усны нөөцийн менежмент бусад орныхтой харьцуулахад төвөгтэй байдаг аж. Учир нь их хэмжээний ус зайлуулах шаардлагатай, уулархаг нутаг дэвсгэртэй бөгөөд цаг уурын ажиглалтаас эхлээд урсац хүртэл ус судлалын дүн шинжилгээг маш хурдан гүйцэтгэх ёстой байдаг. Эдгээр хязгаарлалтыг шийдвэрлэх зорилгоор БНСУ нь дэлхийн хамгийн дэвшилтэт системүүдийн нэг болох усны мэдээллийн нэгдсэн систем болон газрын доорх усны мэдээллийн системийг нэвтрүүлсэн байна. Үүнийг доорх зурагт харуулав.

Усны менежментийн улсын мэдээллийн систем

Олон нийтийг усны талаарх мэдээллээр хангах зорилгоор интернетэд суурилсан портал систем (Усны менежментийн мэдээллийн систем, БОЯ-ны Үерийн хяналтын алба, https://www.wamis.go.kr) байгуулан, ажиллуулж байна. Уг системийг ашиглан усны нөөцийн бүхий л дата мэдээллийг цогцоор нь системтэйгээр удирддаг. Усны нөөцийн менежментийн мэдээллийн систем нь нийт 127 агуулга, 300 зүйл бүхий 10 талбар (ус цаг уур, усны хагалбар, гол, мөрөн, далан боомт, газрын доорх ус, гадаргын ус, ус хангамж, хүрээлэн буй орчны экологи, байгалийн гамшиг, газарзүйн орон зай)-ын ус судлалын үндсэн дата мэдээлэл, ГМС-г ашиглан усны нөөцийн нэгжийн газрын зургийн дата мэдээлэл зэргээр хангадаг байна.

Хүснэгт 4.7. УНММС-ийн гол мэдээлэл

Ангилал	Дэд хэсэг
Ус цаг уур,	Хур тунадас, усны түвшин, цаг уур, урсац, псевдо урсгал, урсцын дүн шинжилгээ
Усны хагалбар	Усны хагалбарын онцлог, чийгшил, усны хагалбарын нөөц, газрын хөгжил
Гол, мөрөн	Гол мөрний байдал, байгууламж
Боомт	Боомтын ус судлалын мэдээлэл, усны их бага муруй тэгшитгэл
Газрын доорх ус	Газар доорх усны хэрэглээ, гарц болон чанар
Ус ашиглалт	Ус хэрэглээ, ахуйн, үйлдвэрлэлийн, ХАА-н ус, эрчим хүч үйлдвэрлэх ус, ус ашиглах эрх
Ус хэрэглээ	Ус хэрэглээ, үйл ажиллагаа, усны чанар
Хүрээлэн буй орчны экологи	Усны чанарын сүлжээ, орчны бохирдол, байгаль орчны дэд бүтэц, экологийн орчин
Байгалийн гамшиг	Үер, газар хөдлөлт, ган гачиг
Газарзүйн орон зай	Усны нэгжийн газрын зураг, усны сэдэвчилсэн газрын зураг

Эх сурвалж: УНММС (Усны нөөцийн менежментийн мэдээллийн систем), Хан мөрний Үерийн хяналтын алба, http://wamis.go.kr.

Шигтгээ 4.7. БНСУ-ын Газрын доорх усны мэдээллийн үндэсний төв (ГДУМҮТ)

БНСУ-ын Усны нөөцийн корпораци нь ГДУМҮТ-ийг байгуулан, ажиллуулж байгаа бөгөөд энэ төв нь улсын хэмжээнд газрын доорх усны тоо хэмжээ, чанар, ашиглалтын байдал зэрэг бүх дата мэдээллийг цуглуулан, удирдаж, олон нийтэд газрын доорх усны мэдээллийн үйлчилгээ үзүүлдэг.

Тус улсын газрын доорх ус ашиглалтын судалгаа, ажиглалтын мэдээлэл, дотоод, гадаадын шинэ технологи, судалгааны мэдээллийг үр ашигтай ашиглах, газрын доорх усны дата мэдээлэл бий болгох, удирдах, дүн шинжилгээ хийх замаар газрын доорх усны бодлого боловсруулахад дэмжлэг үзүүлэх зорилгоор энэхүү газрын усны мэдээллийн нэгдсэн системийг бий болгожээ.

Газар доорх усны мэдээллийн улсын газрын зураг, газрын доорх усны мэдээллийн стандартчилал, уялдаа холбоо, хамтын ашиглалтыг дэмжих, мэдээллийн технологийн судалгаа, боловсруулалт, орон нутгийн засаг захиргаанд боловсрол болон техникийн дэмжлэг зэргийг хамруулсан газрын доорх усны мэдээллийн системийн хөгжүүлэлт болон түүний засвар үйлчилгээ мөн үзүүлдэг байна. Үүнд:

- Улсын хэмжээнд 713 хэмжилтийн сүлжээнд 1,333 хэмжих станц суурилуулж, ажиллуулж байна.
- Автомат хэмжилт: Газар доорх усны түвшин, усны температур, цахилгаан дамжуулах чанар (нэг цагийн интервал давтамжтай хэмждэг).
- Усны чанарын хяналт: 6 хээрийн хэмжилт, 9 эерэг ба сөрөг ион, 20 ундны усны чанарын стандарт , нийт 35 нэр төрлийн зүйл (хагас жил бүр хэмждэг).

Эх сурвалж: http://gims.go.kr Кэй-Уотер.

Усны менежментийн цогц төв байгуулах

Усны менежмент, шийдвэр гаргалтыг бодитой цаг хугацаанд хийх (real-time), усны мэдээллийн системтэй менежменттэй болохын тулд бие даасан, хараат бус Улсын усны менежментийн төв байгуулах нь давуу талтай. Мэдээллийн нэгдсэн системийг эхний ээлжинд жижиг хэмжээнд байгуулах замаар тус төвийг туршилтын журмаар ажиллуулахыг зөвлөж байна. Уг төв нь улсын усны бодит нөөц, газрын доорх усны төлөв байдал, ус ашиглалтад хяналт-шинжилгээ хийх, урьдчилан таамаглах, мөн түүнчлэн ус судлалын шинжилгээний систем (хур тунадасны дүн шинжилгээнээс эхлээд үерийн урьдчилсан мэдээ хүртэл) бий болгохын зэрэгцээ эдгээр системийг ажиллуулах мэргэжилтнүүдийг сургах төлөвлөгөөг хэрэгжүүлэх чиг үүрэгтэй байна (Шигтгээ 4.8).

Шигтгээ 4.8. БНСУ-ын Кэй-Уотер усны менежментийн төв

БНСУ-ын Кэй-Уотер байгууллага нь Кэй-Хит (K-Water Hydr Intelligent Toolkit) хүчирхэг системийг ажиллуулдаг бөгөөд усны нөөцийн дата мэдээллийг бодит цагаар цуглуулж, МХТ-ийн технологиудыг шинжилгээ хийх зориулалтаар ашигладаг. Үүний дүнд ус ашиглагч, хэрэглэгчдийг гүн гүнзгий чухал мэдээллээр хангадаг байна.

БНСУ-ын хэмжээнд шинжлэх ухаанд суурилсан олон зориулалттай далан боомт байгуулах, ган гачиг, үерийн менежмент, усны гамшгаас урьдчилан сэргийлэх зорилгоор хур тунадасны урьдчилсан мэдээ, усны нөөцийн бодит хугацааны мэдээлэл, үерийн аюулын дүн шинжилгээний систем зэрэг таван системийг хамгийн сүүлийн үеийн МХТ-д тулгуурлан хөгжүүлэн ажиллуулж байна. Доорх зурагт БНСУ-ын БОЯ болон Үерийн хяналтын төв шийдвэр гаргахад хамтран ажилладаг тусгай сүлжээг харуулав.

Зураг 4.7. Ус судлалын шинжилгээний программ хангамжийн системийн тохируулга, үйл ажиллагааны статус

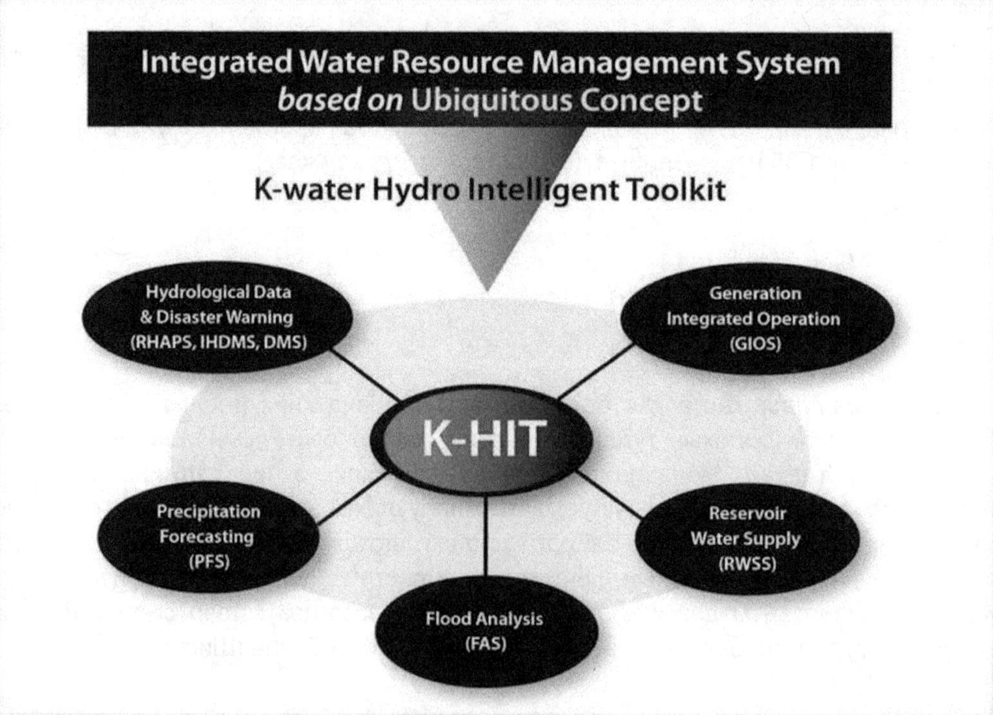

Source: K-water.

Эх сурвалж: Кэй-Уотер.

4.3. Хүний нөөцийн чадавхыг бэхжүүлэх нь

Тайлангийн энэ хэсэгт Монгол Улсын усны салбарын мэргэжлийн боловсон хүчин бэлтгэх цогц төлөвлөгөөг боловсруулах, усны талаарх сургалтын үндэсний төв байгуулах, чадавхыг бэхжүүлэх хөтөлбөр бүхий усны мэргэжилтнүүдийг хөгжүүлэх, чадавхжуулах дунд болон урт хугацааны урьдчилсан төлөвлөгөө боловсруулахыг санал болгож байна.

4.3.1. Усны мэдээллийн менежментийн чиглэлээр мэргэшсэн хүний нөөцийн байдал

Монгол Улсад 2020 оны байдлаар сүүлийн 30 жилийн хугацаанд нийт 3,159 усны мэргэжилтэн төгссөн байна. Эдгээрээс нийт төгсөгчдийн 63.1% нь усны салбартай холбоотой байгууллагад ажиллаж байгаа бол 36.9% нь бусад салбарт ажиллаж байна.

Гадаад, дотоодын их дээд сургуульд усны нөөцийн чиглэлээр мэргэшсэн техникчдийг гидрогеологич, гидрологич, гидротехникч, усны механик инженер гэж ангилдаг байна. Тэдний олонх нь устай холбоотой төрийн байгууллага, сав газрын захиргаанд ажилладаг.

Усны газар нь нийт 38 албан хаагчтай бөгөөд 21 сав газрын захиргаанд усны чиглэлээр 197 мэргэжилтэн ажиллаж байгаагаас 124 нь бакалавр, 43 нь магистрын зэрэгтэй (Зураг 4.8).

Сав газрын 21 захиргаанд нийт 24 Сав газрын талуудын оролцооны зөвлөл байдаг бөгөөд зөвлөлд яам, усны мэргэжлийн байгууллага, мэргэжлийн холбоод, хувийн хэвшил, их дээд сургууль зэрэг 205 байгууллагын төлөөлөл оролцож байна.

Сав газрын захиргаа тус бүр ус ажиглалтын чиглэлээр өөр өөр талбарт ажилладаг 18 мэргэжилтэнтэй. Гэсэн хэдий ч сав газрын захиргаадын ихэнх нь санхүүжилт болон боловсон хүчин дутмаг байдалтай байна.

Зураг 4.8. Усны салбарын нийт боловсон хүчний мэргэжил эзэмшсэн байдал

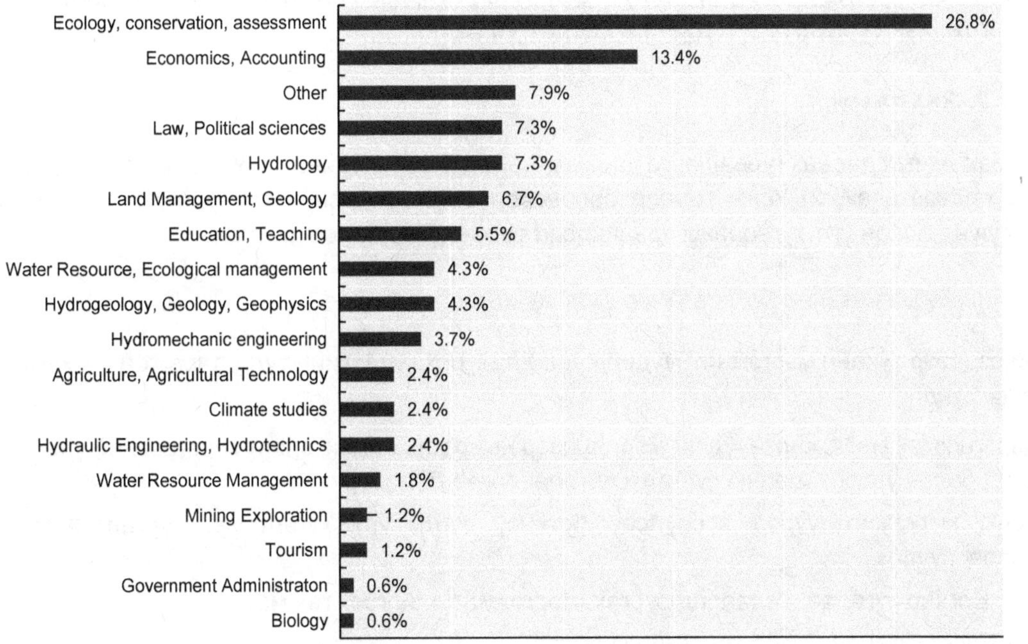

Эх сурвалж: Монгол Улсын Усны салбарын үндэсний хэмжээний хэлэлцүүлгийн асуумж, БОАЯЖ, Монгол Улс, 2023 (Questionnaire, 2023[9]).

Монгол Улсад усны салбарын мэргэжлийн боловсон хүчнийг чадавхжуулах, сургахад чиглэсэн хуулиар тогтоосон сургалтын тогтолцоо эсхүл мэргэшсэн сургалтын байгууллага байхгүй. Цаг уурын албаны Цаг уур орчны нөөцийн төвөөс гадаргын усны ажиглагчдад гэрчилгээ олгох 40 хоногийн сургалт явуулдаг байна. БОАЖЯ-наас ойрын жилүүдэд мэргэжилтнүүдэд зориулан зохион байгуулсан сургалтын талаар (Хүснэгт 4.7)-д үзүүлэв.

Хүснэгт 4.8. Усны мэргэжилтнүүдийн боловсролын байдал (2018-2022)

Он	Агуулга
2018	- Орон нутгийн оролцоотой ухаалаг усны менежмент - Сав газрын байгууллагуудын уулзалт, олон нийтийн оролцоог дэмжих сургалт - Туул голын сав газрын талуудын оролцооны зөвлөлийн чадавхыг бэхжүүлэх сургалт
2019	- "Газрын доорх усны мониторингийн мэдээлэл боловсруулах, усны нөөцийн менежмент, төлөвлөлт" сэдэвт чадавхыг бэхжүүлэх сургалт - "Төвийн бүсийн сав газрын захиргааны хамтын ажиллагаа" сэдэвт хил дамнасан сав газрын удирдлагын сургалт, семинар
2020	- Сав газрын захиргаа "Төвийн бүсийн шилдэг туршлага солилцох уулзалт"
2021	- "Усны чанар, ус бохирдуулсны төлбөрийн тухай хуулийн хэрэгжилтийн асуудал" сэдэвт Баруун бүсийн сав газрын захиргааны бүсийн сургалт (Завхан аймаг)
2022	- Монгол Улсын 21 сав газрын захиргааны ажилтнуудын чадавхыг бэхжүүлэх зорилгоор "Усны шинэлэг засаглалыг хэрэгжүүлэх нь" сэдвийн хүрээнд бүсийн уулзалт, хэлэлцүүлэг зохион байгууллаа.

Эх сурвалж: Монгол Улсын Усны салбарын үндэсний хэмжээний хэлэлцүүлгийн асуумж, БОАЯЖ, Монгол Улс, 2023.

БОУАӨЯ 2024 онд усны мэргэжилтнүүдийн төлөв байдалд ажиглалт хийж, ажиллах хүчний өнөөгийн байдлыг чиглэл, чиглэлээр нь тодорхойлж, шаардлагатай мэргэжилтнүүдийг бэлтгэх төлөвлөгөө гаргахаар төлөвлөсөн. 2021 оны ажиглалтын дүнгээр богино хугацаанд 68, дунд хугацаанд 110, урт хугацаанд 231 шинэ мэргэжилтэн шаардлагатай байв.

Одоогоор сав газрын байгууллагуудын чадавхыг бэхжүүлэх сургалт, семинарыг зохион байгуулж байгаа ч мэргэшсэн багш дутмаг, сургалтын дэд бүтэц сул, дэвшилтэт техник технологи хангалтгүй зэргээс шалтгаалан сургалтууд үр дүнтэй явагдахгүй байна.

4.3.2. Зөвлөмж

Чадавхыг бэхжүүлэх дараах гурван арга хэмжээг санал болгож байна: 1) Усны мэргэжилтэн бэлтгэх цогц арга хэмжээ авах, 2) Усны талаар боловсрол олгох үндэсний төв байгуулах, 3) Чадавхыг бэхжүүлэх дунд болон урт хугацааны урьдчилсан төлөвлөгөө боловсруулах.

Усны мэргэжилтэн бэлтгэх цогц арга хэмжээг авах

Үр дүнтэй сэдвээр тухайн мэргэжилтнүүдийн чадавхыг бэхжүүлэхийн тулд дараах арга хэмжээг авч үзэж болно. Үүнд:

- Хэрэгцээтэй мэргэжилтнүүдийг мэргэшлээр нь тодорхойлох, эрэлт хэрэгцээний үнэлгээ хийх, дунд болон урт хугацааны сургалтын төлөвлөгөө боловсруулах.
- Усны мэргэжилтнүүдэд зориулсан богино, дунд, урт хугацааны сургалтын хөтөлбөр боловсруулах.
    - Богино хугацаа: Гадаадад сургах, мэргэжилтэн илгээх гэх мэт.
    - Дунд хугацаа: 21-45 хоногийн сургалт.
    - Урт хугацаа: Магистрын хөтөлбөр гэх мэт.

Ус, байгаль орчны салбарын төрийн албан хаагчдын мэдлэг, чадварыг дээшлүүлэх, чадавхыг бэхжүүлэхийн тулд 1) холбогдох хууль тогтоомж, бодлого, дүрэм, журам, технологийн чиг хандлага, олон нийтийн ёс суртахууны талаарх тогтмол сургалт, 2) хяналт-шинжилгээ, санхүү, усны менежмент, мэдээллийн технологи, мэдээллийн эрчимжүүлсэн сургалт хэмээн ангилан авч үзэхийг санал болгож байна. Түүнчлэн ялангуяа хувийн хэвшлийнхэнд нийцсэн ус, байгаль орчны чиглэлээр үйл ажиллагаа явуулдаг компани, ААН, байгууллагыг хамруулсан бодлого, тогтолцооны талаар голлох сургалтууд, түүнчлэн технологи, судалгаа ба хөгжүүлэлт, дата мэдээлэл, бизнесийн сэдвээрх техникийн сургалтууд хэмээн ангилах нь зүйтэй (Зураг 4.9).

Зураг 4.9. Усны мэргэжлийн боловсон хүчин бэлтгэх сургалт зохион байгуулах

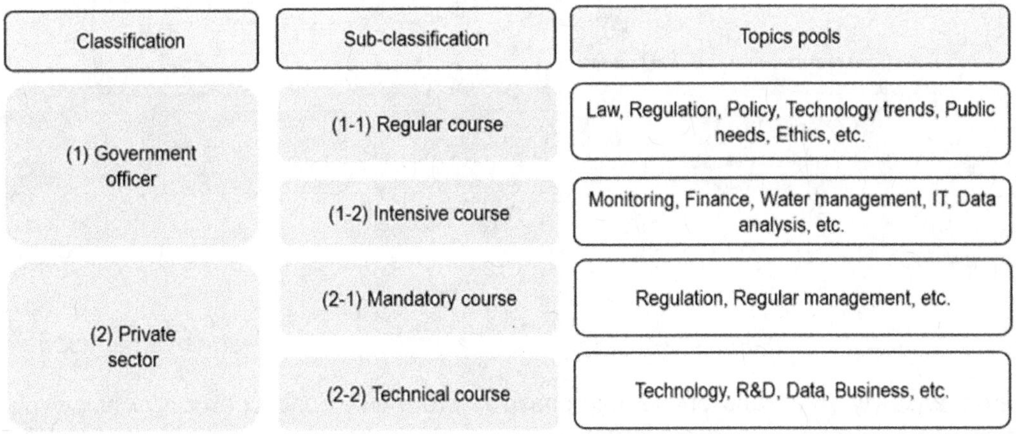

Эх сурвалж : АУЗ.

Чадавхыг бэхжүүлэх хөтөлбөр хэрэгжүүлэх стратегийн хувьд, тухайн ангийн онцлогоос хамааран суралцагчдын тоог харгалзан цахимаар болон танхимаар хичээлүүдийг явуулж болно. Байнгын хяналт-шинжилгээ, байнгын удирдлага, улсын бодлого, хууль тогтоомж, дүрэм журам, дэлхийн чиг хандлага, ёс зүй гэх мэт ерөнхий сэдэв бүхий сургалтыг олон тооны суралцагчдыг хамруулах зорилгоор цахим хэлбэрээр явуулахыг санал болгож байна. Зорилтот оролцогчдыг нүүр тулсан сургалтад хамруулах зорилгоор технологи, хиймэл оюун ухаан, мэдээлэл технологи, судалгаа ба хөгжүүлэлт, бизнес, бодлого боловсруулах, сангийн менежмент гэх мэт тодорхой сэдэвтэй сургалтуудыг танхимын хэлбэрээр явуулах нь зүйтэй (KIHS, 2023[10]; K-water HRDI, 2024[11]).

Зураг 4.10. Монгол Улсад санал болгож буй усны талаарх боловсрол олгох цахим болон танхимын тогтолцоо

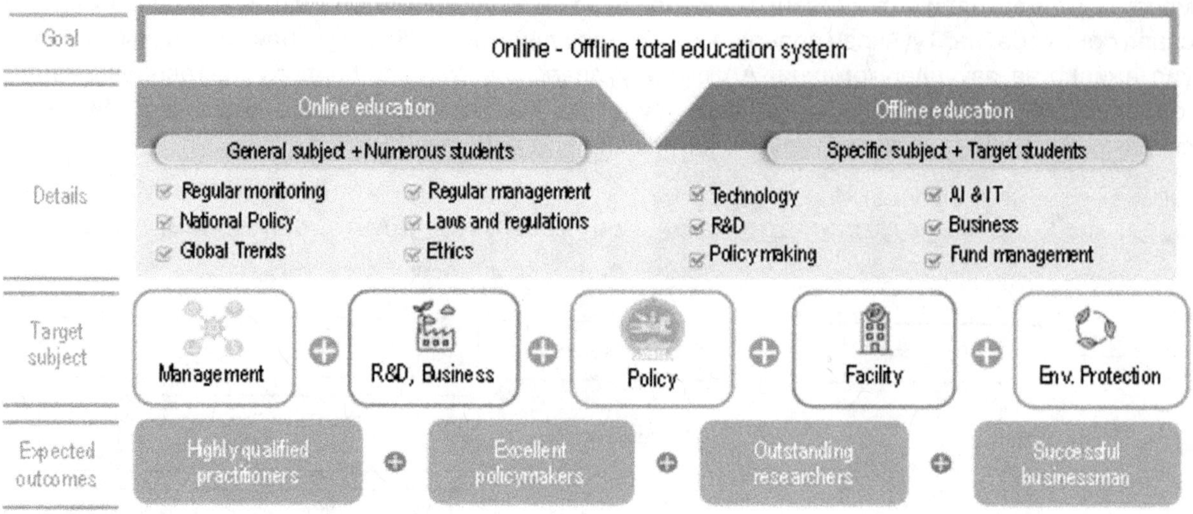

Эх сурвалж: АУЗ.

Ус, байгаль орчны талаар боловсрол олгох үндэсний төв байгуулах

Монгол Улсад ус, байгаль орчны чиглэлээр мэргэжлийн боловсрол олгох чиг үүрэгтэй "Монгол Улсын Усны тогтвортой үйлчилгээний Үндэсний боловсролын төв"-ийг БОУАӨЯ-ны харьяа байгуулахыг санал болгож байна. Уг төв нь боловсрол, дотоод болон гадаад хамтын ажиллагааны газар, нэгжээс бүрдэх юм. Түүнчлэн бодлого, судалгаа, хөгжүүлэлт, бизнес, практик, дата мэдээлэл ба хиймэл оюун ухааны чиглэлээр ажиллах хэлтэс, нэгжийг Боловсролын газар, нэгжийн хүрээнд байгуулна.

Гадаад болон дотоод хамтын ажиллагааны газар, нэгж нь гадаад болон дотоод хамтын ажиллагааны баг бүрдүүлж, боловсролын янз бүрийн системийг сайжруулах үүднээс хуулийн баг ажиллуулна. Уг төвийн дээд удирдлагаар хүний нөөц ба төсөвт хяналт тавих Хяналтын хороо, мөн төвийн бүх үйл ажиллагааг хариуцах Байгаль орчны шинжлэх ухааны факультетыг ажиллуулна.

Зураг 4.11. Монгол Улсад усны боловсрол олгох шинэ байгууллага байгуулах санал

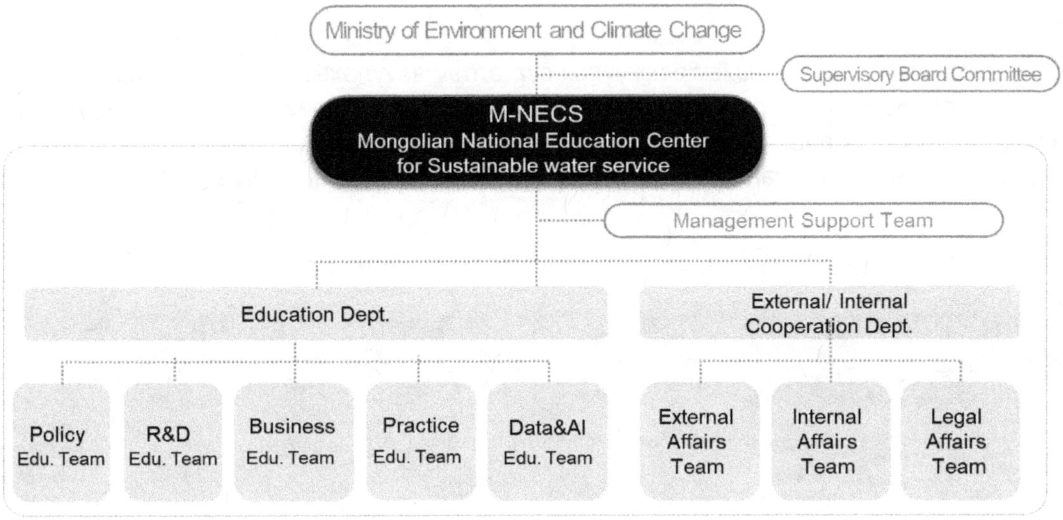

Эх сурвалж: АУЗ.

Зураг 4.12. Усны талаар боловсрол олгох үндэсний төвийн үндсэн зорилт

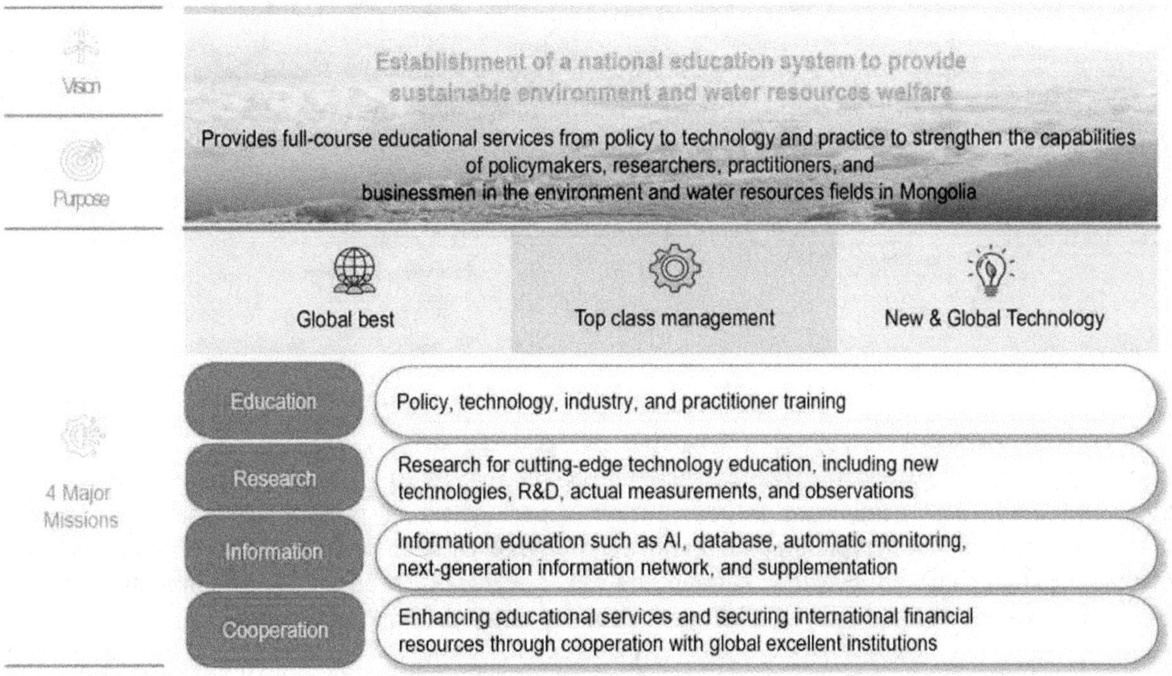

Эх сурвалж: АУЗ.

Дунд болон урт хугацааны чадавхыг бэхжүүлэх урьдчилсан замын зураглал

Холбогдох хууль, дотоод дүрэм, журамд заасан сургалтад хамруулахын үүднээс төрийн албан хаагчдыг чадавхыг бэхжүүлэхийг нэн тэргүүнд тавихыг санал болгож байна. Хувийн хэвшлийн ажилчид, албан хаагчдад зориулсан сургалтуудыг тогтмол санал болгосноор энэхүү зорилтот хүрч болох бөгөөд сургалт явуулах танхим, цахим систем бий болгох шаардлагатай тул сургалтыг эхлүүлэх цаг хугацааг сургалтын төвүүдийг байгуулах цаг хугацаатай давхцуулахыг санал болгож байна.

Сургалтын төв байгуулах, чадавхыг бэхжүүлэх сургалтыг явуулахын тулд хөтөлбөрүүдийн чанарыг хангах, институтээс олгосон диплом, гэрчилгээг албан ёсоор хүлээн зөвшөөрөх хууль, эрх зүйн болон бусад холбогдох арга хэмжээ авах шаардлагатай. Хөгжлийн албан ёсны тусламж (ХАЁТ) нь сургалтын төвийн анхны санхүүжилтийн эхлэлийн цэг байж болно (Зураг 4.13).

Зураг 4.13. Усны талаар боловсрол олгох хөтөлбөрийн урьдчилсан замын зураглал

Top-plan	Sub-plans		2024 the first half	2024 the second half	2025 the first half	2025 the second half	2026 the first half	2026 the second half	Note
Operation of capacity building curriculums	Government officer	regular course	preparation	Class start	→	→	→	→	Temporary training center is required
		Intensive course	-	preparation	Class start	→	→	→	On-line system is required
	Private sector	Mandatory course	-	-	-	preparation	Class start	→	Industry network needed
		Technical course	-	-	-	preparation	Class start	→	
	International class					preparation	Class start	→	Need global networks
Establishment of an education center	Funding		preparation	proposal→ (ex. ODA)	Proposal Review process→	Funding secured			-
	Set-up of law and regulations in Mongolia			preparation	→ law and regulation revision				-
	Securing human and material resources		Initial Procedure Preparation Team→		Training and Operations Team		→	→	-
	Establishing M-NECS					Establishing	→operation	→	-

Эх сурвалж: УАЗ.

4.4. Гүйцэтгэлийн стратеги төлөвлөгөө

Монгол Улсад усны дэвшилтэт менежментийг хэрэгжүүлэхийн тулд 4 чиглэлээр 9 төсөл, 12 инновацийн төсөл болон туршилтын 2 төсөл хэрэгжүүлэхийг зөвлөж байна. Монгол Улс туршилтын 2 төслийг эхний ээлжинд эхлүүлэх талаар авч үзэх нь зүйтэй. Олон улсын түншлэлийн төвүүд нь олон улсын хамтын ажиллагаа, гадаад сургалтын асуудлыг дэмжих боломжтой.

Зураг 4.14. Монгол Улсын гүйцэтгэлийн стратеги төлөвлөгөө

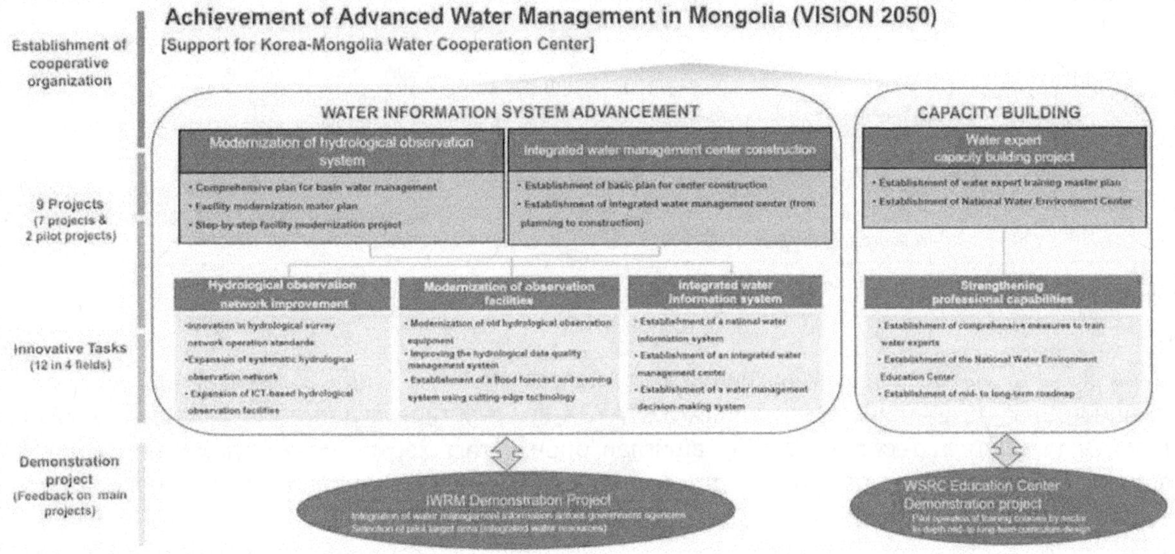

Эх сурвалж: АУЗ.

Хүснэгт 4.9. Санал болгож буй төсөл хэрэгжүүлэх нарийвчилсан төлөвлөгөө

Ангилал	Ангилал	Төслийн нарийвчилсан нэрс	Агуулга
Усны мэдээллийн систем	Ус судлалын ажиглалтын системийг шинэчлэх		- Сав газрын усны менежментийн төлөв байдал-шинж чанар, өнөөгийн усны менежментийн үнэлгээ -Сав газрын устай холбоотой томоохон асуудлууд, ирээдүйн нөхцөл байдал, хэтийн төлвийн өөрчлөлт –Алсын хараа, зорилго, сав газрыг сурталчлах стратеги, томоохон зорилтууд гэх мэт.
		Ус судлалын ажиглалтын дэд бүтцийг шинэчлэх төслийн ерөнхий төлөвлөгөө	- Монгол Улсын усны дэд бүтцийн (газрын доорх ус, гадаргын ус, Усны дэвшилтэт шийдэл-УДШ) орчныг бүрдүүлэх, өнөөгийн байдал, үе шаттай хэрэгжүүлэх стратеги (замын зураглалын хэрэгжилтийг бий болгох)
		Байгууламжийг үе шаттайгаар шинэчлэх төслийг эхлүүлэх	- Сав газар бүрээр үе шаттай ажлууд (зураг төслийг багтаах)
	Усны менежментийн нэгдсэн төв байгуулах	Усны менежментийн нэгдсэн төв байгуулах үндсэн төлөвлөгөөг боловсруулах	- Усны мэдээллийг яамдын түвшинд нэгтгэх үндсэн төлөвлөгөө (гадаргын ус, газрын доорх ус, харилцаа холбоо, мэдээлэл солилцох, мэргэшсэн хүний нөөц)
		Усны менежментийг нэгтгэх төв барих (зураг төсөл боловсруулах)	- Тухайн төвийн концепцийн зураглалыг боловсруулж, байгуулах
	Орон нутгийн түвшинд үзүүлэх	Усны нөөцийн нэгдсэн менежментийн туршилтын төсөл	- БОУАӨЯ-ны харьяа яам хоорондын усны нэгдсэн удирдлагын төвийг туршилтаар хэрэгжүүлэх
Чадавхийг бэхжүүлэх	Усны мэргэжилтнүүдийг хөгжүүлэх	Усны мэргэжилтнүүдийг хөгжүүлэх мастер төлөвлөгөө боловсруулах	- Монгол Улсад усны чиглэлээр мэргэшсэн мэргэжилтэн бэлтгэх дунд болон урт хугацааны төлөвлөгөө боловсруулах -Мэргэшсэн боловсролын байгууллагуудыг дэмжих,

			байгуулах төлөвлөгөө гэх мэт.
		Усны боловсрол олгох үндэсний төвийг байгуулах	- Монгол Улсын Усны тогтвортой үй лчилгээний Үндэсний боловсролын төв" бай гуулах
	Орон нутгийн түвшинд үзүүлэх	Усны удирдах ажилтнуудыг сургах туршилтын төсөл	- ХСУХАТАҮЗХ-ны өнөөгийн судалгаа, сургалтын төвийг хөшүүрэг болгох - Сургалтын загварыг тусад нь тохиролцох (зорилтот оролцогчид, давтамж, сургалтын хөтөлбөр гэх мэт)
Олон улсын хамтын ажиллагаа	Олон улсын түншлэлийн төвүүдийг байгуулах	Олон улсын түншлэлийн төвүүдийг байгуулах	- Монгол Улсын усны менежментийг сайжруулахын тулд системийн тасралтгүй, тогтвортой байдлыг бий болгох

Эх сурвалж: Зохиогч.

Дараах хоёр төсөл хэрэгжүүлэхийг санал болгож байна. Үүнд: a) УННМ-ийн нэгдсэн үйл ажиллагааны туршилтын төсөл, b) ХСУХАТАҮЗХ-ны өнөөгийн судалгаа, сургалтын төвийг орон нутгийн туршилтын төсөл хэлбэрээр ашиглан орон нутагт хэрэгжүүлэх боломжийг тодорхойлох зорилгоор чадавх бэхжүүлэх төсөл. Эдгээр төсөлд одоогийн дэд бүтцийг ашиглах боломжтой бөгөөд түргэн хугацаанд хэрэгжиж, зардал, цаг хэмнэх боломжтой.

1. УННМ-ийг нэгдсэн төв: БОУАӨЯ-нд ус судлалын тухайн цаг үед шууд хэмжиж байгаа нэгтгэл (газар доорх ус, гадаргын ус, Усны дэвшилтэт шийдэл- УДШ), мэдээллийн дүн шинжилгээ, үерийн аюулаас сэрэмжлүүлэх (ус судлалын дүн шинжилгээ, урьдчилсан мэдээ гэх мэт) системийг бий болгох (K-water, 2023[12]).
2. Сургалтын төв: Сонгогдсон мэргэжилтнүүд, байгууллагатай зөвшилцсөний үндсэн дээр дотоодын Хөгжлийн албан ёсны туслалцаа (ХАЁТ) эсхүл олон улсын хамтын ажиллагааны дэмжлэгтэйгээр (их сургуулийн багш, цахим/танхимын сургалт гэх мэт) дотооддоо сургаж болно.

Ашигласан материал

Battulga Dariimaa, Gombosuren Odontuya and Andarai Tsiiregzen (2021), *Water Quality Analysis of Tuul River Around the Ulaanbaatar City Area*, Laboratory of Ecological Chemistry, Institute of Chemistry and Chemical Technology, Mongolian Academy of Sciences, https://orcid.org/0000-0001-5278-1580 (accessed on 13 December 2024). [2]

Fan, M. (2020), *Achieving Sustainable Integrated Water Resources Management in Mongolia: The Role of River Basin Organizations*, Asian Development Bank, Manila, Philippines, https://doi.org/10.22617/BRF200175-2. [3]

KIHS (2023), *Educational materials for hydrological survey workers*, Korea Institute of Hydrological Survey, Seoul, https://www.kihs.re.kr/kor_sub/biz/work_edu.do (accessed on 16 December 2024). [10]

KLRI (2023), *Act on the Investigation, Planning, and Management of Water Resources*, Korea Legislation Research Institute, Seoul, https://elaw.klri.re.kr/eng_mobile/viewer.do?hseq=55436&type=part&key=35 (accessed on 13 December 2024). [4]

K-water (2023), *Integrated Water Management System Establishment Project*, Korea Water Resources Corporation, Dea jeon, https://kwater.or.kr (accessed on 13 December 2024). [12]

K-water HRDI (2024), *2024 Guide to water specialist training courses (Statutory training for hydrological survey experts)*, K-water Human Resources Development Institute, Daejeon. [11]

Ministry of Environment of Korea (2018), *Act on installation environment and maintenance of hydrological survey facilities and quality control standards for hydrological data*, Ministry of Environment of Korea, Seoul. [5]

Ministry of Environment of Korea (2018), *Water Survey Operation Regulations*, Ministry of Environment of Korea, Seoul. [6]

MoE Korea (2022), *Annual Report of Hydrological Survey on Korea_2022*, Ministry of Environment of Korea, Seoul, https://hrfco.go.kr/popup/floodgateHstPopup.do?year=2022&kind=a (accessed on 13 December 2024). [7]

Mr. Batbayar Zeneemyadar (2024), *Water sector's policies of Mongolia*, Water Agency Government Implementing Agency, Ulaanbaatar. [1]

Questionnaire (2023), *Questionnaire for the National Dialogue on Water. Responses from the Government of Mongolia.*. [9]

WB (2021), *Digital Water Platform: Development of a Groundwater Monitoring Portal Using Disruptive Technology*, World Bank, Ulaanbaatar, https://documents1.worldbank.org/curated/en/099092723115034240/pdf/P1714880a003df0da0a98b01cb11a65fb61.pdf (accessed on 13 December 2024). [8]

Хавсралт А. Монгол Улсын усны салбарын үндэсний хэмжээний хэлэлцүүлгийн хүрээнд боловсруулан санал болгож буй Үйл ажиллагааны төлөвлөгөө

Монгол Улсны усны салбарын үндэсний хэмжээний хэлэлцүүлгээс гарсан гол үр дүн, уг хэлэлцүүлгийн хүрээнд боловсруулсан бодлогын зөвлөмжийг өмнөх тайланд тусгаж, танилцуулсан. Хэлэлцүүлгийн хүрээнд боловсруулсан бодлогын голлох үйл ажиллагаа, арга хэмжээг дараах хүснэгтэд тусгасан болно. Санал болгож буй Үйл ажиллагааны төлөвлөгөө нь Монгол Улсын усны салбарт хийгдэх боломжит шинэчлэлтийн үндсэн бүрэлдэхүүн хэсгүүд (богиноос урт хугацаанд хамаарах) болон уг шинэчлэлтэд татан оролцуулахад хамгийн тохиромжтой хамтрагч ба дэмжигч талуудыг тодорхойлох замаар холбогдох эрсдэл, аюулыг тодорхойлж, нэгтгэн харуулав.

Хүснэгт А А.1. Монгол Улсын усны салбарын үндэсний хэмжээний хэлэлцүүлгийн хүрээнд боловсруулсан Үйл ажиллагааны төлөвлөгөөний төсөл

Хэлэлцүүлгээс гарсан гол үр дүн	Санал болгож буй үйл ажиллагаа	Үйл ажиллагааны зорилт	Хамтрагч, дэмжигч гол талууд	Хугацаа
Усны эрэлийн менежментийн хэрэгслийг ашиглан усны хүрээмжтэй байдлыг сайжруулах нь				
Ус ашигласны болон бохирдуулсны төлбөр төвлөрүүлэх ажиллагаа сүүлийн 5 жилийн хугацаанд ахиц дэвшилттэй; гэсэн хэдий ч ногдуулсан болон төвлөрүүлсэн төлбөр хооронд зөрүү байсаар байна ("төлбөр төвлөрүүлэлтийн зөрүү").	Цаашид төлбөр төвлөрүүлэлтийг дараах байдлаар нэмэгдүүлэх. УННМ-ийн төлөвлөгөөнд төлбөр төлөвлөрүүлэх, орлогыг (орон нутгийн удирдлага руу) шилжүүлэх зорилт тусгах. Төрийн байгууллага хоорондын төлбөр төвлөрүүлэх, хяналт тавих чиглэлийн хамтын ажиллагаа, зохицуулалтыг дэмжих, шаардлагатай тохиолдолд усны гэрээ хэлцэл эсхүл компакт гэрээгээ байгуулах замаар дэмжих. Төлбөр төлөх, төвлөрүүлэх үйл явцыг шинэ дижитал зөвшөөрлийн систем рүү нэгтгэх. Ус ашигласны ба бохирдуулсны төлбөр зэрэг байгаль орчны татвар, хураамжийн чиглэлээр Татварын ерөнхий газар, орон нутгийн татварын хэлтэст техникийн туслалцаа үзүүлэх асуудлыг авч үзэх.	Үндсэн зорилт: усны менежментийг сайжруулах ус хомсдлын үнэ өртөг, ус ашиглалтын зан байдлыг тусгасан усны тариф тогтоох Бусад зорилт: усны төлбөрийн ашиг тусыг ус ашиглагчдад харуулах, төлөх боломжит үнийг нэмэгдүүлэх усны менежментэд зарцуулах орлогын хувь хэмжээг нэмэгдүүлэх	Усны үндэсний зөвлөл (УҮЗ) Байгаль орчин, уур амьсгалын өөрчлөлтийн яам (БОУАӨЯ) Татварын ерөнхий газар (ТЕГ) Сав газрын байгууллагууд (СГБ) Аймаг Сум	Богино, дунд хугацаа
Усны менежментийн чиг үүрэг төвлөрсөн бус, тархай бутархай бөгөөд төрийн зарим байгууллагын чиг үүргээ гүйцэтгэх, зохицуулалт хийх чадавх хязгаарлагдмал байна.	Усны үндэсний зөвлөл зэрэг үндэсний хэмжээний зохицуулалтын механизмыг бэхжүүлэх. Сав газрын байгууллагуудын санхүү болон хүний нөөцийг нэмэгдүүлэх. Төрийн байгууллага хоорондын хамтын ажиллагаа, зохицуулалт нь орон нутгийн түвшин (тухайлбал, дэд сав газар)-д үр дүнтэй байх боломжтой эсэхийг судлах, тухайлбал хамтын ажиллагааны гэрээ эсхүл усны компакт гэрээ байгуулах нь үр дүнтэй эсэх. Төр, хувийн сектор, иргэний нийгэм хамтран газрын доорх усны тодорхой уст давхаргын зураглал гаргах, менежментийг хэрэгжүүлэх боломжтой эсэхийг судлах тухайлбал, газрын доорх усны гэрээ байгуулах замаар ийм боломжтой эсэхийг судлах. Хяналт-шинжилгээ, хяналт шалгалт хийх, төлбөр төвлөрүүлэх зэрэг чиг үүргийн зааг ялгааг тодорхойлох, зарим чиг үүргийг нэгтгэх талаар авч үзэх.	Усны менежментийг сайжруулах	УҮЗ БОУАӨЯ Хүнс, хөдөө аж ахуй, хөнгөн үйлдвэрийн яам (ХХААХҮЯ) ТЕГ СГБ Аймаг Сум	Богино, дунд хугацаа
Үйлдвэрлэл нь хаягдал усны чанарын стандартад нийцэхүйц хаягдал ус цэвэрлэх технологийг тодорхойлох асуудалтай тулгарч байна.	Боломжит шилдэг техник (БШТ)-ийн бодлогыг өдгөө хэрэгжиж буй хаягдал усны чанарын стандартад нэмэлтээр нэвтрүүлэх. Тухайлсан үйлдвэрлэлийн онцлог бүхий БШТ-ийг үйлдвэрийн хаягдал ус цэвэрлэх зориулалтаар тодорхойлох, ингэснээр тухайн үйлдвэрлэлийг усны чанарын стандартад нийцүүлэх, нэхмэл эсхүл мах боловсруулах зэрэг тухайлсан нэг үйлдвэрлэлээс эхлэх талаар авч үзэх. Хууль эрх зүй, зохицуулалтын таатай орчин бүрдүүлэх замаар хаягдал усны эргүүлэн ашиглалтыг дэмжих, хаягдал усыг эргүүлэн ашиглахад бэлэн, санхүүгийн хувьд боломжтой ямар үйлдвэрлэл байгааг тодорхойлж, түүнийг нэн тэргүүнд авч үзэх.	Үндсэн зорилт: усны чанар, усны нөөцийн хүртээмжийг сайжруулах Бусад зорилт: тогтвортой дэд бүтэц рүү чиглэсэн хөрөнгө оруулалт татах	БОУАӨЯ ХХААХҮЯ Үйлдвэрлэлийн холбоо, ассоциаци	Богино, дунд хугацаа

Хэлэлцүүлгээс гарсан гол үр дүн	Санал болгож буй үйл ажиллагаа	Үйл ажиллагааны зорилт	Хамтрагч, дэмжигч гол талууд	Хугацаа
Монгол Улсад ус хуваарилалтын системийн тодорхой бүрэлдэхүүн хэсэг байгаа бөгөөд усны нөөцөд нь дарамт учирч буй сав газрын богино, урт хугацааны ус эрэлтийн менежментийг хэрэгжүүлэх чиглэлээр бүрэлдэхүүн хэсгүүдийг цаашид бэхжүүлэх боломжтой.	Усны хүртээмж нь эрэлттэйгээ нийцэхгүй байгаа сав газарт ус хуваарилалтын горимыг нэн тэргүүнд нэвтрүүлэх (түр зуурын, дэд бүтцийн байгууламжийн, эсхүл урьдчилан таамаглах талаас нь). Улсын УННМ-ийн төлөвлөгөө, сав газрын УННМ-ийн төлөвлөгөө, сав газрын төлөвлөлтийн удирдамжид ус хуваарилалт (тухайлбал, зарчим, үйл явц, аргачлал, дэд бүтцийн хэрэгцээ, чадавхыг бэхжүүлэх зэрэг)-ыг тусган нэгтгэх. Богино, урт хугацаанд ашиглах усны дээд хэмжээ, хязгаарыг тогтоож, хэрэгжүүлэх, ус ашиглуулах дүгнэлт, ашиглах зөвшөөрөл олголт, бүртгэлийг усны балансгай уялдуулах. Усны дарамт учирсан үед богино хугацаанд авч ашиглах усны дээд хэмжээ, хязгаар (тухайлбал, улирлын түвшинд)-ыг тогтоох, ингэхдээ ус ашиглагч нь үүнд нийцэн зохицох хугацаа (тухайлбал, газар тариалан эхлүүлэх хугацаагаа тогтох зэрэг)-г авч үзэх. Онцгой нөхцөл байдал үүссэн тохиолдолд нэн тэргүүний ус ашиглалтын эрэмбэ, дараалыг илүү нарийвчлан тодорхойлох асуудлыг авч үзэх. Ус хуримтлуулан хадгалах, хаягдал ус цэвэрлэх, ус дамжуулах орчны бүрдүүлж, улмаар гадаргын усыг түлхүү ашиглах, хаягдал ус цэвэрлэхийг нэн тэргүүнд тавих замаар ус хуваарилалтыг дэмждэг саарал эсхүл ногоон усны дэд бүтэц хөгжүүлэх.	Дэд бүтцийн байгууламжийн усыг хэтрүүлэн ашиглалт, тогтворгүй хэтрүүлэн ашиглалтаас зэргээс үүдсэн усны нөөцийн хомсдлоос зайлсхийх Өсөн нэмэгдэж буй усны эрэлт болон баланс (боломжит), зөрчилдөөнт эрэлтэд нийцүүлэх, эсхүл трэйд-офф солилцооны менежмент хэрэгжүүлэх Одоо болон ирээдүйн ус ашиглагчдыг тодорхой байдал ба таамаглаж болохуйц байдлаар хангах	БОУАӨЯ УУЗ СГБ	Дунд, урт хугацаа
Монгол Улс ус ашиглалт, усны бохирдлын эдийн засгийн хэрэглүүрийг авч хэрэгжүүлэх чиглэлд гарамгай сайн ахиц дэвшил гаргаад байгаа бөгөөд үүнийгээ цаашид ч улам бэхжүүлэх боломжтой.	Бүх ус ашиглагч, хэрэглэгчид усны тариф эсхүл тусдаа төлбөр тооцох замаар ус ашигласны төлбөр ногдуулах, ингэхдээ эмзэг бүлгүүдэд тусгай нөхцөл бүрдүүлэх. Усны үндэсний зөвлөлийн хяналт дор сав газрын байгууллагуудад төсөвлөгдөх ус ашигласны төлбөрийн хувь хэмжээг жил бүр нэмэгдүүлэх зорилт тавих замаар аажмаар 35%-д хүргэх.	Үндсэн зорилт: усны менежментийн сайжруулах ус хомсдлын үнэ өртөг, ус ашиглалтын зан байдлыг тусгасан усны тариф тогтоох Бусад зорилт: усны төлбөрийн ашиг тусыг ус ашиглагчдад таниулах ойлгуулж, төлөх боломжит дээд үнийг нэмэгдүүлэх усны менежментэд зарцуулах орлогын хувь хэмжээг нэмэгдүүлэх	БОУАӨЯ Хот байгуулалт, барилга, орон сууцжуулалтын яам (ХББОСЯ) ХХААХҮЯ ХСУХАТАҮЗХ	Урт хугацаа
		Усны санхүүжилт		

Хэлэлцүүлгээс гарсан гол үр дүн	Санал болгож буй үйл ажиллагаа	Үйл ажиллагааны зорилт	Хамтрагч, дэмжигч гол талууд	Хугацаа
Монгол Улсын тогтвортой усны аюулгүй байдлыг хангахад санхүүжилт (эргэн төлөгдөх нөхцөлтэй ба эргэн төлөгдөхгүй) татах стратегийн арга барил зайлшгүй шаардлагатай. Усны нөөцөд учрах дарамт нэмэгдэж байгаагаас үл хамааран урт хугацааны зорилтод хүрэхийн тулд хөрөнгө оруулалтыг чамбай, эрэмбэлсэн, төрөлжсөн байдлаар төлөвлөх нь зүйтэй. ТЭЗҮ-ийн судалгаанд зарцуулах хангалтай санхүүжилтийг илүү төвлөрсөн түвшинд хуваарилан төсөвлөх хэрэгтэй бөгөөд ингэснээр хомс төсөв, нөөцийг стратегийн түвшинд хуваарилах боломжтой.	Усны үндэсний зөвлөлийн устай холбоотой стратегийн хөрөнгө оруулалтыг зохицуулах, эрэмблэх чиг үүргийг нэмэгдүүлэх, Сангийн яам, Эдийн засаг, хөгжлийн яамны оролцоог хангах. Сайтар хянаж шалгасан төсөл, арга хэмжээнд стратегийн санхүүжилтийн хуваарилалт хийх үүднээс ТЭЗҮ-ийн судалгаанд зориулсан санхүүжилтийг төвлөрсөн болгох. Уян хатан байдал, системийг хамарсан үр ашгийг дээшлүүлэх үүднээс хөрөнгө оруулалтын илүү өргөн хүрээнд төсөл, арга хэмжээнүүдийг эрэмблэх. Чадавхыг бэхжүүлэх, зардлыг хэмнэлтийг үр ашигтай болгох үүднээс төвлөрсөн бус, байгалийн болон хосолсон /гибрид/ ус хуримтлуулан хадгалах шийдлүүдийг нэгтгэх. Усны аюулгүй байдал зэрэг харилцан уялдаатай, янз бүрийн стратегийн тэргүүлэх чиглэлийг хамарсан хөгжлийн дэмжлэгийн зохицуулалтыг сайжруулах тухайлбал, Монгол Улсын платформ байгуулах замаар сайжруулах боломжтой. Төрийн бодлого төлөвлөлтөд устай холбоотой дэд бүтцийн хөрөнгө оруулалтыг тэргүүлэх чиглэл болгож тусгахаас гадна УННМ-ийн шинэчилсэн төлөвлөгөөний хүрээнд усны бодлогын үйл ажиллагааны төлөвлөгөө эсхүл усны менежментийн бодлого төлөвлөлтийг цогц байдлаар боловсруулах хэрэгцээ, шаардлага байна.	Усны аюулгүй байдлыг хангахад чиглэсэн улсын төсвийн санхүүжилт болон хөгжлийн санхүүжилтийг эрэмблэх, тэдгээрт зохицуулалт хийх.	УҮЗ БОУАӨЯ Эдийн засаг, хөгжлийн яам (ЭЗХЯ) Гадаад харилцааны яам (ГХЯ) Сангийн яам (СЯ) СГБ	Богино, дунд хугацаа
Хувийн секторын оролцоо нь хаягдал ус цэвэрлэх, цэвэрлэсэн хаягдал усыг эргүүлэх ашиглах чиглэлд томоохон үүрэг гүйцэтгэх боломжтой. Гэсэн хэдий ч устай холбоотой хөрөнгө оруулалтын боломжууд, бохирдлын хяналтын технологийн стандартын талаарх хувийн секторын мэдлэг дутмаг байгаа нь саад тотгор болсон хэвээр байна.	Хувийн секторыг эдгээр хөрөнгө оруулалтын ач холбогдол, хэрэгцээ шаардлагын талаар бодлогын түвшинд тодорхой мэдээллээр тасралтгүй хангах үүднээс өдгөө хэрэгжиж буй Ус бохирдуулсны төлбөрийн тухай хууль, бусад холбогдох хууль тогтоомж, журмын хэрэгжилт ба хяналт-шинжилгээг улам бэхжүүлэх. Технологи, арга барилын тухай нэмэлт удирдамжаар хангах. Боломжит шилдэг техник (БШТ)-ийн арга барилыг усны бохирдлын түвшинд авч үзэх боломжтой. Ингэснээр байгаль орчны холбогдох зорилтуудад нийцэхүйц технологийн сонголт хийхэд тухайн үйлдвэрлэл оролцох боломжийг бүрдүүлэхээс гадна эдийн засгийн талаас хэрэгжих боломжтой эсэхийг тодорхойлно. Талуудын оролцоог хангах замаар цэвэрлэсэн хаягдал усыг эргүүлэн ашиглах бизнесийн загварыг хөгжүүлэн ашиглахад дэмжлэг үзүүлэх. Энэ хүрээнд санхүүжилт татах/санхүүжилтээр хангах, төсөл хэрэгжүүлэхэд тулгарч буй асуудлууд, тэдгээрийг шийдвэрлэх боломжийн талаар тухайн үйлдвэрлэлийн оролцогч талууд, санхүүгийн байгууллагуудтай хэлэлцэнэ. Хувийн секторын хөрөнгө оруулалтыг дэмжих үүднээс хаягдал ус цэвэрлэх, цэвэрлэсэн хаягдал усыг эргүүлэн ашиглах кэйс (үүнд хэрэгжилтийн механизм хамаарна)-ийн талаарх Засгийн газрын үндсэн чиглэлийг удирдамж болгох замаар ТХХТ-ийн оролцоог дэмжих.	Хаягдал ус цэвэрлэх, эргүүлэн ашиглах чиглэлд хувийн хөрөнгө оруулалтыг хөхиүлэн дэмжих.	БОУАӨЯ ХХААХҮЯ ХББОСЯ Үйлдвэрлэлийн холбоо, ассоциаци	Богино, дунд хугацаа

Хэлэлцүүлгээс гарсан гол үр дүн	Санал болгож буй үйл ажиллагаа	Үйл ажиллагааны зорилт	Хамтрагч, дэмжигч гол талууд	Хугацаа
Монгол Улсын хэмжээнд усны салбарын хөрөнгө оруулалтын өнөөгийн нөхцөлийг сайжруулах, ус хангамж, ариутгах татуургын үйлчилгээ үзүүлэгч байгууллага (УХАТҮҮБ)-ын гүйцэтгэлийг сайжруулахад ихээхэн хүчин чармайлт гаргасаар ирсэн. Цаашид УХАТҮҮБ-ын санхүүгийн тогвортой байдлыг сайжруулах нь ус хангамж, ариутгах татуургын барилга байгууламж, шугам сүлжээний дэд бүтцийг өргөтгөх, засвар үйлчилгээ явуулахад салшгүй чухал. Одоогийн үр ашиггүй байдал нь Засгийн газар болон УХАТҮҮБ-ын аль алиных нь алдагдсан боломжийн өртгийг харуулж байна.	УХАТҮҮБ-ын хариуцлага, чиг үүргийг сайтар тодорхойлж, гүйцэтгэлд суурилсан гэрээ байгуулдаг болох. Төлбөр тооцдоггүй ус хэрэглээ, ашиглалт болон ус шүүрэлт, шугам хоолойн эвдрэл, гэмтэл, түүний улмаас үүссэн ус алдагдалтай холбоотой үйл ажиллагааны ба техникийн алдагдлыг бууруулахад чиглэсэн арга хэмжээ авах замаар орлого болоогүй усны асуудлыг шийдвэрлэх. Тоолуургүйн улмаас үүссэн усны алдагдал (commercial loss)-ын хувьд, ялангуяа нийслэлийн хэмжээнд усыг зохистой ашиглах, төлбөрийн дата мэдээллийг илүү нарийвчлан гаргах боломж бүрдүүлэх үүднээс ус тоолууржуулалтыг нэмэгдүүлэх; үүнд ОСНААУГ-аас нийлүүлдэг усыг унд, ахуйн зориулалтаар хэрэглэдэг гэр хороолол, орон сууцны ус хэрэглэгчид мөн хамаарна. Ажилтнуудын томоохон зардлын асуудлыг шийдвэрлэх. Ялангуяа нийслэлийн түвшинд УСУГ-ын ажилтнуудын тоо зарим улс орны адилхан чиг үүрэгтэй байгууллагатай харьцуулахад маш өндөр байна УХАТҮҮБ-аас үр ашиг, санхүүгийн гүйцэтгэлээ сайжруулах, капитал зардлаа төлөвлөх урт хугацааны зорилт бүхий тогвортой бизнес төлөвлөгөө боловсруулахыг шаардах. Хот, суурины ус хангамж, ариутгах татуургын ашиглалт, үйлчилгээг зохицуулах хороо (ХСУХАТАҮЗХ)-ны чиг үүрэг ялангуяа орлого болоогүй усны хувь хэмжээг бууруулах, шинэ капитал хөрөнгө оруулалтын хөтөлбөр, санхүүжилтийн эх үүсвэр болон нөхцөлтэй холбогдуулан Нийтийн аж ахуйн үйлчилгээний байгууллага (НААҮБ)-ын бизнес төлөвлөгөөнд хяналт тавих чиглэлийг нэмж тусгах. УХАТҮҮБ-ын санхүүгийн гүйцэтгэлийг сайжруулах, усыг хэмнэлттэй, зохистой ашиглахад үзүүлэх дэмжлэг талаас нь тарифын бүтцийг дахин хянах. Боломжит тариф болон зардал нөхөх балансыг хангах үүднээс шаталсан тарифыг төрөөс олгох татаастай хослуулах арга, боломжийг судлах боломжтой. ХСУХАТАҮЗХ-нд тарифын бүтцийг сайтар боловсруулах, тарифын саналыг хянах, энэхүү үйл явцыг үр дүнтэй удирдах чадавхаа бэхжүүлэхэд нь дэмжлэг үзүүлэх. Үүний зэрэгцээ орлого багатай өрхүүдэд усыг хямд үнээр авах боломжийг бүрдүүлэх замаар төрөөс олгох татаасын зорилтот хөтөлбөр хэрэгжүүлэх нь чухал.	Ус хангамж, ариутгах татуургын үйлчилгээ үзүүлэгч байгууллага (УХАТҮҮБ)-ын санхүүгийн тогвортой байдлыг хангахад чиглэсэн сайжруулалтууд	БОУАӨЯ ХББОСЯ ХСУХАТАҮЗХ УСУГ ОСНААУГ УХАТҮҮБ	Богино, дунд хугацаа
Усны мэдээллийн систем болон хүний нөөцийг сайжруулах				

Хэлэлцүүлгээс гарсан гол үр дүн	Санал болгож буй үйл ажиллагаа	Үйл ажиллагааны зорилт	Хамтрагч, дэмжигч гол талууд	Хугацаа
Усны нөөцийн мэдээллийн системд тулгамдаад буй асуудал нь системчилсэн дата шинжилгээ, мэдээллээр хангах боломжгүй байдал. Эдгээр саад тотгорт ус судлалын ажиглалтын тоног төхөөрөмж, төсвийн хүрэлцээгүй байдал, мэргэшсэн боловсон хүчин ба шинжилгээний системийн хүртээмжийн асуудал зэрэг хамаарна.	Ус судлалын хяналт-шинжилгээний дэд бүтцийг шинэчилж, орчин үеийн болгох Ус судлалын хяналт-шинжилгээний дата, мэдээллийн чанарын хяналтыг сайжруулах Орчин үеийн дэвшилтэт технологи ашиглан үерийг урьдчилан таамаглах, түүнээс сэрэмжлүүлэх систем бий болгох Улсын ус, байгальт орчны боловсролын төв байгуулах замаар чадавхыг бэхжүүлэх боломжтой Мэдээлэл харилцааны технологид суурилсан усны нөөцийн менежментийн чиглэлээр туршилтын төслүүд хэрэгжүүлэх	Одоогийн ус судлалын менежментийн системийг өргөтгөн сайжруулах Усны тогтвортой менежментийн орчинг бүрдүүлэх хүний нөөцийн систем ашиглалтыг дээд түвшин хүргэх	БОУАӨЯ Усны газар (УГ) Цаг уур, орчны шинжилгээний газар (ЦУОШГ) Ус цаг уур, орчны судалгаа, мэдээллийн хүрээлэн (УЦУОСМХ)	Богино, дунд хугацаа
Цаг уур, гадаргын ус, газрын доорх ус зэрэг усны мэдээллийг нэгтгэн удирдах усны мэдээллийн төвлөрсөн (менежментийн) төв байхгүй бөгөөд үерийн аюулаас сэргийлэх ус судлалын шинжилгээний цогц хөтөлбөр байхгүй.	УННМ-ийн нэгдсэн үйл ажиллагааны төв байгуулах Ач холбогдлоор эрэмблэн сонгох стратеги (strategy of selective focus) ашиглан холбогдох байгууллагын чиг үүргийг маш ойлгомжтой тодорхойлох.		БОУАӨЯ УГ ЦУОШГ ХСУХАТАҮЗХ УЦУОСМХ	Дунд, урт хугацаа

Эх сурвалж: Зохиогч.

www.ingramcontent.com/pod-product-compliance
Lightning Source LLC
LaVergne TN
LVHW060450061126
851857LV00016B/1786